夏有乱政，而作禹刑。商有乱政，而作汤刑。周有乱政，而作九刑。

（春秋）左丘明

《左传·昭公六年》

# 中國法制通史

【第一卷】夏商周

总主编 张晋藩

本卷主编 蒲坚

本卷副主编 马小红 李力

中国法制出版社
CHINA LEGAL PUBLISHING HOUSE

# 再版总序

《中国法制通史》已经出版二十年了，由于撰稿人认真负责、殚精竭虑，因而此书至今仍有重要参考价值。为了满足读者的迫切需要，本次再版，对内容不作实质修改，只是组织力量对书中引文和注释进行核对和校订工作，特此说明。但百密一疏，如有不到之处，望读者批评指正。

总主编　张晋藩

2019 年 12 月 8 日

# 总　序

中国是世界上著名的文明古国，中国法制的历史至少是自公元前21世纪的夏代揭开序幕的，而且经过四千多年没有中断的发展过程，以沿革清晰、内容丰富、影响深广、特点突出而被公认为世界五大法系之一——中华法系。在中国漫长的封建社会，虽然囿于专制主义的束缚，但研究法制的律学家仍代有人出。至20世纪初期，清朝政府在推行“新政”的同时，下令修订法律。当时担任修订法律大臣的沈家本，根据“参古酌今，会通中西”的方针，一方面积极引进资产阶级国家的法律，另一方面也注意总结中国法制的历史经验。在这以后，出现了一批研究中国法制史的学者。也就是在这一时期，日本学者浅井虎夫编写了《中国法典编纂沿革史》、东川德治编写了《中国法制史研究》等著作。综观陈顾远、杨鸿烈等人撰著的中国法制史，虽然搜集了丰富的资料，取得了一定的成就，但还未能科学地分析中国法制的历史现象，得出应有的规律性认识。

中华人民共和国成立以后，创建了以马克思主义的世界观和方法论为指导的中国法制史学。作为社会主义法学体系中的重要组成部分，也是高等政法院校必修的一门基础课，它的任务就是揭示中国各种类型的法律制度的产生、发展、演变的规律，总结历史的经验，为社会主义法制建设服务。

然而，“文化大革命”使得初创的中国法制史学遭受了巨大顿挫。如果说20世纪30年代汉学的中心一度在德国，那么60至70年代研究中国法制历史最活跃的地并不是中国。

粉碎“四人帮”之后，中国知识界迎来了学术研究的春天，法学战线也开始了新的进军。1979 年 9 月在长春成立了中国法律史学会，我向学会提出了编写中国法制通史（多卷本）专著的设想。当时深深感觉到以中国为摇篮的中国法制史学的研究却落后于其他国家和地区。外国学者热心研究中国法制史是值得欢迎的，对他们的成果应予重视。但我们自己更应感到肩上担子的分量，激起奋发图强的雄心。20 世纪 30 年代，我国爱国的历史学家为了夺回汉学中心，曾经付出了极大的努力，取得了辉煌的成就，造就了一代卓越的史学家。今天面对尖锐的挑战，如果我们只满足于前人的成果，甚至让我们的后代向外国学者学习中国法制史，岂不是一种罪过！因此，编写中国法制通史（多卷本），是时代的需要，法制建设的需要，是义不容辞的历史责任！

不仅如此，在悠久的中国法制历史中，凝聚着治国理政的丰富经验和智慧，集中体现了中华民族的精神。尽管时移势易，沧桑变幻，但其中依然蕴藏着产生新智慧、创造新经验的深厚的文化底蕴。历史不容割断，也不能割断，研究历史的目的，归根结底是为现实提供借鉴。以马克思主义为指导思想的中国法制史学，不仅要科学地说明中国历史上各种类型的法制的性质，揭示其固有的规律，而且要批判地吸取前人的经验，为健全和完善社会主义的法制服务。

为了编写中国法制通史（多卷本），我在会上提出了以下几点设想：

首先，要解决与建立科学体系有关的一些问题。

1. 严格审定研究的对象和研究的范围，改变过去存在的对象不清、内容庞杂的倾向。中国法制史的研究对象决定了它不应泛论国家制度的各个方面，而应着重研究各种类型的法律制度的本质、特点及其司法活动。

2. 把法律的内容、法制的变迁与同一时代的经济基础、阶级结构的变化有机地糅合在一起，借以阐明其内在联系和相互关系，作出符合历史真实的科学评价。

3. 不仅要从典章文献入手研究法制史，还要从国家活动中去把握法制的本质与规律。

4. 研究法制史也要见人物、见思想，这不仅有助于了解法制本身，还可以从中看到法制发展的思想动因、时代的特征和阶级的意向。

其次，要以坚实的专题研究为基础。

编写中国法制通史（多卷本）是一项艰巨的科学研究工作，它的完成不仅会赢得国内法学界、史学界的重视，也将为世界法史学者所瞩目。因此，它应该代表我国对中国法制史研究的水平，反映出国内外的最新研究成果。因此，编写中国法制通史（多卷本），需要在全面规划、统筹安排之下，积极开展专题研究。我针对中国法制史在漫长的发展过程中所形成的特点，提出研究以下十个问题：（1）中国国家和法起源的具体途径；（2）封建专制主义的政治制度二千多年来螺旋上升的基础、历史作用与深远影响；（3）儒家（包括宋明理学家）提倡的纲常名教对于立法与司法的影响；（4）以保障家长统治权为中心的家法、族规在整个法律体系中的地位；（5）民刑不分、诸法合体的成因与它所反映的社会关系；（6）法治、人治、礼治、德治的相互为用；（7）中央政府对少数民族地区司法管辖的深入对巩固统一多民族国家的作用；（8）明清刑名书吏对诉讼的操纵；（9）西方资产阶级法制的影响及其在中国的变异；（10）社会主义法制发展的道路和特点；等等。

再次，要大力发掘、整理、编纂中国法制史料，包括地下文物、社会习惯调查、历史档案、私家笔记、檄文、告示、口号、规约、教义、军律等。中国法制史料浩瀚，有些需要辨伪、审定，有些需要酌加注释，因而也是一项不可等闲视之的科研工作。如果从甲骨文中有关法律问题编起，可以想见其卷帙的浩繁。因此，必须组织力量，通盘规划，分工合作，积极落实。这项工作对于编写中国法制通史（多卷本）具有极其重要的意义。

最后，建议中国法制通史（多卷本）的规模，从中国法制起源到新中国成立止，共十卷，五百万字。

以上设想得到与会同志一致赞同，并切盼尽快落实。1980 年 1 月，我主持召开了第一次编写会议，出席二十余人，这二十余人也就是当时从事中国法制史教学研究的全部人数，经过三天讨论，明确了编写中的许多细节问题，但同时也认识到无论人力、财力、研究的基础、资料的状况，都不具备立即开展这一浩大工程的条件，只能推迟，以俟条件成熟。

1985年春召开了第二次编写会议，时隔五年，情况有了显著改善。编写中国法制通史（多卷本）被列入国家七五科研规划并得到了资助，研究力量也得到迅速充实。在这次会上确定了总主编和各分卷主编，明确了计划要求和出版事宜。

由于这是一项艰巨的科研工程，难度很大，七五规划期内未能完成，经过有关机关审定再次纳入八五规划，这期间又面临学术著作“出版难”的问题，直至1995年仅出版了两卷。现在，中国法制通史（多卷本）共十卷，已经全部问世。其中体现了中国古代法律体系诸法并存、民刑有分的认识，各卷分别撰写了行政法律、民事法律、经济法律、刑事法律、诉讼法律等内容，同时也根据中华法系在文化上的多源头和少数民族的贡献，加强了有关的论述。

十几年来，有些编委已经退休，有些由于某种原因已无暇从事这项工作，有一位主编已经谢世，但是这套鸿篇巨著毕竟问世了。一大批年轻的研究者成长成熟了，他们成为重要的撰写力量。在这里，特别需要感谢法律出版社的领导同志，他们以极大的魄力，将这十卷书一并推向社会，这是为发展中国法制史学、弘扬传统法律文化、繁荣社会主义法苑作出的巨大贡献。我谨代表全书撰稿人表示深挚的谢忱。

十卷本的中国法制通史出版了，了却同志们一桩心愿，但研究工作未有穷期，我们要在听取读者的批评建议之后，思考着如何在再版中改进提高，我们要持之以恒地为中国法制史学的兴旺发达而夙兴夜寐，极尽绵薄。

张晋藩

1998年12月

# 撰稿人（以撰写章节为序）

| | |
|---|---|
| 蒲　坚 | 绪言，第二章第二、五节，第三章第二、五节，第四章第二、七节，第五章第四、六节 |
| 李明德 | 第一章第一节至第四节 |
| 李　力 | 第一章第五节，第二章第一、三、四节，第三章第一、三、四节，第四章第一、三、四节，第五章第一、二、三、五节 |
| 茅彭年 | 第二章第六节，第三章第六节，第四章第八节，第五章第七节 |
| 胡留元、冯卓慧 | 第四章第五、六节 |
| 马小红 | 第二章第七节，第三章第七节，第五章第八节 |
| 马小红、杜　鹃 | 第四章第九节 |

CONTENTS

# 目录

# 绪　言

夏商周法制史包括夏、商、西周和春秋的法律制度。公元前770年周平王迁都洛邑，西周灭亡，东周建立。从此以后到公元前475年，人们习惯地根据鲁国史书《春秋》把这段时间称为春秋时期。然而，这一时期周天子名义上还处于天下“共主”的地位，所以本卷定为“夏商周”卷。

本卷首先碰到的是中国法律起源问题。这里说的法律是指阶级社会上升为法律的统治阶级的意志，并由国家强制执行的法律。那么，中国又是何时进入阶级社会产生国家的？学术界有不同意见，绝大多数学者认为中国从夏朝开始进入阶级社会，建立第一个奴隶制国家。但也有的学者根据大汶口的考古发掘发现在陶器上刻有不同的符号，认为这是“已经很进步的文字”①，这种“颇为进步的文字，就是这时已经是奴隶制国家的一个重要证据”②。据此，中国奴隶社会的上限，应该远在五六千年以前。

我们认为，同其他事物发展规律一样，社会发展从原始社会到奴隶社会，也有一个由量变到质变的过程，在这期间有一个过渡阶段，这个阶段是从父系原始公社后期开始的。在我国，从考古发掘来看，我国父系氏族公社所代表的文化层，在中原地区主要是龙山文化和大汶口文化。在山东泰安大汶口遗址发掘中，发现有些墓穴里有不同数量的猪下颌骨，这表明牲畜已成

① 唐兰:《从大汶口文化的陶器文字看我国最早文化的年代》，载《光明日报》1977年7月14日。

② 唐兰:《再论大汶口文化的社会性质和大汶口陶器文字》，载《光明日报》1978年2月23日。

为私有财产，因而以此作为衡量私有财产多寡的标志。有的墓穴随葬陶器有二三十件，最多的达 180 多件，在少数墓穴里还有随葬的玉铲、骨牙雕等精致的贵重物品。但有的墓穴里则只有少量甚至没有任何随葬品。值得注意的是，在那些随葬品较多的墓穴里，大都有几件生产工具，说明当时尽管贫富分化已经很悬殊，但富有者仍然没有完全脱离劳动。

随着私有财产的发展，在一些富有者的意识里，私有观念逐渐产生。这时，带有掠夺性的战争开始出现。《史记 · 五帝本纪》有这样一段记载："轩辕之时，神农氏世衰，诸侯相侵伐，暴虐百姓，而神农氏弗能征。于是轩辕乃习用干戈，以征不享，诸侯咸来宾从。"黄帝号轩辕氏，与其他部落发生的较大的战争有两次，第一次是"与炎帝战于阪泉之野，三战，然后得其志"。第二次是与蚩尤战于涿鹿之野，蚩尤战败，被黄帝擒杀。黄帝接连打了胜仗。在这种情况下，一些氏族或部落为了在战争中取胜或保存自己，往往结成部落联盟，据说共工氏为了与蚩尤作战，曾与有熊氏结成部落联盟。应该看到，尽管当时战争的发生与私有财产的出现分不开，但从整体来说，财富还属于氏族或部落公共所有。《国语 · 鲁语上》说：黄帝能"明民共财"，就是说当时还实行原始共产制。同时，也还没有出现由于战争的胜负，胜利者奴役战败者的现象。氏族部落中的一些重大事务，都要大家共同商议，这种制度在黄帝以后的尧、舜时期仍然如此。当时作为部落联盟首领的尧、舜，对于一些重大事务，如氏族部落首领人选和领导治理洪水的人选问题等，都要与四岳共同商议。可见，四岳具有恩格斯所说的军事民主制的氏族社会的联盟议事会议的性质。这个议事会，是原始氏族社会的最高权力机关，在处理氏族社会的重大事务中起着重要作用，反映了原始社会的民主制。但是，随着氏族部落首领所拥有的财富的增多，他们的权势也不断扩大，有些重大问题往往不通过议事会而擅自决定，这种情况在舜后期已经表露出来。《史记 · 夏本纪》说"帝舜荐禹于天，为嗣"，说明舜未同四岳商议，便直接推举禹为自己的继承人。又说，禹死后，"以天下授益"。也未同四岳商议。禹在世时，在一次部落首领大会上，"防风氏后至，禹杀而戮之”[①]，说明禹已有擅杀的权威。所有这些，预示着这个曾经在原始社会起过重要作用的联盟议事会已完成它的历史任务，我国社会即将跨入阶级社会的门槛。正如有的学者所说：“在大汶口文化陶器上所发现的原始文字，寥寥数字，虽不是作为文明时代到来的标志，但它至少是一个文明时代即将到来的信息。”[②]

从目前所掌握的资料来看，我们认为，夏朝开始建立我国第一个奴隶制国家，启是这个国家的开创者。也就是说，从启开始，我国便正式进入阶级社会。这个阶级社会最重要的标志是建立了凌驾于社会之上的暴力机构——奴隶主阶级专政的国家。

在启之前，禹作为部落联盟的首领，虽然发展到具有氏族显贵的地位，据说还亲自手持工具，“沐甚雨，栉疾风”[③]，“身执耒臿，以为民先”[④]，但仍然没有完全脱离劳动，没有完全脱离人民大众。更由于传统习惯，“以天下授益”。但是禹死后，他的儿子启却凭借他的威望和既得的权力，联合“友党攻益而夺之天下”[⑤]，“益干启位，启杀之”[⑥]。通过暴力手段夺取了政权。正如马克思在《摩尔根〈古代社会〉一书摘要》中所说的：“世袭继承制在凡是最初出现的地方，都是暴力（篡夺）的结果，而不是人民的自动许可。”[⑦]可见，从启开始，“大人世及以为礼”，“天下为公”的“大同”社会便进入“天下为家”的“小康”社会。而这一过程是通过暴力实现的。

启是我国奴隶社会的第一个帝王。我国古书上虽然把尧、舜、禹等部落

① 《国语·鲁语下》。

② 黎家芬、高广仁：《典型龙山文化的探源、发展及社会性质初探》，载《文物》1979年第11期。

③ 《庄子·天下》。

④ 《韩非子·五蠹》。

⑤ 《战国策·燕策一》。

⑥ 《晋书·束皙传》引《竹书纪年》。

⑦ ［德］卡尔·马克思：《摩尔根〈古代社会〉一书摘要》，人民出版社1965年版，第123页。

联盟的首领按照后世阶级社会的名称称为“帝”或“王”，但在记述他们的生活情况时，则说他们是亲自耕稼，“以为民先”的“社会公仆”。而对启生活的记述，则说“启乃淫逸康乐”①，“启九辩与九歌兮，夏康娱以自纵”②。这都是对启过着荒淫无耻生活的指责，反映了启已是凌驾于社会之上，“变为社会的主人”，真正成为阶级社会的帝王了。说明从启开始，作为阶级专政的工具——国家产生了。这时，奴隶主阶级首先把符合本阶级利益的某些原始习惯赋予阶级内容，通过国家的认可变为国家的意志，强迫人们——主要是奴隶和平民遵守。从此，人与人之间再无平等可言，在奴隶主不仅占有生产资料，而且把奴隶也作为私有财产的情况下，有的只是压迫和反压迫的斗争，这样，法也同国家一样，在阶级矛盾不可调和的情况下产生了，夏启及其后继者便依靠“这种法律，他们就享有特殊神圣和不可侵犯的地位了”③。

其次碰到的是资料问题。夏、商、周三代的资料不仅分散，而且存在着真伪的问题。这一时期的资料主要来源于三个方面。第一，考古发掘的资料即甲骨文、青铜器铭文。这些资料基本可以作为信史而征引。尤其青铜器的铭文，为我们提供了较为丰富的研究西周社会与法律的第一手资料。使我们可以通过细致的研究而初步掌握西周时期行政法、刑法、民法、经济法、军法、诉讼法等法律的有关状况。如反映契约关系的《三年卫盉》《九年卫鼎》《格伯簋》《大簋》等铭文；反映诉讼制度的《师旂鼎》《曶鼎》《𠑇匜》《鬲从盨》等铭文。由于史料相对丰富，所以我们将西周这一时期的法律制度作为重点来写。但值得注意的是，考古所发掘整理的资料虽为信史，但在解释上却有各家之见。对此，我们按一般惯例，在读解原文及参照各家之言的基础上，或从一家之言，或提出自己的见解。另外，近年来考古工作在有关文明起源的地域与时间上多有发现，我们在论证中国法律制度

① 《墨子 · 非乐上》。

② 《楚辞 · 离骚》。

③ 《马克思恩格斯全集》（第 21 卷），人民出版社 1965 年版，第 192 页。

的起源时对近年来发现的资料多有征引，并希望通过对中国法律起源的研究，能寻找出中国法律的发展有别于西方的原因。夏、商与春秋时期的考古资料，尤其是有关法律方面的资料相对西周而言，确实有些匮乏。有些极有价值却又仅是只言片语的资料尚有待于作进一步的深入研究。本着实事求是的态度，我们采取了有则写，无则阙的方法。因此，有些部分，如夏、商、春秋时的民法便只有付之阙如了。对春秋时代的法律，我们注意到成文法的颁行与军事法规的发达，并用了较多的笔墨，以此期望能反映出春秋的时代特色。第二，文献资料。记述三代（夏、商、周）时期的文字资料大多为后人的追述和附会。自宋代起便有学者对诸如《尚书》《礼记》《仪礼》《周礼》《诗经》等文献的真实性提出过质疑。清代有洋洋几千万言对经书的真伪及内容进行考证。“皓首穷经”，绝不是一句戏言。20 世纪初、中叶，疑古学派崛起，对夏的存在及夏、商、西周的文字资料皆持怀疑态度。许多历史著作都将商作为文明史的第一个朝代。疑古学派的严谨论证推动了学术的发展。人们对三代资料再也不简单地征引，盲目地相信。例如，就《尚书》而论，有的学者说：“我们今天所见到的《尚书》中的文献资料并不完全是真正可靠的原始史料，其中只有一部分是直接的档案文献。另一部分是后代人所追叙的古史传说，还有一部分是时代更晚的人故意伪造的作品。”[①] 各家对史料内容的理解也是仁者见仁，智者见智。但近年来，随着考古发掘的进展，人们对三代文字或文献资料又有了新的认识，因为许多考古资料印证了文献资料的真实性。就法制方面而言，甲骨文中还讲到“律”是用之于“师”（军队）的，军队中的“律”，即军法。卜辞云：“师为律用。”意为军队只有严明的纪律，才能“用”，即具有战斗力。此辞正与《易·师·初六》的卦爻辞“师出以律”，相同。[②] 又如曶鼎铭文记原告

① 马雍：《尚书史话》，中华书局 1982 年版，第 2 页。

② 刘海年、杨一凡主编：《中国珍稀法律典籍集成·甲编》（第一册），科学出版社 1994 年版，第 21 页。

曶与被告效父、限皆有代理人，本人不亲自出庭，证实了《周礼·秋官·小司寇》“凡命夫命妇，不躬坐狱讼”的记载。因此，许多学者主张对三代文献资料不能轻易否定。对此，我们本着严谨、务实的原则，对三代文献资料的运用采取这样的方法：凡与考古资料相吻合者作为信史引用。尚无考古资料印证，但其所记与三代的社会发展状况大致相吻合者则谨慎地加以征引。其实这个问题清人皮锡瑞早就说过：“三礼皆周时之礼，不必聚讼，当观其通。”[①] 对有些明显为后人附会篡入的，则弃而不取。第三，传说资料与民族学资料。在研究法律起源与夏、商、周法律制度时，我们发现许多传说资料带有神话的色彩。如《尚书·洪范》记大禹治水时得到神授之法则。《山海经》《水经注》《路史》中也有许多关于三代的传说。有些传说可以与民族学调查的资料相印证，但用民族学资料与传说资料相对照研究上古历史的工作绝非一朝一夕之功。它需要投入大量的人力、物力，同时还需要研究者有十分深厚的历史功底。由于时间及功力的限制，对这方面的资料我们只好暂不触及。这确实也是我们的一个遗憾。

再次，本卷还牵涉到社会历史分期问题。本卷所包括的整个时期，就社会性质而言，学术界有不同的意见，有的认为西周已进入封建社会，掌握国家政权的是封建领主阶级，当时的法律是封建领主阶级的意志反映。但是也有许多学者认为西周仍然是奴隶社会，认为我国进入封建社会是在春秋战国之交，即从战国开始，中国进入封建社会。本卷的历史分期是采用后者的意见。我们认为，抛开其他因素不论，从当时各诸侯国在经济、政治、法律等各项典章制度变革来看，正好反映当时是封建制取代奴隶制，封建制法制取代奴隶制法制这一史实。春秋时期正是奴隶制瓦解时期。三代的法律无论是从内容、形式上说，还是从性质、特征上说都与后代有很大的区别。这是一个不争的事实。如三代“议事以制，不唯刑辟”[②]，而春

① 《经学通论·三·三礼》。

② 《左传·昭公六年》。

秋时刑书开始公之于众，到战国时，公布成文法已成定制。再如三代法律地区特色十分突出，而自战国中期后，法律便开始走向统一。三代法律维护的是“溥天之下，莫非王土”的井田制，战国之后，法律则以“王者之政莫急于盗、贼”[①]为由，主要维护的是封建土地私有制。

最后，我们再说明一下本卷体例及内容的安排。本卷以历史发展的线索为“经”，分为五章，即“中国法律的起源”“夏朝的法律制度”“商朝的法律制度”“西周的法律制度”“春秋时期的法律制度”。将法律起源单列一章，原因在于根据目前所掌握的资料来看，学界对这一问题的研究有了长足的进展，而对这一问题探讨的深入，有利于法学理论研究的发展。为了较为全面地反映在有关法律起源问题上所发现的新资料，出现的新成果，故单独列为一章。本卷以部门法内容为“纬”。每一章中设若干“节”，分别论述各朝的立法制度、司法制度及刑事法规、行政法规、军事法规、民事法规、经济法规等。以部门法总结归纳各代法律内容与制度是西方法律及法学传入中国以后才出现的。中国古代，不仅夏、商、周三代，一直到清王朝，法律体系基本是“诸法合体”的。但应该注意的是，中国古代法律不独只有“律”一种形式。令、比、格、科、程式、章程、例等，各种形式自有其不同的侧重内容。即便是以刑为主的律，用现代法理学方法分类，也涉及民法、行政法、军事法、婚姻法、经济法、诉讼法等各方面的内容。为了便于读者掌握，也为了与全书的体系保持一致，我们采用了以部门法归纳三代法律内容的写法。另外，三代法律与后代相比有一个突出的特点，即三代是中国“礼治”的黄金时代，三代法律是礼治统治下的法律。礼的宗旨不仅是立法的指导、执法的原则，而且许多礼的节文本身就是法的规范。为了突出这一时代的特色，也为了对汉以后礼法关系的发展正本清源，我们于夏、商、西周、春秋各章中专门分别设立了“礼制的形成”“礼制的发展”“礼制的完善”“礼制的衰败”各节，以期能对读者

① 《晋书·刑法志》。

有所启发。

本卷是《中国法制通史》十卷本的第一卷，作者们都深感责任重大，几年来埋头于有关资料的收集整理。但由于水平有限，完稿后仍感到有许多不尽如人意之处，错误也在所难免，我们真诚地希望专家、同人及读者予以指正。

# 第一章　中国法律的起源

本章主要讨论中国法律的起源，一般不涉及国家的起源。说明中国法律的起源，实际上是要说明两个问题：一是中国法律经由什么样的途径和方式产生；二是中国法律产生于何时，或者说在什么时候已确实有法律存在。除此之外，还应说明法律产生的原因是什么。

法律是由原始社会的习惯发展而来。就法律发展的一般规律来看，总是先有习惯法后有成文法，其发展模式大抵是由习惯而到习惯法再到成文法。当然，在很长的一段历史时期内，习惯法与成文法是并存的。但无论习惯法还是成文法都是法律，本章讨论中国法律的起源，即指一般意义上的法律，也包括习惯法。

在叙述的顺序上，我们将先简略回顾有关中国法律起源的诸种学说，然后详细论述中国法律的起源，并在最后对中西法律的起源做一简单比较。

## 第一节　古今法律起源说述评

### 一、古今法律起源说述评

#### （一）古籍中的记载

古代文献中有许多关于法律起源的记载，从涉及法律产生的时代来看，主要有以下几种。

1. 夏代说。

《汉书 · 刑法志》：禹承尧舜之后，自以德衰，始制肉刑。

《左传》昭公六年：夏有乱政，而作禹刑。

《尚书大传 · 甫刑》：夏刑三千条。

2. 尧舜时代说。

《尚书 · 吕刑》：伯夷降典，折民惟刑。

《竹书纪年》：帝舜三年，命咎陶造律。

《淮南子 · 氾论训》：昔者神农无制令而民从，唐虞有制令而无刑罚。

3. 黄帝时代说。

《商君书 · 画策》：神农既没，以强胜弱，以众暴寡。故黄帝作为君臣上下之义，父子兄弟之礼，夫妇妃匹之合，内行刀锯，外用甲兵。

《管子 · 任法》：黄帝之治天下也，其民不引而来，不推而往，不使而成，不禁而止。故黄帝之治也，置法而不变，使民安其法者也。

《汉书 · 胡建传》：黄帝《李法》曰：壁垒已定，穿窬不由路，是谓奸人，奸人者杀。

有的文献记载将法律的产生上推到了神农氏以前甚或伏羲氏时代。例如，《庄子 · 天运》说："三皇五帝之礼义法度，不矜于同，而矜于治。"《淮南子 · 齐俗训》："尚古之王，封于泰山，禅于梁父，七十余圣，法度不同，非务相反也，时世异也。"《法言 · 问道》："鸿荒之世，圣人恶之，是以法始乎伏羲而成乎尧。"

以上所列，只是先秦和汉代文献中有关法律起源记载的一部分，后世的记载大多来源于此。应该说，这些记载大多属于传说之类，有的甚至带有神话色彩，不能以信史对待。而且，各种记载产生于不同的时代，由于作者叙述法律产生的目的不同，因而也多少带上了时代的色彩和作者的偏见。这在一些子书中尤为突出。但在另外一方面，传说和神话又不是凭空杜撰和毫无根据的，它们总带有历史的影子，在一定程度上反映着历史的真实。马克思在论及古希腊的神话和古希腊的氏族时说："希腊人是从神话中引申出其氏族来的，但这些氏族比他们自己所创造的神话及其神衹和半神衹要古老些。"[①] 所以，探讨中国法律的起源，又必须借助于上古的传说和神话。当然，这需要科学的分析，尤其要与地下发掘的考古资料相印证。

### （二）20 世纪二三十年代的论点

20 世纪二三十年代，程树德、杨鸿烈和陈顾远等学者对中国法制史进行了系统而深入的研究，并相应地探讨了中国法律的起源，认为中国法律产生于商代。例如，程树德著《中国法制史》说："殷时有法律，已无可疑。"[②] 杨鸿烈著《中国法律发达史》说："中国法律起源于殷代。"[③] 陈顾远著《中国法制史》也认定中国法律起源于殷代："《中国法制史》之始页，惟有断自殷代。"[④]

20 世纪二三十年代的法律起源说与当时考古学的发展状况密切相关。程树德、杨鸿烈和陈顾远等人都是把最新发掘的考古资料与文献记载结合起来研究中国法律的起源，无疑，这是一种科学的方法。不过，当时的中国考古学尚处于初期发展阶段，除了石器时代一些遗址的发掘外，最大的成就就是殷墟的发掘及其研究。证实夏代的存在及其历史的实物资料尚没有出土。所以，许多学者依据殷墟甲骨资料断定，中国有文字可考的信史当自商代开始。与之相应，中国法律的确切历史也自殷代开始。杨鸿烈的《中国法律发达史》根据甲骨资料和文献资料勾画了殷代法制的概况。陈顾远也说："今人治史，重在采证，信则传信，疑则传疑；故自殷墟之史料发

---

① ［德］马克思:《摩尔根〈古代社会〉一书摘要》，第 169 页。

② 程树德:《中国法制史》，商务印书馆 1928 年版，第 23 页。

③ 杨鸿烈:《中国法律发达史》，商务印书馆 1930 年版，第 14 页。

④ 陈顾远:《中国法制史》，商务印书馆 1934 年版，第 10 页。

现后，国人遂暂以殷代为中国史之开始。中国法制之起源自亦不能例外。”①

不过，杨鸿烈和陈顾远等人注重以考古资料研究中国法律的起源，并不忽视传说和神话资料的价值，只是认为，这些资料应进一步得到地下实物的证实。陈顾远说：“后人对于三皇五帝之记载，在未有科学上之方法证明以前，至多仅可认为史前期之推测，或一种传说而已。”② 因此，他建议对商以前的传说资料采取存疑的态度，另写《中国法制传说史》。杨鸿烈的《中国法律发达史》也在论述了信然的殷代法制以后，以“后人所依托殷以前的司法情形”作为“附录”，罗列了自黄帝到夏代的有关法律制度的记载。

殷代起源说的局限性是十分清楚的。随着考古学的发展和新的地下实物资料的发掘，中国法律的起源和法律制度确切存在的历史必然向前推移。但杨鸿烈和陈顾远等人把考古资料与文献记载结合起来，以科学的态度论述中国法律的起源，仍给后人以有益的启示。他们“信则传信，疑则传疑”的治史态度，也值得学习。

### （三）新中国成立后的论点

1949年中华人民共和国成立后，马克思主义的理论和方法在历史学和法学的研究中得到广泛应用，关于中国法律起源的研究也有了科学的理论基础。马克思主义认为，法律是在社会生产发展的一定阶段上，随着私有制、阶级和阶级斗争的产生而产生的。在原始社会，生产力水平十分低下，人们共同生产共同消费，既没有私有制，也没有阶级和阶级压迫，因而也没有法律和国家。调整人们之间关系的是原始的习惯、风俗和道德。后来，随着社会生产力的发展和社会经济关系的变化，出现了生产资料的私有制和阶级分化，阶级矛盾和阶级斗争日益尖锐，氏族习惯和氏族制度已不能适应社会的需要，于是产生了法律，产生了国家。法律是适应社会经济的

① 陈顾远:《中国法制史》，第3页。

② 陈顾远:《中国法制史》，第3页。

发展和阶级斗争的需要而逐渐产生的。

新中国成立后，学术界一般认为，中国法律产生于夏代。这是因为，中国奴隶制的国家形成于夏代，中国有阶级社会的历史自夏代拉开帷幕。与此相应，法律也起源于夏代。例如，《中国大百科全书·法学卷》说："根据历史文献的记载，一般认为中国到夏朝（公元前21—前16世纪）便完成了由原始社会到阶级社会的过渡。随着氏族制度的解体，国家的形成，法也就产生了。"① 又说："中华民族是以黄河流域为摇篮发展起来的。早在公元前21世纪的夏代便进入了阶级社会，形成了国家和法律。"②

把马克思主义的理论和方法运用于中国法律起源的研究，有着十分重大的意义。在此以前，无论是古代文献中的记载或是近代的有关研究，在论及中国法律起源时都仅仅是指出法律产生的时间而已，并没有回答法律产生的根本原因是什么。而运用马克思主义的理论和方法，则不仅可以指出中国法律产生的具体时间，而且可以找出法律得以产生的经济的和阶级的原因，把具体的研究建立在更为坚实的理论基础之上。

但毋庸讳言，由于受苏联法学理论的影响，这一时期对马克思主义法律起源理论的研究尚不够深入，因而未能很好地揭示中国法律起源的规律及其特征。具体说来，苏联法学界的权威理论认为，法律是国家按照统治阶级的意志制定或认可，并由国家强制力保证实施的行为规范。按照这一理论，既然法律由国家制定或认可，并由国家的强制力保证实施，那么它必然与国家密切相连，在起源上它至少应与国家同时产生，甚或先有国家后有法律。而将这套理论运用于中国法律起源的研究，则产生了如下的论点：中国奴隶制的国家形成于夏代，与此相应，中国法律也起源于夏代；夏代之前是原始社会，既不存在国家，也不存在法律。显然，这种理解是机械的。近年来，已经有人撰文对这种论点提出异议，认为法律起源于原

① 《中国大百科全书·法学卷》，中国大百科全书出版社1984年版，第83页。
② 《中国大百科全书·法学卷》，第762页。

始社会末期。[①]

## 二、法律产生于原始社会末期

确实，马克思主义经典作家认为，原始社会没有阶级压迫，也没有法律和国家。恩格斯说："这种十分单纯质朴的氏族制度是一种多么美妙的制度呵！没有军队、宪兵和警察，没有贵族、国王、总督、地方官和法官，没有监狱，没有诉讼，而一切都是有条理的。……一切问题，都由当事人自己解决，在大多数情况下，历来的习俗就把一切调整好了。"但这是指易洛魁人那种典型的母系氏族社会，并不包括已经有阶级分化的原始社会末期。因为恩格斯在这段话之后又说："在没有分化为不同的阶级以前，人类和人类社会就是如此。"[②]

在国家与法律的起源上，马克思主义经典作家也不认为法律与国家同时产生，甚或先有国家后有法律。恩格斯说："在社会发展某个很早的阶段，产生了这样的一种需要：把每天重复着的生产、分配和交换产品的行为用一个共同规则概括起来，设法使个人服从生产和交换的一般条件。这个规则首先表现为习惯，后来便成了法律。随着法律的产生，就必然产生出以维护法律为职责的机关——公共权力，即国家。"[③] 显然，按照恩格斯的说法，在国家与法律的起源上是先有法律后有国家，法律产生于氏族社会末期。

而且，马克思和恩格斯还通过叙述古希腊雅典的历史和古罗马的历史，指明了法律先于国家而产生。

在古希腊的雅典，奴隶制国家是在公元前 509 年的克利斯提尼改革后

---

① 例如，倪正茂：《论法律的起源》，载《社会科学（上海）》1981 年第 1 期；李景毅：《法本论》，载《兰州学刊》1980 年第 3 期；曹三明：《法律起源考论》，载《中国社会主义法制建设的理论与实践》，鹭江出版社 1987 年版。

② 《马克思恩格斯选集》（第 4 卷），人民出版社 1972 年版，第 92—93 页。

③ 《马克思恩格斯选集》（第 2 卷），人民出版社 1972 年版，第 538—539 页。

最终形成的，但在此之前法律就已经存在了。恩格斯认为，早在传说的提修斯改革时，“就产生了凌驾于各个部落和氏族的法权习惯之上的一般的雅典民族法；只要是雅典的公民，即使在非自己部落的地区，也取得了确定的权利和新的法律保护”[①]。公元前 621 年，执政官德拉古依据习惯法为雅典人制定了一部严峻的法典，马克思评价说：“这证明已进入到以成文法代替习惯法的时期。”[②]后来，雅典又经过公元前 594 年的梭伦改革（又称梭伦立法），直到公元前 509 年的克利斯提尼改革才铲除了氏族制度的最后残余，形成了国家。

古罗马的国家产生于“王政时代”后期的塞尔维·图里阿改革，在此之前，法律也早已存在。恩格斯说，罗马的氏族元老院在许多事情上有决定权，有预先讨论法律的权力；新法律一般由人民大会通过，人民大会有权通过或否决法律，有权选举高级公职人员，并有最后的诉讼决定权。他还说：“与元老院和人民大会并列的，还有勒克斯，……他同样也是军事首长、最高祭司和某些法庭的审判长。”[③]

事实上，许多民族学的材料也充分说明，法律产生于原始社会末期，产生于国家形成以前。这里仅引述中国民族学的一些材料予以说明。[④]

我们先来看一则古代的史料。三国时期，我国北方的乌桓族尚处于原始社会末期的军事民主制阶段，但根据记载已有习惯法存在。《三国

① 《马克思恩格斯选集》（第 4 卷），第 106 页。

② ［德］马克思：《摩尔根〈古代社会〉一书摘要》，第 186 页。

③ 《马克思恩格斯选集》（第 4 卷），第 123 页。

④ 摩尔根在《古代社会》一书中认为，美洲印第安人种的易洛魁人的氏族有权利、特权和义务构成的氏族法（jus gentilicium），并列举了氏族法的十项内容。（商务印书馆 1983 年版，第 69—82 页）但恩格斯却将这十项内容称为氏族的“习俗”。［《马克思恩格斯选集》（第 4 卷），第 81 页］从社会发展的阶段来看，易洛魁人的氏族尚处于母系氏族时期，不应有法律存在。不过，摩尔根在谈到氏族的血亲复仇时说：“审问罪犯的法庭和规定刑罚的法律，在氏族社会中出现得很晚；但是在政治社会建立以前便已出现。”（第 75 页）这段话在一般意义上是正确的。

志·魏书·乌丸传》注引《魏书》:“常推募勇健能理决斗讼相侵犯者为大人,邑落各有小帅,不世继也。数百千落自为一部,大人有所召呼,刻木为信,邑落传行,无文字,而部众莫敢违犯。……其约法,违大人言死,盗不止死。其相残杀,令部落自相报,相报不止,诣大人平之,有罪者出其牛羊以赎死命,乃止。自杀其父兄无罪。其亡叛为大人所捕者,诸邑落不肯受,皆逐使至雍狂地。”根据这段引文,乌桓族的习惯法主要是刑事法律,其所涉及的罪名有违大人言、盗不止、亡叛等,刑罚有死刑、赎刑、流刑等。又,“推募勇健能理决斗讼相侵犯者为大人”,由大人审理各部落不能判决的互相残杀案件,说明已有诉讼方面的程序性习惯法。

我国现代民族学的材料也说明原始社会末期存在着习惯法。新中国成立之初,我国尚有十几个少数民族处于父系氏族社会向阶级社会过渡的阶段,有的甚至带有母系制的残余。在全国人大常委会民族委员会的主持下,对这些少数民族进行了历史和现状的调查。调查材料表明,处于原始社会末期的各少数民族大多有自己的习惯法。例如,20 世纪 50 年代以前还处于父权奴隶制阶段的西盟佤族有称作“阿佤理”的习惯法;解放前基本处于原始社会末期农村公社时期的景颇族有称为“通德拉”的习惯法。根据曹三明同志的归纳,这些习惯法主要有以下几方面的内容。

### (一)维护财产所有权的规范

如西盟佤族对盗窃行为这样惩处:如果盗窃的数额小,又非惯犯,只需归还原物;如果数额较大,又是屡教不改的,就要被赶出寨子或处死;而处死大都由亲人或同姓近亲公议执行。

### (二)保护人身权利的规范

云南省怒江地区的怒族一般以“命金”来抵偿伤害他人生命的罪过。“命金”是活牛、干牛各七头。景颇族的“命金”大都是田地、牛和货币,但如果打死偷窃者、奸淫者则不须赔偿。

（三）借贷规范

景颇族一般借贷有利息，过期不偿按复利算利息；借贷到期无力偿还的，债权人或拉债务人的牛，或抄债务人的家；如果欠债数额大，债权人可以“拉人”抵债，债务人可以以本人或子女给债权人做奴隶来抵债。

（四）继承规范

除个别保留母系氏族公社习惯的民族外，大多数少数民族都实行由儿子继承的制度，女儿的继承权一般被剥夺；如果没有儿子，或招赘继承，或由近亲男子继承。

（五）婚姻规范

佤族禁止同姓通婚，同姓男女发生性关系要受到严惩，一般要处死。景颇族通行单方姑舅表婚，即姑家男子必须娶舅家女子，但舅家男子不能娶姑家女子；还流行转房制（兄死弟娶嫂，或弟死兄娶弟媳等）和妻死丈夫续娶妻姊妹的习俗；还实行等级内婚，官家与官家通婚，百姓与百姓通婚；婚姻由父母包办，聘礼很重。

此外，氏族的公共管理机关有立法权和司法权。[①]

综上所述，无论是根据马克思主义经典作家的论述或是根据有关民族学的材料，都说明法律（包括习惯法）产生于氏族社会末期，而不是国家形成以后。[②]下面所要详细讨论的中国法律的起源也将证明这一点。

---

① 以上内容，参见曹三明：《法律起源考论》，载张国华等编：《中国社会主义法制建设的理论与实践》，鹭江出版社1987年版，第81—85页。

② 本书主要探讨法律的起源，不打算对国家起源做详细论述。但正如法律的产生有一个过程一样，国家的产生也应有一个过程。在原始社会向阶级社会过渡的过程中，氏族习惯逐步演化为法律，氏族的机构和制度也逐步带上阶级性，最终蜕变为国家。可以说，原始社会末期的法律就是由已经具有了阶级性的氏族机构制定或认可的。这一点还值得进一步探讨。

# 第二节　氏族战争与“刑始于兵”

## 一、远古氏族的分布

原始社会的基本社会单位是血缘氏族。在父系氏族时代，中国大地上分布着许多氏族和部落，后来的华夏民族就是由它们中的大部融合而成，中国奴隶制的国家也由它们的融合和发展而产生。因此，了解这些氏族的分布及其融合，将有助于我们探讨中国法律的起源。

根据传说和后人的研究，我国上古时代主要有以下四大部族。

### （一）炎帝族

炎帝，姜姓，又号神农氏，据说他生于渭河支流的姜水。实际上，炎帝并不仅指某个具体的个人，而主要是部落的名称（传说中的黄帝、太皞、少皞和蚩尤等都是如此）。炎帝族属古羌人，共有四大分支部落。一为烈山氏部，可能是烧荒火种的能手。《国语·鲁语上》：“昔烈山氏之有天下也，其子曰柱，能殖百谷百蔬。夏之兴也，周弃继之，故祀以为稷。”二为共工氏部，以治水而闻名。《国语·鲁语上》：“共工氏之伯九有也，其子曰后土，能平九土，故祀以为社。”其后代因治水有功，被尊为社神。三为四岳部，其后代有较大发展，周代的齐、吕、申、许即其代表。四为缙云氏，分布于晋南的汾水流域，后来残存的有沈、姒、蓐、黄四个部落。

炎帝族早期以渭水流域为根据地，后来向东发展，活动于大致南到湖北北部，北到山西南部的中原地区。从考古文化的角度来看，炎帝族是仰韶文化的创造者。仰韶文化因1921年首次发现于河南省渑池县仰韶村而得名，主要分布于陕西关中地区、河南大部、山西南部、河北南部，与传说中的炎帝族活动区域大体一致。

### （二）黄帝族

黄帝，姬姓，号有熊氏，大概是以熊为图腾的部族。相传黄帝与炎帝作战时曾教练熊、罴、貔、貅、貙、虎等六种野兽参战而取胜，这六种野兽实际是指黄帝族的六个氏族部落。《史记·五帝本纪》称其“邑于涿鹿之阿，迁徙往来无常处”，可能长期未脱离游牧生活。后来，黄帝族南下黄河流域，有了很大发展。《国语·晋语四》：“黄帝之子二十五宗，其得姓者十四人，为十二姓。姬、酉、祁、己、滕、箴、任、荀、僖、姞、儇、依是也。唯青阳与苍林氏同于黄帝，故皆为姬姓。”二十五宗，可能是25个氏族；十二姓，为12个胞族。这说明黄帝族已发展成为一个巨大的部落联盟。

黄帝族主要活动于山西、河北一带的山地，一般认为他们是红山文化的创造者。红山文化发现于1935年，主要分布于河北北部，北达内蒙古，与传说中的黄帝族活动区域大体一致。“红山文化的先民是过着以定居农业为主，兼有畜牧渔猎的经济生活”[①]，也与黄帝族特征相符。又，根据记载，黄帝族与炎帝族同源。《国语·晋语四》：“昔少典娶于有蟜氏，生黄帝、炎帝。黄帝以姬水成，炎帝以姜水成。成而异德，故黄帝为姬，炎帝为姜。”这说明黄帝族和炎帝族同出于少典氏族。而红山文化与仰韶文化在年代上大体相近，二者有许多相似之处，也与炎黄本系兄弟之说相合。当然，也有人认为黄帝族和炎帝族同为仰韶文化的创造者。[②]

① 中国社会科学院考古研究所编：《新中国的考古发现和研究》，文物出版社1984年版，第175页。

② 许顺湛：《中原远古文化》，河南人民出版社1983年版，第218—225页。

### （三）东夷族

东夷族分布于黄河下游和淮河流域，主要有太皞、少皞、蚩尤等部落。[①]太皞，风姓，其传说较早，当少皞氏强盛时，太皞氏已衰落了。传说，少皞氏以鸟为官。春秋时的郯子自称："我高祖少皞挚之立也，凤鸟适至，故纪于鸟，为鸟师而鸟名。"其中有凤鸟氏、玄鸟氏、伯赵氏、青鸟氏、丹鸟氏、祝鸠氏、鴡鸠氏、鳲鸠氏、鸤鸠氏、鹘鸠氏，还有"五雉""九扈"等，这实际上是二十四个氏族。[②]与炎帝和黄帝同时的蚩尤也属东夷族，兴起于少皞族衰落时。《国语 · 楚语下》："及少皞之衰也，九黎乱德，民神杂糅，不可方物。"九黎的首领就是蚩尤，传说蚩尤有兄弟 81 人，可能是 81 个氏族。

一般认为，东夷族是大汶口文化的创造者。大汶口文化发现于 20 世纪 50 年代，以山东省泰安县大汶口镇与宁阳县堡头村交界处的典型遗址命名，主要分布于山东和苏北地区，与传说中东夷族的活动区域大体一致。

### （四）苗蛮族

苗，古音为 máo（毛），音变而为蛮。三苗大概是三个氏族部落，他们主要活动于长江南北。战国时的吴起曾谈到他们的活动地区："昔者，三苗之居，左彭蠡之波，右有洞庭之水，文山在其南，而衡山在其北。"[③]其中的"衡山"非今天的衡山，据考证为较为偏北的安徽的霍山。[④]尧舜禹时代，他们曾屡次与华夏族发生争战。三苗战败后，其中的一个部落首领驩兜及其族属被放逐到了崇山，还有一个部落逃到了今天敦煌一带的三危山，而大部分则退到了南方。

---

① 蚩尤属东夷族，并非有些人所说为三苗族的首领。详见徐旭生：《中国古史的传说时代》，文物出版社 1985 年版，第 48—54、105 页。

② 《左传 · 昭公十七年》。

③ 《战国策 · 魏策一》。

④ 徐旭生：《中国古史的传说时代》，第 58 页。

三苗族是哪种文化的创造者，尚无较为一致的看法。有人认为，他们是屈家岭文化的创造者。屈家岭文化因最早进行较大面积发掘的地点是湖北省京山县[①]的屈家岭而命名，主要文化遗存分布在湖北省境内，正好是古代三苗聚居的地方。[②]

## 二、氏族战争与氏族融合

说明史前四大部族的分布及其与几大考古文化的关系以后，我们就可以进一步简述各个部族的融合了。上古时代，部族的融合不外两种方式：一是和平地进行，如通过联姻、合并等方式；二是通过战争。由于战争的方式十分激烈，在人们的记忆中留下的印象深刻，因而得以在传说、神话和有关的史料中流传记载下来。下面叙述部族间的一些主要战争。

在传说中的炎帝时代，黄河流域主要存在着炎帝族和东夷族两大部族。那时，东夷族的首领是蚩尤。《逸周书·尝麦》说："昔天之初，诞作二后；乃设建典，命赤帝分正二卿，命蚩尤于宇少昊，以临四方，司□□上天末成之庆。"这是说炎帝（赤帝）和蚩尤本是天生的两个王（二后），各自统辖其地，互不相干。从考古文化来看，当时的黄河流域存在的仰韶文化和大汶口文化也说明了这一点。其中，蚩尤统辖原属少皞的地区，即大汶口文化分布的地区。但东夷族却打破"二后"并存的局面，向西发展，引发了蚩尤与炎帝、蚩尤与黄帝及黄帝与炎帝的战争。

战争的第一阶段是蚩尤与炎帝的战争。蚩尤向西发展，遇到了炎帝，"蚩尤乃逐帝，争于逐鹿之阿，九隅无遗"[③]，把炎帝打得节节败退。也有记载说蚩尤打败的是炎帝族的共工氏部落，而战争的起因则是"共工振滔洪

① 现京山市。

② 田昌五：《古代社会断代新论》，人民出版社 1982 年版，第 54 页。

③ 《逸周书·尝麦》。

水，以薄空桑”[①]。空桑为今天的山东曲阜，是少皞族居住的地方，这是说共工氏振滔洪水危及了东夷族的利益。

战争的第二阶段是炎帝联合黄帝，黄帝打败蚩尤。《逸周书 · 尝麦》：“赤帝大慑，乃说于黄帝，执蚩尤，杀之于中冀，以甲兵释怒。”《山海经 · 大荒北经》：“蚩尤作兵伐黄帝，黄帝乃令应龙攻之冀州之野。应龙畜水，蚩尤请风伯雨师，纵大风雨。黄帝乃下天女曰魃，雨止，遂杀蚩尤。”这是说，战争的初期，黄帝仍令共工（应龙）攻击蚩尤，共工使用老伎俩畜水而战，但蚩尤本居于水乡，不惧风雨（请风伯、雨师），所以又大败应龙。后来，常居于干旱地区的黄帝亲自出战，请来了旱神女魃，蚩尤不能适应，终于战败。据说，蚩尤及其兄弟非常强悍，勇敢善战。《龙鱼河图》说：“黄帝摄政，有蚩尤兄弟八十一人，并兽身人语，铜头铁额，食沙石子。造立兵仗刀戟大弩，威振天下，诛杀无道，不仁不慈。”[②]

战争的第三阶段是黄帝与炎帝的战争。黄帝打败蚩尤以后，炎黄二族的矛盾又尖锐起来，爆发了新的战争。《史记 · 五帝本纪》记载：“轩辕之时，神农氏世衰。诸侯相侵伐，暴虐百姓，而神农氏弗能征。于是轩辕乃习用干戈，以征不享，诸侯咸来宾从。而蚩尤最为暴，莫能伐。炎帝欲侵陵诸侯，诸侯咸归轩辕。轩辕乃修德振兵，治五气，艺五种，抚万民，度四方，教熊、罴、貔、貅、貙、虎，以与炎帝战于阪泉之野。三战，然后得其志。”黄帝族与炎帝族的战争主要是为了争夺部落联盟首领的地位，因而黄帝打败蚩尤和炎帝之后，便被尊称为首领，并四处征伐，维护新的部落联盟。“诸侯咸尊轩辕为天子，代神农氏，是为黄帝。天下有不顺者，黄帝从而征之，平者去之，披山通道，未尝宁居。”[③]

东夷族、炎帝族和黄帝族之间的循环战争进行了很长时间，而战争

---

① 《淮南子 · 本经训》。

② 《史记 · 五帝本纪 · 正义》引。

③ 《史记 · 五帝本纪》。

的结果则是黄帝族进入中原，与炎帝族和东夷族之大部结盟，成为部落联盟的首领，建立了“万国和”的新秩序。战争促进了各个部族的融合，华夏族也由此而产生。后来，黄帝族的尧、东夷族的舜都曾主持过华夏联盟。

随着华夏族的逐步形成和地域性部落联盟的日趋稳固，地处南方的苗蛮各族又成了他们的主要敌人。华夏族与苗蛮族的战争主要发生在尧舜禹时代。相传，尧曾在丹水一带打败过三苗。《吕氏春秋·召类》：“尧战于丹水之浦，以服南蛮。”他的儿子丹朱曾被选为丹水一带的军事首领。尧与三苗的战争是华夏族与苗蛮族战争的开始阶段。舜主持华夏联盟后又与三苗发生战争，舜死后葬于苍梧之野的传说也说明他曾经到过湖南三苗聚居的地区。据《尚书·尧典》，舜“分北三苗”。又据《韩非子·五蠹》：“当舜之时，有苗不服，禹将伐之。舜曰：‘不可，上德不厚而行武，非道也。’乃修教三年，执干戚舞，有苗乃服。”由此看来，舜主要是对三苗进行分化和防御。直到禹时，华夏族才最后打败了三苗。《墨子·非攻下》说：“昔者三苗大乱，天命殛之。……高阳乃命禹于玄宫。禹亲把天之瑞命，以征有苗，雷电誖振，有神人面，鸟身，奉珪以侍，搤矢有苗之祥（将），苗师大乱，后乃遂几。禹既已克有三苗，焉历为山川，别物上下，乡制大极，而神民不违，天下乃静。”经过尧舜禹时代的战争，苗蛮族大部退向更南的地区，而其中的一部分也融入了华夏族。

以上所述为炎帝族、黄帝族、东夷族和苗蛮族四大部族之间的战争。其实，即使在炎、黄、东夷族结盟之后，华夏联盟内的不同氏族之间也发生过激烈的战争。《左传·文公十八年》记载：

昔帝鸿氏有不才子，掩义隐贼，好行凶德；丑类恶物，顽嚚不友，是与比周，天下之民谓之“浑敦”。少皞氏有不才子，毁信废忠，崇饰恶言，靖谮庸回，服谗搜慝，以诬盛德，天下之民谓之“穷奇”。颛顼有不才子，不可教训，不知话言，告之则顽，舍之则嚚，傲很明德，以乱天常，天下之民谓之“梼杌”。此三族也，也济其凶，增其恶名，以至于尧，尧不能去。缙云氏有不才子，贪于饮食，冒于货贿，侵欲崇侈，不可盈厌，聚敛积实，不知纪极，不分孤寡，不恤穷匮，天下之民以比三凶，谓之“饕餮”。舜臣尧，宾于四门，流四凶族：浑敦、穷奇、梼杌、饕餮，投诸四裔，以御螭魅。

其中的浑敦即驩兜，为三苗的首领；穷奇为东夷族少皞氏的后裔；梼杌即鲧，为炎帝族后代共工部的首领；饕餮为黄帝族缙云氏的后代。共工氏、缙云氏和少皞氏都是华夏联盟的成员，以驩兜为首领的苗蛮部大概在尧时于战败后也加入了华夏联盟，因为他曾向尧推荐共工。在当时的情况下，舜将浑敦、穷奇、梼杌、饕餮流往四裔，显然是战争的结果。

## 三、“刑始于兵”

上古的氏族战争与法律起源有着极为密切的关系，中国自古以来就有兵刑同一和“刑始于兵”的说法。所谓兵刑同一，是说在古人看来，战争与刑罚或刑法是一回事，二者在本质上相同。所谓刑始于兵，则是说法律起源于远古的氏族战争。《辽史 · 刑法志》说：“刑也者，始于兵而终于礼者也。鸿荒之代，生民有兵，如蠭有螫，自卫而已。蚩尤惟始作乱，斯民鸱义，奸宄并作，刑之用岂能已乎？帝尧清问下民，乃命三后恤功于民，伯夷降典，折民惟刑。故曰刑也者，始于兵而终于礼者也。”

关于这一点，我们可以从以下三个方面予以说明。

### （一）有关文献明确记载了兵刑同一与“刑始于兵”

据《国语 · 鲁语上》，春秋时鲁国的臧文仲说：“大刑用甲兵，其次用斧钺；中刑用刀锯，其次用钻笮；薄刑用鞭扑，以威民也。故大者陈之原野，小者致之市朝。”其中，甲兵指兵器，斧钺既是兵器，又是斩杀俘虏的工具，而刀锯、钻笮、鞭扑都是施以各种刑罚的工具。在这里，臧文仲把用于战争的兵器和惩罚犯罪者的各种刑具相提并论，并以大刑、中刑和薄刑划分其等级，显然是说兵刑同一。晋国的范宣子则明确指出：“夫战，刑也”[①]，战争就是刑罚。周宣王时的尹吉甫也威胁淮夷说：“敢不用命，则即刑，扑伐。”[②]把刑与战争（扑伐）等同起来。

上古时代大规模的氏族战争始于炎黄时代，终于夏代，而根据记载，传说中最早的法律即产生于这一时期。据《汉书·胡建传》，黄帝时有《李法》，尧舜时有苗民制五刑，[③]又有“皋陶作刑”[④]“伯夷降典，折民惟刑”[⑤]等一系列记载。而夏禹讨伐三苗的誓词和夏启讨伐有扈氏的誓词本身就是法律。《墨子·兼爱下》：“济济有众，咸听朕言，非惟小子，敢行称乱，蠢兹有苗，用天之罚。若予既率尔群对诸群，以征有苗。”又据《尚书·甘誓》，启在征讨有扈氏时也说：“有扈氏威侮五行，怠弃三正，天用剿绝其命，今予惟恭行天之罚。”

后人也认识到了上古兵刑同一和“刑始于兵”的事实。汉代的王充说：“案尧伐丹水，舜征有苗，四子服罪，刑兵设用。成王之时，四国篡叛，淮夷徐戎，并为患害。夫刑人用刀，伐人用兵，罪人用法，诛人用武。武法不殊，兵刀不异，巧论之人，不能别也。夫德劣故用兵，犯法故施刑。刑与兵，犹足与翼也，走用足，飞用翼，形体虽异，其行身同。刑之与兵，全众禁邪，其实一也。”[⑥]《隋书·刑法志》也说：“刑者，甲兵焉，鈇钺焉，刀锯钻凿，鞭扑榎楚，陈乎原野而肆诸市朝，其所由来，亦已久矣。”值

① 《国语·晋语六》。

② 郭沫若：《两周金文辞大系图录考释》，科学出版社 1957 年版，第 134、143 页。

③ 《尚书·吕刑》。

④ 《世本·作篇》。

⑤ 《尚书·吕刑》。

⑥ 《论衡·儒增》。

得注意的是，王充在这里把战争与法律、兵器与刑具相提并论，认为二者相辅相成，在本质上完全一样。而且，更有意味的是，王充把刑法的起源与“尧伐丹水，舜征有苗，四子服罪”联系起来，实际是说“刑始于兵”。

（二）上古三代和秦汉的司法官名称也带有兵刑同一和“刑始于兵”的痕迹

士或士师。上古的士，既是司法长官，又是军事长官。据《尚书 · 舜典》，舜命皋陶说：“皋陶，蛮夷猾夏，寇贼奸宄，汝作士，五刑有服。”郑康成注云：“猾夏，侵乱中国也。强取为寇，杀人为贼，由内为奸，起外为轨。”未加入华夏联盟的苗蛮族和东夷族侵乱华夏，这本是氏族间的战争，应采取军事行动征讨之，而舜却命皋陶作士，运用五刑，讨伐外族，并惩罚内部犯罪。在这里，军事长官与司法长官合二为一，由皋陶担任，既反映了上古时代的兵刑同一，又反映了“刑始于兵”的事实。后人甚至径以皋陶为最高司法长官。《说苑 · 修文》：“皋陶为大理。”《尚书 · 尧典》郑康成注云：“士，察也，主察狱讼之事。”马融注：“狱官之长。”发展到周代，“士”遂演变为司法官吏。据《周礼 · 司寇》，周代有士师、乡士、遂士、县士、方士、讶士、朝士等。

司寇和廷尉。商代和周代的最高司法官为司寇。司为执掌。寇指寇贼，《说文》解作“暴也”，当指外族的劫掠侵犯。又，战国秦汉时期的最高司法官为廷尉。廷指朝廷或官府，尉指军事长官。《汉书 · 百官公卿表》注引应劭曰：“听狱必质诸朝廷，与众共之，兵狱同制，故称廷尉。”作为最高司法长官的司寇或廷尉，其名称或与外族的劫掠侵犯有关，或与军事长官有关，也表明了上古社会兵刑同一和“刑始于兵”的事实。

近代的章太炎有见于此，认为后代的司法官吏起源于上古氏族战争中的军事首领。他说：“法吏未置以前已先有战争矣。军容国容既不理析，则以将校分部其民，其遗迹存于周世者，传曰官之师旅。……及军事既解，将校各归其部，法吏独不废，名曰士师。征之《春秋》，凡言尉者，皆军官也。及秦而国家司法之吏，亦曰廷尉，此因军尉而移之国中者也。”[①]

（三）中国历代正史的体例反映了兵刑同一和“刑始于兵”的事实

中国最早的一部正史为西汉武帝时司马迁所撰之《史记》。《史记》有《律书》一篇，兵刑同论：“故教笞不可废于家，刑罚不可捐于国，诛伐不可偃于天下，用之有巧拙，行之有逆顺耳。”东汉时，班固作《汉书》，首创《刑法志》。顾名思义，《刑法志》应记述法律制度，而班固却不仅概述了上古到秦汉的法律制度，而且概述了上古到秦汉的军事制度、军赋和兵法等。直到北宋的欧阳修等人撰著《新唐书》，正史之中才有独立的《兵志》。尽管如此，元代脱脱等人所撰的《辽史》仍然以“刑也者，始于兵而终于礼者也”作为《刑法志》的开头语。

此外，中国法律之所以起源于氏族之间的战争，还有一个很重要的原因，这就是战争是一种集体行为，为了取得胜利，需要有严明的纪律，需要制定严格的军事法律来约束每一个成员的行为。《易·爻辞》即说：“师出以律。”夏启讨伐有扈氏时也颁布军法说：“左不攻于左，汝不恭命。右不攻于右，汝不恭命。御非其马之正，汝不恭命。用命，赏于祖；弗用命，戮于社，予则孥戮汝。”[②]

## 四、“刑以威四夷”

上古的氏族战争是一氏族对另一氏族，或一部族对另一部族的战争，是一氏族对另一氏族的屠戮杀伤。同样，起源于氏族战争的法律也是针对

① 《太炎文录》卷一《官制索引》。
② 《尚书·甘誓》。

异族而非本族的。臧文仲说“大刑用甲兵”“大者陈之原野”，称为“大刑”“陈之原野”的战争是针对异族的。又据《尚书 · 尧典》，舜命皋陶作士，运用五刑，主要原因就是“蛮夷猾夏”，外族入侵骚扰。这也说明刑律是针对外族的。而且，上古劓、刵、椓、黥、大辟的五刑也是苗蛮族在与华夏族的战争中制定的。所以，直到春秋时还有人强调：“德以柔中国，刑以威四夷”，即刑是针对四夷，而德是针对本族的。[①] 有见于此，近人吕思勉也说：“刑之始，盖所以待异族。”[②]

根据文献记载，上古时代针对异族的刑罚主要有以下几种。

1. 死刑

《汉书 · 刑法志》：“大刑用甲兵，其次用斧钺。”韦昭注：斧钺，“斩刑也”。斧钺是执行斩刑的工具。

2. 肉刑

《汉书 · 刑法志》：“中刑用刀锯，其次用钻凿。”韦昭注：“刀，割刑。锯，刖刑也。钻，膑刑也。凿，黥刑也。”即刀、锯、钻、凿分别是适用劓刑、刖刑、膑刑和黥刑的工具。又据《尚书 · 吕刑》，苗民制五刑，有劓、刵、椓、黥、大辟。其中，劓为割鼻；刵为割耳；椓为宫刑，破坏男女的生殖器；黥为墨刑。则上古针对异族的肉刑有劓、刵、刖、膑、宫、墨六种。

《尚书 · 吕刑》所记周代的五刑没有刵刑，因而有人认为刵为刖之误，否认有刵刑存在。但无论如何，刵刑确实存在过，因为它与氏族战争有着极为密切的关系。在战争中，胜利者常常割下敌人的耳朵献功领赏，以此计算杀敌或俘敌的数量。这和砍下敌人的首级献功领赏具有同等的意义。《说文》即说：“聝，军战断耳也。《春秋传》曰：以为俘聝。”我们以周代的《诗经》和青铜铭文为例。《诗经 · 鲁颂 · 泮水》：“矫矫虎臣，在泮献馘”，

① 《左传 · 僖公二十五年》。

② 吕思勉：《先秦史》，上海古籍出版社 1982 年版，第 425 页。

描述征战归来的虎将向周王献上用以表明战功的敌人耳朵的情景。《小盂鼎铭》也有“隻（获）聝四千八百□二聝”的记载。到了后来，聝则成了一种针对俘虏的刑罚。《诗经・大雅・皇矣》：“执讯连连，攸聝安安”，描述胜利的将士审讯俘虏，割下其耳朵的情景。

以上的死刑和肉刑都是针对异族的。上古时，说到刑或五刑，一般都是指以上的肉刑和死刑。例如，苗民制五刑，有劓、刵、椓、黥、大辟;《尚书・尧典》说“五刑有服”，马融注云:“五刑，墨、劓、剕、宫、大辟。”《慎子》说:“斩人肢体，凿人肌肤谓之刑。”[①] 近人吕思勉也认为:“古人言刑与今异。汉人恒言:‘刑者不可复属’，亦曰‘断者不可复属’，则必殊其体乃谓之刑，拘禁罚作等，不称刑也。”[②]

上古时代也有针对本族犯罪者的刑罚，不过，那是另一类刑罚。《尚书・尧典》记载:“象以典刑，流宥五刑，鞭作官刑，扑作教刑，金作赎刑。”针对本族犯罪者的刑罚主要有以下几种。

1. 象刑

即本族人如果犯了应处墨、劓、剕、宫、辟的罪，并不真正施刑，而是以画衣冠、异章服的方式象征其已经受刑。《慎子》说:“有虞氏之诛，以幪巾当墨，以草缨为劓，以菲履当刖，以艾鞸当宫，布衣无领当大辟。”[③] 象刑之有无，从古到今有许多争论。如果象刑果真存在，则又从反面证实了“刑以威四夷”。

2. 流刑

上古在生产力极为低下的情况下，个人必须依靠氏族和生活于氏族之中，而把本族的犯罪者逐出氏族则是最严厉的惩处。“流宥五刑”是说本族的人犯了大罪，本应处以五刑，但五刑是针对异族的，故而宽宥他，改

① 《太平御览》卷六四五引《慎子》佚文。

② 吕思勉:《先秦史》，第425页。

③ 《太平御览》卷六四五引《慎子》佚文。

为流刑。根据记载，流刑还适用于部落联盟内的某些氏族及其首领。《尚书 · 尧典》："流共工于幽州，放驩兜于崇山，窜三苗于三危，殛鲧于羽山。"流、放、窜、殛，都是流放之意。[①] 郑康成注云："舜不刑此四人者，以为尧臣，不忍刑之。"即共工、驩兜、三苗、鲧都是以尧为首的华夏联盟的成员，舜不忍加之以刑，因而流放之四裔。

3. 鞭刑

以鞭子笞打犯罪者。马融注："为辨治官事者为刑。"

4. 扑刑

以荆条笞打犯罪者。郑康成注："扑为教官为刑者。"

5. 赎刑

以金赎罪。马融注云："意善功恶，使出金赎罪，坐不戒慎者。"

"象以典刑"和"流宥五刑"也反映了起源于氏族战争的刑对于本族制度的影响。原先，氏族内部的犯罪者大抵只处以流、鞭、扑、赎等刑罚，但后来，由于针对异族的五刑对各种犯罪都具有很大的威慑力，因而逐渐使用于本族人。这在开始阶段是"象以典刑"和"流宥五刑"，只是象征性地予以威慑。随着时间的推移和氏族界限的泯灭，五刑的对象就是所有的人了。

## 第三节　考古资料与法律起源

以上我们运用文献资料论述了中国法律起源于上古的氏族战争。下面我们将征引有关的考古资料，进一步论述"刑始于兵"，并推出中国法律已经产生的较为具体的时间。

① 殛，许多人认为是诛或杀，而清人孙星衍则考证其为流放。见其所著《尚书今古文注疏》卷一。

## 一、考古文化的融合

如前所述，炎帝族是仰韶文化的创造者，黄帝族是红山文化的创造者，东夷族是大汶口文化的主人，而东夷族的向西发展和炎帝族的向东发展则导致了中原地区炎帝与蚩尤，黄帝与蚩尤，以及黄帝与炎帝的循环战争。战争的结果是黄帝族的南下，炎帝族、黄帝族和东夷族一部之结盟，以及华夏族的形成。此后，黄帝族的陶唐氏、东夷族的有虞氏都曾成为华夏联盟的著名首领。

考古资料也证实了炎帝族的向东发展和东夷族的向西发展。新石器时代中晚期，黄河流域除了仰韶文化和大汶口文化及山东龙山文化外，还存在着黄河中游龙山文化。黄河中游龙山文化又称中原龙山文化，主要分布在陕西、河南、山西南部、河北西部及安徽西北部等地区，是在仰韶文化和大汶口文化及山东龙山文化的基础上发展起来的。

在仰韶文化与黄河中游龙山文化的关系上，仰韶文化是由西向东发展，并逐渐过渡为黄河中游龙山文化的。考古学界认为："庙底沟二期文化的文化遗存，既具有仰韶文化的特征，又具有黄河中游地区龙山文化的特征，是处于仰韶文化向黄河中游地区龙山文化过渡的阶段。"[①]这表明了仰韶文化的主人炎帝族的向东发展。

大汶口文化和山东龙山文化与黄河中游龙山文化的关系较为复杂一些。首先，山东龙山文化是在大汶口文化的基础上发展起来的。"典型龙山文化由大汶口文化发展而来，它既与大汶口文化有大体一致的分布范围，有上下叠压的地层关系，更有许多前后承袭的共同的文化因素。"[②]其次，山东龙山文化与河南龙山文化（黄河中游龙山文化的一个类型）又有许多相似的因素，表明两支文化有过广泛的相互交流和相互影响。考古学界认

① 中国社会科学院考古研究所编:《新中国的考古发现和研究》，第69页。

② 中国社会科学院考古研究所编:《新中国的考古发现和研究》，第97页。

为："在豫北、冀南、豫东的河南龙山文化和鲁西的山东龙山文化中，有某些相似的因素，是两支文化相互交流的结果。"① 此外，著名考古学家苏秉琦还认为，大汶口文化对庙底沟类型的黄河中游龙山文化有很大的影响。他从农业收割、伐木、渔猎、纺织缝纫几种生产工具的数量，对比分析了仰韶文化的半坡类型与庙底沟类型的经济文化差别，认为在庙底沟文化时期，"显然是东边对中原的影响要多一些"②。这都表明了东夷族向中原地区的发展。

向东发展的炎帝族与向西发展的东夷族相遇于黄河中游地区，部族战争势不可免，这就是《史记 · 五帝本纪》所说的"诸侯相侵伐""炎帝欲侵凌诸侯""蚩尤作乱""天下有不顺者，黄帝从而征之"的时期。战争的结果是黄帝族的南下和由炎帝族、黄帝族、东夷族组成的地域性部落联盟的形成及华夏族的形成。这在考古文化上则表现为不同的考古文化的融合和新的考古文化——黄河中游龙山文化的形成。黄河中游地区的龙山文化或中原龙山文化就是早期的华夏文化。③

非常有意义的是，目前我们所搜集到的有关中国法律起源的考古资料基本属于黄河中游地区的龙山文化，地下实物资料也进一步证实了古人所说的"刑始于兵"。

## 二、考古墓葬中的刑罚

根据放射性碳素的测定，黄河中游龙山文化的年代大约在公元前 2800 年—公元前 2000 年之间。黄河中游龙山文化又分为两个阶段：前期为庙底

① 中国社会科学院考古研究所编：《新中国的考古发现和研究》，第 69 页。

② 苏秉琦：《关于仰韶文化的几个问题》，载《考古学报》1965 年第 11 期。

③ 田昌五：《古代社会断代新论》，第 72 页；《马克思主义与华夏文明的起源》，载《华夏文明》第一集，北京大学出版社 1987 年版，第 1—17 页。

沟二期文化，后期则以河南龙山文化、陕西龙山文化和陶寺类型分别命名。其具体年代如下：

庙底沟二期文化。经放射性碳素测定，绝对年代为公元前 2780 ± 145 年（树轮校正）。该文化具有仰韶文化向黄河中游龙山文化过渡的性质。

河南龙山文化。根据放射性碳素测定，其年代大约在公元前 2625 ± 145 年—公元前 2005 ± 120 年之间（树轮校正）。现在一般所说的属于夏文化的二里头文化就是在该文化的基础上发展起来的。

陕西龙山文化。又称客省庄二期文化，其年代尚未测定，估计与河南龙山文化的年代相近。

陶寺类型。共探测三个标本，除一个年代过高予以排除外，其余两个分别为公元前 2440 ± 135 年和公元前 2466 ± 140 年（树轮校正）。①

如果进一步缩小范围，则典型的有关上古刑罚已经产生的墓葬资料，大多属于河南龙山文化。其具体遗址是：河北省邯郸市涧沟龙山文化遗址，河南省孟津县小潘沟龙山文化遗址，洛阳市矬李龙山文化遗址，洛阳市王湾龙山文化遗址。例如，孟津小潘沟遗址中共发现九座墓葬，死者都无随葬品，有的葬于灰坑中，其中骨架完整的三座，其余均为肢体残缺不全或呈挣扎状。② 概括起来，反映于这些遗址中的刑罚有以下几种。

### （一）斩首

邯郸涧沟龙山文化遗址中，“在房基内发现人头骨四具，有砍伤痕与剥皮痕，显系砍死后又经剥皮的”③。

邯郸涧沟龙山文化遗址中，在一个圆形坑内，“一层红烧土下有十具

① 以上资料，参见中国社会科学院考古研究所编：《新中国的考古发现和研究》，第68—75页。

② 洛阳博物馆：《孟津小潘沟遗址试掘报告》，载《考古》1978 年第 4 期。

③ 北京大学、河北省文化局邯郸考古发掘队：《1957 年邯郸发掘简报》，载《考古》1959 年第 10 期。

人架，无次序地叠压着，有的头骨上有被砍的痕迹，都为男性青壮年及五至十岁的儿童”。(图 1) ①

邯郸涧沟龙山文化遗址中，在一个被废弃的水井中，“埋有五层人骨架，其中有男有女，有老有少，或者身首分离，或作挣扎状”。遗址的发掘者推测：“死者可能有被杀死，或被活埋的。” ②

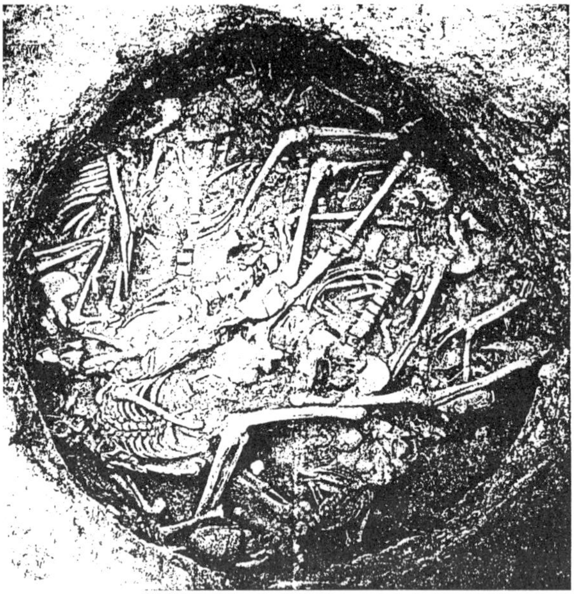

图 1

洛阳矬李龙山文化遗址中，$M_2$ 为一长方形竖穴，死者“单身仰身直肢葬，头向西。骨架保存较好，头骨残，单放在墓室的右上角。骨架为一成年男性，没有随葬品” ③。墓中的死者“头骨残，单放在墓室的右上角”，显然是受了斩首刑。

① 中国社会科学院考古研究所编：《新中国的考古发现和研究》，第 85 页；图版九。
② 北京大学、河北省文化局邯郸考古发掘队：《1957 年邯郸发掘简报》，第 532 页。
③ 洛阳博物馆：《洛阳矬李遗址试掘简报》，载《考古》1978 年第 1 期，第 8 页。

## （二）腰斩

孟津小潘沟龙山文化遗址中，在 $M_3$ 内，“人架仰身直肢，头南足北，腹部以上骨骼全无，但断处规整，无任何后期扰乱情况”。（图 2）①

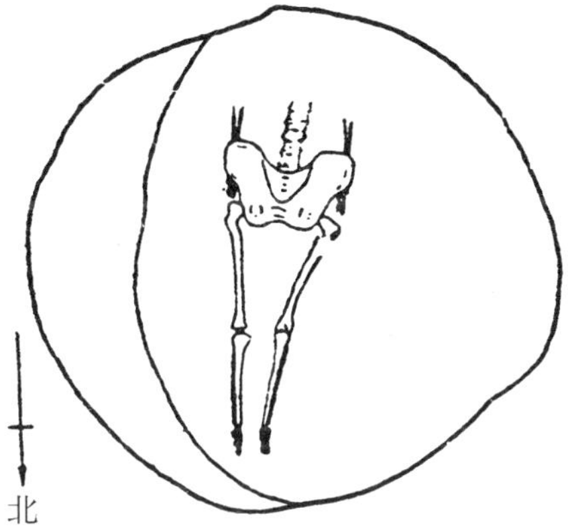


图 2

孟津小潘沟龙山文化遗址中，在 $M_4$ 内，死者“仰身直肢，头南足北，腰以下全无，断处规整”②。

以上两位死者，显然是在生前受了腰斩刑。

## （三）活埋

孟津小潘沟龙山文化遗址中，在 $M_5$ 内，死者“仰身屈肢，头北足南，两肩紧缩，两手交于腹，两脚交叉”。（图 3）③

孟津小潘沟龙山文化遗址中，$M_6$ 的骨架“侧身屈肢，头朝东南，面向南，双手举于头部两侧。”（图 4）④

① 洛阳博物馆：《孟津小潘沟遗址试掘报告》，第 245 页。
② 洛阳博物馆：《孟津小潘沟遗址试掘报告》，第 245 页。
③ 洛阳博物馆：《孟津小潘沟遗址试掘报告》，第 246 页。
④ 洛阳博物馆：《孟津小潘沟遗址试掘报告》，第 246 页。

以上两墓，根据 $M_5$ 的葬式，死者两手交于腹，两脚交叉，显然是被捆绑后活埋，而两肩紧缩则说明被活埋时的挣扎状。$M_6$ 的葬式也说明死者被活埋时的痛苦挣扎状。

此外，在孟津小潘沟龙山文化遗址中，$M_8$ 的死者“仰身直肢，头南足北，双手交于腹部”（图 5）①，可能是双手被捆绑于胸前活埋，但也许是其他原因所致，不像 $M_5$ 的死者那样典型，有待于进一步研究。

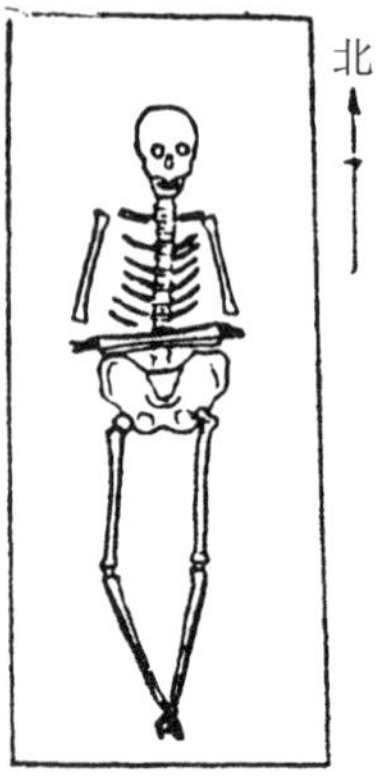


图3

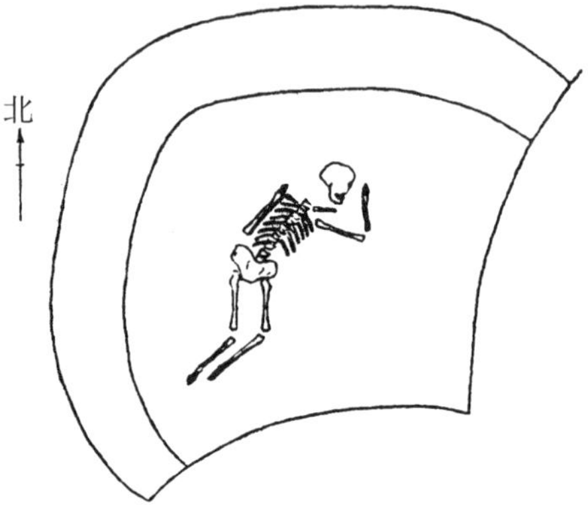


图4

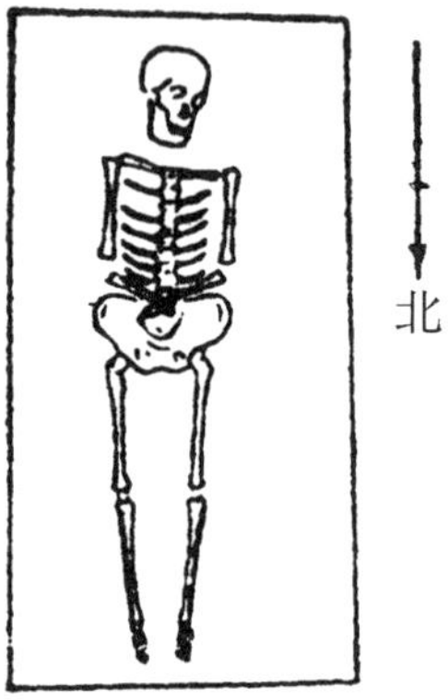


图5

（四）刖刑

洛阳矬李龙山文化遗址中，$M_1$ 为一长方形竖穴，未经任何盗扰，死者“单身仰身直肢葬，头向西。骨架保存完好，而下肢胫骨和腓骨均为半截，没有足骨，说明死者生前就是残缺的人，他可能就是被剁去双腿的受害者。骨架为一成年男性，没有随葬品”。（图 6）②

① 洛阳博物馆:《孟津小潘沟遗址试掘报告》，第 246 页。

② 洛阳博物馆:《洛阳矬李遗址试掘简报》，第 8 页。

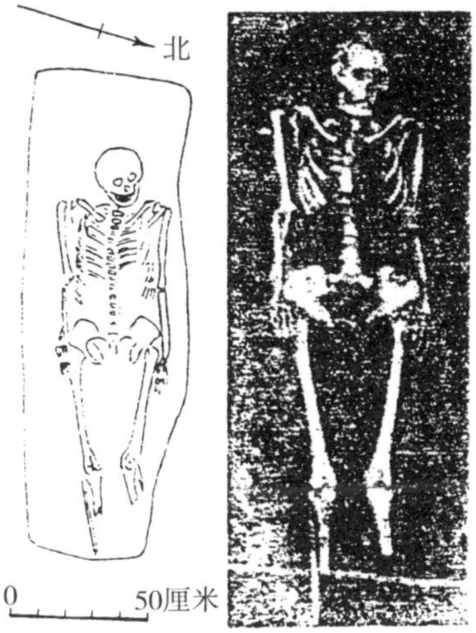


图6

这是目前所见最早的刖刑实物资料。其他还有五件有关刖刑的实物资料，分属于商代和西周。它们是：

1. 商代刖刑骨架，1971 年发现于安阳后岗，死者缺少一个下肢骨。①

2. 刖刑奴隶守门铜方鬲，西周前期器，鬲下方开门处铸有一左足被砍的奴隶。

3. 刖足奴隶鬲，西周中期器，鬲下方开门处铸有一刖去左足的奴隶。

4. “它”字盘，西周晚期器，盘下部以四个左足被砍的人做小足。

5. 西周刖刑奴隶骨架，单身俯身直肢葬，两臂向后，似受刑时被缚，无双足、双手。②

与以上刖刑资料相比，洛阳矬李龙山文化遗址中的刖足骨架具有更重要的意义。第一，商周两代的刖刑实物资料是中国法律已经有了很大发展，

① 中国科学院考古研究所安阳发掘队：《1971 年安阳后岗发掘简报》，载《考古》1972 年第 3 期。

② 以上有关西周的刖刑资料，参见胡留元、冯卓慧：《长安文物与古代法制》，法律出版社 1989 年版，第 34—35 页及所附彩图。

刑罚大量使用时的产物，而𡍬李遗址中的刖足骨架则是夏代以前，中国法律刚刚产生时的产物，它以自身的形态无可辩驳地说明了夏代以前就有法律存在。第二，由洛阳𡍬李遗址的刖足骨架还可以进一步描述刖刑的演变概况。大概初期的刖刑是砍去双足，到了商代和西周则演变为砍去一足，而且一般是砍去左足，如商代的刖足骨架和周代的青铜器所示的那样。不过，根据西周刖刑奴隶骨架，有时也砍去双足，甚至砍去双手。

此外，在河南龙山文化遗址中，还有一些墓葬资料可能与刑罚有关。例如，前引《孟津小潘沟遗址试掘报告》说："在试掘过程中，虽然没有发现墓葬区，但就是这几座零星的墓葬已出现断肢、腰斩、捆绑等情况。"其中的腰斩、捆绑活埋已如前述，而断肢，如果是指断下肢，则可能与刖刑有关，如果是断上肢，又可能是另一种刑罚。因发掘报告语焉不详，尚待进一步研究。又如，洛阳王湾第三期文化（属河南龙山文化）遗址中，"在三个袋形灰坑的底部发现人骨架，其中 $H_{11}$、$H_{166}$ 各出一具，$H_{79}$ 则有五具之多（经鉴定：一为成年男子，余皆未成年之儿童）。一般灰坑中发现的人骨架，排列无一定次序，从其零乱的状态看，与正常埋葬是有区别的"①。这些排列无次序的乱葬是否有斩首、腰斩或其他刑罚资料，因发掘报告过于简单，也有待进一步研究。

关于以上墓葬中的刑罚资料，还有两点需要说明。

第一，无论是受斩刑、腰斩、活埋或受刖刑的死者，都可能是异族人而非本族人，因而也都可能与氏族之间的战争有关。为了说明这一点，我们可以把以上墓葬与仰韶文化的墓葬作一比较。著名学者尹达在研究了仰韶文化的墓葬后得出结论说："一般说，他们是男女分葬，男的集聚在一起，女的集聚在一起，由二人到四十几人，在一个墓坑或一片地方埋葬。头向已有一定的方向，大都西向。像陕西的元君庙和横阵村，大都还是二次迁葬，在一个墓坑里一层层葬下去，有的多至三层。随葬的器物，因性别而

① 北京大学考古实习队：《洛阳王湾遗址发掘简报》，载《考古》1961 年第 4 期。

有所不同。”[①]尹达的结论至少说明两点：一是本氏族的人死后一般都葬在公共墓地，葬式规整；二是有一定的随葬品。仰韶文化属母系时代，属父系时代的山西襄汾陶寺的墓地也大致如此。1978 年在陶寺清理了一处墓地，已清理的 109 座墓葬都是长方竖穴形的，墓坑有大有小，全部仰身直肢，头向东南，其中 17 座墓有随葬品。[②]

而在上述河南龙山文化时期有关刑罚的墓葬遗址中，情况却远不是这样，死者既不在公共墓地内，也没有随葬品，葬式极不规整。在邯郸涧沟遗址中，考虑到氏族战争已然频繁的背景，房基内的人头显然是异族人而非本族人的。至于圆坑中和废弃水井中的乱葬者，则肯定是与氏族战争有关的异族人。在孟津小潘沟遗址中，共发现九座墓葬，都没有随葬品，很多死者葬于灰坑中。例如 $M_3$ 的受腰斩刑者和 $M_6$ 的被捆绑活埋者，都葬于灰坑中。[③]在洛阳矬李遗址中，无论是 $M_1$ 的受刖刑者或是 $M_2$ 的受斩刑者，都没有随葬品。显然，小潘沟遗址和矬李遗址中的受刑者都是异族人，而且都与当时的氏族战争有关。推断起来，他们或者是战争中的俘虏，或者是被罚为奴隶的异族人。

第二，根据文献记载，苗民制五刑有劓、刵、椓、黥和大辟，西周的五刑有墨、劓、剕、宫、大辟，而以上所列河南龙山文化墓葬资料中，所见的刑罚只有斩首、腰斩、活埋和刖刑，分属于大辟刑和刖刑。那么，这是不是说在中国法律产生的初期，只有大辟刑和刖刑而没有墨、劓、刵、宫等刑种存在呢？我们并不这样认为。因为从施刑的方法来看，墨刑是在人的面部或额上刺刻并涂以墨色，劓刑是截去人的鼻子，刵刑是割掉人的耳朵，宫刑是破坏男女的生殖器，可以说都是在人的皮肉或软组织上处刑。

① 尹达：《新石器时代》，生活 · 读书 · 新知三联书店 1979 年版，第 159—160 页。

② 中国社会科学院考古研究所编：《新中国的考古发现和研究》，第 84 页。

③ 在废弃的灰坑中葬人，这是一个很值得注意的现象。早在母系时代的遗址中就有这种现象。或许与法律起源有某种关系。

这些刑罚在活人的身上是非常明显的（女子宫刑除外），但在人死后，随着皮肉或软组织的腐烂，其痕迹随即消失，不可能在遗骨中保存下来。但斩首、腰斩和刖刑的处刑方式则不同，斩首是身首异处，腰斩是把人拦腰切断，刖刑是砍掉人的小腿骨以下，所以处刑的特征可以通过遗骨保存下来。至于捆绑活埋，其特征也只是借着葬式才保存了下来。由此可以推论，在河南龙山文化时期，除了刖刑和大辟刑的存在，完全有可能存在着如文献所记载的墨、劓、刵、宫等刑种，只不过是由于处刑方式的特殊而未能在墓葬资料中保存下来而已。

## 三、刑与兵、与殉葬的区别

### （一）刑与兵的区别

古人认为“刑始于兵”，认为兵刑同一或“兵狱同制”，把战争列为刑罚之一种，这自然有其时代和认识上的原因。但我们今天研究中国法律的起源，却不能把战争与刑罚混为一谈，否则，“刑”的范围将会过于宽泛。严格来说，“刑始于兵”是指“刑”起源于兵，而“刑”一旦产生就脱离了战争，成为一种独立存在的社会现象，而不应再与“兵”混同。所以，无论在使用文献资料或使用考古资料时，都应该注意把“刑”与“兵”区别开来。

东夷族所创立的大汶口文化中就有这类需要加以鉴别的墓葬资料。在山东曲阜西夏侯遗址中，墓 11 的死者“头骨离身，方向倒转侧置，面朝南，右上角台上有三段颈椎骨，但其头部的二层台和器物均未见后来扰乱的现象”。而且死者的随葬品极为丰富，有獐牙、小鼎、壶、尊形器等近百件。[①] 在大汶口墓地上，“墓 24、54、60、126、127 五墓没有人架，除墓 126 有

① 中国科学院考古研究所山东队：《山东曲阜西夏侯遗址第一次发掘报告》，载《考古学报》1964 年第 2 期。

包括下颌骨和小腿骨在内的几块零骨之外，其余几座墓连一颗牙齿也没有找到”[①]。但这几座墓，再加上只有骨架而没有人头的2号墓，都有很丰富的随葬品。其中，墓24、60、126、127为随葬品非常丰富的大型墓。“如60号墓，墓坑长4.65米，宽2.98米，有葬具，随葬了四十件器物和半只猪。126号墓只有人牙床及小腿骨，却有葬具，并随葬器物八十多件，仅在七十一件陶器中，白陶就有三十六件。除有一般骨器外，还有骨雕筒和象牙雕筒等工艺品。”[②]

从年代关系来看，大汶口的墓24、60、125、127属大汶口文化晚期墓，其年代为公元前2700年—公元前2500年左右。[③]西夏侯遗址11号墓为遗址中的上层墓，属大汶口文化晚期墓，年代也应为公元前2700年—公元前2500年左右。[④]

以上所列大汶口文化的墓葬与前述河南龙山文化墓葬的最大不同点是：邯郸涧沟、孟津小潘沟和洛阳矬李等遗址中，受斩首、腰斩、活埋、刖刑的死者墓葬中都没有随葬品，许多死者埋在灰坑或废弃的水井中，葬式极不规整；而在曲阜西夏侯和大汶口墓中，无论是身首异处者的墓或是无人架的墓，都有很丰富的随葬品，而且都葬于规整的墓中。对于这一点，《大汶口》一书的作者认为：“这些没有人架的墓，可能是由于人骨已全部腐朽，也可能原来死者由于意外死亡，尸体没有找到或仅找到几块残骨。现今沿海渔民，有为失事新人修纪念冢的习俗。”[⑤]而黎家芳则认

① 山东省文物管理处、济南市博物馆编：《大汶口：新石器时代墓葬发掘报告》，文物出版社1974年版，第7页。

② 黎家芳：《从大汶口文化葬俗演变看其社会性质》，载山东大学历史系考古教研室编《大汶口文化讨论集》，齐鲁书社1979年版，第201页。

③ 参见《大汶口：新石器时代墓葬发掘报告》，第4页；《新中国的考古发现和研究》，第89页图表。

④ 参见《山东曲阜西夏侯遗址第一次发掘报告》；《新中国的考古发现和研究》，第89页图表。

⑤ 山东省文物管理处、济南市博物馆编：《大汶口：新石器时代墓葬发掘报告》，第7页。

为："大汶口晚期墓中，无人架大型富墓的主人，可能就是在战争中冲锋陷阵的军事首领或战士，他们的尸体或头颅已为邻人作为战利品携带而去。在本氏族中，其亲属为他们举行了隆重葬仪，并随葬大批器物供其死后享有，形成了富有的空墓。"[①]《中国大百科全书 · 考古卷》也持相同的观点："在大汶口、西夏侯，还有一些无墓主、墓主身首分离或无头但随葬品相当丰富的大墓，可能是在部落战争中为本氏族的利益牺牲的首领或成员的厚葬墓。"[②]

考虑到当时氏族之间的战争十分频繁和东夷族已进入军事民主制时期，黎家芳和《中国大百科全书》的看法是很有说服力的。所以，西夏侯遗址中的身首分离者和大汶口遗址中的无头者都不能视为斩首刑的资料。[③]

### （二）刑与殉葬的区别

原始社会末期已有殉葬存在，一般是奴隶为主人殉葬或妻子为丈夫殉葬。殉葬资料与说明刑罚存在的墓葬资料性质完全不同，但有些殉葬资料却很容易与说明刑罚存在的墓葬资料相混，因而有必要加以说明和鉴别。

甘肃的齐家文化中就有这类墓葬资料。齐家文化因 1924 年首先发现于甘肃省广河县齐家坪而得名，其绝对年代为公元前 2050 ± 155 年—公元前 1915 ± 155 年，大约在公元前 2000 年左右。[④]

在武威县皇娘娘台齐家文化遗址中，76 号墓为男女合葬墓，"居左者为男性，身首分离，两腿伸直并拢。居右者系女性，唯此墓女子背向男子，

---

① 黎家芳:《从大汶口文化葬俗演变看其社会性质》，第 202 页。

② 《中国大百科全书 · 考古学卷》，中国大百科全书出版社 1986 年版，第 83 页。

③ 按照同样的道理，前述邯郸涧沟遗址乱葬坑中的死者如果是战死的异族人，就不能当作斩首刑存在的资料，但如果是异族俘虏或奴隶，且又经过一定程序后杀死，则可以当作刑罚资料。在目前尚难以判断的情况下，暂时系于死刑之下。

④ 中国社会科学院考古研究所编:《新中国的考古发现和研究》，第 118 页。

两手并拢举于前方，似捆绑所致。腰部各置石璧一件，脚下方随葬陶罐七件，小石子六十四颗，粗玉石片四块”[①]。女子背向男子，这与一般殉葬墓的女子侧身屈肢面向男子不同，而且“两手并拢举于前方，似捆绑所致”，说明该女子可能是被强行殉葬。所以，这个墓葬不能用使用了活埋刑来解释。此外，墓中的男子身首分离，不知什么原因造成，也许与斩首刑有关，也许无关（因墓中既有殉葬物品，又有殉葬的女子）。

在皇娘娘台齐家文化遗址中，还有五座乱葬墓，“都是利用废弃的窖穴放置骨架，有一个或两个个体的，均为成人，一般骨架凌乱，身首分离，肢体不全，甚至有的没有头骨，肢骨残断堆放在一起。很少有随葬品，仅墓 68 随葬陶罐四件，石璧一件”[②]。这些乱葬墓利用废弃窖穴放置骨架，有的身首分离，有的甚至没有头骨，说明可能施用了斩首刑。有的骨架肢体不全，且残断的肢骨堆放在一起，又说明可能施用刖刑或断上肢等刑罚。五座乱葬墓中只有墓 68 有随葬品，其他则没有，也很能说明问题。如果上述推论成立，则斩首刑和刖刑不仅存在于河南龙山文化中，也存在于其他文化中，具有空间上的普遍性。这对于研究中国法律的起源来说具有很重要的意义。

此外，在广河县齐家坪齐家文化遗址中，“发现有八人和十三人合葬的墓，看来墓中仰身者为主人，其余似为殉葬的人。这种葬式人架一般比较零乱，有的身首分离，也有的作挣扎状，葬式没有一定的规律，它可能不是属于正常人的死亡”[③]。这种殉葬墓，尽管殉葬者或身首分离，或作挣扎状，也不能当作有关刑罚，如斩首、活埋的资料。但如果不是殉葬墓，则又另当别论。

---

① 甘肃省博物馆：《武威皇娘娘台遗址第四次发掘》，载《考古学报》1978 年第 4 期，第 429 页。

② 甘肃省博物馆：《武威皇娘娘台遗址第四次发掘》，第 430—431 页。

③ 中国社会科学院考古研究所编：《新中国的考古发现和研究》，第 125 页。

## 四、文献资料中的罪名

以上我们根据考古文化中的墓葬资料说明，在河南龙山文化时期已经有斩首刑、腰斩刑、捆绑活埋刑和刖刑的存在，并推断这时极有可能还存在着古文献上记载的墨刑、刵刑、劓刑和宫刑等刑罚。但从理论上说，仅仅说明刑罚的存在，尚不能说明法律已经产生。按照法律规范的结构，完整的法律规范是由行为模式和相应的法律后果构成。在刑事法律中，行为模式就是罪名，相应的法律后果就是刑罚，而每一条具体的刑法条文都是罪名与刑名的有机结合。仅仅说明无论是刑名的存在或是罪名的存在，都不能说明法律已经产生。因此，为了说明中国法律的起源，为了证明原始社会末期已有法律存在，还必须说明当时已有犯罪或罪名的存在。

在文字性的有关古代法律的考古资料中，法律条文的罪名和刑罪都是非常完整的，二者有机地结合在某一刑律条文中，如我们在《睡虎地秦墓竹简》中所见的那样。但迄今为止，商代以前的考古资料中还没有有关法律的文字性资料。事实上，原始社会末期，中国的文字正在形成中，今后是否能够出土这类资料，也还难以预料。夏代以前非文字性考古实物资料中，刑罚可以借助墓葬甚或刑具保存下来，罪名却不具备这种条件。因此，要说明这一时期的罪名，还必须借助于有关的文献记载，以文献资料印证考古资料。

上古时期有关罪名的比较可信的材料主要散见于《左传》和《尚书》等典籍中。

《左传·昭公十四年》："《夏书》曰：昏、墨、贼、杀，皋陶之刑也。"其中，昏、墨、贼是罪名，杀是刑罚。即按照皋陶制定的刑法，凡犯有昏、墨、贼三种罪者都要处以死刑。关于这几种罪名，叔向还有较为详细的解释："己恶而掠美为昏，贪以败官为墨，杀人不忌为贼。"

《尚书·舜典》记舜命皋陶之辞说："皋陶，蛮夷猾夏，寇贼奸宄，汝作士，五刑有服。"其中的"寇贼奸宄"是罪名，即犯有这几种罪者，要相应地处以五刑中的刑罚。关于寇、贼、奸、宄四种罪名，郑康成注云："强取为寇，杀人为贼，由内为奸，起外为轨。"又，《汉书·刑法志》颜师古注云："寇为攻剽，贼为杀人，在外为奸，在内为轨。"

据《左传·文公十八年》，舜之所以流放浑敦、穷奇、梼杌和饕餮等四凶族，也是因为他们犯有各种罪行。具体说来，浑敦的罪行是："掩义隐贼，好行凶德，丑类恶物，顽嚚不友，是与比周。"穷奇的罪行是："毁信废忠，崇饰恶言，靖谮庸回，服谗搜慝，以诬盛德。"梼杌的罪行是："不可教训，不知话言，告之则顽，舍之则嚚，傲很明德，以乱天常。"饕餮的罪行是："贪于饮食，冒于货贿，侵欲崇侈，不可盈厌，聚敛积实，不知纪极，不分孤寡，不恤穷匮。"而对他们处以的刑罚则是流放，"投诸四裔，以御螭魅"。

据《尚书·吕刑》："苗民弗用灵，制以刑，惟作五虐之刑曰法，杀戮无辜。……民兴胥渐，泯泯棼棼，罔中于信，以覆诅盟。"胥，相也；渐，诈欺也；覆，反也，败也。孙星衍认为，后半句的意思是："言蚩尤时民多昏乱，以败诅祝盟誓。"[①] 则"胥渐"（互相欺诈）和"覆诅盟"（败坏盟誓）也是罪名。

又据《尚书·吕刑》："蚩尤惟始作乱，延及于平民，罔不寇贼，鸱义奸宄，夺攘矫虔。"这里的寇、贼、鸱义、奸、宄、夺、攘、矫、虔也都是罪名。寇贼：解释见前文。鸱义：鸱，轻也；义，善也。郑康成注云："盗贼状如鸱枭，钞掠良善，劫夺人。"奸宄：解释见前文。夺攘：夺，《说文》作"敚"，云强取也；攘，郑康成注云："有因而盗曰攘。"矫虔：韦昭注："诈称为矫，强取为虔。"[②]

综上所述，上古时代的罪名主要有寇、贼、奸、宄、昏、墨、胥渐、覆诅盟、鸱义、夺、攘、矫、虔等。尽管这些罪名或对犯罪的描述出于后人之口或后人之笔，有不准确甚至以后代语言叙述前代史实的可能，但它

① 孙星衍：《尚书今古文注疏》卷二十七。

② 《尚书今古文注疏》卷二十七。

们至少在一定程度上反映了上古时代已经有犯罪产生的事实。

## 五、中国法律产生的大体时间

考古文化中的墓葬资料证明原始社会末期有刑罚存在，文献资料也说明原始社会末期有刑罚和犯罪存在，这一切都表明，中国法律在夏代以前就已产生。下面，我们将根据考古资料和文献资料进一步推论出中国法律产生的较为具体的时间。

### （一）中国法律产生于河南龙山文化时期

河南龙山文化的墓葬中已发现斩首、腰斩、活埋和刖刑等刑罚，同时在文献资料中也有尧舜时期甚至黄帝蚩尤时期存在着刑罚和犯罪的记载，因此，将二者结合起来推论中国法律在河南龙山文化时期已经产生，应当是没有疑问的。

河南龙山文化的延续时间是公元前 2625 ± 145 年—公元前 2005 ± 120 年。几个有典型刑罚资料的遗址，邯郸涧沟龙山文化遗址、孟津小潘沟龙山文化遗址、洛阳矬李龙山文化遗址，都还没有更为具体的碳 14 年代数据，只有洛阳王湾龙山文化遗址（王湾第三期文化）有碳 14 数据，其具体年代是公元前 2390 ± 145 年（树轮校正）。[①] 但王湾第三期文化的墓葬中无明确说明刑罚存在的资料，因此意义不大。不过，我们可以根据洛阳矬李遗址的发掘报告对于该遗址中的刖足骨架和斩首骨架的年代作一推论。据《洛阳矬李遗址试掘简报》，刖足骨架和斩首骨架属矬李第二期文化；矬李第一期文化为仰韶文化，第三期为河南龙山文化晚期，则第二期应为河南龙山文化的早期和中期。又，河南龙山文化的年代是公元前 2625 ± 145

① 中国社会科学院考古研究所编：《中国考古学中碳十四年代数据集（1965—1981）》，文物出版社 1983 年版，第 72 页。

年—公元前 2005 ± 120 年，延续 600 年左右。如划分为三期，早期当为公元前 2625 年—公元前 2400 年，中期为公元前 2400 年—公元前 2200 年，晚期为公元前 2200—公元前 2005 年。即使我们把含有刖刑骨架和斩首骨架的遗址暂定在早期和中期交接点——公元前 2400 年，仅根据这个遗址，中国法律也早在公元前 2400 年左右就已经确实存在了。至于产生的年代，还有可能再向前推。

原来认为中国法律产生于夏代，而夏代的起始年代为公元前 2000 年左右。这样一来，按照以上的论证和推论，中国法律产生的具体时间就至少向前推了 400 年。

推断中国法律产生于河南龙山文化时期，在考古学上和研究中国法律的起源上还有以下两点意义。

第一，从河南龙山文化到二里头夏文化再到商周两代的文化，有关法律存在的资料没有间断过。

我们先看河南龙山文化与二里头文化的关系。二里头文化以河南偃师二里头的典型遗址命名，经碳 14 测定，其一至四期的年代约为公元前 1900 年—公元前 1600 年，与夏代的纪年大体一致。[①] 尽管目前对二里头文化与夏文化的具体关系有种种争论，但二者之间存在关系是没有疑问的。前述河南龙山文化，如果细分又可以划为不同的类型，如王湾类型、后岗类型等，有墓葬刑罚资料的孟津小潘沟遗址和洛阳矬李遗址属于王湾类型，邯郸涧沟遗址属于后岗类型。非常有意义的是，二里头文化就是从王湾类型发展而来的。考古学界认为："二里头文化的分布及放射性碳素测定的年代与文献记载的夏族活动的地域及年代是相近的，而河南龙山文化王湾类型的分布地域与二里头文化早期的分布地域也是大致相吻合的。在地层关系上，河南龙山文化又直接叠压在二里头文化一期之下。"[②]

① 中国社会科学院考古研究所编:《新中国的考古发现和研究》，第 214 页。

② 中国社会科学院考古研究所编:《新中国的考古发现和研究》，第 75 页。

河南龙山文化中有关于刑罚的墓葬资料，由河南龙山文化发展而来的二里头文化中也有一些说明刑罚存在的墓葬资料。例如，二里头遗址中有一些乱葬坑，骨架大多叠压在一起，并且残缺不全。“$M_{112}$内有人骨架四具，其中一具仅存躯骨和下肢骨，无头骨；一具则仅有下颌骨与下肢骨；一具仅有半个头骨和胸躯的一部分；还有一具则只有头骨和下肢骨。”[①]第一具骨架仅存躯骨和下肢骨，无头骨，显然是受了斩首刑；第三具骨架只有半个头骨和胸躯的一部分，则是受了腰斩刑。第二具和第四具骨架无胸躯部分，可能也与腰斩刑有关。在二里头遗址中还发现一些无墓坑、无随葬品的墓，大多在灰层和灰坑中，葬式有蹲坐式、仰身屈肢、俯身屈肢、俯身直肢和身首异处等几种。例如，“$VM_{205}$俯身，头向西，两手上举过头，手腕相交，躯干弯曲，下肢伸开微屈，推测是双手被缚而遭活埋的”。还有一些单个的人头骨和零星肢骨。[②]显然，$VM_{205}$的死者是受了活埋刑；身首异处和单个的人头骨是斩刑；而零星肢骨则可能与刖刑有关。

二里头文化在晚期发展为早商文化，并与属于商文化的二里岗文化直接有关。商文化中的刑罚资料和法律制度的资料远比夏文化丰富。例如，前述安阳后岗刖刑奴隶骨架即说明商代存在刖刑，而甲骨文中有关法律制度的资料更为世人所知。所以，从河南龙山文化到二里头夏文化，再到商文化以至周代文化，有关刑罚或法律制度的考古资料一直延续存在，中间没有缺档。

第二，在河南龙山文化之前的考古文化中尚未发现明确说明刑罚存在的资料。

黄河中游龙山文化分前后两期。前期为庙底沟二期文化，后期为河南

① 中国科学院考古研究所洛阳发掘队：《1959年河南偃师二里头试掘报告》，载《考古》1961年第2期，第85页。

② 中国科学院考古研究所洛阳发掘队：《河南偃师二里头遗址发掘简报》，载《考古》1965年第5期，第218页。

龙山文化、陕西龙山文化和陶寺类型龙山文化。目前，在庙底沟二期文化和陕西龙山文化、陶寺类型龙山文化中都没有发现明确说明刑罚已经存在的资料。对黄河中游龙山文化或河南龙山文化影响较大的大汶口文化和山东龙山文化中也没有发现足以说明刑罚已经存在的资料，仅在大汶口晚期墓葬中发现了一些说明氏族之间战争的资料（本节第三部分）。这也从另外一个角度表明，中国法律产生于河南龙山文化时期，其地域在中原一带。这似乎表明，仰韶文化、大汶口文化、山东龙山文化等考古文化，再加上红山文化和屈家岭文化的一些因素，共同会聚于中原一带，产生了一种既不同于原来各种文化而又高于它们的新文化，其标志之一就是法律的产生。

### （二）中国法律产生于尧舜时代

从考古文化来看，中国法律产生于河南龙山文化时期，而从文献记载的角度来看，则中国法律产生于尧舜时期。理由如下：

第一，有关尧舜时期制定法律的记载较为集中。

根据有关文献，尧舜时期有三件立法上的大事。一是“伯夷降典，折民惟刑”①；二是苗民制五刑②；三是皋陶作刑③。其中，皋陶制定法律的记载最多，不仅见之于《尚书·尧典》《史记·五帝本纪》，也见于《竹书纪年》《世本》及汉代的《急就篇》等典籍中。例如，《竹书纪年》：“帝舜三年，命咎陶作刑。”《后汉书·张敏传》：“孔子垂经典，皋陶造法律，原其本意，皆欲禁民为非。”注引史游《急就篇》说：“皋陶造狱，法律存也。”

第二，有关尧舜时期法律的记载较为具体明确。例如，刑罚的记载十分明确具体。《尚书·吕刑》叙述苗民制五刑，具体列举了劓、刵、椓、

---

①《尚书·吕刑》。

②《尚书·吕刑》。

③《世本·作篇》。

黥等刑罚。《尚书 · 尧典》叙述舜命皋陶作士，也提到“五刑有服”。罪名的记载也十分明确。《左传 · 昭公十四年》提到皋陶之刑有昏、墨、贼三种罪名；《尚书 · 尧典》记载舜命皋陶作士，提到寇、贼、奸、宄四种罪名；《尚书 · 吕刑》提到苗民制五刑时有“胥渐”“覆诅盟”等罪名；《左传》文公十八年也详细描述了浑敦、穷奇、梼杌和饕餮四凶兽的各种犯罪。

第三，尧舜时期有关于法官和审判的记载。

法律一旦制定出来就必须加以贯彻实施，否则毫无意义。而法律的贯彻实施，又与法官和审判联系在一起。因此，法官和审判的存在也是法律已经产生的标志之一。尧舜时期有法官和审判的存在。据《尚书 · 尧典》，舜命皋陶作士。郑康成注云：“士，察也，主察狱讼之事。”马融注云：“狱官之长。”则皋陶是当时的最高司法长官，主持华夏部落联盟的司法事务，相当于后代的司寇或大理。又据传说，皋陶治狱，曾使用一种叫作解廌（又称獬豸）的神兽来决断是非。《论衡 · 是应》说：“獬豸者，一角之羊也，性知有罪。皋陶治狱，其罪疑者，令羊触之，有罪则触，无罪则不触。斯盖天生一角圣兽，助狱为验。故皋陶敬羊，起坐事之。”这说明当时还处于神判法的时代。

第四，尧舜时期有关法律的记载可与考古墓葬中的刑罚资料相印证。

从文献记载来看，炎帝族、黄帝族和东夷族经过长期战争结成地域性部落联盟，由黄帝建立了万国和的秩序。然后，这一部落联盟经过不断整合，到尧舜时巩固下来，并经过禹和他的儿子启过渡为夏代国家。这样，由炎、黄、蚩尤战争到夏代的建立就划分为前后衔接的两个阶段：一是氏族林立和氏族战争阶段，二是尧舜为华夏联盟首领的时代。而从考古文化来看，仰韶文化、红山文化、大汶口文化、山东龙山文化甚至屈家岭文化汇聚于中原产生了黄河中游龙山文化。这一文化也经过了前后衔接的两个阶段，即前期的庙底沟二期文化和后期的河南龙山文化、陕西龙山文化、陶寺类型龙山文化，然后在河南龙山文化的基础上过渡为二里头文化。因此，把文献记载与考古文化结合起来，尧舜时代大体相当于河南龙山文化时期。尧舜时代关于法律的记载较为集中、具体，且有法官和审判的记载，而河南龙山文化中又有关于刑罚的墓葬资料，所以说中国法律在尧舜时已经产生应是没有疑问的。

除了尧舜时代以外，文献中有关黄帝时代有法律存在的记载也比较集中。对此有必要做些解释。笔者认为，根据目前掌握的资料，还不能肯定地说黄帝时代已有法律存在。理由如下：

第一，从“刑始于兵”来看，法律既然产生于氏族战争，那么它从战争分离出来，成为一种独立的社会现象，就需要有一定的时间，而不可能与氏族战争同时产生。因此，在氏族战争刚刚开始的黄帝时代，法律产生的可能性不太大。

第二，有关黄帝时代法律已经存在的记载大多出现得较晚，基本见于战国及其以后的一些作品，如《商君书·画策》《管子·任法》等。而在较早的和较为可信的《尚书》《左传》《国语》《史记·五帝本纪》中都没有关于黄帝时存在法律的记载。《商君书》和《管子》都属于子书，子书的记载往往带有作者的主观臆断，不尽可信。而且，《商君书》和《管子》有关黄帝时法律的记载，既没有具体的罪名，也没有具体的刑名，比较模糊。

第三，《汉书·胡建传》记载：“黄帝《李法》曰：壁垒已定，穿窬不由路，是谓奸人，奸人者杀。”这条材料也颇可怀疑。首先，上古的法律或法典，如皋陶之刑、《禹刑》、《汤刑》、《九刑》、《吕刑》，以至于到春秋时郑国和晋国铸刑鼎及邓析作《竹刑》，都称“刑”而不称“法”，只有李悝撰《法经》后称法典或法律为“法”。而这条材料称黄帝时有《李法》，似不可信。其次，就法条的内容“壁垒已定，穿窬不由路，是谓奸人，奸人者杀”来看，也不像上古的东西。因为在上古无文字的时代，制定这样规整的法律条文是不可能的。也许，黄帝《李法》与《黄帝内经》一类的书一样，是托名黄帝的作品，而不一定真是黄帝时的作品。[①]

第四，有关黄帝时期存在法律的记载尚无相关的考古资料予以印证。

---

① 查《汉书·艺文志》，有数十种托名黄帝的作品。

根据推算，炎帝族、黄帝族和东夷族之间的循环战争大约发生在公元前3000年前后，而黄帝战胜，建立地域性的部落联盟也大体在这个时候。这与黄河中游龙山文化（或称中原龙山文化）的上限大体一致。[①]但在黄河中游龙山文化的前期——庙底沟二期文化中，还没有发现能够证明法律已经产生的资料。

对于文献资料的解释，往往仁者见仁，智者见智，有时对于同一条材料还有可能出现截然相反的解释。所以，以上认为黄帝时期不可能有法律存在的前三点理由，不过是作者个人的见解，不一定正确。但根据我们的立意，研究史前文明和中国法律的起源，必须把文献资料与考古资料结合起来，必须以地下实物资料印证和证实文献记载，否则，仅靠一般性的对文献资料的解释和一般性的理论上的推论，都不能真正解决中国法律起源的问题。因此，在没有考古资料印证的情况下，我们最好对文献资料采取审慎的态度，不要依据一般性的推论匆匆把中国法律产生的上限推到黄帝时代。

### （三）中国法律产生于父系氏族社会末期

根据马克思主义的理论，法律是社会发展到一定阶段的产物，它随着生产力的发展和私有制的产生而产生，它随着阶级的产生和阶级矛盾的尖锐剧烈而产生。而这一切又往往发生于原始社会末期。

黄河中游龙山文化时期是父权制确立、私有制和阶级产生、发展并向阶级社会过渡的时期。关于这一时期社会生产的发展和私有制的产生及发展，考古学界认为："在这一阶段，无论农业生产或畜牧业生产都有了较大的发展。制陶业中陶轮的推广及陶窖结构的改进，缩短了劳动时间，提高了生产率。农业、畜牧业和制陶业的发达，促进了劳动分工的发展，提高了生产力，出现比前一阶段较多的剩余产品，私有制进一步发展了。"[②]文

---

① 田昌五:《马克思主义与华夏文明的起源》，第17页。

② 中国社会科学院考古研究所编:《新中国的考古发现和研究》，第85页。

献资料所记载的频繁而规模巨大的氏族战争，也与较多的剩余产品的出现和私有制的发展有关。恩格斯在谈到氏族社会末期的情形时说：“邻人的财富刺激了各民族的贪欲，在这些民族那里，获取财富已成为最重要的生活目的之一。他们是野蛮人，进行掠夺在他们看来是比进行创造性的劳动更容易甚至更荣誉的事情。以前进行战争，只是为了对侵犯进行报复，或者是为了扩大已经感到不够的领土；现在进行战争，则纯粹是为了掠夺，战争成为经常的职业了。”①

随着剩余产品的增多和私有制的进一步发展，出现了贫富分化，出现了奴隶和自由民，阶级和阶级斗争也因而产生。一般说来，私有制的产生和发展有一个漫长的过程，阶级对立的产生和阶级矛盾的激化也有一个过程，开始比较和缓，愈到氏族社会末期则愈显得激烈。例如，在黄河中游龙山文化的前期庙底沟二期文化时期，私有制已经产生，父权制初步确立，氏族制度开始走上解体的时期，还没有产生严重的阶级对立和阶级斗争。②但在黄河中游龙山文化后期，阶级分化和阶级对立已经非常严重了。例如，“襄汾陶寺的一百零九座墓中，只有十七座墓有随葬品，只有四座墓的墓口上有猪头。神木石峁墓中的精美的玉器，在商代也只有贵族墓中才有，它绝不是一般氏族成员的墓。这都表明氏族社会内已出现了贫者和富者、贵族和贫民。但他们都埋在同一个氏族墓地内，氏族纽带还把他们联系在一起。”③

私有制的发展，阶级的产生和阶级斗争的尖锐激烈，以及氏族之间掠夺战争的频繁，都表明氏族制度已经走向死亡，社会已经踏进文明的门槛。显然，在黄河中游龙山文化的后期河南龙山文化时期，在原始军事民主制时期的后期——尧舜时代，已经有法律存在是顺理成章的事情。

综上所述，根据目前掌握的考古资料，以及文献记载和马克思主义关

---

① 《马克思恩格斯选集》(第4卷)，第160页。

② 中国社会科学院考古研究所编:《新中国的考古发现和研究》，第72—73页。

③ 中国社会科学院考古研究所编:《新中国的考古发现和研究》，第85页。

于法律起源的理论，我们完全有理由把中国法律的产生暂定在河南龙山文化时期和尧舜时代，其年代在公元前 2400 年左右。[①]

## 第四节　中西法律起源比较

现代西方文明以古希腊和古罗马为源头。简述古希腊和古罗马法律产生的历史，比较中西法律产生的不同特征，有助于我们更深入地认识中国法律的起源。

### 一、古希腊雅典法律的产生与发展

古希腊包括希腊半岛、爱琴海诸岛、爱奥尼亚群岛及小亚细亚西部沿岸。希腊的地理环境非常特殊，海岸线曲折多变，岛屿星罗棋布，十分便利航海。而希腊半岛上则又山岭连绵，群山把各地分割成小块，交通阻塞不便，耕地也很有限。这种地理环境很容易形成各自为政的政治单位。

在“荷马时代”（公元前 11 世纪—公元前 9 世纪），希腊人的基本社会组织是氏族，若干氏族合成一胞族，若干胞族又构成一部落，部落之上还有部落联盟。希腊人的首领如阿溪里和奥德赛等都是军事民主制阶段的军事首领。“荷马时代”末期，阶级分化和阶级对抗日益严重，导致了奴隶制城邦的形成。城邦以城市为中心，同时包括周围的乡村，是由二者构成的整体。城邦大多分布于沿海和离海岸很近的平原地带，当时的希腊大

---

① 尽管在黄河中游龙山文化的后期河南龙山文化中有证明法律已经产生的墓葬资料，但考古学界认为：“这一阶段虽已出现了富人和穷人，贵族和奴隶，出现了阶级和阶级斗争，但是，从出现阶级到建立国家还有一段距离，目前还没有发现足以证明黄河中游龙山文化后期已出现了阶级矛盾不可调和的产物国家的证据。”参见中国社会科学院考古研究所编：《新中国的考古发现和研究》，第 85 页。

约有200多个城邦，其中最主要的有雅典、斯巴达、科林斯和米利都等。在古希腊法律的形成中，雅典法律的形成具有代表意义。

一般的研究认为，雅典城邦起源于提修斯改革，中经德拉古立法、梭伦变法，至克利斯提尼的变革而最终形成。雅典法律的产生也大致经过了同样的过程。

### （一）提修斯改革[①]

在“荷马时代”雅典处于氏族社会，有12个胞族，共四个部落。制度也是原始性的民主制度：人民大会、人民议事会和巴赛勒斯（王）。后来，随着社会分工的进一步发展和农业、手工业、商业的进一步发展，氏族、胞族和部落的成员很快杂居起来。此外，在雅典还迁来了这样一些居民，他们虽然是本民族的同胞，但并不属于这些团体，因而他们被看作外人。这就扰乱了氏族制度机关的正常活动，出现了氏族管理上的空白。为了进行补救，便产生了提修斯改革，并由此而产生了统一的中央管理机关和不同于氏族法的雅典法律。[②]

恩格斯描述提修斯改革说：“这一改革首先在于，在雅典设立了一个中央管理机关，就是说，以前由各部落独立处理的一部分事务，被宣布为共同的事务，而移交给设在雅典的总议事会管辖了。……于是就产生了凌驾于各个部落和氏族的法权习惯之上的一般的雅典民族法；只要是雅典的公民，即使在非自己部落的地区，也取得了确定的权利和新的法律保护。但这样一来就跨出了摧毁氏族制度的第一步，因为这是后来容许不属于全阿提卡任何部落并且始终都完全处于雅典氏族制度以外的人也成为公民的第一步。提修斯所制定的第二个制度，就是把全体人民，不问氏族、胞族或部落，一概分为

① 提修斯是传说中的人物，所谓提修斯改革也属于传说，但传说又反映了某些历史真实，即雅典城邦最初建立时可能发生过类似的变法和改革。

② 《马克思恩格斯选集》（第4卷），第105—106页。

贵族、农民和手工业者三个阶级，并赋予贵族以担任公职的独占权。”[①]

提修斯改革是由雅典氏族社会内部的矛盾促成的，改革虽然划分了居民的等级，产生了统一的管理机关和凌驾于各氏族之上的雅典法律，但由于规定只有贵族才能担任公职，平民与贵族的矛盾和对立反而加剧了。

### （二）德拉古立法

提修斯改革以后，氏族贵族享有充分的政治和经济权利。他们垄断政权，霸占土地，既剥削和压迫奴隶，也剥削和压迫小农、手工业者，雅典的许多贫民及他们的子女都因负债而沦为贵族的奴隶。以小农和手工业者为主体的平民与贵族之间的矛盾日趋尖锐。同时，当时的法律还是习惯法，而习惯法又被秘密地援用，氏族贵族常常随意按照自己的意愿去解释法律，庇护同族，迫害平民。因此，平民在与氏族贵族的斗争中，强烈要求制定成文法，以限制贵族的擅权。公元前 621 年，氏族贵族被迫让步，授权执政官德拉古进行改革，制定成文法。

根据波桑尼阿的《希腊纪事》第十一章，德拉古制定的法律以处刑严酷而闻名于世。法律广泛采用重刑，允许债权人将欠债不还的债务人及其家属卖至国外或变为奴隶，犯盗窃、纵火、杀人等罪都要处死，甚至连一个人懒惰或偷窃蔬菜和水果也要处以极刑。[②]

德拉古立法虽然对后世影响不大，但它是继提修斯改革以来对原始习惯法的重大突破，标志着成文法律在雅典的产生。

### （三）梭伦立法

德拉古立法在一定程度上限制了贵族解释传统法律的权力，但远远没有满足平民对于改革的要求，平民对贵族的不满日益加深，终于在德拉古

---

① 《马克思恩格斯选集》(第 4 卷)，第 106 页。

② 陈盛清主编:《外国法制史》，北京大学出版社 1982 年版，第 37 页。

立法 20 多年后促成了梭伦立法。

梭伦立法发生于公元前 6 世纪初。那时，雅典的工商业已开始发展，出现了一个新兴的工商业奴隶主阶层。工商业奴隶主虽然也残酷剥削奴隶和雇工，剥削小农和小手工业者，在经济上比较富有，但他们在政治上却受到贵族的压迫和排挤，不能参与政权。因而，他们与小农和手工业者联合起来，共同反对氏族贵族的特权，试图掌握政权。

面对平民和工商业奴隶主的斗争以及高度紧张的阶级关系，公元前 594 年，贵族被迫同意由倾向平民和工商业奴隶主的梭伦执掌政权，进行变法改革，主要内容有以下几项。

1. 颁布“解负令”，取消一切债务奴役制。根据这个法令，平民所欠的债一律免除，因债务而抵押的土地归还原主，因负债而被卖身为奴者恢复自由，被卖至外邦者由国家负责赎回。

2. 按财产的多寡把全体居民划分为四个等级。第一级是每年有 500 麦斗（一麦斗合 52.3 公升）谷物收获的公民；第二级是年收入 300 麦斗的公民，称为“骑士”；第三级是年收入 200 麦斗的公民，称为“兵士”或“牛轭级”，即能自备牛车者；第四级是年收入在 200 麦斗以下的贫穷公民，称为雇工。其中，一级、二级公民可担任高级官职，第三级可担任低级官职，第四级则不能担任官职。这实际上为富有的工商业奴隶主掌握政权开辟了道路。

3. 提高公民大会的作用，设立“四百人会议”。公民大会为最高权力机构，各个等级都有权参加，由它选举官职，决定战争与媾和等国家大事。“四百人会议”类似公民大会的常设机构，由四个部落各选举 100 人参加，第一、第二、第三级公民都可以当选。“四百人会议”负责准备和审理公民大会的提案，部分取代了贵族会议的职能。

4. 设立陪审法庭，全体公民都可当选为陪审员，参与案件审理，从而打破了贵族垄断法庭的权力。

此外，梭伦还实施了一些有利于发展工商业的法律措施，如改革币制和统一度量衡，奖励外地工匠移居雅典并给予公民权，鼓励葡萄酒和橄榄油的输出等。

由以上措施可见，变法改革主要是限制和剥夺贵族的权力，有利于工商业奴隶主集团，而一般的平民也免除了债务奴役的威胁，并获得了一些政治权利。恩格斯评价这次改革说：“这样，在制度中便加入了一个全新的因素——私有财产。国家公民的权利和义务，是按照他们的地产的多寡来规定的，于是，随着有产阶级日益获得势力，旧的血缘亲属团体也就日益遭到排斥；氏族制度遭到了新的失败。”

### （四）克利斯提尼立法

梭伦变法以后，贵族的势力受到了遏制，但并未遭到彻底打击。平民的境况有所改善，但也没有得到满足。工商业奴隶主的势力则随着工商业的发展和海外贸易的发展而日益强大，他们既与贵族有矛盾，也与农民有矛盾。这样，雅典就出现了三大派别：平原派代表富有的氏族贵族，企图恢复旧秩序；海岸派代表工商业奴隶主，拥护梭伦立法；山地派代表贫苦农民、牧民和雇工等，人数最多，对梭伦改革还十分不满，要求进行进一步的经济和政治改革。在与贵族势力的冲突中，海岸派和山地派有许多共同利益。

此外，随着社会分工和社会经济的进一步发展，“氏族、胞族和部落的成员都遍布于全阿提卡并完全杂居在一起，因此，氏族、胞族和部落已不适宜于作为政治集团了；大量的雅典公民不属于任何氏族；他们是移民，他们虽然取得了公民权，但是并没有被编入任何旧的血族团体；此外，还有不断增加的仅仅被保护的外来的移民”①。这样，氏族制度的残余也失去了它的最后地盘。

公元前509年—公元前508年，平民领袖克利斯提尼当选为执政官，推行新的立法改革，主要有以下几项内容。

1. 实行新的选区划分和按选区登记公民。雅典原有四个部落，选举依

① 《马克思恩格斯选集》（第4卷），第112—113页。

部落组织进行，氏族贵族往往依靠其传统势力左右选举。克利斯提尼则取消原有的四个部落，把全雅典划分为十个选区。新选区的基层单位称“德莫”，是具有政治和军事等职能的村社一级的自治区。公民不再分氏族，而按所居住的“德莫”进行登记和选举，完全以地籍取代了族籍。因此，恩格斯说，到克利斯提尼改革时，“氏族制度的最后残余也随之而灭亡了”[①]。

2. 进一步推行民主政治，以“五百人会议”取代梭伦的“四百人会议”。在十个选区中，每个选区选举 50 名代表组成“五百人会议”，除第四等级外都可以当选。“五百人会议”握有更多的权力，可以管理财政和外交事宜，为人民大会准备议案，执行决议。此外还加强了人民大会的作用，使它成为雅典的最高立法机关，掌握最后一级管理权。

3. 制定“贝壳放逐法”。规定人民大会有权通过投票决定放逐危害国家的分子，表决时每个公民可在贝壳或陶片上写下他认为应当放逐的人的名字。如对某人所投贝壳票超过 6000，则立即将他驱逐出国，十年后才许回来。这对于那些不为群众欢迎的人或野心家具有很大的威胁。

克利斯提尼改革标志着百余年来雅典平民反抗贵族斗争的胜利结束，标志着雅典国家的最后形成。至此，雅典法律的发展也随之而告一段落。

## 二、古罗马法律的产生与发展

罗马历史的最早阶段称为“王政时代”，传说这个时期先后经过七个王，约统治了 200 年。恩格斯说：“罗马人在所谓王时代也生活在一种以氏族、胞族和部落为基础，并从它们当中发展起来的军事民主制之下。”[②] 这时的罗马处于原始社会向奴隶制社会过渡的阶段。

传说罗马有 300 个氏族。每十个氏族组成一胞族，称为“库里亚”，

① 《马克思恩格斯选集》（第 4 卷），第 113 页。

② 《马克思恩格斯选集》（第 4 卷），第 124 页。

十个胞族又组成一个部落，共有三个部落。当时已经有了王（军事首领）、元老院和人民大会。人民大会按胞族召开，称为“库里亚会议”。元老院和库里亚会议有制定法律、选举高级职官、审判案件等职权。其具体情形是：“元老院像雅典议事会一样，在许多事情上有决定权，有权预先讨论其中比较重要的事情，尤其是新法律。这些新法律，最后由叫作“库里亚大会”的人民大会通过。来参加大会的人民按库里亚分组，而在每个库里亚内大概又按氏族分组；在通过决议时，30个库里亚各有一票表决权。库里亚大会通过或否决一切法律，选举一切高级公职人员，包括勒克斯（所谓王）在内，宣战（但由元老院媾和），并以最高法院资格，在一切事关判处罗马公民死刑的场合，根据各方的上诉作最后的决定。”①

公元前7世纪以后，罗马氏族内部的阶级分化已比较明显。富有的家族利用自己的权威霸占公有土地和其他财产，逐渐成为氏族贵族，贫困破产和地位低下的家族往往依附于贵族门下，成为被保护人。被保护者从贵族那里取得份地，为贵族服役，战时以亲兵身份随同出征；庇护人则承诺某些庇护义务。这时，氏族公社趋于瓦解，出现了家长制家庭，由家长掌握财富，控制家庭成员。家长制奴隶制也在形成之中，奴隶被视为家庭成员，受家长剥削。

随着社会经济的发展和罗马城的逐渐扩大，还产生了一个地位比较低下的平民阶层。一般认为，平民主要由外来移民和被征服地区的居民构成。他们处于氏族以外，没有氏族成员的权利，不能分得公有土地，但必须纳税和服兵役。平民人格自由，可以占有土地，主要从事个体农业生产，有的则经营手工业和商业。许多平民依附于贵族，向贵族租地、借贷，时时处于被奴役的威胁中。平民与贵族处于深深的对立之中。

公元前6世纪左右，平民在数量上已居于优势，罗马的工商业大多由他们经营，税收的大部分来自他们，在战时他们构成主要的战斗力，萌芽

① 《马克思恩格斯选集》（第4卷），第123页。

中的国家不能没有他们的支持。一部分平民因逐渐致富而提高了经济地位，更是激烈地反对氏族贵族的特权。平民和贵族的矛盾日趋尖锐，终于促成了塞尔维·图里阿的改革，也导致了罗马国家的产生。

塞尔维·图里阿是传说中的第六个国王（约公元前578年—公元前534年），他所推行的改革主要有以下内容。①

1. 全体罗马人，不分贵族平民，一律按财产划分为五个等级。拥有10万阿司的为第一等级；7.5万阿司为第二等级；5万阿司为第三等级；2.5万阿司为第四等级；1.1万阿司或1 .25万阿司为第五等级；财产低于第五等级的，称为“无产者”，不列等级。每个等级按财力不同组建军事百人团。第一级出80个步兵百人团，外加18个骑兵百人团；第二级出22个步兵百人团；第三级出20个；第四级出22个；第五级出30个；不入等级的无产者只象征性地出一个。

2. 以百人团会议取代原有的库里亚会议，投票表决时以百人团为单位，每个百人团享有一票。当时共有193个百人团，多数票为97票，但第一等级就占有98票的优势，因而只要他们意见一致，决议即为有效。

3. 废除三个原始的血缘部落，按地域标准把罗马划分为四个地域部落，每个地域部落占罗马城的四分之一，并享有一系列的政治权利。居民则在自己所在的部落登记户口和财产。

塞尔维·图里阿改革是一场深刻的政治革命。恩格斯论述这次改革的意义时说：“这样，在罗马也是在所谓王政被废除之前，以个人血缘关系为基础的古代社会制度就已经被破坏了，代之而起的是一个新的、以地区划分和财产差别为基础的真正的国家制度。”②

塞尔维·图里阿改革以后，平民与贵族的斗争继续推动着罗马法律的

① 改革的内容很可能不是在一次改革中全部实施的，改革也不一定完成于一人之手，但传说把全部改革归之于塞尔维，故称之为“塞尔维·图里阿改革”。

② 《马克思恩格斯选集》（第4卷），第126页。

发展。罗马共和国初期，政权仍由贵族掌握，作为国家首脑的两名执政官也只有贵族才能担任。元老院由氏族长老和退休执政官组成，有决定内外政策和审查、批准法律的权力，是贵族统治的核心机构。在贵族的统治下，平民在政治上不能当选为高级职官，不能充任元老院议员，社会地位低下，不能与贵族通婚。在经济上，他们不能参与国有土地的分配，对罗马因征服而获得的土地也完全无权。随着社会经济的发展，一部分平民成为富裕的上层，要求与贵族分享权力。而大多数平民则日渐贫困，因繁重的兵役和捐税而破产负债，许多人甚至沦为债务奴隶。他们要求参与土地分配，要求免除债务压迫。

罗马共和国初期，平民以政治权利、土地和债务为中心与贵族进行了长达两个世纪的斗争，取得了一系列胜利。这些胜利大都是以立法的形式肯定下来的。

公元前 494 年，平民获得推举保民官的权利。保民官的职责是保护平民，有权否决行政长官侵害平民利益的命令。同时还产生了平民会议，保民官由它选举产生。后来，平民会议逐渐取得了立法权，它通过的决议称为平民决议，具有国家法律的性质。

公元前 449 年，《十二铜表法》颁布，体现了平民对贵族斗争的巨大胜利。在此以前，罗马实行的是习惯法，立法和司法权力基本由贵族垄断。习惯法的规范往往很含糊，解释权又操在贵族手中，易于他们左右司法。颁布成文法则在一定程度上限制了贵族的武断和专横。《十二铜表法》是罗马的第一部成文法，它总结了前一阶段的习惯法，并为以后罗马法的发展奠定了基础。从散见的内容来看，除了第十一表禁止平民与贵族通婚外，平民在私法上已争得与贵族平等的地位，这是一个历史性的进步。

公元前 445 年，根据坎努里阿法案，废除了平民不得与贵族通婚的限制。次年，罗马开始选举具有执政官权力的军政官，规定平民可以当选。

公元前 367 年，通过李锡尼—绥克斯图法案。李锡尼和绥克斯图主张限制贵族土地和减轻债务，遭到贵族的反对。平民连续十次支持他们做保民官，斗争持续了十年，最后贵族被迫让步，通过了李锡尼—绥克斯图法案。法案的主要内容有：已支付的债息一律折作本金，未偿还的部分分三年归还；[①] 占有公有土地的最高限额为 500 犹格（约合 125 公顷）；取消军政官，规定执政官中必须有一人为平民出身。

公元前 326 年，通过波提利阿法案，规定债务人只以财产而不以人身对债权人负责，因债务被奴役者获得释免。这实际上是废除了债务奴役制，罗马的自由平民从此免除了沦为债务奴隶的威胁。

公元前 287 年，霍腾西阿法案规定，平民会议通过的决议具有国家法律的性质，全体罗马公民，包括贵族在内，都必须一体遵守。从此，平民会议成了罗马具有完整立法权的机构。（早在公元前 449 年，平民会议即获得立法权，但后来屡遭破坏，霍腾西阿法案将这一成果最后确定了下来。）

这样，经过 200 多年的斗争，平民无论在政治上或经济上都已获得了与贵族平等的地位，开始享有完全的公民权利。从此，原来意义上的平民已不复存在，平民上层与贵族融合为新贵族，掌握了政权，罗马社会和罗马法律也进入了新的发展阶段。

## 三、中西法律起源的主要特征

### （一）中国法律起源于氏族之间的战争，西方法律起源于氏族内部各种力量的妥协

中国法律起源于氏族之间的战争，已如前述。在古希腊的雅典，传说中的提修斯改革之所以发生，是因为氏族、胞族和部落成员的杂居，以及外来移民的到来，导致了氏族管理上的空白。德拉古立法是由于平民与贵族的斗争和贵族的让步。梭伦变法前后，雅典不仅存在着小农和手工业者

① 由于债户已支付的利息往往超过本金，这个规定等于取消了债务。

与氏族贵族的对立和斗争，而且存在着日益强大的工商业奴隶主与氏族贵族的矛盾和斗争。至于克利斯提尼改革，则标志着平民对氏族贵族斗争的最后胜利。雅典法律的产生完全是氏族内部各种力量冲突和斗争的结果，既没有发生过与外族的战争，也没有借助过战争的力量。恩格斯评价雅典国家的产生时说："雅典人国家的产生乃是一般国家形成的一种非常典型的例子，一方面，因为它的产生非常纯粹，没有受到任何外来的或内部的暴力干涉……另一方面，因为在这里，高度发展的国家形态，民主共和国，是直接从氏族社会中产生的。"[①] 雅典法律的产生也是这样。

在罗马，传说中的塞尔维 · 图里阿改革是由于平民与氏族贵族的斗争。罗马共和国初期，平民就政治权利、土地和债务等问题继续与贵族进行斗争，迫使贵族不断让步，导致了《十二铜表法》的颁布和确立平民一系列政治、经济权利法案的产生。最后，平民取得了斗争的胜利，平民上层与贵族融化为新的权力贵族。恩格斯总结这一过程说："在罗马，氏族社会变成了闭关自守的贵族，贵族的四周则是人数众多的、站在这一社会之外的、没有权利只有义务的平民；平民的胜利炸毁了旧的氏族制度，并在它的废墟上面建立了国家，而氏族贵族和平民不久便完全溶化在国家中了。"[②] 罗马的法律也是在平民与贵族的斗争中产生的。

当然，在罗马法律的形成过程中也有过对外的战争，不过，这些战争没有引导法律的产生如中国那样走向针对外族的道路，反而成了平民向贵族斗争的有利条件，成了社会内部法律产生的有利条件。共和国初期，罗马不仅在北方有伊达拉里亚人和高卢人等强敌，而且与邻近的埃魁人和沃尔斯奇人也常有战事。平民经常利用外敌压境的机会携带武器离开罗马，拒不应敌，以此向贵族进行斗争。这种斗争方式称为"撤离运动"，在共和国初期曾多次发生。由于平民的撤离，罗马兵力锐减，生产停滞，军事

① 《马克思恩格斯选集》（第 4 卷），第 115 页。

② 《马克思恩格斯选集》（第 4 卷），第 165 页。

形势和经济形势十分不利，因而贵族总是被迫让步。保民官和平民会议的产生，《十二铜表法》的制定和颁布，以及霍腾西阿法案的通过等，都是平民“撤离运动”的结果。

### （二）中国法律的产生是氏族之间不妥协斗争的结果，而西方法律则是氏族内部各种力量妥协的结果

中国法律起源于上古的氏族战争。战争是敌对氏族间的严酷斗争，彼此都想致对方于死地，毫无妥协可言。战争本身就是大规模的杀戮，往往是族灭姓亡，整个氏族的人民被杀，或者将被俘的敌对氏族成员罚为奴隶，迫使其接受战胜者的奴役和制裁。与炎帝族、黄帝族争战的九黎族和与华夏族长期争战的三苗族的一部分就遭受了这样的厄运。《国语·周语下》说：“无亦鉴于黎、苗之王，下及夏、商之季，上不象天，而下不仪地，中不和民，而方不顺时，不共神祇，而蔑弃五则。是以人夷其宗庙，而火焚其彝器，子孙为隶，下夷于民。”即使是同为炎黄之后的不同氏族，在战争中的命运也是如此。《国语·周语下》：“唯有嘉功，以命姓受祀，迄于天下。及其失之也，必有慆淫之心间之，故亡其姓氏，踣毙不振，绝后无主，湮替隶圉。夫亡者岂系无宠，皆黄、炎之后也。”

法律是在严峻的军事斗争中产生的，它针对异族而设，刑种残酷，同样毫无妥协可言。我们在考古资料中看到的斩首、腰斩和活埋等，都是对生命的残酷杀害。至于墨、劓、刵、刖、宫等刑罚，也是用各种刑具残害人的肢体和肌肤，其残忍程度恐怕在世界法制史上也属少见。

而古希腊和古罗马法律则是社会内部各种力量冲突和妥协的产物。在雅典，平民与氏族贵族的斗争持续了 200 余年，在每一阶段的斗争或每一次的斗争中，双方都有各自的要求，但平民不可能每一次都完全达到自己的目的，贵族也不可能在每次斗争中都彻底让步。举梭伦立法为例，梭伦制定的法律，本身就是折中贵族和平民不同要求的结果。法律制定后，双方都不满意。“很多贵族因为他取消债务而和他不睦，而两派亦都因调处

结果，大失所望，改变对他的态度。因为人民期待他制定法律，重新分配一切财产，而贵族则希望他或则恢复以前的制度，或则只是略加变更；但梭伦双方都不讨好，尽管他如果随意袒护一方，就有成为僭主的可能，他却宁愿遭受双方仇视，而采取曾是最优良的立法，拯救国家。”[①] 梭伦所写的诗也反映了双方的妥协。他说：

> 我所给予人民的适可而止，
> 他们的荣誉不减损，也不加多；
> 即使是那些有势有财之人，
> 也一样，我不使他们遭受不当的损失；
> 我拿着一只大盾，保护两方，
> 不让任何一方不公正地占据优势。[②]

在罗马，平民与贵族的斗争持续了近 300 年。在这个过程中，双方也是既有斗争又有妥协。例如，李锡尼—绥克斯图法案通过后，平民选出了罗马历史上第一个由平民担任的执政官。但事情并没有就此结束。“贵族们宣布不承认这场选举，事情发展到快要爆发一场平民的分裂出走了，而且还有别的迹象，显示出也许可怕的内战要到来。终于，独裁官替双方取得了协议，平息这场骚乱。贵族们对平民获得一席执政官这件事让了步，平民们也让步给贵族，可以任命一个司法官，执掌城内的司法，由贵族担任。这样，国内的两个阶层经过长期的分裂之后，终于又和谐合作了。”[③]

---

① [古希腊] 亚里士多德：《雅典政制》Ⅺ，载林志纯主编：《世界通史资料选辑》(上古部分)，商务印书馆 1962 年版，第 282 页。

② [古希腊] 亚里士多德：《雅典政制》Ⅻ，载林志纯主编：《世界通史资料选辑》(上古部分)，第 282 页。

③ [古罗马] 李维：《罗马史》,《罗马共和国时期》(上)，载林志纯主编：《世界通史资料选辑》(上古部分)，第 355 页。

正是通过一次次的斗争和双方的不断妥协，平民才逐步取得了对贵族斗争的胜利，罗马的社会和国家才得以存在并发展。

（三）西方法律在内容上远比中国法律广泛得多

从现有的考古资料和文献记载来看，起源于氏族战争的中国法律，在其初始阶段基本是刑法。古人所说的"刑始于兵"说明了这一点，上古三代以至春秋的法律、法典以"刑"字命名，如皋陶之刑、《禹刑》、《汤刑》、《九刑》、《吕刑》等，也说明了这一点。所以，中国上古的法律内容较为单调，主要是罪名和与之相应的刑罚。

但古希腊和古罗马的法律却不是这样。在雅典，提修斯改革是建立了一个统一的中央管理机构和把居民划分为贵族、农民和手工业者。梭伦立法，除了颁布"解负令"和制定鼓励工商业的措施，也是设立新的政治机构和按照财产资格划分居民的等级。克利斯提尼改革的主要内容也是如此。这样，雅典的法律就是伴随着国家的产生而产生的，法律基本上等同于国家的政治制度，或者说，有关政治制度的法律在整个法律体系中所占比例很大。古罗马的法律在其产生之初也是这样。塞尔维·图里阿的改革是按财产资格划分居民的等级和设立新的政治机构以取代旧的氏族组织。共和国初期平民与贵族斗争中产生的一系列法律、法案，除了有关土地和债务的一些内容外，主要涉及保民官制度、平民会议制度、军政官制度、执政官制度等，都属于国家制度的范畴。

罗马的《十二铜表法》也说明了古代西方法律在内容上的广泛性。十二表的标题依次是：《审判引言、审判条例》《审判条例（续）》《债务法》《父权法》《监护法》《获得物、占有权法》《土地权利法》《伤害法》《公共法》《神圣法》《补充条例（一）》《补充条例（二）》。[①] 我们仅从标题上就可以知道，《十二铜表法》涉及了土地占有、债务、家庭、继承、宗教和

① 林志纯主编：《世界通史资料选辑》（上古部分），第331—346页。

诉讼等许多方面。其涵盖面的广泛性不言而喻。古罗马历史学家李维（公元前 59 年—公元 17 年）即评论说："即令在今日这种律例浩繁、法令铺床叠架地乱成一堆的时候，它仍然是一切公私律令的根源。"①

当然，古希腊和古罗马早期形成的法律中也有刑事法律的内容。例如，雅典的德拉古制定的法律就主要是刑律，并以处刑严峻而著称。后人曾评论说："德拉古的法律不是用墨水写的，而是用血写的。"② 亚里士多德也说："除了以课罪从重，处刑严峻著名外，德拉古法律没有值得提示的特点。"③ 在罗马的《十二铜表法》中，第八表《伤害法》和第九表《公共法》也是关于犯罪和刑罚的规定，而且有些犯罪处刑很重，如放火者、夜间行窃或践踏他人田地庄稼者，都要处以死刑。但在另一方面，我们也看到，这类法律在古希腊和古罗马的法律体系中仅占很小的一个部分，并不构成法律的主体。关于《十二铜表法》，权威的《牛津法律大辞典》即说："该法典几乎完全是私法内容，且几乎完全是世俗的。"④ 至于德拉古所制定的法律，到梭伦变法时，"除了有关杀人犯的以外，已不复为人所遵守了"。⑤ 这说明残酷的德拉古法律在雅典历史上只存在了很短的时间，对整个雅典的法律影响不大。

### （四）礼制在研究中国法律起源中的地位

古希腊和古罗马早期的法律内容非常广泛，与中国产生于氏族战争的刑法形成了鲜明的对比。然而，通过细心的比较，我们就会发现，中国的上古三代也有涵盖面非常广泛，涉及国家的基本制度及婚姻、家庭、继承、

---

① ［古罗马］李维：《罗马史》（第 3 卷），《罗马共和国时期》（上），生活 · 读书 · 新知三联书店 1957 年版。

② 普鲁塔克：《梭伦传》，转引自普鲁塔克《传记集》，商务印书馆 1962 年版，第 17 章。

③ ［古希腊］亚里士多德：《政治学》第 2 章第 12 节。

④ 《牛津法律大辞典》，光明日报出版社 1988 年版，第 780 页。

⑤ 亚里士多德：《雅典政制》Ⅶ，载林志纯主编：《世界通史资料选辑》（上古部分），第 278 页。

祭祀和诉讼等各个方面的规范体系，这就是“礼”。礼产生于原始社会后期的宗教祭祀。《说文解字》：“礼，履也，所以事神致福也。”礼又是华夏族一脉相承的东西。《礼记·礼器》：“三代之礼一也，民共由之，或素或青，夏造殷因。”孔子也说：“殷因于夏礼，所损益，可知也；周因于殷礼，所损益，可知也。”[①] 礼到西周已发展成为一个庞大而复杂的规范体系，内容包括政治、经济、军事、教育、行政、司法、宗教、祭祀、婚姻、家庭、伦理道德等许多方面。《礼记·曲礼上》：“道德仁义，非礼不成；教训正俗，非礼不备；分争辨讼，非礼不决；君臣上下，父子兄弟，非礼不定；宦学事师，非礼不亲；班朝治军，莅官行法，非礼威严不行；祷祠祭祀，供给鬼神，非礼不诚不庄。”而且，非常有意义的是，礼制起源于原始社会末期的风俗习惯，这与西方法律的起源一样。

这样一来，我们实际上就触及了法律史学家经常论及的一些问题：在中国古代，礼与法的关系是什么？从现代法律观念来看，礼制中的某些部分可不可以纳入法律的范畴？下面我们将进一步讨论这些问题。但有一点是肯定的，即在讨论中国法律的起源和中国古代法律时，不能忽视礼制。因为在上古三代的社会生活中，主要的行为规范是礼而不是刑，礼的作用与古希腊、古罗马法律的作用大致相当。

## 第五节　“刑”“法”“律”字演变及其含义

### 一、“刑”字的演变及其含义

“刑”字的初形是“井”。在西周金文中已如此，在懿王器《牧簋铭》中多次出现。

---

① 《论语·为政》。

但在甲骨文中，“井”字并没有“刑”字的用法。

“井”字其本义即水井之“井”，读作“井”。《世本》：“伯益初作井。”在甲骨文中，“井”，或用作人名，如卜辞中常见“妇井”；或用作方国名，如“井方”，读“邢”，后来发展成“郱”或“邢”，高明云：“邢古写作井，邢、郱古同字。”①

西周晚期，出现了“荆”字样。如厉王时的《散盘铭》：“雀人有司荆。”但在这里“荆”是作为人名的。与此同时，金文中还保留有大量的初形字样“井”，总体来看，大致有三种用法。

1. 假借为“荆”，读“刑”。如穆王时的《班簋铭》有：“文王孙亡弗怀井（刑）。”恭懿之际的《牧簋铭》有：“不中不井（刑）”，宣王时的《兮甲盘铭》有：“敢不用令（命），则即井（刑）扑伐其唯我诸侯、百姓，厥贾毋不即市，毋敢或（又）入蛮宄贾，则亦井（刑）。”作动词用，即诛杀、征伐、惩罚之意。

2. 假借为“郱”，用作地名、人名、方国名。如《麦尊铭》有“井侯”，《散盘铭》有“井邑”，《曶鼎铭》有“井叔”等。

3. 同“型”。如《牧簋铭》有：“不用先王作井（型）”“先王作明井（型）用”，宣王时的《毛公鼎铭》也有：“先王作明井（型）”，这是名词模型、模范之意，引申为法；还可用作动词，如《墙盘铭》有：“祇颗穆王，井（型）帅宇诲。”“井帅”，金文中又习称“帅井”，即遵循、效法之意；又如《大盂鼎铭》有：“今我唯即井（型）禀于文王政德”，高明案：“禀，承受也；型，仿效”②，史籍中仍可见这种用法，《左传 · 襄公十三年》引《诗》曰：“仪刑文王，万邦作孚。”杨伯峻注：“仪刑，同义动词连用，犹言效法。”③

---

① 高明：《古文字类编》，中华书局 1987 年版，第 434 页。

② 高明：《中国古文字学通论》，文物出版社 1987 年版，第 448 页。

③ 杨伯峻：《春秋左传注》（三），中华书局 1981 年版，第 1000 页。

在造字的最初时期，只有“井”一种形体，但却有多种用法。随着文字的发展，虽然每一种用法都有了自己的形体，但是它们之间混用的现象仍然存在。“㓝”是西周晚期金文中出现的字形，战国时沿袭发展。在战国文字中也作此形。汉隶书写作：㓝、刑。后来规范文字时便渐渐写成“刑”。至于“型”字出现更晚，东周文字中才见有，下部或从“土”，或从“田”；在此之前，“型”常写成“井”或“刑”。

以上是“井”字的演变发展过程。

“井”“㓝”“型”，上古音同在耕部。“井”主要是以同音假借之法沿三条线索发展的：

井 ／ 郉 → 邢，方国名、地名、人名；
井 — 㓝 → 刑，征伐、杀戮，引申为刑罚；
井 ＼ 型 → 型，模型、模范，引申为准则、法；

《说文》：“㓝，罚罪也，从井，从刀。”“㓝”是形声字，井声，刀旁，意表征伐、杀戮；这是“刑”字的本义。因此，古有所谓“兵刑不分”之说，如《左传·宣公十二年》：“伐叛，刑也。”由“㓝”的本义引申出专指残害肢体的肉刑，后来泛指刑罚。文献有所谓：“大刑用甲兵，其次用斧钺；中刑用刀锯，其次用钻笮；薄刑用鞭扑，以威民也。故大者陈之原野，小者致之市朝。”[①]军事征伐之“刑”，与刑罚之“刑”混为一谈。

另外，《说文》中还有一个“刑”，“到也”。此字实际上是“㓝”的异体，而不是“㓝”的古体。“幵”旁是后起的，《说文解字注》：“幵字，古书罕见。”春秋战国文字中才见此旁。在篆文中“井”“幵”通用，《说文》中保留了不少这样的例子。如：郉、邢，㓝、刑等。许慎不了解这种情况，在作《说文》时很可能误改篆文字形，将“刑”字误分为两字。

① 《国语·鲁语》《汉书·刑法志》。

据文字学家研究，金文中的“井”字，也是铸造青铜器所用模范的象形，其初形是井字两直画常是不平行而是向外斜下的。[①] 其本义即铸造青铜器的模子。后来因形似水井之“井”而与之用混，也与“荆”混同，春秋战国之后才在“荆”下加上模具材料“土”，以示区别。这样“型”字才出现，后来又规范成“型”。所以，金文中的“井”“型”还有模型、模范之义，这种用法在文献中可得到印证。《荀子 · 强国》：“刑范正，金锡美，工冶巧，火齐得，剖刑而莫邪已。”又引申为规范、法，字书中可见这种用法。“型”字用作动词即仿效、效法。

“刑”字的演变，反映出商周人对“刑”这种社会现象的认识。

在“井”的三条发展线索中，人们对刑罚之“刑”印象最深。“刑”字发展的复杂性，使得征伐战争中血腥屠杀之“刑”与法律上之“刑”混同起来。战争征伐、戮杀之血腥，渗透到刑罚之中。“刑”在古人心目中成了一种非常可怕的东西，以致人们一谈起法律，就先想到刑罚，刀锯、斧钺历历在目。由此，人们产生了对法律的惧怕心理。

在此附带谈一下关于甲骨文“刑”“辟”字之讹。

1983 年法律出版社和 1988 年群众出版社分别出版的《中国法律思想史资料选编》《中国法制史资料选编》汇集了甲骨文中的法律史料。其中有如下三条：

（1）兹人井不。（《佚》850）

（2）叀王又作辟。（《粹》487）

（3）贞王闻不惟辟，贞王闻惟辟。（《乙》4604）

其注释云，“作辟”：辟，刑；井，刑。[②]

---

① 陈梦家：《西周铜器断代 · 免毁》，载《考古学报》1959 年第 4 期。

② 《中国法律思想史资料选编》，法律出版社 1983 年版，第 12 页。《中国法制史资料选编》（上册），群众出版社 1988 年版，第 1、2 页。

这三条史料也经常被学术界引用，以论述商代的刑法[①]但是，这些史料的运用及其注释都存在着疑点，非常值得商榷。以讹传讹，流传至今，因而有必要澄清。

首先，让我们来考察一下“兹人井不”之讹。

这条史料的甲骨拓片收录在商承祚《殷契佚存》中（第850片）。经查，《殷契佚存考释》850乙释文如下：

丁卯卜，贞兹⺁丼不　右行

与原拓片核对，可知商氏释文无误。但此片甲骨残缺不全，语句不通。然而商氏释文惟将“⺁丼”二字照抄不释，可见商氏也未能释出这二字。后来的学者却误将此二字释为“人井”。

甲骨文“⺁”与“人”之字形有别[②]。“⺁”为“匕”字，即“妣”字之古体。“丼”即“丹”字。甲骨文“丹”字作“A”形[③]，有时两侧出头，很容易与“丼”字混淆。因此，商氏未释出的二字应为“匕丹”。

陈梦家在其《殷墟卜辞综述》第491页论述亲属关系称谓时曾引用过一条甲骨文史料：

匕丹壱王匕丹弗壱　（《乙》4968、6451）

并说，由上可知下列事实：先妣有称私名的，如匕丹……

核查《殷墟文字乙编》4968号、6451号拓片，“匕丹”二字字形与《殷

---

① 如，1981年山西人民出版社出版的肖永清主编的《中国法制史简编》（上）第31页，中国人民大学出版社出版的张晋藩、张希坡、曾宪义所著《中国法制史》（第一卷），第37、39页，引用（2）（3）条。1982年群众出版社出版的高校法学试用教材《中国法制史》第29页，全部引用此3条。1981年中国社会科学出版社出版的王宇信《建国以来甲骨文研究》第119页，引用（2）。杨剑虹《铸刑鼎考释》（《中国古代史论丛》1981年第三辑）一文（2）（3）。1991年中国政法大学出版社出版的张晋藩主编的《中国刑法史稿》第23页，引用（1）（3）。1992年中国广播电视出版社出版的张晋藩《中国古代法律制度》第45页，引用全部3条资料。

② 高明：《古文字类编》，第9、27页。

③ 高明：《古文字类编》，第260页。

契佚存》850 号拓片基本吻合，唯“丹”字两侧不出头。陈氏释文甚是。

又，《殷墟文字乙编》4968 号、6451 号拓片现在已经收入《甲骨文合集》（一六二三）。姚孝遂《殷墟甲骨刻辞类纂》（上册，中华书局 1989 年，第 10 页）释文如下：

一六二三正 贞妣丹壱　王　二告

一六二三正 贞妣丹弗壱 王

从上述考证可知，“兹人井不”之“人井”实为“匕丹”之误。《殷契佚存》850 号拓片释文应为：丁卯卜贞兹妣丹不……。后面是残文。“妣丹”正如陈梦家所说，是先妣之私名。

可以说，根本不存在所谓“兹人井不”这样一条卜辞。而学者们认为该条卜辞是所谓贞问是否对某人执行刑罚，更是以讹释讹，不足为凭。

其次，再来看一下，“害王又作辟”“贞王闻不惟辞，贞王闻惟辟”之讹。

论者引之，以为“辟”在此指“刑”，即“刑法”，并以此作为商代有刑法之论据。按：这两条卜辞最末一字释“辟”均错。

前一条拓片收录在郭沫若《殷契粹编》中（第 487 号），其考释如下：害王又作。与拓片核对，郭老所释无误。最末一字应释为“辥”即“辪”。今作“孽”字。

又查，后一条最末一字与前一条最末一字同。《殷墟文字乙编》第 4604 号拓片已经收入《甲骨文合集》（九六七一正）。姚孝遂《殷墟甲骨刻辞类纂》（中册，第 967 页）释文如下：

贞王听惟孽，贞王听不惟孽。

论者将“孽”字误释为“辟”，显然是以讹传讹。

在甲骨文、金文中，“辟”“辪”二字的字形有着明显的区别[①]。

从字义来看，“辪”字在甲骨文、金文中“含凶咎之意”，并无“刑”

① 高明:《古文字类编》，第 268 页。

之意。这已经是定论。[①] 迄今为止，在甲骨文、金文中尚未见“辟”有“刑”或“法”之用法。“辟”字用作“刑”“法”字是春秋中期以后之事，《左传》中常见。《说文》：“辟，法也，从，从辛；从口，用法者也。”但从甲骨文来看，“辟”字却从辛从尸。“尸”即“夷”字，表示蛮夷战俘；“辛”是镌字初文，即凿子，古人用作黥刑的刑具。所以，“辟”字本义很可能是对战俘施以黥刑 [②]，后来泛指刑罚之“刑”，如周称死刑为“大辟”，即“大刑”。死刑是最重之刑，故称。春秋以后，往往称为“刑辟”，即指“刑书”，“辟”为“刑”；汉代才以法释“辟”。

因此，这两条卜辞最末一字应释为“辥（孽）”字，释为“辟”字是错误的。将这两条卜辞作为商代刑法史料来用就更是荒谬了。

## 二、“法”字的演变及其含义

迄今所见，甲骨文中还未发现有“法”字。金文有“法”字，写作“灋”，这是“法”的古体，如西周早期的《大盂鼎铭》，晚期的《克鼎铭》《师嫠簋铭》等都有；在战国简印文字中“灋省作法”。[③] 但是，在战国甚至秦汉时期，“法”字的古体一直保留着，如《周礼》、1975 年出土的睡虎地秦简以及《说文》中的“法”都作古体。

迄今所见，金文的“法”字有两种用法。

1.《大盂鼎铭》有：“故天异临子，灋保先王。”唐兰注：灋通废，《尔雅 · 释诂》：“废，大也。”[④]“灋”在此作形容词用，修饰“保”。这句话的意思是：故天在辅佑和监临他的儿子，保护着先王。

① 李孝定：《甲骨文字集释》（第 14 卷），第 4287 页。
② 詹鄞鑫：《释甲骨文“彝”字》，载《北京大学学报》（哲学社会科学版）1986 年第 2 期。
③ 高明：《古文字类编》，第 479 页。
④ 唐兰：《西周青铜器铭文分代史征》，中华书局 1986 年版，第 174 页。

2.《大盂鼎铭》《师酉簋铭》《恒簋铭》《师克盨铭》有“勿灋朕命”，此为金文中的惯用语。学者们对此注释一致，“灋假为废”，“读如废”，“勿灋朕命”，意即不要废弃我的命令。[①] 这是作动词用。

可见，西周金文中“灋”是假为“废”。“灋”“废”古同音，故可假借。

关于“灋”字的解释，以《说文》最为著名：“灋，刑也。平之如水，从水，灋所以触不直者去之，从灋去。”用金文印证，许慎之说不能令人满意，这只能代表东汉人对“灋”字的认识，其中明显地带有战国末期阴阳五行说的痕迹。[②] 今人对“法”字本义的探讨很多，但没有说服力较强的。从现有资料看，探索“法”字本义比较困难。但是，“后代法律之‘法’由‘废’义引申的可能性是存在的。按《尔雅 · 释诂》‘替，……遏，止也’。《释言》‘替，废也’。可见‘废’有遏止之义。又《广雅 · 释诂三下》‘禁，……咹，止也’。王念孙疏证以‘咹’‘遏’为一字。故遏止即禁止。由此引申为‘法禁’，使作废义之‘法’具有法律之义，是很自然的。又‘废’，发声，古亦作‘发’，而‘发’有‘伐’义，‘伐’‘罚’一音，‘罚，伐也’（以上见《经籍纂诂》去声十一队‘废’，入声六月‘发’‘罚’下），这和法律之‘法’也是吻合的。”[③]

不过，从金文“法”字的用法与文献记载相印证，我们至少可以确定：春秋以前的“法”字可能与现代意义上的“法”无关。可以说，商周人只知“刑”而不知“法”。

从文献记载来看，大量引用“法”字是后来的事。《礼记 · 曲礼》云：“刑不上大夫。”《诗》及《尚书 · 周书》也少见“法”字（现代意义

① 唐兰：《西周青铜器铭文分代史征》，第 174 页；高明：《中国古文字学通论》，第 448 页。
② 张国华、饶鑫贤主编：《中国法律思想史纲》（上），甘肃人民出版社 1984 年版，第 229 页。
③ 祝总斌：《关于我国古代的“改法为律”问题》，载《北京大学学报》（哲学社会科学版）1992 年第 2 期。

上的)。从《左传》来分析，可能春秋时人们还不大懂得“法”字的意义。公元前536年，郑国执政子产“铸刑书”。晋国大夫叔向曾写信痛斥子产，竭力举出当时政治意识上可有的手段和字面来劝止子产，有所谓“义”“政”“礼”“信”“仁”“忠”“和”“敬”等，而独不言“法”。子产的刑书，当时只称“辟”，而不称“法”。可见当时并无“法”的观念。“法”字的意义，在当时尚未达到确立的地位。如果说叔向的信系后人杜撰，非叔向手笔，则更证明“法”的观念直到杜撰时尚未成熟。

事隔23年，又有晋国“铸刑鼎”之事。其下载有仲尼、蔡墨二人的批评，其中都谈到“法”字。从其谴责的字里行间分析，他们所谓“法”“法度”也不是现代意义上的“法”。①

“法”的观念，产生于战国时期。其实践来源是春秋末期产生、战国时期得到蓬勃发展的成文法运动。在这场运动的冲击下，法家学派在成文法运动的中心地三晋诞生了。法家鼻祖李悝总结了春秋战国各诸侯国的立法经验，完成了《法经》，初步建立了法家学说的体系。在“百家争鸣”中虽然其他学派对“法”也有自己的看法，但还是以法家的最为典型。中国的“法”观念就在成文法运动的摇篮——三晋地区出现了。

## 三、“律”字的演变及其含义

“律”字在商代甲骨文中已经出现。据统计，商代甲骨文中有五处“律”字：

1.《甲骨文编》卷二·二五所收《京都》二〇三三之“律”是作为地名。

2.《怀》一五八一有“师惟律用”。

3.《屯》一一九也有“师惟律用”。

4.《怀》八二七有“……律在”。

5.《合集》二八九五三有“王弜……律其……弗悔”。

---

① 以上两段据钱穆:《周官制作时代考》，载《燕京学报》第十一期。

《京都》二〇三三所见“律”字为地名，已成定论。《怀》八二七残缺太多，“律”为何意，不得而知。《怀》一五八一、《屯》一一九是同一语句“师惟律用”，是商代惯用语，与《易 · 师》之“师出以律”是同一语式。

肖楠指出，此“师惟律用”之“律”，即《易 · 师》“师出以律”之“律”。[①] 杨升南注释：“律：纪律，法律。军队之法纪亦包括军法，是军队战斗力的保证。用：《说文》‘用，可施行也。’可任使亦为用，《广韵》‘用，使也。’《汉书 · 贾谊传》‘彭越用梁’，注引晋灼曰‘用，役用之也。’惟，副词，杨树达谓‘独也，仅也’（《词诠》卷八惟字条）。《屯南》与《怀特》这两片甲骨是有关军纪、军法的占卜，与《周易 · 师》初六‘师出以律，否臧凶’义同。王弼注云‘为师之始，齐师者也，齐众以律，失律则散，故师出以律，律不可失，失律而臧，何异于否。失令有功法所不赦，故师出不以律否臧皆凶。’孔颖达疏谓‘师出以律者，律，法也……师出之时但须以其法制整齐之，故云师出以律也。否臧凶者，若其失律行师，无问否之与臧皆为凶也。否谓破败，臧谓有功。’高亨说云‘否，汉帛书《周易》作不。按否读为不。臧读为遵。《爻辞》言：师出须有纪律，有人不遵守纪律则凶’（《周易大传今译》第一二一页，齐鲁书社，1979 年），与孔说‘否臧’义异。《象辞》谓‘师出以律，失律凶也’。以‘失律’解‘否臧’，是高说所本。”[②]

又《甲骨文合集》二八九五三有：

王弜……律其……弗［每］（悔）

［翌］日戊……戋于向，亡哉

杨升南注释：“戋于向：‘戋’是一种军事行动用语，故前一辞中言

---

① 肖楠：《试论卜辞中的师和旅》，载《古文字研究》第六辑，中华书局 1981 年版，第 124 页。

② 刘海年、杨一凡主编：《中国珍稀法律典籍集成 · 甲编》（第一册），第 228、229 页。

‘律’，亦即军律，军队外出，需要有法纪的约束，方能战而得胜。向，地名，在今河南济源县。亡哉，没有灾祸发生，平安无事。”[①]

甲骨文所见“师惟律用”与《易・师》“师出以律”可互相印证。可见，商朝的“律”即军纪、战时号令、军法。

据考证，“律”乃“聿”之繁文，本具有行列、标准、规矩之义。[②]“师出以律”或“师惟律用”这一惯用语中，“律”有纪律、战时号令、军法之义，就是其本义的引申。尽管商代之“律”还不完全是后来所说的法律之义，但是后来的法律意义却是由此发展而来的。

在中国古代，作为法律意义上的“律”字，其使用时间，最流行的说法是从商鞅“改法为律”[③]开始，即始于公元前4世纪中。1975年湖北省云梦县睡虎地出土的秦简《为吏之道》后抄有魏安釐王廿五年（公元前252年）的《户律》《奔命律》。这就有力地证明中国古代法律文书称“律”不得晚于这一年，这是下限。

据祝总斌考证，其上限绝不可能是商鞅变法之时。商鞅“改法为律”之说并不可信。因为从公元前4世纪中晚期的商鞅著作与重要的兵家、儒家著作，以及记载、保存了商鞅变法可靠史实的后代著作中，全都找不到法律意义上的“律”字。稍早的著作，情况略同。全部只有作音律、约束、纪律、效法解释的“律”字，虽与法律之“律”有渊源关系，但毕竟还不是法律之“律”。这就是说，在商鞅的时代，不但他本人没有“改法为律”，而且其他各国也没有“改法为律”。稍早的时代，也没有它的萌芽、前兆。作为法律、成文法意义上的“律”字，其使用不可能始于比商鞅变法略晚的公元前4世纪末、3世纪初，而应当始于更晚的公元前260年左右，大

① 刘海年、杨一凡主编:《中国珍稀法律典籍集成・甲编》(第一册)，第228、229页。河南省济源县现为济源市。——编辑注

② 祝总斌:《律字新释》，载《北京大学学报》(哲学社会科学版)1990年第2期。

③《唐律疏议》之《名例》疏议。

概只比魏户律、奔命律略早一点。[①]

为什么在公元前3世纪中开始把成文法称作"律"，并且此后约定俗成，一直沿用了下去？为什么在那以前各种成文法的名称，经过摸索、选择，终于为"律"所代替，"律"字适合用于法律意义，其强大的竞争力究竟何在？对这个有意义的、从未见人探讨过的问题，祝总斌作了系统的考证，[②]认为促成"律"字用于法律上的重要因素有三个。

第一，战国时期音乐的社会作用逐渐被强调，突出了"律"的地位，这是它用于法律上的一个巨大促进因素。

"律"的本义是行列、标准、规矩。大概由于这个缘故，"律"字很早便用在音律上。音律要求十分严格、精确，这是"律"由音律义演化成同样要求十分精确之法律义的一个重要因素。促成二者接近的另一个更重要的因素是大约形成于战国时期的音乐理论。按照这种音乐理论，中不中"律"，决定音乐是"和乐"还是"淫乐"，归根结底又关乎社会之治乱。它们又主张"礼、乐、政、刑，其极一也"(《礼记·乐记》)。所以这种乐论的形成与流行，必然成为一个更重要的因素，促成了"律"由音律义向与"政""刑"联系的法律义的发展。

第二，战国时期度量衡的逐步统一，频繁适用，反映在语言上，与"法"字、"律"字的连用、换用，是促成"律"字用于法律上的另一极重要因素。

按度量衡统一的标准，和刑法规范一样，都是由各国君主以法令形式规定的，在人们心目中它也属"法"的范畴。同时度量衡器物本身就体现严格、具体的各种标准、规范。为了形象而准确地使人们懂得作为国家公布的"法"的行为规范性质，逐渐出现了一些由"法"字与"度""量""衡"

① 祝总斌：《关于我国古代的"改法为律"问题》，《北京大学学报》(哲学社会科学版)1992年第2期。

② 祝总斌：《关于我国古代的"改法为律"问题》，《北京大学学报》(哲学社会科学版)1992年第2期。

各字构成的词。

与此同时，度量衡也与音律靠拢。其原因有二：一是随着春秋战国时期音乐的发展，古人认识到度量衡与音律存在一定的关系。二是战国时期音乐的社会作用逐渐被强调，而度量衡也在这段时期日益显示其重要性。

这样，“法”与度量衡结合，“律”又与度量衡靠拢，音乐、音律又被看成与“政、刑”一样，起着巩固统治的重要作用，且具有严格的标准、规范性质，则“法”与“律”怎能不逐渐接近，涵义相互渗透？这当是为什么“律”字由音律义向法律义演变的另一极重要原因。

从历史过程看，应是先有“法”，后有“律”。“律”的出现，是战国晚期全国走向统一，统治事务日益烦杂，“法”由比较单纯地督促耕战、打击危害君主统治之行为，转向调整更大范围领土、人民各种新的复杂关系，因而需要更多具体规章制度的结果。

第三，“律”与“率”上古音完全相同，这恐怕也是促成“律”字用于法律上的一个因素。

按《说文·率部》：率，“捕鸟毕也，象丝网。上下，其竿柄也”。后来产生标准之义。由于“率”“律”音同，又都有标准之义，自然逐渐通用。大概在公元前4世纪中，“律”字使用主要停留于音乐领域，而“率”字则早已行用于政治领域。这个因素，本来并不一定会导致“律”字进入法律领域，但等到公元前3世纪中，与前述第一、第二个因素相互结合后，恐怕也就在这方面发生了不可低估的促进作用。

这便是促成“律”字用于法律上的三个重要因素，也是战国时期和其他与“法”字相结合的字比较，“律”字具有强大竞争力的原因。这也就是说，我国古代先后选择、使用过许多字词，如法制、法度、法数、法术、法则、法令、宪法、度量、度数、权衡、规矩、绳墨、准绳等，然而最后只有“律”字一花独放，成为两千多年成文法的专用字，“法律”一词成为统治阶级表达关于“法”的意义最基本的词，这绝不是偶然的。

# 第二章　夏朝的法律制度

## 第一节　立法概况

### 一、文献记载所见的夏朝

（一）夏朝概述

自从殷墟甲骨文证实了《史记》商朝世系之可靠性后，司马迁在《史记》中所记载的夏朝的存在，已为今天的大多数学者所相信。

一般认为，夏朝是中国历史上第一个奴隶制国家，也是中国奴隶社会的开端。从“启”于约公元前21世纪建立，至“桀”于约公元前16世纪灭亡。据《史记集解》，夏共传14世、17王，471年。据载，夏人活动的范围，西起今河南西部和山西南部，东至今河南、河北、山东三省交界之处，南接湖北，北入河北。夏朝的统治中心在今河南西部，其势力及影响曾达到黄河南北，直至长江流域。

恩格斯在《家庭、私有制和国家的起源》中提出：“国家和旧的氏族组织不同的地方，第一点就是它按地区来划分它的国民。”

《左传·襄公四年》引述周太史辛甲《虞人之箴》时说：“芒芒禹迹，划为九州，经启九道。”《汉书·郊祀志》则有“铸九鼎，象九州”。说明禹时氏族血缘纽带已经松弛，开始按地域将居民划分为九个区域，并铸造了“九鼎”作为国家权力的象征。

恩格斯所说的“第二个不同点，是公共权力的设立”，“这种公共权力在每一个国家都存在。构成这种权力的，不仅有武装的人，而且还有物质的附属物，如监狱和各种强制机关，这些东西都是以前的氏族社会所没有的”。

从文献记载来看，这种“公共权力”在夏朝也已经具备了。《礼记·明堂位》记载：“夏后氏官百。”如：《左传·哀公元年》记载，夏朝中央有“牧正”，掌管畜牧；《左传·定公元年》记载，夏有“车正”，掌管造车；《礼记·月令》记载，夏有“大理”，主掌审判；等等。另外，夏还有监狱。《竹书纪年》记载：“（帝芬）三十六年作圜土。”芬是少康的孙子，第七个夏王；圜土即监狱。

恩格斯还说：“为了维持这种公共权力，就需要公民缴纳费用——捐税。捐税是以前的氏族社会完全没有的。”

《史记·夏本纪》记载：“自虞、夏时，贡赋备矣。”为了维持国家机器的运转，夏朝已经有了贡赋制度，向地方侯、伯征收贡品，主要是铜。《左传·宣公三年》记载：“昔夏之方有德也，远方图物，贡金九牧，铸鼎象物，百物而为之备，使民知神奸。”杜预注：“使九州之牧贡金。”即使对一般的平民，也要收取贡赋。《孟子·滕文公上》：“夏后氏五十而贡，殷人七十而助，周人百亩而彻。其实皆十一也。”即耕田五十亩，其中五亩土地上的收获物要作为贡赋上交。

恩格斯所说的国家的特征，文献记载中的夏朝均已具备。可以说，夏朝是中国历史上文献记载中的第一个奴隶制国家。

### （二）文献所见夏朝的法律史料

夏朝是文献所记载的中国第一个奴隶制国家。早在春秋时期，孔子就深感夏“文献不足”。夏朝法律研究的最大困难是史料匮乏、真伪难辨。虽然先秦乃至汉以后的学者在其著作中或多或少地追述了夏朝的法律制度，但毕竟离夏朝已经非常遥远，加之目前还未发现夏人遗留下来的文字资料，因而难辨其真伪。

迄今为止，论者关于文献所载夏朝的法律史料，大致有两种情况：

其一，1949 年之前的论著或信以为真，或以为是传说之辞不可信。

其二，1949 年之后的论著对夏朝的法制均有论述，但或不辨史料真伪，以为信史；或史少论多，以论代史；或误引史料，以讹传讹。

我们认为，对文献所见夏朝法律史料，既不能全信，也不能一概否定。在目前考古发掘无重大突破的情况下，姑且将这些史料看作古代学者对夏朝法制的一种认识；以商周法制为旁证，互相参照，去伪存真，尽量找出最接近事实的说法。

## 二、文献所见夏朝的立法活动

### （一）立法指导思想

从文献记载来看，夏朝的立法指导思想是“恭行天罚”的神权法思想。夏朝的统治者利用宗教鬼神进行统治，将其掌握的国家政权及其权力说成是神授的；把法律说成是神意的体现，而法律的实施则是“恭行天罚”。《尚书 · 召诰》说“有夏服天命”。《礼记 · 表记》说：“夏道尊命，事鬼敬神而远之。”据《论语 · 泰伯》说：夏禹“菲饮食而致孝乎鬼神，恶衣服而致美乎黻冕”。可见夏人对鬼神之虔诚敬重。《尚书 · 甘誓》记载，夏启“赏于祖”“戮于社”，以示替天行罚。

### （二）文献所见夏朝的立法

1. 关于《禹刑》。《禹刑》仅见于《左传 · 昭公六年》。晋国的叔向在抨击郑国子产“铸刑书”时提到：“夏有乱政，而作禹刑。”杜预注：“乱政谓民有犯政令者。”据考，《禹刑》可能是夏朝法律的名称。沈家本说：“《禹刑》虽起于叔世，然是取禹之法著于书，故仍以禹名也。叔向谓先王议事以制，不为刑辟，乃以是为讥，固属探源之论。”[①]

① 沈家本：《历代刑法考》（二），中华书局 1985 年版，第 818 页。

《禹刑》既然是后人为纪念夏的先祖禹而命名的，因此可以肯定它是后人追述的。顾颉刚考证，“禹”最早见于西周中期文献记载，西周时的“禹”是一个“神”；而到春秋时期，人们已将“禹”看作“人”了。[①]“禹”是周人神话传说中的人物。《禹刑》之名的出现不可能早于周。“禹”是否存在过，无从考定；《禹刑》是否确有其事，也无从考定。不过，把《禹刑》看作周人传说中夏朝的法律，还是比较妥当的。

2. 关于《洪范》。《洪范》是《尚书》中的一篇。关于其性质，法史学界有三说：（1）明确主张《洪范》是夏禹所制定的刑法典[②]；（2）认为《洪范》是举世最早的一部古代成文法典[③]；（3）甚至认为《洪范》是中国历史上第一部宪法[④]。我们认为这些都是误说。

关于《洪范》产生的时代，众说不一。传统的观点认为它产生于西周初年，相传由箕子所作。南宋赵汝谈已驳此说，认为并“非箕子之作”[⑤]。这种观点已经为近人所接受。今人大多以为它是战国时代的[⑥]，也有学者认

---

① 顾颉刚编:《古史辨》(一)，上海古籍出版社1982年版，第62页。

② 如，蔡枢衡《中国刑法史》，广西人民出版社1983年版，第98页；宁汉林:《中国刑法通史》(第二分册)，辽宁大学出版社1986年版，第103页；张晋藩主编《中国法制史》，第48页，群众出版社1991年版，也认为“洪范九畴，是夏代的九条大法，其中六种刑罚用以惩罚犯罪，这大概是有关禹刑内容的最早记载”。

③ 阎青义:《〈洪范〉——举世最早的一部古代成文法典》，载《中国法律史国际学术讨论会论文集》，陕西人民出版社1990年版，第83—91页。

④ 李行之的《〈尚书·洪范〉是中国历史上第一部宪法》一文（载《求索》1985年第4期）认为，《尚书·洪范》是周天子正式颁布的一部相当于现代宪法的法典；张紫葛、高绍先的《论〈洪范〉的法学意义》一文（载《成都大学学报》1986年第2期）认为，从法制史的角度看，《尚书·洪范》含有丰富的法学内容，甚至可以说，它是一部类如现代宪法的根本性质的法典。

⑤ 《宋史·赵汝谈传》。

⑥ 刘节认为成于战国末期（《洪范疏证》，载《东方杂志》1928年1月号）；童书业认为成于战国初期［《五行说起源的讨论》，载《古史辨》(五)，上海古籍出版社1982年版］；张西堂认为成于战国中世（《尚书引论》，陕西人民出版社1958年版）；陈梦家认为不早于战国时期（《尚书通论》，商务印书馆1957年版）。

为是西周末叶至春秋中叶以前的[①]。而今人刘起釪则考证《洪范》的原本出于商末，历西周、春秋、战国而有所增益或润色，最后可能经过了齐国方士的整理或加工[②]。比较起来，以刘说为长。

但是，《洪范》卷首的两个自然段，即周武王与箕子的对话，学者们都一致认为是后人加上去的，不可信从[③]。而持《洪范》乃夏代刑法说的学者就是以《洪范》卷首的两个自然段为论据的[④]。

《洪范》的第三自然段列出了所谓“洪范九畴”的细目：“初一曰五行，次二曰敬用之事，次三曰农用八政，次四曰协用五纪，次五曰建用皇极，次六曰用三德，次七曰明用稽疑，次八曰念用庶征，次九曰向用五福，威用六极。”

这“九畴”被汉代统治者称为“大法九章”[⑤]。但是，从其内容分析，它讲述的是有关统治方法的问题，而不是纯粹的法律问题。其所谓“六极”，即六种惩罚，指“凶短折”“疾”“忧”“贫”“恶”“弱”，属于道德问题，并不是刑罚，更谈不上是所谓“禹刑”的内容。

“洪范”，传云：“洪，大；范，法也。言天地之大法。”可见，其字义本为“大法”。这是政治学意义上的“法”，而不是法学意义上的“法”。

从另一方面来看，《洪范》这一篇名又是后起的。《左传·文公五年》《左传·成公六年》《左传·襄公三年》都曾引用过《洪范》之文，但是却都称作“《商书》曰”；而到《吕氏春秋》引用才直称《洪范》。

有学者推测，很可能《洪范》原篇并没有周武王访问一节，而只有所谓箕子所讲的“九畴”全文，因而文献称之为《商书》；后来唯心主义神学观的“五行说”出现后，才加上了一套宣扬五行的周武王访问箕子及箕子

---

① 王世舜:《尚书译注》，四川人民出版社 1982 年版，第 115 页。

② 刘起釪:《〈洪范〉成书时代考》，载《中国社会科学》1980 年第 3 期。

③ 同上页⑥，又见蒋善国:《尚书综述》，上海古籍出版社 1988 年版，第 228 页。

④ 宁汉林:《中国刑法通史》(第二分册)，第 103 页。

⑤《汉书·刑法志》。

托词上帝的神话，才成了今天所见的《洪范》[①]。

上述两点说明，《洪范》这一篇名很可能是战国末期才加上去的，正如刘起钎所说是齐国方士根据其内容为适应统治阶级的需要才名之为“大法”。《洪范》一文讲的是统治方法，严格说来应属于一篇政论文献，不是法律、法典。将之与近现代的宪法联系起来，更是无稽之谈。

## 第二节　行政法律规范

### 一、我国原始社会的民主管理制度

马克思主义认为，行政是国家的重要组织管理活动。因此，在国家产生以后便发生组织管理活动，也才有行政立法。我国是世界上文明古国之一，在她的历史发展中，同其他文明古国一样，曾经历过若干万年的没有阶级、没有剥削也没有国家的原始社会。原始社会在进入阶级社会之前，按社会发展史分期，首先是原始人群，然后进入氏族公社，其中又分母系氏族公社和父系氏族公社时期。按考古学上分期，有旧石器时代、中石器时代和新石器时代。

根据考古学界提供的资料，目前我国最早的原始人群要算距今 170 万年以前的元谋人，从现有材料看，他们是中华民族最早的祖先。原始人群是人类初期自然结合的社会组织形式，是原始社会的低级阶段。这一阶段人类使用最简陋的工具，如石块、木棒，用以猎获野兽和采集野生植物的果实和茎根。关于原始人群生活情况的传说，古书上有这样的记载：“其民聚生群处”，“无亲戚、兄弟、夫妻、男女之别，无上下长幼之道，无进退

① 刘起钎:《〈洪范〉成书时代考》，第 159 页。

揖让之礼”。[①]“未有宫室，冬则居营窟，夏则居橧巢。未有火化，食草木之实，鸟兽之肉，饮其血，茹其毛。未有麻丝，衣其羽皮。”[②]古书上说的“有巢氏”，反映的就是原始人群“巢居洞处”的情况。《韩非子 · 五蠹》说：“上古之世，人民少而禽兽众，人民不胜禽兽虫蛇；有圣人作，构木为巢，以避群害，而民悦之，使王天下，号曰有巢氏。”人类在原始人群阶段大约有 100 多万年。

由于原始人群的艰苦劳动，大约在距今 2 万年前，我国社会开始进入母系氏族公社。母系氏族公社的主要特点是妇女在生产和生活中居于支配地位。这时的婚姻形态已由原始人群时的杂交乱婚发展为群婚制，开始在氏族内部的同辈男女之间互为夫妻，后来发展为族外群婚制，即这个氏族的男子同另一个氏族的女子进行婚配。氏族成员是以母亲的血缘确定亲属关系，古书上说的“当此之时也，民知其母而不知其父”[③]，就是对这种婚姻和亲属关系的描述。在距今 7000 年左右，我国中原地区母系氏族社会进入了全盛时期，仰韶文化留下来的文化遗存反映了这一时期的面貌。这一时期的生产工具虽然主要还是石器，但大多经过磨制，相当于考古学界所说的中石器向新石器过渡阶段。

古书上的燧人氏、伏羲氏、神农氏反映了母系氏族公社的基本情况。燧人氏从利用自然火开始懂得人工取火，《韩非子 · 五蠹》说：上古之世，“民食果蓏蚌蛤，腥臊恶臭，而伤害腹胃，民多疾病；有圣人作，钻燧取火，以化腥臊，而民悦之，使王天下，号之曰燧人氏”。人类懂得人工取火，这对人的本身发展作用非常大，这样可以吃熟食，不仅可减少疾病，而且有利于大脑发展，所以马克思称这是一次革命。传说中的伏羲氏，教民织

① 《吕氏春秋 · 恃君览》。
② 《礼记 · 礼运》。
③ 《商君书 · 开塞》。

网、捕鱼，并说他始作八卦，开始有了简单的文字符号。从西安半坡村的发掘来看，史学界认为这是目前最典型的完整的母系氏族社会的村落。在半坡出土的一些陶器和陶片上，发现刻着113个标志符号，其竖、横、斜、叉跟现在的汉字差不多，归纳起来有23种不同形状的符号，这种刻在陶器上的符号，在临潼姜寨、郃阳（陕西省中部，1964年改为合阳县）、铜川、宝鸡和甘肃秦安也都有新发现。郭沫若说这是“具有文字性质的符号”。传说神农氏教民作耒耜，教民稼穑，说他是农业和医药的发明者。

古书上说这时没有国家，当然也没有行政组织管理，也没有行政立法。所谓神农之世，“刑政不用而治，甲兵不起而王”[①]，“古者……厚赏不行，重罚不用，而民自治”[②]。这反映了原始社会民主管理的特点。

随着社会生产力的发展，我国氏族公社逐渐由母系氏族过渡到父系氏族阶段。父系氏族公社的主要特点是男子在生产和生活中居于主要地位。这时期的婚姻形态已由对偶婚向一夫一妻制过渡。氏族成员以父亲的血缘确定亲属关系，以男子为中心的父权家长制家庭开始出现，妇女在家庭中处于被奴役的地位。正如恩格斯所说的：“母权制的被推翻，乃是女性的具有世界历史意义的失败。”[③]这时期的劳动工具，虽然仍以石器为主，但磨制得更为精细，种类也增多了，还有蚌器和骨器等，从而促进了人类社会生产力的进一步发展。

这个阶段，相当于古书上说的“五帝”时期，所谓五帝，即黄帝、颛顼、帝喾、尧、舜。这一时期，有些氏族内部已经出现私有财产，而且经常出现掠夺财产的战争。

---

① 《商君书·画策》。

② 《韩非子·五蠹》。

③ 《马克思恩格斯全集》（第21卷），第69页。

## 二、私有财产与阶级的产生，原始社会向阶级社会过渡

父系氏族公社取代母系氏族公社以后，由于生产工具的改革，生产力进一步发展。主要表现在农业、畜牧业以及农业、畜牧业和手工业之间的社会分工的扩大，提高了劳动生产率，剩余产品日益增多，从而促进了交换关系的进一步发展。这样，便为私有和阶级的产生创造了物质前提。由于剩余产品的增加，一些氏族和部落首领利用职权之便将其攫为己有，这就是私有制的萌芽。随着私有财产的发展，出现了贫富的分化，这就是阶级的萌芽。

从考古发掘来看，我国父系氏族公社所代表的文化层，在中原地区主要是龙山文化和大汶口文化。在大汶口遗址的墓葬中，有些墓穴里，有不同数量的猪下颚骨，表明牲畜已成为私有财产，以此作为衡量私有财富多寡的标志。有的随葬陶器在 20 件以上，最多的达 180 多件，有的少数墓穴里还有随葬的玉铲、骨牙雕等精致的贵重物品。但有的墓穴里则仅有少量甚至没有任何随葬品。值得注意的是，那些随葬品较多的墓穴里，大都有几件生产工具，说明当时尽管贫富分化已经很悬殊，但富有者仍然没有完全脱离劳动。

随着私有财产的发展，在一些富有者的意识里，逐渐产生私有观念，这时带有掠夺性的战争开始发生了。《史记 · 五帝本纪》有这样一段记载："轩辕之时，神农氏世衰。诸侯相侵伐，暴虐百姓，而神农氏弗能征。于是轩辕乃习用干戈，以征不享，诸侯咸来宾从。"黄帝姓公孙，名轩辕，据说是有熊氏部落的代表。《史记》记载，当时有熊氏部落与其他部落发生较大的战争有两次：第一次是"与炎帝战于阪泉（阪泉，一说在今河北涿鹿东南，一说在今山西运城盐池附近）之野。三战，然后得其志"。第二次是与蚩尤战于涿鹿之野，蚩尤战败，被黄帝擒杀。[①] 黄帝接连打了很

① 《史记 · 五帝本纪》。

多胜仗，从此由部落首领被拥戴为部落联盟领袖。鉴于氏族与部落之间频繁的战争，一些氏族或部落为了保存自己，往往结成部落联盟，据说当时共工氏为了与蚩尤作战，曾与有熊氏结成部落联盟。尽管当时战争的发生与私有财产的出现分不开，但从整体上来说，社会财富还属于氏族或部落公共所有。传说黄帝还“明民共财”，就是说当时还实行原始共产制。同时，也没有出现由于战争的胜负，胜利者对战败者奴役的制度。氏族部落中的一些重大事务，都要大家共同商议。这种制度，在黄帝以后的尧、舜时期仍然如此。《尚书・尧典》记载：“帝曰：咨，四岳。朕在位七十载，汝能庸命巽朕位？”岳曰：“否德忝帝位。”曰：“明明扬侧陋。”师锡帝曰：“有鳏在下，曰虞舜。”帝曰：“俞！予闻，如何？”岳曰：“……克谐以孝，烝烝乂，不格奸。”帝曰：“我其试哉！”又《史记・夏本纪》载：舜问四岳曰：“有能成美尧之事者使居官？”四岳皆推举禹，认为禹可成美帝尧之功。舜曰：“嗟，然！”命禹：“女平水土，维是勉之。”我们从上述有关尧与四岳和舜与四岳的对话中，可以看到当时作为部落联盟首领的尧、舜，对于一些重大事务，如氏族部落首领的人选和领导治理洪水的人选等重大问题，都要与四岳共同商议。关于四岳的组织性质，有的学者认为“正是恩格斯所说的军事民主制的氏族社会的一个重要机关，即联盟议事会”[①]。这个联盟议事会议是原始氏族社会的最高权力机关，在处理氏族重大事务中起着重要作用，反映了原始社会的民主制。但是，随着氏族部落首领所拥有的私有财富的增加，他们个人的权势也不断扩大。一些重大问题，往往不是通过联盟议事会议，而是由他们个人擅自决定。这种原始民主制和联盟议事会议的作用逐渐被削弱，这种情况在舜的后期已表露出来。《史记・夏本纪》说：“帝舜荐禹于天，为嗣。”说明舜未与四岳商议，便直接推荐禹为自己的继承人。在一次部落首领议事会议上，“防风氏后至，禹杀而戮之”[②]。又《史

① 金景芳：《谈谈中国由原始社会向奴隶社会过渡的问题》，载《光明日报》1978年2月1日。
② 《国语・鲁语下》。

记·夏本纪》记载，禹“以天下授益”，也未经过联盟议事会议的讨论。所有这些，预示着联盟议事会议这个在原始氏族社会曾经起过重要作用的社会组织，将完成它的历史任务，真正的具有暴力职能的国家的产生只是时间的问题，而原始社会即将迈进阶级社会的门槛。

## 三、中国国家的产生与夏朝的建立

我们从史书记载来看，夏代是奴隶制社会，建立了我国历史上第一个奴隶制国家，更确切地说，夏代这个奴隶制社会是从启开始的，启是夏奴隶制国家的开创者。有人说是从禹开始。我们认为不能这么说，禹作为部落联盟的首领，虽然发展到了具有氏族显贵的地位，但是还是亲自手持工具，“沐甚雨，栉疾风”，“身执耒臿，以为民先”[①]，仍然没有脱离劳动，没有脱离人民。他还是按照氏族的传统习惯，“以天下授益”，没有把位子直接传给他的儿子。但是，禹死后，他的儿子启却凭借他父亲的威望和既得权力，联合他的“友党攻益而夺之天下”[②]。“益干启位，启杀之。”[③]在部落联盟首领的继承问题上，发生了流血事件，启通过暴力夺取了权力，当上了夏朝奴隶制国家的君主。史籍上称之为“夏后启”。启是通过暴力手段夺取了部落联盟首领的权力，当上奴隶制国家的君主的。正如马克思所说：“世袭继承制在凡是最初出现的地方，都是暴力（篡夺）的结果，而不是人民的自动许可。”[④]可见，从启开始，“大人世及以为礼”的原始氏族社会的禅让制已遭到破坏，我国社会已从“天下为公”的“大同”社会，进入“天下为家”的“小康”社会。范文澜说：“战国以前书，从不称夏禹，只称禹、大禹、帝禹；称启为夏启、

① 《庄子·天下》《韩非子·五蠹》。

② 《战国策·燕策一》。

③ 《晋书·束皙传》引《竹书纪年》。

④ ［德］马克思：《摩尔根〈古代社会〉一书摘要》，第123页。

夏后启。这种区别，还保存两人时代不同的意义。”[①]

## 四、行政管理体制初步形成

随着夏朝的建立，奴隶制国家的产生，开始形成奴隶制的行政管理体制。

### （一）国王

在先秦的古籍中，夏朝的最高统治者称“王”，《尚书·汤誓》有：“夏王率遏众力，率割夏邑，有众率怠弗协。”有时也称“后”，《国语·周语上》记载：“夏书有之曰：‘众非元后，何戴？（元，善也；后，君也；戴，奉也。——作者注）后非众，无与守邦。’”这里的王、后，都是后来所说的君主。《尚书·汤誓》和《国语》都是可信的史料。启就是夏奴隶制国家的第一个君主。古书上虽然有时也称禹为王、帝，而记述他们父子的生活情况时则截然不同。说禹还亲自耕稼，在劳动中，还是“以为民先”的；而关于夏启的记述，则说“启乃淫溢康乐”[②]，“启九辩与九歌兮，夏康娱以自纵”[③]，反映了对启荒淫无度生活的谴责。这说明了启已凌驾于社会之上，真正成为阶级社会的帝王了。

夏王是全国的最高统治者，一切事情都由他主宰，但从现有文献资料来看，当时主要职责有两项。一项是军事行动的征伐。这时的征伐，起因多是为了掠夺土地、谷物和奴隶，但更重要的是，由于破坏了传统的“禅让”制度，遭到各部落的反对，所以启的王位还不稳固。首先起来兴兵反对的是夏之同姓姒的部落有扈氏（今陕西户县），启对有扈氏便“恭行天之罚”，大战于“甘”（今陕西户县西南），假借上天的意志，把有扈氏打败，

① 范文澜:《中国通史》(第1册)，人民出版社1978年版，第32页。

② 《墨子·非乐上》。

③ 《楚辞·离骚》。

并把他们罚为“牧竖”（放牧的奴隶）。尽管启打了胜仗，但他死后，其子“太康失国”[1]，王位被有穷氏羿所夺取。经过几十年的战乱，到少康时，夏王的王位才稳固下来。所以说，这时的军事行动一个重要内容是平定反对者和保护王位。另一项任务是主持祭祀，祭祀对后世有功的祖先神。

夏朝从一开始就实行王位世袭制。王位的继承当时是子继与弟及并行。古书上把传子叫作“世”，把传弟叫作“及”，“大人世及以为礼”[2]，就是这种制度的反映。但到后来主要是子继。夏朝从启到桀共十六王，其中除太康及仲康、帝不降及帝扃外，其余十四王都是子继。从继承制度看，说明当时已是“家天下”了。

### （二）中央行政管理体制

据《礼记·明堂位》记载，“夏后氏官百”，百不是整数，是说多的意思。但究竟有哪些职官，是不清楚的。据文献记载，有管理畜牧业的牧正。启时有扈氏战败，被罚为牧奴，牧正就是管理牧奴和畜牧的官。《左传》定公元年记载：“薛之皇祖奚仲居薛，以为夏车正。”车正是管理制造车子的官。据说少康在流亡有仍氏时，曾做过有仍氏的牧正，后来又做过有虞氏的庖正，庖正是管理厨房膳食的，夏朝可能也有这些官。从这些官职中，反映了夏朝国家刚刚产生，主要还是为夏王服务的一些行政事务管理；同时，反映了当时社会经济仍以畜牧业为主，从夏后启到桀曾几次迁都，可能跟游牧生活也有关系。

### （三）地方行政管理体制

《左传·襄公四年》载：周太史辛甲之《虞人之箴》曰：“芒芒禹迹，画为九州。”据近人考证，九州不是禹所画，而是反映了战国秦汉时人们

① 《史记·夏本纪》。
② 《礼记·礼运》。

的地理概念。这样，关于夏朝的地方机关则不得而知了。但是，国家与氏族不同的一点是“按地区划分它的国民”，这是毫无疑问的。根据这点，夏朝的行政管理体制中有地方机构是可以肯定的。

同时，由于夏的势力逐渐加强，其周围的部落不得不臣服于它，这在《左传·宣公三年》也是有记载的：“昔夏之方有德也，远方图物，贡金九牧，铸鼎象物。”据《墨子·耕柱》说：“昔者夏后开使蜚廉折金于山川，而陶铸之于昆吾。”夏后开即启，上面所说的“德”，就是指势力强盛，说明启时天下的诸侯都向他奉献贡金。

## 五、军事管理制度

夏朝军制的具体情况由于史料缺乏，已无从考查。但启与有扈氏等反对他的部落作战，是动用了许多军队的。《尚书·甘誓》记载：启与有扈氏“大战于甘，乃召六卿”。据郑玄解释，六卿即指六军的将领。《史记·集解》引孔安国云：“天子六军，其将皆命卿也。”夏王拥有最高的军权，六卿各领一军。据考古发掘和文献记载，夏朝已有青铜制造的兵器和战车，车上兵士分左、右排列，战车由御者驾驭。

夏朝已经有了军法。《尚书·甘誓》记载着夏启与有扈氏作战之前的动员令，就是我国历史上最早的军法。这个动员令规定：“左不攻于左，汝不恭命；右不攻于右，汝不恭命；御非其马之正，汝不恭命。”意思是：凡参加战斗，兵车左边之兵士，如果不善于用箭射杀敌人，便是不具备完成命令的本领；兵车右边之兵士，如果不善于用矛刺杀敌人，便是不具备完成命令的本领；驾车的兵士，不懂得驾驭战马之技术，便是不具备完成命令的本领。最后规定了奖惩的办法：“用命，赏于祖；弗用命，戮于社。予则孥戮汝。”意思是：努力完成命令的，就在祖庙的神位面前颁行赏赐；不努力完成命令的，便在神社面前给予惩罚。我要把你们这些不努力完成命令的人，没为奴隶或者杀掉。以上反映了军法还是颇为严厉的。

### 六、司法与监狱管理制度

夏朝的司法管理由于史料缺乏还不得而知，但是夏朝已经有了监狱，是应该肯定的。因为这时国家已经产生了，作为“特殊强制机关”的监狱，成为国家的重要组成部分。东汉应劭《风俗通》说：“三王始有狱。”就是说夏、商、周时已经有了监狱。夏朝的监狱叫“圜土”。圜土是监牢的形象名称，在地下挖成圆形的土牢，或在地上圈起圆形的土墙，以监禁罪犯，防止其逃跑。《周礼 · 秋官 · 大司寇》郑玄注也说：“圜土，狱城也。”也是圆形土牢的意思。《竹书纪年》记载：“（帝芬）三十六年作圜土。”芬是少康的孙子，是启以后的第七个夏王。这时，阶级矛盾和统治阶级内部矛盾都非常尖锐，芬作圜土，就是以此囚禁反抗者。据说夏在都城阳翟“钧台”这个地方，还设有中央直辖的监狱。“钧台”也叫“夏台”，相传夏桀时，曾把商的首领汤“囚之夏台”[①]，故后来“钧台”“夏台”都成为夏朝监狱的代称。据应劭《风俗通》说：“夏曰夏台，言不害人也，若游观之台。”似乎囚禁汤的地方，又有别于一般监狱。也许考虑汤是商族的首领，只是把他监禁在这里，不像一般刑徒罚作劳役。

## 第三节　刑事法律规范

### 一、《禹刑》的性质

关于《禹刑》的性质，有三种看法。

第一，《禹刑》是夏朝法律的总称，不仅有调整刑事法律方面的法律

---

① 《史记 · 夏本纪》。

规范，也包含了调整所有权和宗法关系等民事法律规范的内容。①

第二，《禹刑》大抵是启及其后继者根据氏族晚期习俗陆续积累的习惯法。②

第三，《禹刑》是夏朝的刑事法律规范。③

尽管关于《禹刑》具体性质有不同的看法，但是有两点比较一致的认识：一是《禹刑》是夏朝法律的名称；二是《禹刑》并非禹时所制定。

关于其性质，我们倾向于第三种观点，即《禹刑》可能相当于现代的刑法典。这一点从其名称为"某刑"，可以推断。另外，晋国的叔向将子产所铸《刑书》与《禹刑》相提并论，似乎也反映出春秋时期人们对《禹刑》性质的看法。

## 二、关于《禹刑》的内容

一般认为，《禹刑》的具体内容已经无法考定。但是文献又有零星记载的夏朝的刑法。这些记载大致有两种情况：一是春秋战国时期学者的认识，二是后世的学者以周朝的法制来推演夏朝的法制。

### （一）关于"昏、墨、贼，杀"

这是《左传·昭公十四年》记载，晋国的叔向在答复韩宣子有关邢侯与雍子"争田"一案处理情况时所征引的法律条文。

《左传·昭公十四年》云："晋邢侯与雍子争鄐田，久而无成。士景伯如楚，叔鱼摄理。韩宣子命断旧狱，罪在雍子。雍子纳其女于叔鱼，叔鱼

---

① 张晋藩、张希坡、曾宪义：《中国法制史》（第一卷），第23页；姚政：《试论夏代国家的形成》，载《人文杂志》1982年增刊；薛梅卿主编：《中国法制史教程》，中国政法大学出版社1988年版，第12页。

② 叶孝信主编：《中国法制史》（新编本），北京大学出版社1996年版，第15页。

③ 张晋藩主编：《中国法制史》，群众出版社1991年版，第47页。

蔽罪邢侯。邢侯怒，杀叔鱼与雍子于朝。宣子问其罪于叔向。叔向曰：'三人同罪，施生戮死可也。雍子自知其罪，而赂以买直；鲋也鬻狱；邢侯专杀，其罪一也。己恶而掠美为昏，贪以败官为墨，杀人不忌为贼。《夏书》曰：昏、墨、贼，杀；皋陶之刑也，请从之。'乃施邢侯而尸雍子与叔鱼于市。"

《夏书》："昏、墨、贼，杀。"杜预注："逸书。三者皆死刑。"叔向认为，晋国《刑书》中"昏、墨、贼，杀"的规定最早是皋陶所制，后来夏朝的法律沿袭。据叔向解释，"昏"罪，即自己做了坏事而窃取他人的美名；"墨"罪，即贪得无厌，败坏官纪；"贼"罪，即肆无忌惮地杀人。这三种罪都要处以死刑。

可见，死刑是夏朝的主要刑罚。此外，《汉书 · 刑法志》还记载："禹承尧舜之后，自以德衰，而作肉刑。"或许夏朝已经有了肉刑。

### （二）关于"夏刑三千条"及夏朝的赎刑与"五刑"体系

"夏刑三千条"最早由西汉初期学者伏生一派的《尚书大传》提起。这条史料，目前学术界有三种用法：（1）引为信史。如，杨鸿烈《中国法律发达史》即引之为夏代的法典[①]；章太炎则考证《孝经 · 五刑章》"五刑之属三千"为夏法[②]；肖永清主编的《中国法制史简编》主张"夏刑三千条"可能是禹刑，但其内容不得而知[③]；张晋藩主编的高等学校文科教材《中国法制史》则认为"夏刑三千条"即《夏书》所说的"昏、墨、贼、杀，皋陶之刑"[④]。（2）将信将疑。如，张晋藩主编的大专法律教材《中国法制史纲》[⑤]及薛梅卿主编的中国政法大学教材《中国法制史教程》[⑥]均是。（3）为

① 杨鸿烈：《中国法律发达史》（上卷），商务印书馆1930年版，第32页。

② 章太炎：《孝经本夏法说》，载《章氏丛书》之《太炎文录初编》。

③ 肖永清主编：《中国法制史简编》（上册），第35页。

④ 张晋藩主编：《中国法制史》，第48页。

⑤ 张晋藩主编：《中国法制史纲》，中国政法大学出版社1986年版，第25页。

⑥ 薛梅卿主编：《中国法制史教程》，第13页。

案例或由案例归纳而成。如，司法部统编教材《中国法制史》认为“夏刑三千条”是夏朝“在长期的司法实践中也积累了不少案例，归纳出一些罪名，汇成”的[①]；曾宪义主编的《新编中国法制史》主张“夏刑三千条”可能是夏代判处各种刑罚的案件数目[②]。

我们认为，上述有关“夏刑三千条”的三种观点都是臆说。其实，早在唐代，关于“夏刑三千条”，贾公彦就提出过高论。《周礼·秋官·司刑》郑玄注云：“夏刑大辟二百，膑辟三百，宫辟五百，劓、墨各千，周则变焉，所谓刑罚世轻世重也。”贾公彦疏云：“夏刑以下据《吕刑》而言，案：《吕刑》‘剕辟五百，宫辟三百’，今此云‘膑辟三百，宫辟五百’，此乃传写者误，当以《吕刑》为正。”[③]清代学者孙诒让对此又作了进一步的阐述，其《周礼正义》：“案：《吕刑》序云：‘吕命穆王，训夏赎刑。’是穆王重申夏法，故郑据彼为夏刑也。长孙无忌《唐律疏义》引《尚书大传》云‘夏刑三千条’，与《吕刑》数适合。又案：此引《吕刑》‘三百’‘五百’，刑数互误。至引彼‘剕辟’作‘膑辟’者，则是以今文《尚书·吕刑》。”[④]

让我们比较一下《尚书·吕刑》。其云：“墨辟疑赦，其罚百锾，阅实其罪。劓辟疑赦，其罚惟倍，阅实其罪。剕辟疑赦，其罚倍差，阅实其罪。宫辟疑赦，其罚六百锾，阅实其罪。大辟疑赦，其罚千锾，阅实其罪。墨罚之属千，劓罚之属千，剕罚之属五百，宫罚之属三百，大辟之罚其属二百，五刑之属三千。”

可见，贾公彦、孙诒让关于“夏刑三千条”来源之说甚是。所谓“夏刑三千条”之说实际上源于《尚书·吕刑》。最早提出“夏刑三千条”之说者，并非汉代的郑玄，而是西汉初期《尚书大传》的作者。

弄清了“夏刑三千条”之源，再来考察一下其流。

---

① 张晋藩主编:《中国法制史》，第 18 页。

② 曾宪义主编:《新编中国法制史》，山东人民出版社 1987 年版，第 15 页。

③《十三经注疏》(上卷)，中华书局 1980 年版，第 247 页。

④ 孙诒让:《周礼正义》(第 11 册)，中华书局 1987 年版点校本，第 2839 页。

西汉初伏生一派今文家根据《尚书·吕刑》的有关内容概括出“夏刑三千条”之说，到西汉末期，杨雄的《法言》又称“夏后肉辟三千”。东汉的郑玄接受了此说，并以《吕刑》为本将之具体化。从此，这一说法被采纳、沿袭。如，《晋书·刑法志》云：“夏后氏之王天下也，则五刑之属三千”；《魏书·刑法志》云：“大辟二百，膑辟三百，宫辟五百，劓、墨各千，殷因于夏，盖有损益”；《隋书·艺文志》：“夏后氏正刑有五，科条三千”；《路史·后纪》：“罪疑惟轻，死者千馔，中罪五百，下馔二百。罚有罪而民不轻，罚轻而贫者不致于散，故不杀不刑，罚弗及强而天下治。”可以看到，汉代以后“夏刑三千条”一说越传越详细，或与“五刑”联系具体化，或与“赎刑”联系，甚至最早与殷商扯在一起。

为什么会出现“夏刑三千条”这种说法呢？前引清人孙诒让的案语已经指出“夏刑三千条”与《尚书·书序》有关。而《书序》原是周代史氏的旧文，相当于后世文件的“摘由”。[①]《书序》云：“吕命穆王训夏赎刑，作《吕刑》。”即是对《尚书·吕刑》内容的概括。尽管《书序》历经秦汉、西晋的多次整编，但今传《书序》大体上是汉儒整编时的真貌。[②]这是就整个《书序》而言的。从《吕刑序》来看，在战国时期可能就已经如此。成书于战国时期的《世本》有所谓“夏作赎刑”，恐怕就是以“训夏赎刑”为本的。

众所周知，《尚书大传》一书是西汉初期伏生一派今文家根据《尚书》的只言片语，发挥一家之学的杂说之作。他们正是依据《书序》“训夏赎刑”一语，以为其中之“夏”即是“夏禹”“夏朝”之“夏”，而《吕刑》是以“轻刑”的“夏法”为蓝本制定的；由此发挥出“夏刑三千条”之误说。

“夏刑三千条”这种观点被后来的儒学大师继承下来，并保存在伪《孔传》及孔疏之中。“训夏赎刑”，伪《孔传》：“训畅夏禹赎刑之法”，孔颖达疏：“经言陈罚赎之事，不言何代之礼，故《序》言‘训夏’，以明经是夏法，

---

① 蒋善国：《尚书综述》，第 63 页。

② 蒋善国：《尚书综述》，第 67 页。

王者代相革易刑罚，世轻世重。殷以变夏，周又改殷。夏法行于前代，废已久矣。今复训畅夏禹赎刑之法，以周法伤重，更从轻以布告天下。以其事合于当时，故孔子录之以为法。”①

这完全是汉儒的误解。其实，早在战国时期，史官们已经产生了这种误解，因此《世本》云“夏作赎刑”。直至清代，学者们对此还深信不疑。如，孙星衍《尚书今古文注疏》卷三十《案》云：“训夏赎刑者，申训夏时赎刑之法。”② 又，沈家本《历代刑法考·刑法分考·赎》亦从之。③

实际上，孔颖达在疏中已经流露出疑问，如上所引“经言陈罚之事，不言何代之礼”；又云：“《周礼·职金》‘掌受士之金罚货罚，入于司兵’，则周亦有赎刑，而远训夏之赎刑者，《周礼》惟言‘士之金罚’，人似不得赎罪，纵使亦得赎罪，赎必异于夏法，必夏刑为轻，故祖而用之。”④

尽管做了解释，但疑问仍未冰释。最后归结“训夏赎刑”原因是，夏刑轻于周刑。这是儒家传统的认识。

作者认为，“训夏赎刑”正是周代史官所作。其中，“夏”字之意是“夏刑三千条”这一误说产生的关键。“训夏赎刑”之“夏”，在此并不是指“夏禹”“夏朝”，而是周人的自称。《尚书》本身即可证实这一点。

《尚书·周书》有三处可见周人自称为“夏”。

（1）《康诰》：“王若曰：孟侯，朕其弟，小子封。惟乃丕显考文王，克明德慎罚，不敢侮鳏寡，庸庸，祗祗，威威，显民。用肇造我区夏，越我一二邦，以修我西土。”

这是周公在康叔去殷地上任前所作的告诫。周公教导康叔，文王正是遵循了“明德慎罚”的政策，才缔造了“我区夏”，并逐渐扩大，从而统治天下。

---

① 《十三经注疏》（上），第 247 页。

② 孙星衍：《尚书今古文注疏》（卷 30），中华书局 1986 年版点校本，第 612 页。

③ 沈家本：《历代刑法考》（二），第 429 页。

④ 《十三经注疏》（上），第 247 页。

"用肇造我区夏"，李民按："肇"，《尔雅 · 释诂》曰："始也"；"区"，《广雅 · 释诂》曰："小也"，是周人在这里自称"区夏"。这与《大诰》中记载周人所说之"兴我小邦国"意义相同[①]。此说甚确。"我区夏"即周公对周之谦称。

（2）《君奭》："公曰：'君奭，在昔上帝割申劝宁王之德，其集大命于厥躬。惟文王尚克修和我有夏。'"杨筠如《尚书核诂》云："此有夏即谓有周。"

（3）《立政》："帝钦罚之，乃伻我有夏，式商受命，奄甸万姓。"王世舜注："有夏，非指夏朝，而是周的旧称。"[②]

可见，周人当时确是自称为"夏"的。之所以如此，是因为这样一个史事，即周人非常崇夏，往往以夏人之后自居。学者们将此归为"周人尊夏说"[③]。这是符合当时的实际情况的。战国时期及西汉初期的学者们不了解这种情况，故而从"训夏赎刑"一语推演出"夏作赎刑""夏刑三千条"之说。实乃历史的误会。

综上所述，所谓"夏刑三千条"不过是西汉初期的儒者以《尚书 · 吕刑》及《书序》为依据发挥出来的误论。后人以讹传讹，将之作为夏代法制史料来使用，并从此导出"夏有'五刑'体系""夏有赎刑"的错误结论。

## 第四节　军事法律规范

### 一、文献记载所见中国古代最早的军法

从文献记载来看，夏朝已经有了由车兵和步卒组成的军队。夏王是这支军队的最高统帅。同时，夏朝也出现了军法，以保证战争的胜利。

① 李民：《尚书与古史研究》（增订本），中州书画社 1983 年版，第 84、85 页。
② 王世舜：《尚书译注》，第 248 页。
③ 李民：《尚书与古史研究》（增订本），第 84—89 页。

《尚书·甘誓》记载了夏朝的军法。其云：

大战于甘，乃召六卿。

王曰："嗟！六事之人，予誓告汝。有扈氏威侮五行，怠弃三正，天用剿绝其命。今予惟恭行天之罚。左不攻于左，汝不恭命；右不攻于右，汝不恭命；御非其马之正，汝不恭命。用命，赏于祖；弗用命，戮于社。予则孥戮汝。"

此篇文字又见于《墨子·明鬼下》，其云：

然则姑尝上观乎《夏书》。《禹誓》曰："大战于甘，王乃命左右六人，下听誓于中军，曰：'有扈氏威侮五行，怠弃三正，天用剿绝其命。'有曰：'日中，今予与有扈氏，争一日之命，且尔卿大夫、庶人，予非尔田野葆士之欲也，予共行天之罚也。左不攻于左，右不攻于右，若不共命；御非尔马之政，若不共命。是以赏于祖，而戮于社。'"

这两段文字记载出入较大，但所记内容基本相同。《尚书·甘誓》是一篇夏与有扈氏在甘地（今山西户县西南）大战时，夏王所作的誓师动员令。但是，今文《尚书·甘誓》没有说这个夏王是谁。《逸周书·史记》却明确指出是"启"，《书序》所说同。不过，《墨子·明鬼下》却说是"禹"，《庄子·人间世》《吕氏春秋·召类》《说苑·政理》所说亦同。孙诒让《墨子闲诂》案："《吕氏春秋·先己篇》云：'夏后柏启与有扈氏战于甘泽而不胜。'是《吕览》有两说。或禹、启皆有伐扈之事，故古书或以《甘誓》为《禹誓》。"很可能禹和启都曾征伐过有扈氏。究竟是谁，在此似可不必过分拘泥，可能由于所依据的传本不同而记载有出入。

《史记·夏本纪》也据其他传本记载说：

有扈氏不服，启伐之，大战于甘。将战，作《甘誓》，乃召六卿申之。启曰："嗟！六事之人，予誓告汝：有扈氏威侮五行，怠弃三正，天用剿绝其命。今予维共行天之罚。左不攻于左，右不攻于右，女不共命。御非其马之政，女不共命。用命，赏于祖；不用命，僇于社，予则帑僇女。"

以上记载尽管所依据的传本不同，但是其主要内容大致相同。一般认为，

《尚书 · 甘誓》可信。据考证它成书于商朝，大概在夏朝是作为祖训口耳相传，终于形成一种史料流传到商朝。[①] 这是迄今所见中国古代最早的军法。

“威侮五行，怠弃三正”，是夏王借以征伐有扈氏的罪名。“五行”一般认为即金、木、水、火、土，实指“天道”“天象”；“威侮五行”即轻慢、不敬上天。“三正”有不同的解释：《经典释文》引“马融云：‘建子、建丑、建寅，三正也。’”《史记集解》引郑玄曰：“天、地、人之正道。”顾颉刚、刘起釪则考证以上解释是错误的，“三正”与“五正”“六正”“多正”是一类的，都用以概括诸大臣、官长。[②] 所谓“怠弃三正”即下不敬大臣。

古代兵刑不分，如《汉书 · 刑法志》所谓“大刑用甲兵”。有扈氏犯下如此滔天大罪，上天要断绝其天命，因此夏王要率领军队奉行上天之罚。

“左不攻于左，汝不恭命；右不攻于右，汝不攻命；御非其马之正，汝不攻命。用命，赏于祖；弗用命，戮于社。予则孥戮汝。”就是夏王在战前发布的军法。其意为：“所有在战车左边的战士，如果不好好完成左边的战斗任务，就是你们不奉行命令；在战车右边的战士，如果不好好完成右边的战斗任务，也是你们不奉行命令；驾御战车的战士，如果不胜任而贻误了御车的任务，也是你们不奉行命令。努力奉行命令的，就在庙里给以奖赏；不努力奉行命令的，就在社坛里杀掉。”[③]

## 二、我们的认识

1. 由于中国古代“刑起于兵”“兵刑合一”，因此军法是中国古代最早的法律形式之一。而王命是最重要的军法渊源，具有至高无上的法律效力。从文献记载来看，“誓”是夏朝军事法的重要形式。

---

① 顾颉刚、刘起釪:《〈尚书 · 甘誓〉校释译论》，载《中国史研究》1979 年第 1 期。

② 刘起釪:《释〈尚书 · 甘誓〉的“五行”与“三正”》，载《文史》第七辑，中华书局1979年版。

③ 顾颉刚、刘起釪:《〈尚书 · 甘誓〉校释译论》，载《中国史研究》1979 年第 1 期。

2.夏朝的法制指导思想即“受命于天”的“神权法”思想。从其罪名“威侮五行，怠弃三正”及执行刑罚“戮于社”可以明证。

3.夏朝的刑罚有死刑：“杀”“戮”。而“孥戮”有两说：一是将不奉行王命者及其妻、子处以死刑，一是将不奉行王命者罚为奴隶。《史记集解》引孔安国曰：“非但止身，辱及汝子，言耻累之。”颜师古《匡谬正俗》卷二：“按：孥戮者，或以为奴，或加刑戮，无有所赦耳。此非孥子之孥。”

## 第五节　经济法律规范

### 一、自然资源管理立法

国家资源是指国家的自然经济资源，所以也叫自然资源，是指未经人类加工而存在的自然物。自然资源的内容是非常广泛的，包括土地、森林、草原、动物、水源、矿产等。自然资源是任何一个国家赖以生存的物质基础来源。因此，历代统治阶级都非常重视对本国自然资源的保护，制定各种法律法规实现其保护的目的。限于材料，关于夏朝的经济立法，我们知道的很少。传说在禹的时候，对自然资源保护就有禁例，所谓“禹之禁：春三月，山林不登（加也）斧，以成草木之长；夏三月，川泽不入网罟，以成鱼鳖之长”。这个禁令，可以说是我国古代最早的一项保护自然资源和生态平衡的立法。据说当时人们已经懂得，“泉深而鱼鳖归之，草林茂而鸟兽归之”，并且认识到保护自然资源是“以成万财”。[①] 把保护和开发自然资源看成是取之不尽、用之不竭的财富。

《论语·泰伯》篇记载孔子一段话，他说禹“尽力乎沟洫”。沟洫就是

---

① 《逸周书·大聚解》。

沟渠，说明禹时曾经为了农田灌溉而兴修水利之事。又据《墨子·耕柱》篇记载，“夏后开使蜚廉采（旧作折）金于山川，而陶铸于昆吾”。《左传·宣公三年》记载，夏有“铸鼎象物”之说。夏后开即启，可知启时已开始利用矿藏资源，开采鼓铸金属器物。

## 二、土地管理与赋税立法

### （一）土地管理立法

夏朝土地管理立法的情况，由于材料缺乏，还无法介绍。从文献记载来看，夏朝土地是王有，即国有制。所谓王有，实际是私有制的一种形式，它是从氏族公社土地公有制直接演变而来的，这正是人类社会刚刚进入阶级社会初期，家国不分的“家天下”的特征之一。不过，这也是仅就土地所有权而言。土地既然为国王所有，毫无疑问，国家自然要设官分职，对土地进行管理，提高土地利用率，并制定法律调整这方面的关系。据《夏小正》云：从春天正月开始，要求“农率均田。率者，循也。均田者，始除田也，言农夫急除田也”。注：《尔雅》曰：“均，易也。”《孟子》曰：“易其田畴。”赵歧注云：“易，治也。”传云：“率者循也”者，《尔雅·释诂》文。云“均田者始除田也”者，除犹修治也。云“言农夫急除田也”者，《农书》曰：“春草冒橛，陈根可拔，耕者急发”是也。[1]这是要求农民在春正月，及时修治农田，为春耕作准备的规定。

### （二）赋税立法

《史记·夏本纪》记载：夏禹之时，“四海会同，六府甚修（《集解》引孔安国注：六府，金、木、水、火、土、谷），众土交正，致慎财赋，咸

① 王聘珍：《大戴礼记解诂》，中华书局1983年版点校本，第27页。

则三壤成赋”，即在确定行政区划的基础上，按照不同地区和土地肥瘠的情况，缴纳田赋的制度。故太史公曰：“自虞、夏时，贡赋备矣。”

1. 田赋。据说禹把全国九州土地划分上上、上中、上下、中上、中中、中下、下上、下中、下下九等，每等田赋不一，而且土地等级与田赋等级也不完全一致。例如：“其田上中，其赋中中。”即第二等田，赋等第五。所以出现这种情况，据《禹贡》孔颖达疏云：“此时亦什一税，俱什一而得为九等差者，人功有强弱，收获有多少。传以荆州田第八，赋第三，为人功修也；雍州田第一，赋第六，为人功少也。”就是说，田是按土地质量划分等级，赋是按收获总量计算，人功应包括在质量之中，所以出现田等与赋等的差别。所以孔氏曰：“田下而赋上者，人功修也；田上而赋下者，人功少也。”[①] 赋是由耕种国有土地的平民向政府交纳的实物地租，是夏王朝财政收入的重要来源。

2. 贡纳。贡纳是得到封地的百官诸侯向夏王朝定期或不定期贡献的实物。《说文》云：“贡，献功也。从贝工声。”《初学记》卷二十又引“《广雅》曰：‘贡，税也，上也。’郑玄曰：‘献，进也，致也，属也，奉也，皆致物于人，尊之义也。’按《尚书》‘禹别九州任土作贡。’其物可以特进奉者曰贡”。这是古文献最早提出的“贡”的含义。从这些解释中，可以看到，在国家出现的初期，贡、赋、税都属于下级向上级的献纳。

据文献记载，当时地方上的诸侯和官吏，向中央贡纳当地的产物，即土特产品，其中包括奴隶、美女、手工艺品、蚕丝、铜、锡、玉石、象牙、珍珠等，以满足夏王和王室贵族的需要。

## 三、手工业生产管理立法

《考工记》云：“夏后氏上匠。”说明夏代统治者很重视手工业生产。根

① 《文献通考》卷一《田赋考·注》。

据文献记载和夏代文化遗址的发掘，可以看到夏代手工业产品种类很多，手工业分工很细。总的来说有铜器制造、玉器制造、漆器制造、陶器制造、纺织、造车、酿酒等手工业部门。

（一）铜器制造

河南偃师二里头文化遗址出土戈、刀、锛、凿、锥、鱼钩等青铜器制品，其制铜技术已达到相当高的水平。例如，在二里头遗址发现的铜戈，制造工整，戈刃锋利，说明夏代已有青铜武器。文献中曾说夏“以铜为兵”，上述发现使文献得到了证实。此外，在二里头还发现了坩锅片、铜渣和陶范，说明当地曾是手工业作坊遗址。

（二）玉器制造

《左传·定公四年》记载，在分封鲁公伯禽时，除分以“大路、大旂”外，还分以“夏后氏之璜”。杜预注：“璜，美玉名”。孔颖达注：“夏后氏所宝，历代传之，知美玉名也。”说明夏代玉器制造已达到一定的水平。考古发掘出土的玉器有玉戈、玉刀、玉圭、玉琮、玉板、玉钺等，有的玉器上还雕有花纹、兽纹，或漆雕等，做工精美，也表明当时玉器制造已达到相当高的水平。

（三）漆器制造

文献资料记载，我国漆器最早在尧舜时期就已经有了。据说禹曾以漆器作祭祀用具。“舜禅天下而传之于禹，禹作为祭器，墨染其外，而朱画其内。”[①] 陈奇猷《韩非子集解》注释：“王念孙曰：染，当为漆，谓黑漆其外也。俗书漆字作柒，因讹而为染。”河南二里头遗址发掘中，出土几件漆器，其木胎已腐朽不存，但能看出器形，有平底漆盒、漆豆、筒形器，

① 《韩非子·十过》。

以及漆钵、漆鼓等。还发现有漆棺，说明夏代漆器制造也达到较高水平。

此外，夏代在制陶、纺织、造酒、造车等手工业生产技术上也都达到了一定的水平。《左传·定公元年》载："薛之皇祖奚仲，居薛，以为夏车正。"这段文字是说春秋时薛国的祖先奚仲，在夏代曾担任车正，是监督管理造车的官职。

夏代手工业生产分工较细，已经有不同的手工业部门。这时手工业都是官营的。所谓"官营"，就是各种手工业皆由官府派官吏经营管理，生产者都是官府的奴隶。文献记载"夏后氏官百"，就是指设有各种官吏，管理国家各项事务。在手工业生产部门设官管理是毫无疑问的，制定简单的手工业生产管理法规也是可能的。不过当时生产者多是奴隶，他们在奴隶主和官吏的监督下从事劳动，对违反劳动纪律的生产者便采用残酷的刑罚手段处理。这也是奴隶制手工业生产管理立法的特点。

## 四、商业立法

### （一）夏朝商业活动情况

夏朝由于农业手工业进一步发展，商品交换也进一步发展。从文献记载的资料来看，夏代还没有形成已经脱离生产而以专门从事交换活动的"自由商人"。在我国，"自由商人"不是随着原始公社的解体、奴隶社会的出现而马上出现的。关于夏代商品交换的情况，史书记载也不多。《史记·夏本纪》载，禹在治理洪水时，有地方由于水患，"食少"，禹便"调有余补不足"，解决民食问题。《尚书·皋陶谟》记载着皋陶与禹的一段对话。禹说："暨稷播，奏庶艰食鲜食。懋迁有无，化居。烝民乃粒，万邦作乂。"懋是贸的假借字。懋迁，贩运买卖。化，古货字。化居，交易其所居积，即以其多余的产品，易其所无的产品。意思是禹和稷一起，教民播种百谷，给人民提供了粮食和肉食；又发展贸易以通有无，人民才得以安居乐业，千万个诸侯国才得以治理。说明禹很注意商品交换，而且常常到其他部落贩运交换商品。

《世本》载："胲作服牛。""胲"即商汤的七世祖王亥。甲骨文称为高祖亥、高祖王亥。史书记载，王亥赶着牛车拉着许多商品到有易部落做买卖，结果有易首领绵臣图财害命，把王亥杀死。夏代商品交换的发展，必须设立专门官吏进行管理，同时制定相应的法律调整商品交换过程中所发生的各种关系。马克思说："先有交易，后来才由交易发展为法制。"[①] 夏朝的商品交换的发展，当然也是遵循这一规律，随着奴隶制国家的建立，在交换发展的基础上产生了奴隶制的商业立法。

### （二）城市的出现

城市的起源是逐渐形成的，仰韶文化，西安半坡村已有壕沟，到龙山文化时，王城岗（河南登封告成镇）城堡比壕沟又进了一步。王城岗城堡有人认为是夏代，也有人认为是夏以前的。城的出现，是阶级社会的产物。随着私有制正式形成而出现的。夏代已进入"家天下"，古人所说的"大同"社会已经结束，而进入"小康"的时代。也就是说，夏代父传子制度的确立是私有制形成的标志。也就是从这时起，"大道既隐，天下为家，各亲其亲，各子其子，货力为己，大人世及以为礼，城郭沟池以为固"[②]，这说明城郭沟池是为了保护私有财产和财产所有者的人身安全而特意建造的。《易 · 坎卦》云："王公设险，以守其国。"设险就是造城郭沟池保护以王公贵族为首的统治者。

由于这时社会已分裂阶级，即奴隶和奴隶主阶级。奴隶主剥削奴隶劳动成果，拥有大量财富，奴隶却一无所有，而且连自己的身体也属于奴隶主的私有财产的一部分。在这种情况下，奴隶起来反抗奴隶主的阶级斗争便不断发生。奴隶主阶级除了建立一套镇压机构，如军队、法庭、监狱外，

① 《马克思恩格斯全集》（第 19 卷），人民出版社 1965 年版，第 423 页。

② 《礼记 · 礼运》。

还建置城郭沟池。奴隶主阶级住在城内，城门由军队守护，以保障其财产和人身安全。从考古发掘出的夏代城堡遗址看，这些城堡有高大坚固的城墙，其目的显然是防御外来的攻击。为了保障奴隶主阶级生活的需要，设立工商业为他们生产和收购供他们享用的物品。从这个意义上说，城市的出现促进了手工业、商业的发展。史书上说："夏鲧作城。"[①] 这虽是传说，但按照上面的分析，这个传说不是没有根据的。

（三）货币的出现与使用

我国古代货币是什么时候产生的，学术界还没有一致的意见。一般认为"贝"是我国古代最早的实物货币。史书上说："夏后以玄贝。"[②] 是否可信，尚待证实。但在河南偃师二里头夏代遗址曾发现有天然贝，还有仿制的骨贝和石贝。这说明夏代确实有"贝"，而且在人们的心目中是非常珍贵的物品。贝产于海边，不易得到，作为货币使用，必须有足够的数量。因此，夏代的"贝"是否就是货币，也是需要进一步研究的问题。

## 第六节 司法机构

### 一、司法官

夏朝的司法官称为"士"或"理"。士既理军政又理狱讼，实行军政官兼理狱讼的制度。夏朝设地方与中央两级司法机关，士或理为地方司法官，掌管辖区内刑事、民事案件的审判。大理为中央司法长官，掌管全国性重大案件的审判。

---

① 《吕氏春秋·君守》此说见《世本》。

② 《盐铁论·错币第四》。

## 二、最高司法官

夏王是全国最高司法官，掌握生杀予夺的大权。夏王发布的命令就是法，因此又享有立法权。公元前 21 世纪，启继位为夏王，有扈氏作乱，启率军战于甘（地名，有扈之郊，今陕西户县西南）战前，启发布军令曰："用命，赏于祖：弗用命，戮于社。予则孥戮汝。"遂灭杀有扈氏。这是夏王行使司法权的例证。

## 三、监狱

夏朝初期的监狱称"牢"。古代的牢，是圈关牛、猪等牲畜的场所。《诗经》："执豕于牢。"主要是囚禁罪隶与俘虏。所谓"系用徽纆，置于丛棘"[①]。徽纆，束缚的绳索。丛棘，四周以棘围之。因为古代的奴隶、俘虏与牛、猪等牲畜处于同等地位，故用绳索捆缚起来，驱赶到丛棘之处囚禁，这可能是古代最原始的监狱。

夏朝中期的监狱称"圜土"。《竹书纪年》："（帝芬）三十六年作圜土。"郑玄注："圜土，狱城也。"圜，圆也。圜土是用土墙筑成的圆形牢房。据《竹书纪年》记载，夏朝自禹至桀 471 年，历十七代，帝芬为第八代夏王。

夏朝末期的监狱称"夏台"。《史记·夏本纪》："召汤而囚之夏台。"夏桀曾将商族首领汤囚禁于夏台。夏台又称"钧台"，在今河南省禹县境内，原是祭祀的地方。《风俗通》："夏曰夏台，言不害人，若游观之台。"将汤囚之夏台，也许是限制他行动自由的软禁，而夏台却成为夏朝监狱的代称。

---

① 《易·卦坎·上六》。

# 第七节　礼制的形成

若要全面地论述中国古代的法律制度，尤其是夏、商、周三代的法律制度，就不能不论及“礼”。因为，礼在三代实际具有法的性质，三代之后的令、式、章程等大都源于礼制之中。古代社会中有关诉讼、宗族、婚姻、继承、身份及行政等有关方面的法律，也都与礼制有着密切的联系。因此，近代思想家严复在向国人介绍西方法律时格外提醒道：“西文‘法’字，于中文有理、礼、法、制四者之译异，学者审之。”①

## 一、礼的起源

礼是由部落氏族的风俗习惯转化而来的，其源于部落的祭祀活动。

部落氏族的风俗习惯是部落成员在长期的共同生活中自然而然形成的规范。风俗习惯依赖部落氏族成员自幼所受的教育、部落首领的权威与表率、公共的舆论等来维护。部落社会后期，社会发生了巨大的变动，贫富分化已经出现。传说舜为部落普通成员时，“饭糗如草也”。而“及其为天子也，被袗衣鼓琴，二女果”②。贫富分化、等级的出现，使部落时代的风俗习惯的物质基础遭到瓦解，风俗习惯已无力全面规范部落成员的言行，社会的发展需要新的规范，产生于祭祀的礼便应时代的要求而成为具有法的性质的新的规范。

礼，最初是一种祭祀仪式，其以规范的仪式与程序表达人们敬畏天地鬼神及祈祷神灵保护的心情。礼源于祭祀，古文献中多有记载。从礼的字义上

---

① ［法］孟德斯鸠：《法意》（第一卷）第一章案语，严复译，商务印书馆 1981 年版，第 3 页。
② 《孟子·尽心上》。

看,《说文》曰:“礼，履也，所以事神致福也。”从礼的内容上看,《史记 · 礼志》沿用荀子之说，总结道:“故礼，上事天，下事地，尊先祖而隆君师。”人类发展伊始，对自然的认识能力十分有限，所以人们相信天地鬼神具有无比的威力，其能决定一部落、一氏族及每一个部落成员的命运。人们祭祀是为了讨取天地鬼神的欢喜，因此在祭祀中如礼与否，关系到天地鬼神的喜怒，也关系到部落及自身的祸福。礼由于与神灵们的喜怒相联系，所以自身便带有神秘性与权威性。当部落氏族社会发展到后期，原有的风俗习惯已不足以应付社会的变化时，礼便由单纯的祭祀扩充到其他领域，借助天地鬼神的力量，完成了对部落风俗习惯的选择与改造，成为新的社会规范。《汉书 · 礼乐志》总结道:“人性有男女之情，妒忌之别，为制婚姻之礼;有交接长幼之序，为制乡饮之礼;有哀死思远之情，为制哀祭之礼;有尊尊敬上之心，为制朝觐之礼。”部落氏族社会的后期，礼尚在扩充、形成之中，未必发展到《汉书 · 礼乐志》所描述的那样成熟程度，但礼于此时得到迅速的发展，并将某些原有的风俗习惯经祭祀一变而为礼则是毋庸置疑的。

作为新产生的社会规范，礼与原来的规范——部落氏族的风俗习惯有着密切的联系。首先，礼与风俗习惯的适用范围都未冲破血缘的羁绊，两者都以具有共同信仰、共同祖先的部落成员为制约对象。礼制的普遍约束力是在国家形成之后才具有的。萌芽之中的礼，或礼在起源之时，其适用范围基本上也是部落内部。其次，礼的规范有很多直接来源于部落的风俗习惯，有些部落风俗习惯经祭祀而变为礼，名称及约束力变了，但内容依然如故。这就是《礼记 · 曲礼》中所说的:“君子行礼，不求变俗。祭祀之礼，居丧之服，哭泣之位，皆如其国之故。”最后，礼与风俗习惯并不是截然对立的。礼对风俗习惯的取代也不是绝对的。许多适应社会发展的风俗习惯与礼同时并存，共同制约着人们的言行。当然，作为新的社会规范，礼不同于原有的部落风俗习惯，其主要表现在以下四点:第一，部落的风俗习惯是部落成员长期共同生活中自然而然形成的。而礼则是通过祭祀，由部落贵族借助天地鬼神之力而制定的。第二，礼源于祭祀，因而比部落风俗习惯更具有神秘性与权威性。第三，礼比部落风俗习惯更规范、更准确。以致后人常将后世的制度附会于此时所作。如《商君书·画策》中言："黄帝作为君臣上下之义，父子兄弟之礼，夫妇妃匹之合。"《孟子·离娄》中亦言尧舜之世："君尽君道，臣尽臣道。"第四，礼比部落风俗习惯更具有强制性。风俗习惯的维持主要靠人们的"知耻"之心，而礼的维持则主要靠人们的"敬畏"之心。

源于祭祀，以移风易俗为目的的礼在其起源萌芽之时便具有了十分明显的法律特征。

## 二、礼制的形成

礼随着国家的形成与建立而成为具有普及约束力的制度，是为礼制。

夏代是中国第一个奴隶制国家，夏代的礼制具有双重内容，既被赋予了新的阶级的性质，又保留了诸多传统的痕迹。

夏代礼制，在先秦诸子、《三礼》及后人所著的史籍中并不乏记载，但因多为传说，至今仍有人疑其伪。孔子言："夏礼，吾能言之，杞不足征也；殷礼，吾能言之，宋不足征也。文献不足故也。足，则吾能征之矣。"[①]又言："殷因于夏礼，所损益可知也；周源于殷礼，所损益可知也。"[②]孔子论史，多有据而发，故夏有礼制，三代之礼又一脉相承是可信的，从文献记载中看，夏礼正处在变革之中，即将传统的礼制——原始社会末期的风俗习惯及尚未成熟的礼的规范逐渐变成适应国家政权需要的，具有法律性质的礼制，使阶级社会的礼制初具规模。

### （一）夏代礼制中的传统痕迹

夏王朝刚踏入阶级社会不久，血缘社会中的传统习俗不可避免地大量

① 《论语·八佾》。
② 《论语·为政》。

存在。“以氏族为基础的社会和以领土与财产为基础的国家并存”① “一种制度在逐渐消失，另一种制度在逐渐出现，因此在某一期间内，两者是并存的”② 正是夏王朝礼制的特点。在夏代礼制中，保留传统特点最多的莫过于祭祀与丧葬。

1. 祭祀之礼。《礼记 · 祭统》言：“凡治人之道，莫急于礼。礼有五经，莫重于祭。”礼产生于对神灵的祭祀。祭祀是氏族社会中最为重要的活动，祭祀大致可分为两种，一是祭神，祈求具有超自然力的神明给氏族以保护。氏族社会后期由于人们认识力的低下，一切不可解的自然现象皆可能成为祭祀的对象，如天、地、日、月、江河、大山以及雷、雨、风、云等。二是祭鬼，即已死去的祖先，尤其是对氏族作过重大贡献的祖先。祭祀祖先的原因在于人们对死亡的不解，以为人死之后，灵魂便升天而为神，并具有了超自然的力量。祭鬼的目的在于维系血缘的亲情，团结氏族成员。夏代虽已进入阶级社会，但人们对鬼神的敬畏之情并未改变。相反，为了解释阶级的出现，为了使被统治者能够俯首帖耳地接受剥削，统治者将对鬼神的祭祀权愈加牢牢地掌握于自己的手中，并利用鬼神作后盾。于是，夏代的祭祀活动较氏族末期有增无减，而且礼节更加完备。孔子言：“禹，吾无间然矣！菲饮食而致孝乎鬼神，恶衣服而致美乎黻冕，卑宫室而尽力乎沟洫，禹，吾无间然矣。”③ 其大意为：对于大禹，我是无可非议的。大禹自己吃着粗食却将祭品搞得很丰盛；自己平时穿着十分简朴，却将祭服做得很华美庄重；自己住处十分简陋，却致力于水利。禹“致孝乎鬼神”“致美乎黻冕”是当时人们重视祭祀的反映。《礼记》中记夏祭祀之礼之处并不罕见，如《王制》“夏后氏收而祭”，《祭法》“夏后氏亦禘黄帝而郊鲧”，《祭统》“夏祭曰禘”等。以上所记虽未必尽符合当时状况，但夏王朝的祭祀

① ［德］马克思：《摩尔根〈古代社会〉一书摘要》，第 209 页。
② ［德］马克思：《摩尔根〈古代社会〉一书摘要》，第 182 页。
③ 《论语 · 泰伯》。

之礼继氏族社会之后日益发展却是可以肯定的。朱天顺《中国古代宗教初探》一书中说："还有《礼记·祭义》中的一说，该文说：'郊之祭，大报天而主日，配以月。夏后氏祭其闇，殷人祭其阳，周人祭日以朝及闇'此记载也说祭日神的迷信早在夏朝就存在，并延续到商、周。这一点是可信的。但其所说的各朝不同的祭日时间，很明显是作者根据阴阳学说和'五帝德'的观点杜撰的……是不可信的。"[①] 由于时代的久远及第一手资料的阙如，我们无法对夏礼的真伪进行一一的辨证，但夏代承袭着氏族社会后期的传统习惯，祭祀之礼日趋完备则是可以肯定的。

2. 丧葬之礼。丧葬是礼制的重要组成部分，在丧葬中，人们除表示对死者的哀悼外，还希望通过隆重的葬礼使死者满意而去，在阴间保佑活着的人们。不同的地区有不同的葬礼，但从总的发展趋势来看，丧葬之礼是由简而繁，由节俭而奢侈，最终形成等级有别的墓葬形制与隆杀不一的丧葬之礼。

原始社会，由于生产力低下，社会财富平均分配，财物没有或很少有节余，所以丧葬之礼亦十分简陋。《孟子·滕文公上》记："盖上世尝有不葬其亲者，其亲死，则举而委之于壑。"《墨子·尚同》中亦言："古者，上帝鬼神之建设国都立正长也，非高其爵，厚其禄，富贵游佚而错之也。"由于氏族成员间社会地位的平等，同一部落成员的葬礼基本相同，墓葬形制也大体相同，这已为大量的考古发掘资料所证实。

迄今为止，考古发掘还未发现具有典型意义的夏代墓葬。但早在20世纪30年代，考古学家梁思永便指出：反映原始社会末期的龙山文化与反映商朝的小屯文化"不是衔接的"，介于龙山与小屯文化中间的缺环，随着考古发掘的进展而有一定程度的突破。解放后整理发掘的二里头文化，无论其地域的分布，还是延续的年代，皆与文献中夏人活动的地域与时间

① 朱天顺：《中国古代宗教初探》，上海人民出版社1982年版，第14—15页。

相符合，[①] 即在今山西南部与河南西部一带。从发掘的墓葬来看，夏王朝的贫富等级差别已较为明显，但氏族内部成员的墓葬仍大同小异，“长方形竖穴的葬式多为仰身直肢。一般都有器物随葬”[②]，这些墓葬的形制大致可与商代平民相比拟。《礼记 · 檀弓上》记：“有虞氏瓦棺。夏后氏塈周，殷人棺椁，……周人以殷人之棺椁葬长殇，以夏后氏之塈周葬中殇、下殇，以有虞氏之瓦棺葬无服之殇。”塈周，据《淮南子 · 氾论训》高诱注“夏后世（氏）禹世无棺椁。以瓦广二尺，长四尺，侧身累之以蔽土，曰塈周。”可见，夏的墓葬无论其身份如何，大致与商、周时的平民相同。刚刚进入阶级社会的夏王朝，在血缘的纽带和氏族的传统束缚下，丧葬之礼在本族内部成员内还保持着大致的平等。因此，在二里头文化中没有发现类似商王朝那样大型的奴隶主贵族墓葬，是完全可以理解的。

氏族社会传统的遗留，使虽已进入阶级社会的夏王朝古朴之风犹存，礼制的传统直接影响了夏王朝的刑罚。清人沈家本言：“夏后氏刑制，《书》传不详。《隋志》言刑五，《书》序言赎刑，至扬子言肉辟则在五刑之内，此其大较也。窃意禹佐舜治，受舜禅，其政教奚事改革？《汉志》谓禹自以德衰，尚制肉刑，盖拘于五帝画象，三王肉刑之纬说，而未观其通也。五帝画象，三五肉刑，恐亦就当日治化之精神大概言之，究之帝王之法制，其详既不可得而闻，其科条之若何同异，正未易质言之也。《尚书大传》：‘夏后氏不杀不刑，死罪罚二千馔。’[③] ‘禹之君民也，罚弗及强而天下治。’[④] 是夏代刑轻，尚有唐虞之化，不杀不刑，其殆用象刑之法欤？”[⑤]

---

① 孙淼：《夏商史稿》，文物出版社 1987 年版。

② 殷玮璋：《二里头文化探讨》，载《考古》1987 年第 1 期。

③ 《史记 · 平准书》索隐。

④ 《路史 · 后记》十三《夏后氏纪》。

⑤ 《历代刑法考 · 刑法总考一》。

### （二）夏代礼制的变革

夏代礼制中虽有诸多的传统痕迹，但是从总体来看，其毕竟是一种新的制度，传统的礼制被注入了阶级的内容。从文献记载的传说来看，夏代礼制与氏族社会礼制的最大区别便在于其具有了法的性质。如我们上文所谈到的祭祀之礼，夏代的祭祀之礼虽多因于传统，氏族社会所遗留的痕迹甚多，但在有限的记载中，我们还是可以窥测到夏代的祭祀之礼与氏族祭祀之礼具有本质的区别：这就是礼由习俗逐渐开始向法的方面转化。统治者不仅利用神的权威进行对异族及部落的讨伐，而且开始利用神的权威束缚本族成员的言行。《尚书·甘誓》记夏启率军讨伐有扈氏时，先言有扈氏之罪为“威侮五行，怠弃三正”，即违背天道，又对跟随其讨伐的人言：“用命，赏于祖，弗用命，戮于社。予则孥戮汝。”此处“赏于祖”“戮于社”的军令，便是将祭祀之礼注入了赏罚的内容，并将赏罚说成是鬼神的意志。这与以团结本氏族成员为目的的氏族社会中的祭祀便有了本质的区别，它暗示人间的法度，国王的命令来源于神的意志，由此而产生了神判法。传说与大禹同时的司法官吏皋陶便是以獬豸断罪，獬豸是独角兽，有灵性，知罪与无罪，当人们争讼时，其便以角触有罪之人。这一传说并不荒诞，它说明夏代统治者将刑的使用归结于神鬼的意志，为使被统治者信任法律的公正与权威，统治者为法律披上了神秘的外衣。神判法是社会发展到一定阶段，人类进入阶级社会的产物。总结归纳我国少数民族中的神判法内容，可以看到，神判法“上承氏族社会时期形成的习惯法”，“下启阶级社会初期的成文法。这不仅表现在一些成文法中规定有神判的条款，而且也表现在后期的神判法中对‘犯罪者’有处以死刑之类的规定。并且这时的神判主持人主要已不是宗教首领巫师，而是地方行政性质的负责人。这就明显地具有初期刑法和国家机关雏形的因素”。[1] 神判法赋予夏代祭祀之礼

---

① 夏之乾：《神判》，上海三联书店 1990 年版，第 108 页。

以法的内容，而法的威严又借助礼的力量来确立。礼法不分这种状况正是中国奴隶制社会法的特点所在。“所谓礼义者，五帝三王之法籍，风俗一世之迹也。……皆圣人所以应时耦变，见形而施者也。”①

夏礼中的阶级内容与法的内容不独表现于祭祀之中，从现有的资料来看，它还集中地表现于以下两个方面。

1. “大人世及以为礼”。夏禹传子，氏族社会共举首领的“禅让”之礼遂告结束。中国氏族社会后期，氏族首领的产生采取禅让与选举相结合的方式，《史记 · 五帝纪》记述了尧禅位于舜、舜禅位于禹的全过程。尧在位时，氏族成员举舜为其接班人，尧考察之后，将“天子”之位让于舜。舜在位时，氏族成员推荐禹为接班人，舜考察之后，让“天子”之位于禹。禹即位之初，亦效法尧、舜，“举皋陶荐之，且授政焉，而皋陶卒”，② 后又以天下授益，但禹死后，禹子启却即天子之位。关于禹子启即天子之位的传说有两种，一是儒家之说：“益避禹之子于箕山之阴，朝觐讼狱者不之益而之启，曰：‘吾君之子也。’讴歌者不讴歌益而讴歌启，曰：‘吾君之子也。’”③ 于是启即天子之位。此处所言益避启显然是儒家将历史理想化，因为社会发展到大禹之时，传子传贤已非个人所能左右。因而，历史上还出现过一类与儒家说大异其趣的传说。《竹书纪年》云：“益干启位，启杀之。”这一传说大致符合历史发展的客观规律，即启以暴力的手段，以禹之子的身份夺得天子之位，并用传子制度代替了禅让制。启夺天下，显然有悖于传统的“选贤与能”及“天下为公”，于是“有扈氏不服”。值得注意的是，夏启与有扈氏的矛盾不再是通过氏族会议而解决，而是诉诸武力。有扈氏是夏的同姓，血亲关系应比较密切，夏启与有扈氏的战争，说明氏族社会中维护血缘关系的旧

① 《淮南子 · 齐俗训》。

② 《史记 · 夏本纪》。

③ 《孟子 · 万章上》。

礼制已经瓦解，氏族成员及氏族之间的矛盾通过氏族会议已无法解决。“大刑用甲兵”，原来只有对外部族施用的征讨此时已用于同姓之间。战争的结果是有扈氏战败，被罚为“竖牧”，即从事畜牧业的奴隶。《淮南子·齐俗训》中言：“有扈氏为义而亡，知义而不知宜也。”义，显然指传统的伦理道德及制度。宜，则指历史发展的趋势。传统与历史发展形成了矛盾，旧礼制崩溃，新的礼制便应运而生。《礼记·礼运》记“天下为家，大人世及以为礼”。世，指父死子继的制度。及，指兄终弟及的制度。“天下为家”的“世及”制自启时便成为“礼”的内容，并受到国家武力与刑法的维护。

2.“礼者为异”。夏代的礼，已不再仅仅是维系血缘关系的氏族制度，由于国家的出现，阶级的分化，礼便充满了等级的内容，正如《礼记·乐记》中言：“礼者为异。”即礼就是差异，等级。

夏称天子为“王”或“后”。夏礼将王的权力大大扩张，部落首领远远不能与其相比拟。王具有征伐祭祀权，有被朝觐，听狱讼权，有享受四方贡物权。《国语·鲁语》记：“昔禹致群神于会稽之山，防风氏后至，禹杀而戮之。”禹对防风氏的处理与尧、舜时所用的“象刑”截然不同，说明禹作为天子已掌握了对部落成员的生杀予夺之权。《左传·哀公七年》记“禹合诸侯于涂山，执玉帛者万国”，这便是后世朝觐之礼的萌芽。《尚书·禹贡》序中记禹划分九州，“任土作贡”。《左传·宣公三年》记：“昔夏之方有德也，远方图物，贡金九牧，铸定象物。”说明朝觐时，诸侯须向夏王贡献物品。这种王与诸侯间的关系与西周颇为相似。《战国策·魏策》记：“仪狄作酒而美，进之禹，禹饮而甘之，遂疏仪狄，绝旨酒。”可见纳贡之事确有稽可征。夏启时，王的权威进一步加强，王对“不恭命”者，甚至施以“孥戮”之刑。[①]夏启所过的生活大大优于一般氏族成员，靠着

① 《尚书·甘誓》。

四方的贡献，“启乃淫溢康乐”[1]“启九辨与九歌兮，夏康娱从自纵”[2]。夏朝后期，阶级分化进一步加剧，夏的最后一个国王夏桀为享宫室台榭之乐“残贼海内，赋敛无度，万民甚苦”[3]。

王之下，便是各级奴隶主贵族与奴隶主。奴隶主贵族多与王室有着血缘关系而且势力比较强大，一般奴隶主则多为臣服于夏王朝的异姓。这些人一般也过着不劳而获的优裕生活。《诗经 · 豳风 · 七月》记：“一之日于貉，取彼狐狸，为公子裘；二之日其同，载缵武功，言私其豵，献豜于公。”即十一月份去打猎，猎取狐狸剥下皮，为公子过冬作裘衣。十二月份继续打猎，小猎物留给自己，大猎物献于公侯。

夏民，是夏王朝人数最多的阶层。这些人原本为夏族内部成员，国家确立后，这些人便成为夏朝的“平民”阶层。由于阶级的分化，这一部分人生活日益贫穷。夏建国中期，有些人不甘坠入社会底层而进行过斗争，以致太康失国。《左传 · 襄公四年》记：“昔有夏之方衰也，后羿自鉏迁于穷石，因夏民以代夏政。”即后羿曾依靠夏民的力量夺得夏之政权。夏民的生活较为穷困，除自给自足，还要向国家缴纳一定赋税。但就政治地位而言，夏民仍有一定的发言权。《尚书 · 洪范》言：“汝则有大疑，谋及乃心，谋及卿士，谋及庶人，谋及卜筮。”柳诒徵论道：“国事分为五权，天子一人一权，卿士若干人一权，庶民若干人一权，龟一权，筮一权。五权之中，三可二否，皆可行事。”[4]

夏代社会最底层是奴隶阶级。这些人没有任何权利，他们只是一种创造社会财富的工具。夏代的奴隶多来源于战俘。如上文所提到的“为义而战”有扈氏便被集体罚作奴隶。一定程度反映夏文化的二里头墓葬中，有

① 《墨子 · 非乐》。

② 《楚辞 · 离骚》。

③ 《韩诗外传 · 十》。

④ 柳诒徵编著：《中国文化史》（上册），中国大百科全书出版社 1988 年版，第 87 页。

一些骨架残缺不全，或身首异处，或上肢与下肢分置两处，或数具骨架成层叠压埋葬者。这些人“没有随葬器物”，“不是自然死亡，有的明显地留有斩割、捆绑的痕迹。他们的身份和有墓穴、有器物随葬的死者不同，而与商代遗址中发现的奴隶墓的葬式相仿”。[①] 这些墓葬反映了阶级残害的场面，说明了奴隶在夏王朝中所处的悲惨地位。

综上所述，夏代礼制基本上以等级为内容，以法律为保障。阶级社会的礼制与传统的氏族之礼由此分野，具有阶级社会特色的礼制开始形成。

① 殷玮璋：《二里头文化探讨》，载《考古》1978 年第 1 期。

# 第三章　商朝的法律制度

## 第一节　立法概况

### 一、有文字记载的商朝

#### （一）商朝概述

商族，子姓，始祖名契（音 xiè，谢），传说为其母简狄吞玄鸟蛋而生。《诗·商颂·玄鸟》说："天命玄鸟，降而生商。"商族居于黄河中下游和渤海湾一带，夏朝建立后成为夏的一个属国。从契至汤，已经传了十四世。汤即位后，不断加强国力，准备灭夏。《史记·夏本纪》记载，夏"桀不务德，而武伤百姓，百姓弗堪"。约公元前 16 世纪，商汤下令伐夏桀，大战于鸣条（今河南封丘东）。夏桀战败南逃，死于南巢（今安徽寿县东南）。商汤乘胜西进，灭夏，在亳（今河南濮阳）建立商朝。后曾五次迁都。盘庚时由奄（今山东曲阜）迁至殷（今河南安阳小屯），此后直至商朝灭亡未再迁都。

商朝是中国历史上第一个有文字可考的王朝。从商汤建国，到帝辛灭亡，历十七世三十一王，其中二十九王见于甲骨文。据古本《竹书纪年》记载，从汤至纣共四百九十六年。

商的势力范围，西至今陕西西部，东至今山东西部，北至今河北北部，南至汉水以南的长江流域。

### （二）甲骨文的法律史料价值

甲骨文是刻（或写）在龟甲和兽骨上的一种古代文字。从1899年发现商代甲骨文至今已有百余年的历史了。

商代甲骨文出土于河南安阳小屯，主要是有关王室和王室贵族占卜问事所记录的文辞，又称“卜辞”；此外还有一些是记事刻辞。这些甲骨文是商代晚期遗留下来的部分文字记录。从20世纪50年代起，又先后出土了几批周代甲骨，但是数量很少。如，1954年10月在山西省洪赵县坊堆村出土一片有刻辞的卜骨；1955年至1957年在西安张家坡周代遗址中发掘出两片带字卜骨；1975年3月至6月在北京昌平县白浮村发掘西周墓时发现许多卜甲和卜骨残片，其中有带字残卜甲四片。由于没有重要内容，因此未引起重视。1977年陕西周代遗址出土甲骨17000余片，引起国内外学者的极大重视。据初步研究，这批甲骨属于西周前期，其中大部分是与占卜有关的记事刻辞，只有小部分是卜辞。

据统计，迄今已出土甲骨15万片以上，其中，有的刻着文字，有的没有文字。已发现单字近5000个，目前能辨识的有1000多个。

在我国浩如烟海的古代文献中，先秦典籍较少，而且其中不少又经过了后人的删削或篡改，埋藏于地下3000多年后才得重见天日的甲骨，以其真实可靠性在先秦史研究中占有重要地位：它是当时人亲手契刻（或写）而未经后人改易过的原始记录。但是，我们也应看到，甲骨文记载的有关法律史方面的内容并不丰富，就周代甲骨文来看，除祭祀名、方国名、人名等之外，找不到一片与法律有关的甲骨；就商代甲骨文来看，十数万片多是卜辞，程式千篇一律，内容很简单，主要是关于祭祀的占卜，况且它并不是整个商朝的实录。因此，它所反映的社会真实状况尤其是法律状况就更有限了。尽管如此，商代甲骨文中还是储存着一些法律文化的信息，透过这些信息，我们仍可管窥到商代法律文化之一斑。

## 二、商朝的立法活动

### （一）商朝的法制指导思想

商朝的法制指导思想即先秦时期达到顶峰的神权法思想。

《礼记 · 表记》载：“殷人尊神，率民以事神，先鬼而后礼。”这反映出商代人对鬼神迷信之深。把鬼神看得高于一切，重于一切，这是商代人意识形态的最大特点，它广泛而深刻地影响到商代社会生活的各个方面。

商代人凡事无不通过占卜向鬼神请示。如年成丰歉、战争胜负、打雷下雨、官吏的任免等，在法律上，定罪量刑也要诉诸鬼神。如：

“贞其刖”[①]，占卜是否处以刖刑。

“贞刖百”[②]，占卜是否对一百个人处以刖刑。

对处刑的后果也要进行卜问：“贞其刖百人死。”[③]贞问对一百人处以刖刑是否会有人死亡。

商代的最高统治者还经常为营造监狱之事求神问卜。如：

辛卯王……小臣丑……其作圉于东对，王占曰：大吉。[④]

小臣，职官名；丑，小臣名；作圉，即营造监狱；东对，地名。这条卜辞虽残，但大意还是很清楚的；辛卯这一天，王卜问，小臣丑在东对营建监狱的事进行的是否顺利；王看了兆情后断定大吉。

商代统治者在司法审判实践中，进行烦琐的占卜，充分反映了他们敬鬼神的神权思想意识。“敬鬼神畏法令”，[⑤]一语道破了商代统治者神权法思想的实质：“敬鬼神”是为了使人们“畏法令”；体现奴隶主阶级意志的法

---

① 胡厚宣：《殷代的刖刑》，载《考古》1973 年第 2 期，图 3。

② 胡厚宣：《殷代的刖刑》，载《考古》1973 年第 2 期，图 8。

③ 胡厚宣：《殷代的刖刑》，载《考古》1973 年第 2 期，图 9。

④ 郭沫若：《卜辞通纂》，科学出版社 1983 年版，第 589 页。

⑤ 《礼记 · 曲礼上》。

令，被套上了一圈神秘的光环。一切司法活动都成为鬼神的意志。

### （二）文献所见商朝的立法活动

1.《汤刑》。目前所见商朝的甲骨刻辞中没有关于商朝立法活动的记载。但是，从文献记载来看，商朝统治者已经进行了立法活动，并且制定了刑事法律。

《左传·昭公六年》记载："商有乱政，而作《汤刑》。"这是晋国的叔向在反对郑国子产"铸刑书"时提到的。《汤刑》很可能就是商朝初期所制定的刑事法律。

又，《孟子·万章上》记载：

"伊尹相汤以王于天下，汤崩，太丁未立，外丙二年，仲壬四年，太甲颠复汤之典刑，伊尹放之于桐，三年，太甲悔过，自怨自艾，于桐处仁迁义，三年以听伊尹之训己也，复归于亳。"

《史记·殷本纪》也说：

"帝太甲既立三年，不明，暴虐，不尊汤法，乱德，于是伊尹放之于桐宫。三年，伊尹摄行政当国，以朝诸侯。"

"帝太甲居桐宫三年，悔过自责，反善，于是伊尹乃迎帝太甲而授之政。帝太甲修德，诸侯咸归殷，百姓以宁。"

从这些记载可知，商汤曾制定了刑事法律。但汤之孙太甲即位后却不尊行，因此被相伊尹软禁于桐宫。所谓"汤法""汤之典刑"就是《汤刑》。

到了盘庚时期，又进一步加强法制建设。据《尚书·盘庚》记载，盘庚迁都于殷（今河南安阳小屯），引起了贵族的怨言。盘庚发现贵族不愿意迁移的原因是由于在位的大臣本身言行不正，于是决定用先王传下的典制来整顿现时的法制。盘庚一再强调，要用刑罚来制裁那些不遵行法律者，"无有远迩，用罪伐厥死"，即无论亲疏，只要犯罪，一律以刑罚严惩。这次"正法度"就是整顿法制、修订法律，很可能对《汤刑》进行了补充、修改，增加了有关严惩大臣不遵行法律的内容。

祖甲在位时期，也对《汤刑》进行了修订。《竹书纪年》记载：“祖甲二十四年，重作《汤刑》。”所谓“重作”，可能就是在《汤刑》的基础上，重新修订，使内容更加完善，以适应社会发展的需要。

从文献记载来看,《汤刑》是商朝的一个基本法律，整个商朝一直适用。

由于《汤刑》已经失传，其内容无法考定。《吕氏春秋 · 孝行》引《商书》曰：“刑三百，罪莫重于不孝。”东汉高诱注：“商汤所制法也。”即传说商汤制定的《汤刑》有三百条之多，最重的是“不孝”罪。

2.《汤之官刑》。除了《汤刑》之外，商朝初期还制定了单行刑事法规《汤之官刑》。

《墨子 · 非乐上》记载：

先王之书,《汤之官刑》有之。曰:“其恒舞于宫，是谓‘巫风’，其刑：君子出丝二卫，小人否。”

这是战国时期有关《汤之官刑》的最早记载。即言“先王之书”，可知在当时是有根据的一种说法。

可是，到了西晋伪古文《尚书》的作者手里，这一有根据的说法越来越详细了。伪古文《尚书 · 伊训》记载：

制《官刑》，儆于有位，曰:“敢有恒舞于宫、酣歌于室，时谓‘巫风’。敢有殉于货色、恒于游畋，时谓‘淫风’。敢有侮圣言、逆忠直、远耆德、比顽童，时谓‘乱风’。惟兹三风十愆，卿士有一于身家必丧，邦君有一于身国必亡。臣下不匡，其刑墨，具训于蒙士。”

沈家本《历代刑法考 · 律令》按:“此官府之刑，汤所制也。”

很显然，伪古文《尚书 · 伊训》所载《汤之官刑》一段，是源于《墨子 · 非乐上》。孙诒让《墨子闲诂》云：“伪古文《伊训》采此而独遗其刑以下数句，盖魏晋时传本已不可读。”

众所周知，自清人阎若璩之后，伪古文《尚书》不用为信史已经成为定论。因此，关于商朝的《汤之官刑》的记载，当以《墨子 · 非乐上》所记载的为源。

3.“弃灰之法”。据文献记载，商朝还有“弃灰之法”的单行法律。

《韩非子·内储说上》说：

殷之法，刑弃灰于街者。子贡以为重，问之仲尼。仲尼曰：“知治之道也。夫弃灰于街必掩人，掩人，人必怒，怒则斗，斗必三族相残也，此残三族之道，虽刑之可也。且夫重罚者，人之所恶也，而无弃灰，人之所易也，使人行之所易而无离所恶，此治之道。一曰，殷之法，弃灰于公道者，断其手。”子贡曰：“弃灰之罪轻，断手之罚重，古人何太毅也？”曰：“无弃灰，所易也；断手，所恶也。行所易，不关所恶，古人以为易，故行之。”

沈家本《历代刑法考·律令》按：“此法太重，恐失其实，即前后两说已不甚同矣。”①

“弃灰之法”在战国时期已经有两种不同的传说。尽管所处之刑罚轻重相差很大，但是商朝出现这种酷刑也不足为怪。

## 第二节　行政法律规范

### 一、行政管理体制

#### （一）商王是商奴隶制国家最高统治者

商朝政权的组织形式是君主专制制度，商王有至高无上的权力，举凡国家的政治、军事、祭祀、农事、刑罚，都由商王决定。国家的一切重大活动皆称为王事。“予一人”，表示我主宰一切，我说了算。在甲骨文和古籍上，商王除自称我、予、朕外，还经常自称“余一人”，“听予一人之作

① 沈家本：《历代刑法考》（二），第820页。

猷（主意，谋划）”，“惟予一人有佚罚”[1]。或“王命……”“王令……”“王呼……”“贞：命……途虎方”“令吴伐羌”等。“己卯卜，率贞，令多子族从犬侯扑周……”。“己巳卜，㱿贞，王大令众人曰劦田，其受年。”[2]全国官吏皆由商王任免，《史记 · 殷本纪》有：“汤举伊尹”任以国政，从汤讨伐夏桀，而成为商朝的开国重臣。商王武丁举傅说为相，协助他处理国政，而使“殷国大治”。以及后来商王太戊立伊尹之子“伊陟为相”等。商王的命令就是法律，具有最高的效力。在《尚书 · 盘庚》篇记载，商迁都时盘庚对贵族们说，你们都要听从我的命令，即贵族官吏只能听他一人的，一点商量的余地也没有。迁到新地区官吏们表示不满，发出怨言，“恐沈于众”，商王盘庚下令，“今我既羞告尔，于朕志若否，罔有弗钦”，即我今天明白地告诉你们，对我迁都的决定，无论同意与否，都必须服从。他对奴隶们说：如果你们不听我的话，“我乃劓殄灭之，无遗育”，把你们斩尽杀绝。可见，商王有至高无上的权力，是必须唯命是从的最高统治者。

### （二）王权与神权相结合

商王利用人们长期以来对图腾、祖先神的崇拜等迷信心理，“以神道设教”，把商王说成是神的化身，给王权披上神权的外衣，把王的一切活动说成是上帝[3]赋予的，王是代表上帝（天）到人间来统治的，说商的祖先就是上帝的子孙。如《诗 · 商颂 · 长发》说：“有娀（殷先妣简狄）方将（成长），帝立子生商。”《玄鸟》篇也说：“天命玄鸟，降而生商，宅殷土芒芒。”就说明从他们的祖先开始就是上天派到地上来统治人民的。后来商王本身也被称为“帝”，如帝乙、帝辛。王作为上帝代理人的身份更为明显。商王之所以假借神权来统治，就是为了维护君主专制制度，企图在神权的

---

① 《尚书 · 盘庚上》。

② 郭沫若：《殷契粹编》，科学出版社 1965 年版，第 866 页。

③ 上帝又称“帝”，多见于卜辞与金文，为祭祀活动中的至上神。

庇护下，把王的意志说成上帝意志，服从王的意志，就是服从神命，否则便是违抗神命，以此来对人民进行生杀予夺，为所欲为，进行残暴的统治。在孟德斯鸠《论法的精神》这本书里，曾有这样一段话："在专制的国家里，宗教的影响比什么都大，它是恐怖之上再加恐怖。"[①] 说明古代统治阶级利用神权维护君主专制也带有普遍的规律性。

### （三）王权与宗法制度相结合

商朝建立后，仍然保留着原始氏族社会家庭组织的残余传统，形成宗法制度。所谓宗法制度，即基于氏族血缘关系的尊祖敬宗。它产生于原始社会末期父系家长制，殷人崇敬祖先，甲骨文的祖字就是男性的生殖器，说明它是由男性为中心的血缘关系转化来的。王就是大宗，是同姓家族中的大家长，只有他才有资格在祖庙里祭祖当主祭。

这样，商王在政治上是一国之君，全国人民要绝对服从；而在家族关系上，他又是大家长，大小奴隶主也要绝对地服从他。从而把政治与宗法制度结合起来，加强了君主专制的统治。

### （四）王位继承制度

商朝的王位继承制度同宗法制度密切相结合，是商朝王位继承制度的特点，也是我国奴隶制国家王位继承制度的特点。据《史记·殷本纪》统计，商代先后共 31 个王，其中传子者 18 人，传弟者 13 人。《史记·三代世表》31 帝，传子者 17 人，传弟者 14 人。《汉书·古今人表》31 王，传子者 17 人，传弟者 14 人。可见，商朝以子继为主，弟及为辅。后期则完全是父死子继，到末期则实行嫡长子继承制。《吕氏春秋·当务》记述帝辛继承王位时说："纣之同母兄弟三人，其长曰微子启，其次曰仲衍，其次曰受德。受德乃纣也，其少矣。纣母之生微子启与仲衍也，尚为妾；已而

---

① ［法］孟德斯鸠:《论法的精神》(上册)，张雁深译，商务印书馆 1961 年版，第 60 页。

为妻而生纣。纣之父，纣之母，欲置微子启为太子，大史据法而争之曰：‘有妻之子，而不可置妾之子。’纣故为后。用法若此，不若无法。”《史记·殷本纪》也有类似的记载：“帝乙长子曰微子启，启母贱，不得嗣。少子辛，辛母正后，辛为嗣。”由此可见，当时已经确立了嫡子继承制。《尚书》里还有一条关于长子继承制的材料，说商王武丁，因子祖庚（兄）“不肖”，祖甲（弟）“贤”，要立祖甲，祖甲逃跑了，理由是商王“废长立少，不义”。所谓不义，便是不合制度。这说明当时实行嫡长继承制。为什么要实行嫡长继承制呢？因为按宗法制度，嫡长子在家庭（族）中地位最高，而又能防止众嫡子因继承权发生纷争而影响奴隶主阶级专政。

## 二、内服与外服

据《尚书·酒诰》说商朝政权管理体制分内服和外服。所谓内服是指商王朝直接统治的地区，即以河南为中心及与河北、山东、山西交界处。外服是指臣属商朝的一些小国或部落。

### （一）内服

1.中央行政管理体制。据《史记·殷本纪》记载有冢宰、相。《尚书·盘庚》记载，商朝内服职官很多，有所谓“百执事之人”。《酒诰》也说有：“百僚庶尹惟亚、惟服、宗工越百姓里居。”金文有“殷正百辟”。甲骨文有宰、尹、史、卜、乍册、马、亚、射、臣、小耤臣等。上述职官，按其职责大致可分为：

（1）冢宰、相。冢，大也。古籍上叫“大宰”或“太宰”。甲骨文上的“多尹”，大致和他相仿。也有的叫“相”，是辅佐的意思。冢宰是商王下面的最高职官。冢宰权力很大，文献记载，商朝初期，商王汤死后，百官都“听于冢宰”。《史记·殷本纪》说，商王武丁即位，“三年不言，政事决定于冢宰”。《殷本纪》载商王太甲荒唐，不利于奴隶主阶级的统治，因此曾被冢宰伊尹放逐于桐宫（在今河南偃师），等悔改后，才把他迎回来。这一事例也说明冢宰职权之重。实际上就是奴隶主商王的大总管。他是辅佐商王总管全国政务，所以多由商王亲信而有统治经验的人担任。他们又多是占卜出身的官吏。如成汤时的伊尹，太戊时的伊陟，祖乙时的巫贤，太甲时的保衡等。尹、巫、衡都是商朝的占卜官吏，他们有的能出任冢宰，说明商统治者对其重视和信任。

（2）掌管贞卜的官吏。甲骨文有许多专司占卜的官吏，如史、卜尹等，地位都很高。所谓占卜，就是商统治者对一切国家大事，如作战、祭祀、收获、生死等都要祈求上天来决定，因此他们成为联系神和人之间关系的特殊人物。贞卜官把占卜的结果，凡有利于奴隶主阶级的活动，都用“吉”的形式，即表示神同意的意思肯定下来。对不利于奴隶主阶级的活动，都用“凶”的形式加以否定。如甲骨文有“帝其降莫”[①]，莫，就是干旱，是说某种行动会带来大干旱与否。“降祸”“帝不我降祸”[②]“不降祸”，即是否降灾难的意思。“帝降若”“帝不降若”[③]，即帝是否降幸福的意思。这些官吏的设置，也是商朝神权政治的反映。他们通过占卜的手段，宣扬神的旨意，所以他们在国家政权中有时能左右商王的活动，其中有些往往被奴隶主贵族选拔为冢宰等职。

贞卜官吏是当时的知识分子，在国家政权中备受奴隶主贵族的重视和信任。他们除负责占卜外，有时由商王派到地方上担任官吏，甲骨文中的“西吏”“东吏”，大概就是指他们被任为地方官。或率兵征伐，甲骨文中的“令我吏伐邛”“北吏获羌”，可能就是派“吏”（史）出征的记述。

（3）掌管农业和手工业生产的官吏。他们主要是监督和管理农业奴隶和手工业奴隶进行生产。奴隶在棍棒鞭打下劳动，是奴隶制劳动的特点。

---

① 罗振玉:《殷虚书契前编》3·24·4。

② 董作宾:《小屯·殷虚文字乙编》7793。

③ 罗振玉:《殷虚书契前编》7·38·1。

甲骨文有“耤臣”“小耤臣”，他们是管理农业生产的官吏。耤字，据郭沫若解释像人持耒耜从事农业操作之形。管理农业生产的官吏除“耤臣”“小耤臣”之外，还有“小臣”。甲骨文有小臣命“众”种黍的记载。

甲骨文中的“工”“多工”,《尚书》中说商朝有“工”“宗工”“百宗工”等是管理手工业生产的官吏。

（4）掌管征伐事务的武官。《尚书 · 盘庚》有“师长”，据顾颉刚释为武官之长。周初金文《小臣谜毁》有“白懋父以殷八师征东夷”的记载，此八师当是商亡后被周王朝所用的军队。甲骨文记载盘庚时即有此类武装组织，如“王作三自：右、中、左”[①]。

甲骨文和古文献记载有“卫”“亚”“射”“多马”“多亚”“多射”等官。他们的主要任务是镇压奴隶暴动和进行掠夺性的征伐以及保卫殷邦。马、亚可能是统率马、步兵进行征伐的武官。射、多射可能是弓箭手或商王亲卫军的首领。另外，武官中还有“卫”，甲骨文常见有“呼卫”，可能是商王左右的侍从武官。

2. 地方行政管理体制。由于史料不足，我们还不能知道商直接管辖地区的地方行政管理体制的详细情况。《尚书 · 酒诰》有“百姓里居”。“百姓”是指在地方上的奴隶主贵族，他们虽然不是官吏，但在地方上起着一定作用。《尔雅 · 释言》：“里，邑也。”里和邑都是按地区划分居民的基层行政组织。“里居”（居是君之误），是地方上的基层官吏，相当于后世之里正。

另外，甲骨文中的“卫”，经常与“边”字连在一起，“卫”原为武官，可能是派“卫”到边疆驻守，作为地方上的武官。

### （二）外服

外服是商王直接统治地区以外的地方。《尚书 · 酒诰》说商“越在外服，侯、甸、男、卫、邦伯”，周初青铜器大盂鼎铭文有“殷边侯甸”，说明他

---

① 郭沫若:《殷契粹编》597。

们都在边远地区。《召诰》说："周公乃朝用书，命庶殷侯、甸、男、邦伯。"可知商王朝所辖"外服"中有侯、甸、男等邦的"邦伯"。他们都是臣服于商王朝的诸侯国。邦，《说文》："国也，从邑，丰声。"故邦即邦国。《周礼·大宰》："以佐王治邦国。"孔颖达疏："邦国，皆谓诸侯之国。"《诗·抑》郑笺："邦国无有安定者。"疏云："邦国，谓畿外之诸侯。"伯，《广雅·释诂》："长也。"邦伯就是诸侯国之君长。这些诸侯，一类是受分封的商王子孙，甲骨文叫"子族"或"多子族"。如商王武丁曾把许多子孙分封到被征服的部落担任诸侯。另一类是商朝任命被征服部落的首领担任诸侯。如西伯，就是被商征服的居住在西方的周族部落，史书上称周文王为"西伯昌"，说明周族在文王时还臣服于商朝。

商朝内服的地方机关和外服的诸侯，都是代表商王在其所在地方统治与剥削当地的奴隶与自由民。甲骨文中的所谓"甾王事"，甾即载，载王事，就是为商王办事。他们把剥削所得的一部分通过贡纳的形式上缴商王。甲骨文有"来牛""来马""取牛"等记载，就是地方诸侯上缴商王的贡赋。各诸侯都要无条件服从商王的调遣。甲骨文有"令多子族从犬侯璞周，载王事"①，又如"于（与）多白（伯）征盂方白（伯）炎"②等。

## 三、户籍管理制度

户籍是国家掌握人口数字和社会成员构成状况，制定政策，稳定社会秩序，以及保证赋役和兵丁来源的重要手段，因此成为国家行政管理的重要内容。故随着国家的产生，按地域划分居民以后，便有了户口登记。据《后汉书·郡国志一》刘昭注引《帝王世纪》云："及禹平水土，还为九州，今《禹贡》是也。是以其时九州之地，……民口

---

① 罗振玉:《殷虚书契续编》5·2·2。

② 董作宾:《殷虚文字甲编》2416·2395。

千三百五十五万三千九百二十三人。”这段记载，似乎在夏禹时已有全国人口总数的统计数字。这个数字虽然不一定准确可信，但有的学者认为，它“按单纯人口而不是以户计数，却是具有早期人口清查的特色的。故此说有一定参考价值，不能贸然否定”①。

《史记·殷本纪》记载：商汤时，掌管土地和人口的司徒，“咎单作《明居》”一篇。东汉马融解释：“明居民之法也。”可能是关于户籍管理的法令。又《周本纪》载，武王灭商后对周公讲的一段话：“维天建殷，其登名民三百六十夫，不显亦不宾灭，以至今。”名民三百六十夫，当指商代有名的三百六十个氏族及其族尹。如此众多的商的遗族，不显不灭而存在于周初，且数目极为详核，看来当征之于当时人口登记旧册。甲骨文有：“贞登……呼涿……田。”（英 837）“贞我登人，迄在黍不晋，受其年。”（合集 795）晋，在此指人口登记的造册。记录了商王朝在耕种前召集族人进行人口登记，或在收获季节按人口造册，核登记人数，以便农事力役。②

## 四、军事管理制度

军队是商朝国家政权中最重要的组成部分。它的主要职能是镇压奴隶和自由民暴动，征伐外族掠夺奴隶和防御外族入侵。商王掌握最高军权，不仅有自己直接掌握的军队，还有权调动各诸侯的军队。

### （一）兵士的来源

从甲骨文记载看，当时实行征兵制，其办法是：（1）以族为单位征调。甲骨文有“王令五族伐羌方”“令多子族寇周”。（2）按地域临时征调。甲

① 宋镇豪：《夏商人口初探》，载《历史研究》1991 年第 4 期。

② 宋镇豪：《夏商人口初探》，载《历史研究》1991 年第 4 期。

骨文有“登人，乎往伐邛方”，“登旅一万，乎伐羌”。登，就是征，征集，征调。据记载，武丁三十年与邛方作战，七月、八月、九月三个月内共下了七次登人的命令，每次登三千，其中有一次是五千，共征调了二万三千人。这些被征调的人可能都是商族成员（自由民和小奴隶主），但后来由于战争频繁，需要大量的军队，因此奴隶也被征来当兵。甲骨文有“王令畢以众伐邛方”。众，就是奴隶。奴隶兵的征用，在一定时期内曾起过作用，但他们经常逃亡或反抗，甲骨文有“贞，畢其丧众”。就是畢率领的奴隶兵逃亡的记载。古书记载，商末纣王在与周人作战中，曾发生“前徒倒戈”，从而促成了商朝的灭亡。

（二）兵种

商朝的军队已经有了兵种的分类，即有步兵、马队、弓箭兵和车兵。到后期，以车兵作战为主成为普遍现象。甲骨文有“步伐”的记载，可能就是独立作战的步兵。车兵在作战时，一般是两匹马拉一辆战车，车上有甲士三人，居左者持弓，居右者持戈，居中驾车的是御者，车下前、左、右各有若干随行的步卒。

（三）军队的编制

商朝军队最大的编制单位是师，相当于后来的军。甲骨文有“王作三自：右、中、左”① 的记载。兵士的基层编制，可能以十人为一组（一什）。

商统治者很重视军队的作用。在甲骨文中，国字写成“或”，后来在金文中又发展成为“國”，象征着只有用武力（戈）才能占有和保卫人口、土地、城邑和国家。这不仅体现了军队的重要性，也体现了国家的暴力性。

---

① 郭沫若：《殷契粹编》597。

# 第三节 刑事法律规范

## 一、文献所见商朝的罪名

### （一）不吉不迪

盘庚迁殷之前所宣布的罪名。《尚书·盘庚中》记载："乃有不吉不迪……我乃劓殄灭之。"吉，善；迪，道。劓殄，灭绝家人。

意即，如果行为不善，不按盘庚所说的正道行事，就将其本人处以死刑，灭绝其全家。

### （二）颠越不恭

盘庚迁殷之前所宣布的罪名。《尚书·盘庚中》记载："……颠越不恭……我乃劓殄灭之。"颠，狂；越，逾，指不法行为；不恭，不从王命。

意即，如果狂妄放肆，违法乱纪，不服从国王的命令，就处以死刑，并灭绝其全家。

### （三）暂遇奸宄

盘庚迁殷之前所宣布的罪名。《尚书·盘庚中》记载："……暂遇奸宄，我乃劓殄灭之。"暂，读作渐，诈欺；遇，读作隅，奸邪；奸宄，做坏事，在外为奸，在内为宄。

意即，诈伪、奸邪、犯法作乱者，处以死刑，灭绝其全家。

### （四）不孝

《吕氏春秋·孝行》引《商书》说："刑三百，罚莫重于不孝。"商朝重祭祀，讲究宗法，因而刑法以不孝罪为最重者，孝的内容即要求孝顺父母，但实际上是要尊祖敬宗，以维护宗法制。

（五）巫风

《墨子·非乐上》记载：先王之书，《汤之官刑》有之。曰："其恒舞于宫，是谓'巫风'，其刑：君子出丝二卫，小人否。"

"巫风"罪即官吏沉醉于歌舞，处以罚丝。

（六）弃灰于公道（街）

见于《韩非子·内储说上》，其云："殷之法，刑弃灰于街者。子贡以为重，问之仲尼。仲尼曰：'知治之道也。夫弃灰于街必掩人，掩人，人必怒，怒则斗，斗必三族相残也，此残三族之道，虽刑之可也。且夫重罚者，人之所恶也，而无弃灰，人之所易也，使人行之所易而无离所恶，此治之道。'一曰：'殷之法，弃灰于公道者，断其手。'子贡曰：'弃灰之罪轻，断手之罚重，古人何太毅也？'曰：'无弃灰，所易也；断手，所恶也。行所易，不关所恶，古人以为易，故行之。'"

"弃灰于公道（街）"罪即向公道（街）上扬灰。因此举可引起路人发怒，导致斗殴，故处以重刑。

（七）不有功于民

《史记·殷本纪》记载，商汤灭夏，返回亳（今河南商丘），作《汤诰》，"告诸侯群后：毋不有功于民，勤力乃事。予乃大罚殛女，毋予怨"。

功，工事，土木建筑劳役等事。"不有功于民"，即无故征发劳役，大兴土木，劳民伤财。

## 二、"刑名从商"

商朝的刑罚制度已经初具规模。战国时期的学者对此早已有评价。《荀子・正名》说:“刑名从商。”即认为刑罚之名称始于商朝。商朝的刑罚名称已为文献记载和出土的甲骨刻辞所证实。

（一）文献记载所见商朝的刑罚

1. 炮格。据《史记・殷本纪》记载，商朝末期，“百姓怨望而诸侯有叛者，于是纣乃重刑辟，有炮烙之法”。

“炮烙”之“烙”当为“格”之讹传。

《史记集解》引《列女传》曰:

膏铜柱，下加之炭，令有罪者行焉，辄堕炭中，妲己笑，名曰“炮格之刑”。

《史记索隐》说:

邹诞生云:“格，一音阁。”又云“见蚁布铜斗，足废而死，于是为铜烙，炊炭其下，使罪人步其上”，与《列女传》少异。

沈家本《历代刑法考・刑法分考二・炮格》按:

炮格，宋本如是，今本讹作“炮烙”。段氏（玉裁）云:“‘炮烙’本作‘炮格’,《江邻几杂志》引陈和叔云《汉书》作‘炮格’。今案《索隐》云云，又杨倞注《荀子・议兵篇》‘音古责反’，观邹杨所音，皆是‘格’字无疑。郑康成注《周礼・牛人》云，互若今屠家悬肉格意。纣所为亦相似。庋格、庋阁，两音皆可通。《吕氏春秋・过理篇》云‘肉圃为格’，高氏注:‘以铜为之，布火其下，以人置上，人烂堕火而死。’《列女传》所说亦相类，是其为‘格’显然。而但以燔灼为义，今诸书皆为后人改作‘炮烙’矣。”王氏（念孙）云:“《汉书》谓《谷永传》‘榜箠瘠于炮格’也。师古曰‘膏涂铜柱，加之火上’。此正释‘炮格’二字，而今本亦改为‘炮烙’矣。”

可见，“炮格”之刑是商纣王所创，即在铜柱上涂油，下加火烧热，令罪犯在铜柱上走，坠炭中烧死。这是一种非常残暴的刑罚。

2. 醢（音 hǎi，海）。《史记・殷本纪》记载:“九侯有好女，入之纣。九侯女不喜淫，纣怒，杀之，而醢九侯。”醢，即把人杀死，捣成肉酱。

纣王用此酷刑最终招致亡国。屈原《离骚》说“后辛之菹醢兮，殷宗用而不长”。

3. 脯（音 fǔ，府）。《史记·殷本纪》记载：“醢九侯，鄂侯争之强，辨之疾，并脯鄂侯。”脯，即将罪犯晒成肉干。

4. 断手。《韩非子·内储说上》记载：“殷之法，弃灰于公道者，断其手。”

5. 罚丝。专门适用于官吏贵族的一种刑罚，即判决向官府缴纳一定数量的丝。

《墨子·非乐上》记载：“先王之书，《汤之官刑》有之。曰：其恒舞于宫，是谓‘巫风’，其刑：君子出丝二卫，小人否。”

6. 劓殄。《尚书·盘庚中》记载：“乃有不吉不迪、颠越不恭、暂遇奸宄，我乃劓殄灭之，无遗育，无俾易种于兹新邑。”“劓殄”，即灭绝；育，即幼童。也就是说，如果犯了“不吉不迪”“颠越不恭”“暂遇奸宄”罪，就不仅将其本人处以死刑，而且要将其后代统统处死，不使其后代在新邑里繁衍。即后世的族诛。

### （二）甲骨文所见商朝的刑罚

目前所见商朝甲骨文中已经有一些刑罚之字。从这些字形来分析，商朝已有了后世“五刑”的滥觞。有的甚至就是遗留下来的用刑卜辞。

1. 墨刑。甲骨文有“𢆉”“𢆉”，此字隶定为“辛”，已成定论。另有“丫”（《林》二、二七、一四），即《说文》的“䇂”字。《说文》有“辛”“䇂”二部。这二字实为同字即“辛”，已为古文字学家公认。[①]

但是，“辛”是什么，其说不一。郭沫若以为是剞劂；[②] 朱芳圃以为即

---

① 郭沫若：《甲骨文字研究·释支干》，科学出版社 1982 年版；朱芳圃：《殷周文字释丛》，中华书局 1962 年版，第 19、20 页；詹鄞鑫：《释辛及与辛有关的几个字》，载《中国语文》1983 年第 5 期。

② 郭沫若：《甲骨文字研究·释支干》。

薪之初文，象形；[1] 也有学者以为是一种兵器，其上部像锋刃朝上的斧钺；[2] 詹鄞鑫以为是镌字初文。[3] 尤以郭、詹二说有据。

郭沫若先生在《甲骨文字研究·释支干》一文中对此字作了充分的考证："辛辛同字而异音，此亦有说。字乃象形，由其形象以判之，当系古之剞劂。《说文》云：'剞劂，曲刀也。'一作剞劂，王逸注《哀时命》云：'剞劂，刻镂刀也。'剞劂、剞劂实古之复音字，犹茨为蒺藜，壶为胡庐、为瓠芦，椎为终葵，笔为不聿之类也。应劭注《甘泉赋》分为二物，云'剞，曲刀；劂，曲凿'。盖同是刻镂之器，则曲凿曲刀是一非二。高诱注《淮南子》则别立异说，其于《俶真训》云'剞，巧工钩刀；劂，规度刺墨边笺也。所以刻镂之具'；而于《本经训》又云'剞，巧刺画尽头墨边笺也，劂，锯尺'。一人之说而前后互异此其出于臆测之明证矣。"又说"辛辛本为剞劂，其所以转为愆罪之意者，亦有可说。盖古人于异族之俘虏或同族中之有罪而不至于死者，每黥其额而奴使之。《易》睽之六三曰：'见舆曳，其牛掣，其人天且劓'，《释文》引马云'剠凿其额曰天'。此服牛引重之人当即臧获，而剠其额截其劓，此古代虐待奴隶之真相也"，并指出童妾等字头上从辛，"此即黥刑之含义也。有罪之意无法表示，故借黥刑以表示之。黥刑亦无法表现于简单之字形中，故借施黥之刑具剞劂以表现之。剞劂即辛辛，是辛辛字可有剠义。《易·睽》之'天'当即辛之假借矣"。

詹鄞鑫在《释辛及与辛有关的几个字》一文中承认郭氏这段叙述颇具卓识，但把辛辛当作剞劂并不确切。他认为辛辛两字形与出土的商周青铜凿极为相似，辛、辛是两种凿具的象形，所以辛辛是镌字初文。《说文》："镌，穿木镌也，一曰椓（应读为琢）石也，读若瀸。"读若瀸即是鑯字，《说文》："鑯，铁器也，一曰镌也。今字简化作钎。凿岩石的长凿称为钢钎。

① 朱芳圃：《殷周文字释丛》，中华书局1962年版，第19、20页。
② 转引自《金文诂林》（卷十四），第8110—8121页。
③ 詹鄞鑫：《释辛及与辛有关的几个字》，载《中国语文》1983年第5期。

镄字俗体作尖。尖又是凿具。辛会意字，表示头大尾小。字又作鏨，《说文》：‘鏨，小凿也。’辛与镌同为齿头音而真元通谐，辛镌同部，辛与镄钎尖鏨声韵皆同。所以镌镄钎尖鏨等都是辛辛的后起字，而承担了辛辛的本义。”并指出：“在古代，黥刑的刑具正好是凿具，而不是剞劂。关于这点，材料很不少。《易·睽》‘其人天且劓’《释文》引马云：‘剠凿其额曰天。’《五帝本纪》‘五刑有服’，《正义》云：‘墨，点凿其额’，墨刑亦黥刑。《国语·晋语》‘中刑用刀锯，其次用钻笮’，笮即凿字，《汉书·刑法志》引作凿，颜引韦注：‘凿，黥刑也。’《刑法志》‘墨罪五百’颜注：‘墨，黥也，凿其面以墨涅之。’以上记载，足证黥刑的刑具确是凿。”①

比较郭、詹二人之说，关于“辛”本义的探讨，后说为优。尽管二人之说有分歧，但辛是黥刑的刑具这一点认识是共同的。

甲骨文有“竟”字，作“”“”等形，都是黥刑的会意字。竟京古音同在见母阳部，可以通谐。如《诗·大雅·桑柔》的“秉心无競”，《开元五经文字》作“秉心无倞”，又《说文解字注》倞字下云：“亦作儆”。我们知道黥刑是一种古老的刑罚，而甲骨文金文却都没有黥剠等字，那么我们就有理由相信，甲骨文的竟字就是黥字初文，黥或剠是后起的形声字。②

2. 劓刑。甲骨文中有“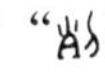”，隶定为“劓”字。《说文》云：“自，鼻也，象形，凡自之属皆从自。”“自”是鼻的象形初字。“劓”字从刀从自，象征割鼻之意，就是劓字的古体。

3. 刖刑。甲骨文有“”，其形颇多异构。③ 最早罗振玉释为“陵”；④ 唐兰确定并非陵字；⑤ 丁山释跀，“像用刀锯去罪人一只足趾形，决是跀字

① 詹鄞鑫：《释辛及与辛有关的几个字》，载《中国语文》1983 年第 5 期。

② 詹鄞鑫：《释辛及与辛有关的几个字》，载《中国语文》1983 年第 5 期。

③ 高明：《古文字类编》，第 342 页。

④ 罗振玉：《殷墟书契考释》（增订本）中卷，第 66 页。

⑤ 《殷墟文字研究》。

本字”[①]；赵佩馨释刖，“从文字发展的通例看来，刖应该是断足之刑的本字，而刖则是刖的后起形声字”[②]；张政烺释俄，“俄是人截去一只脚，自然站立不正（倾斜）呆不久（俄顷）”[③]；胡厚宣认为此字“当是《说文》九字的古文尫，也就是九字的重文，乃是刖刑字的最原始的文字”，并对其演变作了充分的考察。[④]高明《古文字类编》则隶释为“刖”字。[⑤]

自丁山以后，尽管学者们对此字的隶释看法不一，但有一点是共同的，即是刖刑字的象形。整个字像用锯或以手持锯，截断人的一足之形。此字应从胡厚宣之说，乃“刖”字之古体。（为书写方便以下均写作“刖”。）

含有“刖”的较完整的卜辞有：

① 贞：刖寇八十人，不死？（《合》580 正）

② 贞：刖寇，不死？（《合》581）

即对八十个寇人奴隶施以刖刑，是否会发生死亡现象？对寇人奴隶施以刖刑，会死亡吗？

③……卜，……贞，其刖百人死。（《京津》1688）

④……其有刖百人其有死。（续存上 1178）

即贞问对一百人处以刖刑是否会死亡。

⑤ 乙酉卜，殻贞，刖……（《合集》6002 正）

⑥ 辛卯卜，殻贞，刖。（《合集》6007）

⑦……寅卜，殻贞，其有刖。（《合集》6003）

即贞问是否要对某人使用刖刑。

⑧ 丁巳卜，亘贞，刖，若。（《合》6001 正）

《尔雅 · 释言》：“若，顺也。”即贞问施用刖刑，是否顺利。

---

① 丁山：《中国古代宗教与神话考》，上海龙门联合书局 1961 年版，第 132 页。

② 赵佩馨：《甲骨文中所见的商代五刑——并释刖、剢二字》，载《考古》1961 年第 2 期。

③ 张政烺：《释甲骨文俄、隶、蕴三字》，载《中国语文》1965 年第 4 期。

④ 胡厚宣：《殷代的刖刑》，第 108 页。

⑤ 高明：《古文字类编》，第 342 页。

⑨……卜，亘贞，……刖其死。（合 6005）

⑩ 戊午卜，辰贞，刖不死。[①]

即贞问处以刖刑会否发生死亡。

⑪ 贞刖百。（续补 6899）

贞问要对一百人处以刖刑行不行。

⑫ 刖十㝒。（前 6、30、6）

要对十个㝒人奴隶施以刖刑，行否？

⑬……卜，争［贞］，刖坒不［死］。（《合》861）

坒，在此用作逃亡之意。[②] 这是贞问对逃亡追回的奴隶施以刖刑，是否会死。

上述卜辞可能是在用刑占卜后遗留下来。它证实商朝有刖刑已属无疑。1971 年，在安阳后冈 $M_{16}$ 号墓西侧的二层台上发现一殉葬者，其骨架保存较好，但少一下肢。胡厚宣断定这“是一个生前就受过刖刑残害的奴隶”。这为我们研究商朝的刖刑提供了物证。

4. 宫刑。甲骨文中有一奇字“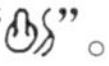”。一边是男性生殖器的象形，一边是刀，表示用刀割去生殖器之意。赵佩馨认为：“这个字本是去人势的专字，与义为去猪势的豖字是有区别的。入周代，豖（椓）字的意义扩大到了人身上，而字遂废；也即是说，字的意义已被包括在椓字之内了，所以容易合并为一字。为方便起见，把甲骨文的字径释作豖，应该是可以的。”[③] 彭邦炯将之暂隶定作刞。[④] 此字应隶定作“刞”，为后世宫刑的古字。含有此字的完整卜辞有：

庚辰卜，王：朕刞羌不出死。（《合》525）

---

① 拓片见胡厚宣:《殷代的刖刑》所引（图一，7），第 114 页。

② 胡厚宣:《殷代的刖刑》，第 115 页。

③ 赵佩馨:《甲骨文中所见的商代五刑》，第 109 页。

④ 彭邦炯:《商史探微》，重庆出版社 1988 年版，第 70 页。

即庚辰这一天，王贞问对羌人处以刖刑会不会死亡。

可证此条卜辞是用刑占卜后遗留下来的。

5. 大辟。甲骨文中涉及死刑的字形很多。

① 有“伐”字。像以戈砍人头之形。《说文》：“伐，击也。从人从戈。”段注：“伐谓击刺之，按此伐之本义也。”

② 有“戠”字，于省吾考释此字“即今方言切物曰剁的本字。[①] 甲骨文和商代铜器铭文中都有用斧钺剁人的字形，[②] 非常逼真地再现了杀人的情形”。

③ 甲骨文还有“攺”字，于省吾考释“乃剖腹刳肠，为后世凌迟之刑的起源”[③]。卜辞有：

……攺圉一人……（《合集》5988）

……王占曰：有祟。八日庚子，戈执羌……人，攺有圉二人。（《簠地》33+《簠杂》60）[④]

这两条卜辞就是关于对投入监狱的犯人处以死刑的记载。

④ 甲文有“乇”“舌”“祏”。于省吾考释此字典籍通作矺，与磔同，即裂其肢体而杀之。[⑤] 甲骨卜辞中所见虽是杀牲的方法，但应该是后世“磔”刑的滥觞。

⑤ 甲骨文有表示“火刑”的象形字，像焚烧系索于颈之人于火上，或像焚巫于火上。于省吾先生称之为“火刑”。[⑥] 或许是处以死刑的一种方式。

---

① 于省吾：《甲骨文字释林》，中华书局 1979 年版，第 214 页。

② 于省吾：《甲骨文字释林 · 序》，第 8 页。

③ 于省吾：《甲骨文字释林 · 释攺》，第 167 页。

④ 转引自彭邦炯：《商史探微》，第 106 页。

⑤ 于省吾：《甲骨文字释林 · 释乇、舌、祏》，第 168—172 页。

⑥ 于省吾：《甲骨文字释林 · 序》，第 7—8 页。

### 三、商朝刑罚的适用原则

商朝刑罚的主要适用原则即神权原则，也就是说量刑要请示鬼神。《礼记·表记》载："殷人尊神，率民以事神，先鬼而后礼。"反映出商朝人对鬼神迷信之深。把鬼神看得高于一切，重于一切，这是商朝人意识形态最大的特点，它广泛而深刻地影响到商代社会的各方面。

从卜辞可以看到，商人凡事无不通过占卜向鬼神请示。如年成丰歉、战争胜负、打雷下雨、官吏任免等，当然也包括适用刑罚。

前述甲骨文中的刑罚时，我们也谈到关于处刖刑、刵刑的卜辞或许是用刑占卜后遗留下来的。此不赘述。

商朝统治者在定罪量刑时进行烦琐的占卜，充分反映出他们敬鬼神的神权思想意识。"敬鬼神畏法令"（《礼记·曲礼上》）一语道破了商代刑罚适用原则的实质："敬鬼神"是为了使人们"畏法令"。体现奴隶主阶级意志的严刑峻罚，被套上了一圈神秘的光环。一切司法活动都是鬼神的意志，要听从鬼神的安排。

## 第四节　军事法律规范

### 一、文献所见商朝的军事法律规范

军队是商朝国家机器的重要组成部分。作为商王朝的最高统治者，商王对军队拥有最高的统领权、指挥权。商朝的军队主要由王室军队和诸侯国军队组成，称为"师"或"旅"。商王往往亲自率军出征。

从文献记载来看，"誓"也是商朝军事法的重要形式。今文《尚书·汤誓》就是汤在"鸣条之野"开始灭夏战争之前动员的誓师令。

汤首先讲了发动灭夏战争的理由："有夏多罪，天命殛之。"其重罪之一是“率遏众力，率割夏邑”，即乱征劳役、竭尽民力，残酷地剥削。最后宣布：“尔尚辅予一人，致天之罚，予其大赉汝。尔无不信，朕不食言。尔不从誓言，予则孥戮汝，罔有攸赦。”即，只要你们跟从我奉行上天之命，征讨夏国，我就大大地赏赐你们；我一定会履行诺言的。但是，如果你们不听从我的命令，我就处以你们及家人死刑（或罚为奴隶），决不宽恕。

## 二、甲骨文所见商朝的军法

从出土的商朝甲骨文来看，“律”也是商朝的军事法形式之一。甲骨文中有一惯用语：“师惟律用。”（《屯》119，《怀》1581）

肖楠指出，此“师惟律用”之“律”，即《易·师》“师出以律”之“律”。[①] 杨升南注释：“律：纪律，法律。军队之法纪亦包括军法，是军队战斗力的保证。用：《说文》‘用，可施行也。’可任使亦为用，《广韵》‘用，使也’。《汉书·贾谊传》‘彭越用梁’，注引晋灼曰‘用，役用之也。’惟，副词，杨树达谓‘独也，仅也’（《词诠》卷八惟字条）。《屯南》与《怀特》这两片甲骨是有关军纪、军法的占卜，与《周易·师》初六‘师出以律，否臧凶’义同。王弼注云‘为师之始，齐师者也，齐众以律，失律则散，故师出以律，律不可失，失律而臧，何异于否。失令有功法所不赦，故师出不以律否臧皆凶’。孔颖达疏谓‘师出以律者，律，法也……师出之时但须以其法制整齐之，故云师出以律也。否臧凶者，若其失律行师，无问否之与臧皆为凶也。否谓破败，臧谓有功’。高亨说云‘否，汉帛书《周易》作不。按否读为不。臧读为遵。《爻辞》言：师出须有纪律，有人不遵守纪律则凶’（《周易大传今译》第121页，齐鲁书社，1979年），与孔说‘否臧’义异。《象辞》谓‘师出以律，失律凶也’，以‘失律’解‘否臧’，

① 肖楠：《试论卜辞中的师和旅》，第124页。

是高说所本。”①

又《甲骨文合集》28953有：

王……律其……弗［每］(悔)

［翌］日戊……遗于向，亡哉。

杨升南注释：“戋于向：‘戋’，是一种军事行动用语，故前一辞中言‘律’，亦即军律，军队外出，需要有法纪的约束，方能战而得胜。向，地名，在今河南济源县。亡哉，没有灾祸发生，平安无事。”②

甲骨文所见“师惟律用”与《易·师》“师出以律”可互相印证可见，商朝的“律”即军纪、战时号令、军法。

## 第五节　经济法律规范

正当夏“桀不务德，而武伤百姓，百姓弗堪”，社会矛盾十分尖锐的时候，生活在黄河中下游和渤海湾一带的另一个古老的部族——商族也在逐渐向阶级社会过渡。商人，子姓，始祖名契，传说其母简狄吞玄鸟蛋而生。《诗·商颂·玄鸟》“天命玄鸟，降而生商”，讲的就是这个故事。从契到汤已经传了十四世，曾八次迁徙，汤时才定居于亳(今河南商丘)。在人民的拥护下，一举打败夏桀，完成了灭夏的任务，建立了商朝，定都于亳。后来又经过五次迁徙，盘庚时由奄(今山东曲阜)迁到殷(今河南安阳小屯)，最后定居下来，从此直至商亡二百七十年间，未再迁都。

商朝特别是盘庚迁殷以后，由于政治比较稳定，自然条件优越，农业、手工业和畜牧业都得到很大发展，国势日强，《诗·商颂·殷武》说武丁

① 刘海年、杨一凡主编:《中国珍稀法律典籍集成·甲编》(第一册)，第228、229页。

② 刘海年、杨一凡主编:《中国珍稀法律典籍集成·甲编》(第一册)，第228、229页。

时已是“邦畿千里”的大国了。

商代是以农业为主的社会。古文献和甲骨文中有很多关农业生产和农作物品种的记载。而且种植技术虽然仍以木、石农具为主，后期则较多使用青铜农具，种类有臿、铲、镬、镰等。而且已懂得施肥。在农业发展的基础上，商代养蚕、畜牧、渔猎也有很大发展。在手工业方面陶瓷、漆器、丝织、车船，特别是青铜器制造技术，到商代后期已达到精湛的程度。商人素有经商的本事，随着生产水平的提高，商业也得到发展。在这种情况下，调整经济关系的各项法律制度比之夏代也相应地进一步完善。

研究商代经济立法，除文献资料外，还有大量的甲骨文字，为我们提供了第一手资料。甲骨文是刻在龟甲兽骨（主要是牛的肩胛骨）上。据学者统计，殷墟出土刻有卜辞的约有十五万片，已经发现将近五千个单字，其中可以认识和隶定为汉字者共1723字。[①] 商朝文字的发达，标志着我国奴隶制文明的高度发展，从而也为奴隶制经济法制的发展创造了文化条件。

## 一、土地管理立法

商的土地也是王有即国有制，商王对全国土地管理的办法是：王畿以内由自己派官管理，王畿以外则分配给功臣、亲族管理。其功臣和亲族对土地只有占有使用权，从这个意义上说，他们只是给国王代管土地。而商族以外，臣服于商的诸侯，在其管辖范围内对土地也有所有权。这是就土地所有权而言，我们从经济立法方面主要研究分析当时统治者对土地如何管理，也就是其土地管理方面的立法。

① 中国科学院考古研究所：《甲骨文编·编辑序言》，中华书局1965年版。

## （一）国王直接辖区内的土地管理

根据商朝考古资料，当时实行井田制，对土地实行分级管理。一是属于商王直辖的邦畿以内的土地，由商王派官吏进行管理；二是邦畿以外的分封给功臣贵族的土地，由他们自己派官吏管理。

所谓井田，即方块田，甲骨文的田字，作“田”①“囯”②“囲”③等形。《说文》云：“田……象形。口十，千百之制也。”段玉裁注：“此说象形之恉，谓口与十合之，所以像阡陌之一纵一横也。”说明商代的井田制，即将一块大面积的土地分成四小块或六小块、九小块不等，每一小块由若干奴隶进行集体耕种。据说这种井田制起源很早，“但发展成一套完整的制度，用来作为剥削奴隶的手段，是在商代完成的”④。当时所以采用井田制，可能反映了国家初期对土地管理的一种形式。甲骨卜辞：“王大令众人曰：劦田，其受年，十一月。”⑤众人就是奴隶，劦田，即集体为商王耕田，此田字即井田的田字。

从考古资料来看，商朝曾设置专门管理农业生产的职官叫“耤臣”“小耤臣”。耤字，据郭沫若考释耤字像人持耒耜从事农业操作之形。甲骨文还有“小臣令众黍，一月”⑥。众是奴隶，原字为㐲，像是很多人在烈日下从事农业劳动。小臣是按照国王的命令对他们的劳动生产进行监督的。“丁酉卜，争贞，今春王勿黍”“今春王黍于南”⑦“庚戎卜，殻贞，王立黍，受年”“贞，王勿立黍，弗其受年”。⑧黍是谷类，是商代的主要农作物。“王

① 罗振玉:《殷虚书契前编》7・3・2。

② 郭沫若:《殷契粹编》1222、1223。

③ 郭沫若:《殷契粹编》1222、1223。

④ 郭沫若主编:《中国史稿》（第一册），人民出版社 1962 年版，第 94 页。

⑤ 郭沫若:《殷契粹编》866。

⑥ 罗振玉:《殷虚书契前编》4・30・2。

⑦ 罗振玉:《殷虚书契续编》1・53・3。

⑧ 张秉权:《小屯・殷虚文字丙编》74。

勿黍”“王黍”是从正反两个方面卜问王是否去种黍。“王立（莅）黍”“王勿立黍”也是从正反两方面卜问王是否亲自莅临种黍。这几条材料，是关于春耕的卜辞。“王黍”并不是王亲自动手种黍，是指国王应或不应下令种黍。商代奴隶从事农业劳动，都是集体进行。甲骨文：“王大令众人曰劦田，其受年。十一月。”①“劦田”，就是集体从事农业劳动。从月份看，可能是集体秋收。

国王对其直接管辖的土地，播种以后，就祈望风调雨顺有个丰收年。卜辞中关于国王向上帝、祖先以及山川的神灵祈祷雨水、丰年的有很多记载。例如：“帝令雨足年。”②是向上帝祈雨。“其桒年且丁先彭，又雨。”③是向祖先祈雨。“贞：桒雨，匄于河。十二月。”④“己酉卜，黍年㞢（有）足雨。”⑤是说有足够的雨。上列卜辞，都是国王对土地和农业生产管理的记载。商代的法律与神权密切结合，卜辞是借神灵的意志，反映商王的意志，所以这些卜辞实际上是商代土地管理法规。

### （二）功臣贵族和诸侯对其所辖土地的管理

商朝功臣贵族的土地是受封的，受封者对所管辖的土地也要尽心管理，取得好收成，除供自己享用外，也要向国王贡纳一部分，所以国王对他们所管辖的土地也是非常关心的。例如，“沚”这地方，据卜辞记载，商王有占卜沚是否受外族侵扰，或者亲自到那里去巡视。请看下列卜辞：“丁卯卜，王在沚卜。”⑥“贞亡尤，在十二月，在沚卜。”⑦就是商王到沚巡视的记

① 郭沫若:《殷契粹编》866。
② 罗振玉:《殷虚书契前编》1·50·1。
③ 董作宾:《小屯·殷虚文字甲编》1275。
④ 董作宾:《小屯·殷虚文字甲编》2929。
⑤ 罗振玉:《殷虚书契前编》4·40·1。
⑥ 孙海波:《甲骨文录》557。
⑦ 孙海波:《甲骨文录》685。

载。“贞，𢀛方弗敦沚。”[①]“癸……卜，王贞，羌其征沚。”[②]这是商王占卜，沚是否受到𢀛方、羌方的侵扰。卜辞：“癸巳卜，㱿贞，旬亡𡆥，王占曰：有祟，其有来艰。迄至五日丁酉，允有来艰，自西，沚戠告曰：土方征于我东鄙，𢦏二邑，𢀛方亦侵我西鄙田。”[③]这段卜辞说明土方、𢀛方侵扰的东鄙、西鄙田，是由沚戠管辖的受封土地，因此在受侵时，沚戠向商王所作的报告。可见受封的功臣贵族所辖的土地，也要按照商王的意志进行管理。但臣服于商的异姓诸侯所辖的土地，因为他们有自己独立的土地所有权，则按自己制定的土地管理法进行管理。

## 二、赋税立法

商代的赋税制度也没有直接史料，都是后人的追记，大多数是根据《孟子·滕文公上》“殷人七十而助”的说法。对“助”的解释，也都是根据孟子所说：助，“藉也”。即借民力助耕公有土地的一种劳役地租，以租代税的制度。其税率也是什一而税。

商代的贡纳据说成汤曾命伊尹作《四方献令》规定“诸侯来献，或无牛马所生，而献远乡之物”，不产牛马的地方，则“因其地势所有而献之”，[④]即受封诸侯要定期或不定期向商朝中央贡纳当地所出之土特产品。

其他税收方面，尽管到商代商品交换与贸易往来不断增加，但是还未见在商品交换中有关税收的记载，这可能是《礼记·王制》中所说的“古者……市廛而不税，关讥而不征”，因为奴隶制国家实行“工商食官”制度，特别是在奴隶制初期，生产交换由官府进行，私人很少参与，国家没有必

① 商承祚：《殷契佚存》51。

② 郭沫若：《殷契粹编》1170。

③ 罗振玉：《殷虚书契菁华》二。

④ 严可均：《全上古三代文》（卷一），中华书局1958年版，第14页。

要通过税收控制和调剂手工业生产和商品交换关系。

## 三、手工业生产管理立法

### （一）手工业生产管理机构

商代社会经济各部门的生产比之夏代又有较大的发展，从商代遗址发掘来看，商代青铜器、玉器、漆器、陶器、造酒、纺织等手工艺技术都有很大的提高，而设置专门的官吏进行管理。甲骨文有："工""多工"。《尚书·康诰》说商代有"百工"，直接负责手工业生产管理的官吏叫"工"。于省吾先生在释甲骨文"工"字的用法时指出，"工亦读如宫，指官吏言之。《书·尧典》之'允釐百工'，伪孔传谓'工，官也'；《诗·臣工》之'嗟嗟臣工'，毛传谓'工，官也'。工训官古籍习见。甲骨文称：'帝工壱我'[①]，'帝工壱我，又（侑）卅小牢'[②]。"可见，"工"可释为"官"，是负责手工业生产管理的官吏。甲骨卜辞中又有"己酉贞，王其令山司我工"。[③]意思是商王命令山去管理王室的手工业生产。甲骨卜辞还有"其令又（右）工于……"[④]"余卜……左工……"。[⑤]当时手工业生产作坊为便于管理按左、右编制起来，由"右工""左工"分别管理。

### （二）青铜器制造

商代青铜器制造技术已达到相当高的水平，工艺相当完备。有制模、翻范、熔铸等一系列工序。青铜器种类很多，从考古发掘出土的青铜器物，

① 胡厚宣：《甲骨续存》上 1831。

② 黄濬：《邺中片羽初集》三下 46 · 5。

③ 郭若愚：《殷契拾掇》431。

④ 胡厚宣：《甲骨续存》1 · 2211。

⑤ 胡厚宣：《战后京津新获甲骨集》1355。

属于容器方面的有鼎、毁（音鬼）、壶、盘、鬲（音利）、爵、觚（音孤）、斝（音甲）、尊、卣（音有）、彝、觥（音宫）等。青铜工具有刀、斧、锛、凿、钻、锥、铲、鱼钩等。青铜兵器有刀、矛、戈、戟、钺等。目前发现的商代最大的青铜器是司母戊方鼎。是商王文丁祭祀母戊的重器。通高133厘米，重875公斤。这样大的鼎结构复杂，鼎身和耳、足分别铸成后，再合铸成一个整体。这样工序之间要密切配合，特别是浇铸鼎身时，当时一个坩锅只能熔铜12.7公斤，浇铸时需要几十个坩锅同时浇铸，要有一二百人同时操作，这样大的集体劳动，说明了商代手工业生产规模是相当大的。

### （三）陶器制造

陶器在商代仍然是人们日常生活中主要的用具，商代遗址发掘中发现大量的陶器，而且从品种到质量都有新的发展。除制作一般泥制陶器外，还有用高岭土（瓷土）制作的白陶。生产规模也相当大。仅河南郑州铭功路西侧就发掘出商代制作陶器作坊一处，有烧制日用陶器的窑址十四处。总面积在1200平方米以上。从残存的陶片中，可以看出其品种不一，且质地坚细，还有很贵重的釉陶。这种釉陶就是原始瓷器。烧制这种釉陶火候要达1200℃以上，陶器则为850—950℃。商代原始瓷器生产，反映了商代在烧制手工业方面进入一个新阶段。从郑州制陶窑场来看，劳动者人数很多，从事集体生产，从生产数量上看，显然不是为了满足奴隶主个人的需要，可能大部分用来作为商品出售，从产品种类来看，已经有内部的固定分工，专业的作坊开始出现。

在这种情况下，生产管理组织与立法必然又作新的法律规定，否则生产秩序、生产定额、产品质量是无法保证的。

### （四）纺织品的生产

我国古代原始社会新石器晚期人们已经开始有纺轮捻线，用简单织机织麻布。考古发掘在仰韶文化遗址中曾发现石制、陶制的纺轮、骨针、骨锥，原始的纺织、缝纫工具。最初是麻和葛做原料纺织的麻布和葛布。因为纺织品难以保存，在陕西西安半坡等遗址的陶器上面，曾发现过印成布纹的痕迹和画有布纹的彩绘。《管子·轻重甲》所载管子曰：“昔者桀之时，女乐三万人……无不服文绣衣裳者。”这些“纹绣衣裳”，当然是丝织品，不是麻布葛布。夏代的麻、葛、丝织品目前尚未发现实物。因为纺织品难以保存，但在新石器晚期的半坡遗址和二里头遗址发掘的陶器、青铜器上有的表面上附有布纹。夏代的纺织品有麻葛纺织品和丝织品是可信的。丝织品华丽，很珍贵，只供奴隶主贵族享受。

商代纺织品进一步发展，特别是丝织品成为商王为首的奴隶主贵族追求的对象。从甲骨文卜辞中可以看出，他们非常重视养蚕。例如：口子卜，口省于蚕。回[①]，“戊子卜，乎省于蚕。九”[②]。据胡厚宣考释，此为一事多卜之例，这一组卜辞至少当有九版。[③]所记内容是商王武丁时呼人省察蚕事。

从甲骨卜辞所记来看，商王把蚕作为神来祭祀。例如：“十宰，[illegible]五宰，蚕示三宰。八月”[④]，“贞元示五牛，蚕示三牛。十三月”[⑤]。胡厚宣说：这些卜辞证明“是殷代蚕有蚕神，称蚕示……祭蚕示或用三牛，或用三宰，或用羌，典礼十分隆重”。

商统治者对养蚕的重视，目的是缫丝生产纺织品以满足奴隶主贵族奢侈的需求。《帝王世纪》说：商纣王“多发美女，以充倾宫之室，妇女衣绫纨者三百余人”。说明丝织品已很发达。甲骨文有丝字多见，如“𢇁”很像是两束丝的形状。还有系字，如[illegible]、[illegible]，很像是一束丝的形状。甲骨文还有以系为偏旁的字，说明当时丝织品种类很多。所有这些都说明商代纺织品的生产已发展到相当高的水平，而且生产规模也很大。设官管理是毫无疑

---

① 胡厚宣：《战后宁沪新获甲骨集》3·79。

② 胡厚宣：《甲骨续存补编》7402、9999。

③ 胡厚宣：《卜辞同文例》，见《历史语言研究所集刊》第九本。

④ 罗振玉：《殷虚书契后编》上28。

⑤ 胡厚宣：《殷代的蚕桑和丝织》，载《文物》1972年第11期。

问的，制定有关法律加以调整生产中的关系，也是必然的。

## 四、商业管理立法

商代，是我国奴隶制进一步发展时期。随着农业、畜牧业和手工业的发展，城市的兴起，以及作为等价物的货币的使用，所有这些，促使商品交换发展到一个新阶段。

### （一）商人阶层的产生

商人也是社会发展到一定阶段的产物。

商人是指专门从事做买卖的人，以作生意为职业的人。他们脱离了生产，专门从事买卖活动，但他们做买卖的目的，不是满足自己的直接需要，而是为了牟利。正如马克思所说的，商人“只是为卖而买，只是为了再卖而买”，他们不是要“占有作为产品的商品”，而是要“取得货币”，积累财富。[①] 由于商代农业、畜牧业和手工业进一步发展和分工，要求有专门从事交换的商人从事这一工作，以节省自己的时间，从事农业、畜牧业和手工业生产。因为他们用于“买卖所费的时间，就是他们的劳动时间的扣除”。[②] 第三次社会大分工，正是在这种情况下出现“殷人重贾”。贾，指做生意。说明商朝人对做生意非常重视。值得注意的是，在商代奴隶也成为买卖的对象。《易经》里就有许多买卖奴隶的记载，如《旅卦之二》：“旅即次，怀其资得僮仆。”意思是商人到市场去，带着钱财，买了一批奴隶。奴隶作为买卖的对象，正是奴隶社会商品交换的特点。商代，生产资料都掌握在奴隶制国家和各级奴隶主手里，他们生产的产品也不像过去氏族首

① 《政治经济学批判》，载《马克思恩格斯全集》（第 46 卷上册），人民出版社 1972 年版，第 94 页。

② 《马克思恩格斯全集》（第 24 卷），第 147 页。

领那样，不辞辛劳到各地去交易，而是由政府的下级官吏“小臣”或奴隶主管家去从事这项工作，所以在我国奴隶社会“工商食官”，即工商业都由奴隶制国家来操纵，具有官营的性质。

为什么把做买卖的人叫作商人呢？一般认为，跟商族、商朝有着历史渊源关系。在商朝有一部分商族人，长期以来到四面八方去做买卖，特别是商朝被周人推翻后，商族人失掉了政治经济特权地位。商朝遗民，被周人视为顽民。为了防止他们造反，把这些顽民迁离原住地，分散到其他地方，为了生活，所以居住在各地做买卖的商族人更多了。在周人看来做买卖的人，就是商人，后来人们便习惯地把做买卖的人叫“商人”。“商人”这个名词一直沿用下来。现在我们把生产用来交换的物品叫“商品”，把专门从事交换的行业叫“商业”，也跟古代的商族、商朝有密切关系。

### （二）城市的兴起

都城是阶级社会的产物，阶级出现后奴隶主阶级为了维护自己的人身和财产的安全而兴建的。都城出现后，便成为奴隶主阶级统治的集聚点和政治中心。城内有宫殿、祀坛、祖庙、官府、军队。为保证奴隶主阶级的生活需要，还有手工业作坊和市肆。商代城市又比夏代有很大发展，甲骨文有（城）字，有大邑商。考古发掘商代都城遗址约有 10 平方里以上的区域。文献上记载“殷君善治宫室，大者百里，中有九市”①。商代都城有市、肆，地方上的城邑也有市、肆。商代市肆之多，也说明商代商业的发达。市肆是商旅聚集之地。相传陕西的姜族人姜太公吕望在遇到周文王之前，曾在纣都朝歌（今河南汤阴）和孟津的市肆作屠宰和贩卖的生意。《楚辞 · 天问》：“师望在肆，昌何识？鼓刀扬声，后何喜？”鼓刀就是屠宰。《盐铁论 · 颂贤》说：“太公之穷困，负贩于朝歌也。”负贩，就是背着货物到处做生意。这一事例说明由于城市的兴起，市肆的设立，为长途贩运的

① 《六韬》。

商人提供了方便，从而进一步促进了商业的发展。为了维护商业的正常贸易，商朝政府必然设官分职加强管理，同时，制定相应的法律调整因商业贸易关系而发展的各种矛盾。

但到商朝，从考古发掘来看，以贝作为随葬品，一般墓中随葬的都有一枚至几枚，有的一百枚，四百六十多枚，最多的达几千枚。例如山东益都苏埠屯一号墓随葬的贝有3790枚。① 在商王武丁的配偶“妇好”墓中随葬货贝竟达六千八百八十余枚。② 贝的数量之多，是前所未见的。商代人喜爱贝，视贝为宝，“宝贝”一词就来源于此。由于货币在生活中的作用，当时许多官吏追求“货宝”，商王盘庚说这是乱政的行为，并告诫官吏们，不要“无总于货宝”③，只知道聚敛财货，败坏政治。商代铜器铭文多有“赏贝”“锡（赐）贝”的记载。可以断定，商代以贝作为货币大概是没有问题的。

商代的贝是以朋作为计算单位。据王国维考证，十贝为一朋，一朋为二系（二串），“五贝一系，二系一朋”。④ 但文献中有“五贝为朋”。《诗·小雅·菁菁者莪》“锡我百朋”郑笺：“古者货贝，五贝为朋。”也有二贝为朋，《汉书·食货志》贝，“二枚为一朋”。赏赐贝也多以朋计算，成嗣子鼎铭云：“丙午，王赏成嗣子贝廿朋”。甲骨文中有：“庚戌……贞赐多女贝一朋。”⑤ 贝有了固定的计量单位，则贝具有货币职能的可能性就更大了。这是商代货币制度的大致情况。甲骨文中还有“贮”“宝”“贷”字，从贝的字比较多，都与财产的交换、积累、支付有关，这一切都说明贝已成为财富的象征，是真正的货币了。上面我们把夏商的货币使用情况作了简单介绍。随着货币广泛的使用，货币立法也应运而生是不言而喻的。但这一时期有关这方面的直接记载还未发现。

---

① 山东省博物馆：《山东益都苏埠屯第一号奴隶殉葬墓》，载《文物》1972年第8期，第24页。

② 中国社会科学院考古研究所：《殷墟妇好墓》，文物出版社1980年版，第220页。

③ 《尚书·盘庚下》。

④ 王国维：《观堂集林》卷三，中华书局1961年版。

⑤ 罗振玉：《殷墟书契后编》下八·五。

# 第六节　司法制度

商朝的司法制度是承袭夏朝而有所增删。《论语 · 为政》："殷因于夏礼，所损益可知也。"立国之初刑罚比较宽松。祖甲时代，社会矛盾尖锐，重新修订汤刑，刑罚加重，司法制度亦趋于严酷。

## 一、司法机关

商朝的司法机关分为中央和地方二级。中央司法机关的长官称"司寇"，下设"正""史"等司法官吏辅佐，处理中央及地方部分复审案件。商朝始行分封诸侯，地方分为畿内与畿外，畿（jī 机），指国都附近的地方。畿内司法机关由士掌管，基层称蒙士。一般刑、民案件由士或蒙士审理，若遇到重大、疑难的案件，须上报司寇，由司寇进行复审。畿外由诸侯掌管，诸侯对所辖地区指派司法官审理案件，不必上报司寇，享有较大的司法权。商王对畿外司法机关基本上不予干涉。

## 二、起诉制度

商朝还没有建立起独立的起诉机关，不设立专门履行侦查、检察职能的官吏。凡是刑事或民事案件，一般是由原告向官府告发而提起诉讼，受理后由行政官吏兼司法官对案件进行审理。商朝的地方官府设"百姓"和"里君"两个不同系统，前者是世袭贵族官职，后者是基层行政区域的官职，各自受理本辖区内的狱讼。在起诉制度上，采用侦审合一、检审合一的做法。

## 三、证据制度

商朝对案件当事人的罪与罚已经比较广泛地适用证据，并采用卜辞与誓言作为主要的定罪证据。

### （一）卜辞

商朝统治者崇仰天神，极端迷信，诸事皆卜，商王几乎是无事不卜，无日不卜。以甲骨卜辞作为定罪处刑的证据，即祈求神意，具有浓厚的迷信色彩，属于神示证据。例如“兹人井（刑）不（否）？”的甲骨卜辞就是卜问某当事人是否用刑的记载。镌刻卜辞，祈神占卜的是贞人，贞人往往以此伪托神意参与断罪，是神示证据的直接制造者。

卜辞的前身是卜筮。古时占卜，用龟甲称卜，有蓍草称筮，合称卜筮。传说夏朝曾采用卜筮作为证据，当司法官遇到疑难案件，无法判断是非曲直，分不清罪与非罪的界限时，就邀请贞人用龟甲、蓍草占卜，祈求天神示意，以卜筮所显示的图像，作为定罪断狱的依据。

### （二）誓言

商汤时代，在军队出师之前要由军事首领领衔明誓，出征将士的行动受誓言约束，如不从誓言，即以誓言为证据进行定罪用刑。《尚书·汤誓》：“尔不从誓言，予则孥戮汝，罔有攸赦。”誓言证据多用于军法，虽具有君主或军事首领意旨的成分，但与神示证据相比，确是一大进步。

## 四、审判制度

商朝是历史上奴隶制的巩固和发展时期，各种册典、制度趋于齐备。《尚书·多士》：“惟殷先人，有册有典。”对于审判制度也有了明文记载，《礼记·王制》：“成狱辞，史以狱成告于正，正听之；正以狱成告于大司寇……大司寇以狱之成告于王，王命三公参听之；三公以狱之成告于王，王三宥，然后制刑。”郑氏注：“史，司寇吏也。正，乡师之属。”可见，商朝对重大、疑难案件，需经过正、大司寇两个审级。凡此类狱讼案件，先由司寇吏预审，预审结束向正报告，由正进行一审；正一审结束后向大司寇报告，大司寇在称为“棘木之下”的外朝之地进行二审。大司寇在二审结束后向商王奏告。商王下令命三公参听，三公参听后将案件的处理意见再向商王奏告。商王最后以三宥宽赦之，即一宥不识，再宥过失，三宥遗忘。凡当事人属于不识、过失及遗忘，都属于宽赦之列。然后制定用刑。商朝的审判、复审制度已成定例，商王掌握最高审判权。

## 五、监狱

商朝的监狱大量增加，这与商朝刑罚繁多，囚徒倍增的社会情况是相一致的。商朝的监狱有羑里，[1] 因为有些土牢是在地下挖窖穴，上面盖上棚，并开有牖，类似今天的天窗，因此叫“牖里”或“羑里”，也叫圜土，即在地下挖成圆形土牢，或在地上围起圆墙，以防犯人逃跑，故名“圜土”。又叫圉（yǔ 羽）等。圉，甲骨文作，外为槛笼，右侧为人在槛笼内蜷屈于穽穴，左侧为梏住双手的手拲（gǒng 拱），是犯人手戴拲被囚禁在牢房或土穴之中的象形。据甲骨卜辞记载，商朝在东对、冰、殳、戈等地都设有监狱，故又称“冰圉”“殳圉”。从殷墟遗址发掘中，发现有长仅 1.6 米，宽 1.1 米，而深达 2.7 米的又深又小，暗无天日的土牢，其中有人的骨架和残鬲（lì 立，古代炊具），反映商朝狱政的残酷与牢房的黑暗。

商朝的监狱还见于史籍。“昔者傅说，居北海之州，圜土之上，衣褐带索，庸筑于傅险之城。”[2]“（傅）说为胥靡，筑于傅险。”[3] 胥靡，罪隶也。

---

① 《史记 · 殷本纪》：“纣囚西伯于羑里。”羑里故址在河南省汤阴县东北。

② 《墨子 · 尚贤下》。

③ 《史记 · 殷本纪》。

傅说起用之后为商王武丁的宰相，起用前他曾被囚禁在圜土，是身着囚衣，串戴绳索的罪隶，被罚在傅险之地作筑城的劳役。

商朝末年出现了“狱”字。《说文解字》：“狱，确也。从犾从言，二犬所以守也。”颜师古笺注：“狱之确也，取其坚牢之意；狱字从二犬，取守备之意；从言者讼也。”狱字的本义为牢守因狱讼而被拘禁者的场所。基本上符合商朝末年监狱的含义。

## 第七节　礼制的发展

商朝是一个发达的奴隶制国家。商朝的统治者在继承夏代礼制的同时，又发展甚至改造了夏代的礼制。商朝礼制的主要特征是；礼制中的传统痕迹逐渐削弱，而时代所赋予的阶级特征、法律特征日益显著。夏商二代礼制的发展为周初周公“制礼作乐”及西周时礼制的完备创造了条件。

### 一、礼制的核心

敬天地、信鬼神是商朝社会的显著特点。其主要表现在祭祀与占卜上。商王一年之中，几乎是每旬必祀。祭祀的对象包括山川、风雨、日月星辰等。最重要的则是祭祀“帝”与“祖先”。除祭祀外，商人的迷信还表现于占卜上。在日常生活中，无论大事小事，商人几乎是无事不卜，无日不卜。从殷墟地下出土的十余万片龟甲兽骨的卜辞上看，商人占卜涉及社会各个领域。大到国策的确定、战争的胜负、年景的丰歉，小至出行的吉凶、疾病的医治等。周人总结道“殷礼陟配天，多历年所”。[①] 商代礼制与神权密切联系在一起，礼制的核心所在就是“敬天地”“敬鬼神”“敬祖先”。《说苑·修

① 《尚书·君奭》。

文篇》言："夏后氏教以忠，而君子忠矣，小人之失野；救野莫如敬，故殷人教以敬，而君子敬矣。"所谓"敬"，正是阶级社会的特征，其所强调的是一种神圣的权威，氏族成员亲如一家的平等传统，在夏代尚有痕迹，在商朝则已被"尊而不亲"① 的专制制度所取代。在"专制的国家里，宗教的影响比什么都大，它是恐怖之上再加恐怖"。② 在礼制的影响下，商朝的法律有两大特征。一是立法、司法皆托天意而进行；二是刑罚手段格外残酷。

首先，商朝的统治者将自己视作"天"（或帝）的代言人。商朝统治者统治天下的权力来源于"天"的旨意。因而他们本身必须笃敬上天。墨子言："（商）汤贵为天子，富有天下，然且不惮以身为牺牲，以祠说于上帝鬼神。"③ 商亡在即，纣王却仍念念不忘"我生不有命在天乎"。④ 可见商统治者对天地鬼神的敬畏。此外，商人更注重"天"的权威，商人心目中的"天"，不仅无所不能，而且有些暴虐。谁若触犯了"天"的威严，谁便会遭到严厉的惩罚。对神的崇拜，使人们将人世间的法律、规则也视为"天"的产物。"审判的本身，是由神授予法官的。"即使是国王也"不是一个立法者，而是一个法官"⑤。在商朝，立法、司法与神意是统一的，同时立法与司法又是混为一体的。

"当时的法律实践活动大体上是由三个枢纽并经三个程序进行的：

一是造意阶段：由商王就立法、司法问题提出倡意，或是就某一项具体政事、案件提出初步处理意见；

二是决策阶段：由卜史按照特定的方式和程序占卜，以得出可行与否的结论，并由商王发布之；

三是实施阶段：由御鬳依照商王发布的命令执行之。如果是一项立法

① 《礼记 · 表记》。

② ［法］孟德斯鸠：《论法的精神》（上册），第 60 页。

③ 《墨子 · 兼爱》。

④ 《史记 · 殷本纪》。

⑤ ［英］梅因：《古代法》，商务印书馆 1984 年版，第 3 页。

的话，则由御鹰传达到各级政权机构。”①

因此，从甲骨卜辞中我们可以看到商人对立法的占卜，如“贞：王闻不惟辟 贞：王闻惟辟”②，也可以看到统治者对量刑的占卜，如“兹人井不？”③“贞其刖”④“贞刖百”⑤，人世间的法制、法令通过统治者的占卜而变为神的旨意。故《礼记·曲礼》记：“龟为卜，筴为筮。卜筮者，先圣王之所以使民信时日，敬鬼神，畏法令也。所以使民决嫌疑，定犹豫也。”司马迁总结夏、商、周治国之道，言：“王者决定诸疑，参以卜筮，断以蓍龟，不易之道也。”⑥

其次，商朝统治者的统治方式较夏代残暴。从甲骨卜辞及一些文献的记载来看，商人常常奉“帝”或“天”之命对周边地区进行征服战争。征讨，是上古社会惩罚有罪的最严厉的手段，正如《汉书·刑法志》所言：“大刑用甲兵。”《孟子·滕文公下》记，商汤“十一征而无敌于天下”。《诗经·商颂》中赞扬商汤：“帝命不违，至于汤齐。”《尚书·汤誓》记汤伐夏桀时对将士们说：“有夏多罪，天命殛之。”“予畏上帝，不敢不正。”“尔尚辅予一人，致天之罚。”即夏桀罪恶多端，上天命我讨伐他。我敬畏上帝，不敢不去匡正夏王。你们要辅佐我，代天行罚。反映战争的甲骨卜辞也很多，如“𠂤贞，我伐马方，帝受我又？”⑦“辛丑卜，㱿贞：伐𢀛方，帝受我又？”⑧据郭宝钧考证：“在殷武丁时代，每次参战人数，多是三千人。如在武丁三十年七、八、九三个月中，曾因迎击𢀛方来侵，连续登人七次，

① 李光灿、张国华主编：《中国法律思想通史·第一卷》，山西人民出版社1994年版，第77—78页，此段为武树臣所著。
② 董作宾：《殷虚文字乙编》4604。
③ 商承祚：《殷契佚存》850。
④ 胡厚宣：《殷代的刖刑》，载《考古》1973年3期，图3、图8。
⑤ 胡厚宣：《殷代的刖刑》，载《考古》1973年3期，图3、图8。
⑥ 《史记·龟策传》。
⑦ 董作宾：《殷虚文字乙编》5408。
⑧ 郭沫若：《殷契粹编》1073。

每次三千人（有一次的例外是五千人）。”[1] 登人，即参加战争的人数。除对周边地区违背天意者动用“大刑”外，商朝统治者对所辖地区的臣民也用严刑峻法加以统治，与夏及代之而起的周有所不同，商朝的刑罚不仅适用于平民与庶人，而且也用于官吏，甚至贵族。《尚书 · 伊训》记：“制官刑，儆于有位。曰敢恒舞于宫，酣歌于室，时谓巫风。敢有殉于货色，恒于游畋，时谓淫风。敢有侮圣言，逆忠直，远耆德，比顽童，时谓乱风。惟兹三风十愆，卿士有一于身，家必丧。邦君有一于身，国必亡。臣下不匡，其刑墨。”《逸周书 · 史记解》记，商“刑始于亲，远者寒心”。这种用刑不别亲疏，不分贵贱的原则，更反映出上帝的威严。如《尚书 · 盘庚》中所言：“故有爽德，自上其罚汝，汝罔能迪。”无论是谁，只要言行不轨，就无法逃脱上天的惩罚。在上帝的威严笼罩下，商朝不仅刑罚的适用面宽泛，而且手段也格外残酷，与祭祀有关的刑罚，于省吾《甲骨文字释林》总结了四种。第一，“火刑。甲骨文有字（前六 · 二一 · 五），像焚烧系索于颈之人于火上。甲骨文有巫妝（鄴初下三八 · 六），又有烄字作（甲四二），像焚巫于火上，即暴巫以乞雨。甲骨文中还有烄燃女奴隶以乞雨之贞，例如：‘叀婞烄’（簠杂六七），‘于甲烄凡’（鄴三下四八 · 三，凡字他辞也作奺），‘叀好烄㞢雨’（乙一二二八），是其证”。第二，“陷人以祭。甲骨文字也、、等形，都应释为臽，即陷的初文。其字从人（或从女）从凵（凵乃坑坎之坎的本字），像陷人于坑坎之中，甲骨文的‘其作豊（礼）于伊陷’（粹五四〇）、‘甲辰至戊臽人’（后下一六 · 一一）均指陷人以祭。甲骨文还有字（藏五九 · 三）像陷人于坑坎之中而又持锤杵以舂之。”第三，“砍头以祭。砍头即《书 · 吕刑》大辟之刑。伐字甲骨作秅，商器作戈作，均像以戈断人之颈。甲骨文还有字（京津三一〇二），像以斧钺砍头之形。此字商代金文常见，例如父辛觚作，作父丁尊作，鼎文作，无须备列”。第四，“饮与乇。甲骨文常见用人牲以祭，其杀戮之方法，以饮与乇

---

[1] 郭宝钧：《中国青铜器时代》，生活 · 读书 · 新知三联书店 1963 年版，170 页。

最为残暴。饯字典籍通作胣或施，乃剖腹刳肠，为后世凌迟之刑的起源。甲骨文中有‘饯百羌’以祭的例子。乇字也作舌或袥，典籍通作矺，与磔同，乃裂其肢体而杀之。甲骨文有‘舌十人又五’或‘袥羖’以祭的记载”[①]。

从甲骨文反映的商朝祭祀来看，商朝的统治确实是“恐怖之上再加恐怖”。礼制的核心对统治者来说就是对“天”极尽尊崇之能事，为此，他们不惜残民以敬天。

## 二、礼制的目的与内容

商朝统治者对“天”或“帝”的尊崇，说明商朝至上神崇拜或主神崇拜已经形成。梁启超认为此时“最高一神之观念已逐渐确立”，“有一有感觉、有情绪、有意志之天直接指挥人事者，既而此感觉、情绪、意志化为人类生活之理法，名之曰天道。公认为政治所从出而应守，若此者，吾名之曰抽象的天意政治”。[②]但商朝的统治者对“天”或“帝”的崇拜并不仅仅是单纯的宗教信仰，敬天地鬼神的最终目的在于维护人世间商王的威严与商统治者的利益。这也正是商朝礼制的目的。为了达到这一目的，商朝礼制由祭祀派生出更多的内容。

### （一）王权与等级

商统治者认为，商人之所以得到“天”的庇护，统治天下，原因在于自己的祖先生前德高望重，奉天之命统领下界，死后成为鬼神“宾于帝”，保祐着自己的子孙长久地享有着统治权。因此，商人的统治权不仅是天授予的，同时也是祖先赐予的。鉴于此，商人格外崇拜自己的祖先，对祖先，尤其是生前有一番功绩的祖先经常隆重地祭祀，有时甚至与祭祀“天”“帝”

① 于省吾：《甲骨文字释林》，序言第7—9页。

② 梁启超：《先秦政治思想史》，东大图书公司1987年版，第22、25页。

相同。据甲骨文看，商人有时将自己的祖先也称为“帝”。如武丁卜辞称其父为“父乙帝”。[①] 与“天”或“帝”相比，祖先相对商人来说更为亲切、可靠。因此甲骨文中反映的商人对祖先的祭祀更为频繁。“因为先祖可以宾帝，所以殷人但凡求雨、求年、求禾等均向祖先祈求，转请求告上帝，而不直接向上帝祷告；方国来侵，亦必先向祖先祈祷，乞求保祐。”[②]

对“天”或“帝”及祖先的崇拜使商人牢牢掌握了人世间的统治权。

对祖先频繁而隆重的祭祀，向世人证明了商人血统的优秀。直到春秋时，商人的后裔宋人仍对自己祖先的业绩感到骄傲，对自己所拥有的商族血统感到自豪。《诗经 · 商颂 · 那》中颂道：“自古在昔，先民有作，温恭朝夕，执事有恪，顾予烝尝，汤孙之将。”[③] 统率商人的商王则更是具有神性的人物。其本身便同祖先一样，生时奉天之命，执掌着人间的生杀予夺大权，死后便可升天，甚至可以“宾于帝”。[④] 与夏代不同，商朝的王陵规模浩大，人殉、人祭表现出商王生前不可一世的权威。《礼记 · 檀弓》记：“夏后氏用明器，示民无知也；殷人用祭器，示民有知也。”“夫明器，鬼器也；祭器，人器也。”夏人用明器殉葬死去的亲人，只是表达一种对逝世亲人的怀念之情。而商人用祭器殉葬所表达的是：死者将在天上继续着人间的生活，并可监视、赐福或降灾于人间。故“示民有知也”。祖先崇拜，在神化祖先的同时，也神化了现实中的统治者商王。因而在商人眼中，王法就是神法，或天法。触犯了王法，就是触犯了神灵。因为王具有神性，所以王最能接近“天”或“帝”。王的权力是神圣不可动摇的，其可代天行讨、行罚。确实“在东方……统治的贵族们逐渐倾向于变为宗教的，而

① 董作宾：《殷虚文字乙编》956。

② 吴浩坤、潘悠：《中国甲骨学史》上海人民出版社 1985 年版，第 297 页。

③ 《诗经 · 商颂》据有关专家考证大都作于春秋之时，出于宋人之手。

④ 董作宾：《殷虚文字乙编》2293、2435、7197、7198、7434、7511、7549、8328 处记武丁卜辞：“贞，咸宾于帝；贞，成不宾于帝”……“宾”据专业考证意为“匹配”。参见吴浩坤、潘悠：《中国甲骨学史》，第 296—297 页。

不是军事的或政治的。并因此不但不失去反而获得了权力”[①]。商王本人既是人间的最高统领，又是神的代言人。商王的权力没有因为“天”或“帝”的权威而削弱，反而借助“天”或“帝”的神威而加强。神权成为王权的后盾。王法具有了神法的性质。《诗经·商颂·长发》中言商王“受小球大球，为下国缀旒”“受小共大共，为下国骏厖”。其意为：遵循天意，治理保护下国之民。对违犯天意的人，不分亲疏，皆施以刑罚。[②]

与商王至高无上权力形成的同时，商朝社会形成了以王权为核心的有序的森严的等级制。体现了“礼者为异”[③]的礼制特征。商朝等级的划分反映于社会各个方面，从称呼、饮食、服饰、墓葬直到政治、经济、法律等各方面的权利地位，无不存在着等级的差异。根据甲骨文、地下发掘及文献资料，可以看出商朝社会大致有四个等级：王、贵族、平民、奴隶。

王是国家最高统领，其有至高无上的权力。商王为表示其独尊的地位，自称“余一人”。在商朝统辖区内的土地与人民在名义上均属商王所有，由于王与国一体化，所以国事便称为王事。

王之下是各级奴隶主贵族。他们从商王那里获得土地与奴隶，他们必须服从商王，并为王事服务以报效商王。《尚书》中称各级奴隶主贵族为“大家”或“百姓”。奴隶主贵族的官爵一般是可以世代传袭的。

在商朝，还存在着平民阶层。这些人大都具有商族的血统，但由于社会发展，贫富分化加剧，这些具有优秀血统的人或因血缘关系与王室日渐疏远，或因其他原因而败落为生产者。从经济、政治的角度看，他们属于被剥削者，但由于血缘的关系，他们与奴隶又有着本质的不同。他们可以从贵族那里分得一小块土地，从事生产活动，他们具有人身自由，有时还具有参预国事的权利。他们通常被称为“小人”。

---

① ［英］梅因：《古代法》，第 10 页。

② 王引之：《经传释词》：球，共皆法也。球读为捄（jiù 救）；共读为拱。《广雅》：拱、捄，法也。

③《礼记·乐记》。

在商朝地位最为卑贱、社会生产的主要担当者是奴隶。商朝的奴隶毫无权利可言，他们的生命也毫无保障。他们可以被主人随意买卖，也可以被主人当作祭天、祭祖的祭品或殉葬品。

商朝森严的等级已为甲骨文与地下遗存所证实。郭宝钧总结道：

证以甲骨文字：殷代的最大奴隶主就是商王，甲骨文中称为“王”，王自称有时为“余一人”，表示他的大权独揽。大家给他办事称为“监王事”。表示王同国家是两位一体。他的兄弟支庶，都是“王族”，他的子侄，都是“子族”，王族和子族们都是二号、三号的奴隶主，他们都有土地和生产奴隶。奴隶之从事农业者叫作“众”或“众人”；从事牧畜者叫作“刍”或“羌刍”或“多马羌”；从事手工业者叫作“工”；而家庭奴隶则叫作“臣”“小臣”“仆”“奚”“妾”等。王和王族、子族是奴隶主阶级；众人、刍、工、臣、妾等是奴隶阶级。

证以地下遗存：解放前在殷墟侯家庄发掘出了十座大墓，解放后在武官村发掘出了一座大墓，都是商代王室所有。大墓中最大的为“亚”字形，它有东西南北四条墓道，次一点的为“中”字形，它有南北两条墓道。它们的规模都很伟大，建造费工，专量墓室，有达 22 米的，有达 20 米的。小的也在 14 米以上。内容虽经过惨盗，但仍多有铜器、玉器、雕石、花骨、白陶、釉陶、牙、龟、蚌、贝、车器、兵器等遗留。且多为艺术珍品，为一般平民所不能获得者。……而在四盘磨一座奴隶墓的发掘中所见，无棺无椁，铺地只有一条破席，随葬只有一个陶盆，与前相较，贫富有天渊之别。其甚者如大墓周围的排葬坑，数人共埋一坑，并破席亦无之；再甚者连自己的头颅还不能保留，尚须割取下来附入大墓中埋葬，这些当然都是贫苦无人身自主权的奴隶们的一生下场。①

① 郭宝钧：《中国青铜器时代》，第 207—208 页。

在各等级的差异中，格外引人注目的是奴隶主阶级与奴隶阶级的差异，两者形成了明显的对照，郭宝钧总结道：

由文字、文献、地下遗存可见，……当时奴隶主们的生活，居则有台堂，行则有车马，食则有酒肉，衣则有裘帛，用具有鼎甗尊彝，娱乐有鼓磬埙铙，赏玩有犬马珍禽，伴居有娇妻美妾，防卫有墙垣沟池，武器有甲胄戈矛……而反观奴隶们……他们食不果腹，衣不蔽体，武官村发现的人殉中，测骨多在中年，即被折磨或戕杀以死。[①]

从维护王权与等级制来看，商朝的礼制充满威严恐怖之气。祭祀、占卜使王权、王法变为神权、神法。从有关文献的记载来看，商统治者迷信鬼神，崇拜祖先并不仅仅是宗教信仰，其最终目的在于借助神力加强自己的统治，维护现有的制度。据《史记》记商帝武乙曾“为偶人，谓之天神。与之博，令人为行。天神不胜，乃僇辱之。为革囊，盛血，卬而射之，命曰‘射天’”[②]。《尚书·微子》也记“殷民乃攘窃神祇之牺牷牲用，以容将食，无灾”。搏神射天及攘窃祭神之物说明商人对“天”的怀疑，但由于神权与王权的密切联系，从维护王权的角度出发，统治者无法，也不必要破除人们对“天”或“帝”的迷信。因此，帝乙的作为被视为“无道”，而最终被暴雷震死。[③]

### （二）宗法礼制与风俗习惯

宗法以血缘纽带为基础。商人崇拜祖先，故重宗法。商人的宗法表现于对祖先祭祀的规格及仪式不尽相同，以此来区别血缘的亲疏，这样既加

① 郭宝钧:《中国青铜器时代》，第209页。

② 《史记·殷本纪》。

③ 参见《史记·殷本纪》。

强了商王室及商族内部的团结，又维护了等级秩序。陈梦家对商朝的宗法作了如下的归纳：

立于宗庙的先王的神主，称之为“示”。示有大小之别；“大示”是直系先王，“小示”是包括旁系先王的。大示从上甲开始，称为“元示”。卜辞“自上甲六示”指上甲至示癸六个先王，“自上甲廿示”指上甲至武乙二十个直系先王；小示也称若干示。大示常用牛牲。小示常用羊牲。“上示”“下示”大约也是大小示之分。“示”所在之地，后世称为宗庙，卜辞有不同的名称，如宗、升、家、室、亚等等，如“文武丁宗”是文武丁的宗室。凡大示所集合之处名“大宗”，小示所集合之处名“小宗”。大宗从上甲起，小宗从大乙起。大小宗以外，还有“中宗”。[①]

宗法的严密，使维护宗法的礼制也日益严格。其主要表现了王室的婚姻与继承制度日趋规范。

第一，婚姻制度：商代已有了嫡庶之别。这一点从甲骨文及史籍记载的有关祭祀与传承制度上可以得到证实。

商自武丁时起，开始系统地轮流祭祀先王先妣，被列入祀典的先妣在直系先王的配偶中大多只有一人有资格与先王同样受到祭祀。如：大乙奭妣丙（成汤与妣丙）。武丁之后亦是如此。如武乙奭妣戊、文武丁奭妣癸等。其中与中丁同祭者有两个，妣己、妣癸；与祖辛同祭者有两个，妣甲、妣庚；与祖甲同祭者有两个，妣戊、妣己。此外与武丁同祭者有三个，祖丁有四个。在三十一任商王中，特别者仅此五例。史家将这一特殊情况解释为“先殂后继”。即嫡妻死后，王娶继室。武丁的配偶妣戊、妣辛、妣癸三人中，一人早死，一人被废，再娶继室，故有三配。[②]李亚农认为，这

① 陈梦家：《殷虚卜辞综述》，中华书局 1988 年版，第 643 页。

② 李亚农：《殷代社会生活》，上海人民出版社 1955 年版，第 14—15 页。

种以嫡妻为法定配偶的一夫一妻制在汤建国前便已开始。因为自报丁以上，商族先妣庙号阙如，因而“在报丁以前，殷人是没有法定配偶，男女关系极不巩固，说不上谁是谁的妻。在示壬以后，才开始有法定配偶，……才实行一夫一妻制”。嫡庶制的建立，为避免宗法的继承上的混乱奠定了基础。尤其商后期实行父死子继，此“子”须为正妻，也就是王的法定配偶之子。庶子是无权继承的。如帝乙的长子是微子启，但因为启的生母地位卑贱，启不能继承王位。纣虽为少子，但因其生母是帝乙的正妻，便理所当然地继承了父的王位。王室这种嫡庶有别，嫡贵庶卑的制度也同样适用予各级奴隶主。郭沫若认为：“在各级贵族中间同样划分为大宗和小宗。各级同姓贵族和商王室间存在着宗法关系。”①

从史料记载的传承制度上，亦可证明商朝王室确实实行一夫一妻制。范文澜认为“自汤至纣三十王，从无一人生过五个儿子（仅祖丁有四子），这也是讲不通的。正因为商有嫡庶的区别，嫡子继承王位，庶子不得继承（多妻制的嫡妻生子不多并非怪事），所以有兄弟最多不过四人的现象”②。

一夫一妻制的目的在于维护宗法的秩序与纯洁，实际上，商王及奴隶主贵族在日常生活中并不受一夫一妻的限制，正妻之外，他们往往大量蓄妾。从武丁时的甲骨卜辞中可以统计出武丁的庶妻有64人之多，如妇姘、妇好、妇喜、妇嬗等。“在商朝奴隶主贵族之间的婚姻，通常是以‘娣’随嫁的‘嫔嫁’制度，这种现象在西周以至后世封建社会也还存在。这样，名义上一夫一妻制，实际上是一夫一妻多妾制。可见，一夫一妻制对男子来说是无任何约束力，而对女子才有严格的意义，女子只能有一个丈夫。如果女子与另外的男子发生两性关系是绝对不允许的，所生子女是不合法的。这一点在《易·渐·九三》有：‘夫征不复，妇怀不育，凶。’就是说，丈夫出征期间，妻子在家与别的男子发生两性关系，妇人怀孕而流产，是

① 郭沫若主编：《中国史稿》（第1册），第207页。

② 范文澜：《中国通史简编》（修订本第一编），人民出版社1965年版，第119—120页。

不祥的象征。”[①]

第二，继承制度：商代初期实行王位兄终弟及制，后为避免争位之乱，改为嫡子继承制。根据《史记·殷本纪》记，商自汤建国至纣亡商共十七世，三十王。汤以后，王位兄弟相继者共十四人：外丙、仲壬、太庚、雍己、太戊、外壬、河亶甲、沃甲、南庚、盘庚、小辛、小乙、祖甲、康丁皆为弟继兄位。叔侄相传者三王：太甲、阳甲、祖丁皆以侄承叔位。传子者十二王：沃丁、小甲、仲丁、祖乙、祖辛、祖庚、廪辛、武丁、武乙、太丁、帝乙、帝辛皆以子承父位。其中的规律是越到后期，传位与子者越多。至帝武乙后，传子制基本确立，即武乙继承其父庚丁之位，又传子太丁、太丁传子帝乙、帝乙传子帝辛。《史记》记：“帝庚丁崩，子帝武乙立，殷复去亳，徙河北。”“武乙震死，子帝太丁立；帝太丁崩，子帝乙立，帝乙立，殷益衰。”“帝乙崩，子辛立，是为帝辛，天下谓之纣。”由于婚姻上有嫡庶之别，所以在继承上，王位是由嫡子继承的。《史记》记：“帝乙长子曰微子启，启母贱，不得嗣。少子辛，辛母正后，辛为嗣。”索引言：“此以启与纣异母，而郑玄称为同母，依《吕氏春秋》，言母当生启时犹未立正，及生纣时始正为妃，故启大而庶，纣小而嫡。”[②]在嫡庶有别的制度下，庶子是无权与嫡子争夺继承权的。

由兄终弟及至嫡子继承，经过了漫长的历史过程。兄终弟及是父系氏族社会演进的产物。其主要特征是兄弟之间有平等的权利继承父亲的遗产和权力。但兄终弟及制不利于宗法的传承，容易引起王室内部争权争位之乱。叔伯兄弟间不免相互争立。王最小的儿子从其兄手上继承王位后，按规定应再将王位传与长兄之子，但人间亲情常常使其破例而传己子。如太庚传位给自己的儿子小甲，太戊传位给自己的儿子仲丁，皆未按例传王权与长兄之子。这种破例势必引起长兄之子的不满，王与王侄间的争位不可

---

① 参见蒲坚主编：《中国法制史》，光明日报出版社 1987 年版，第 20 页。

② 《史记·殷本纪》。

避免。于是宗室之乱延续九世。《史记·殷本纪》记：“自中丁以来，废適而更立诸弟子，弟子或争相代立，比九世乱，于是诸侯莫朝。”自仲丁至武乙，中经九世十七王，嫡子继承制终于确立。

商朝究竟是否实行了嫡长子继承制，尚无法确定。《尚书·无逸》记载周公告诫成王的一段话，其中在总结商宗法继承教训时说道：“其在祖甲，不义为王。”东汉经学家马融解释道：“祖甲有兄祖庚，而祖甲贤，武丁欲立之，祖甲以王废长立少，不义。”按此解释，商似乎已有嫡长子继承制，“废长立少”为“不义”之举。但武丁、祖庚、祖甲正值殷宗法“九世之乱”之中，传子制尚未完全确立，推测很难有严格的嫡长子继承制。而此后历史的发展是祖庚传位于弟祖甲，祖甲传子廪辛，廪辛又传弟康丁，自康丁始传子才成为定例，直至商亡。由兄终弟及到嫡子继承，已将王权的传承限制到了一定的范围，这已是一个历史的进步。

王位由嫡子继承，王的庶子则有分封权。《史记·殷本纪》记：“商子孙分封，以国为姓，有殷氏、来氏、宋氏、空桐氏、稚氏、北殷氏、目夷氏。”封国与王室间的关系便是小宗与大宗间的关系。被封国的国君或至王室，辅佐王政，或奉王命出征及助祭宗庙。

婚姻制度上的嫡庶有别于继承制度上的嫡子继承使宗法制日益规范、巩固。其确如《礼记·曲礼》所言，礼起到了“定亲疏，决嫌疑、别异同、明是非”的作用。

重宗法，必尊祖先，尊祖先必重传统。商朝的礼制还包含了大量的风俗习惯的内容。史料记载商第五代王太甲“不遵汤法，乱德，于是伊尹放之于桐宫”①。太甲思过，三年后伊尹还政于太甲。商第二十代国王盘庚告谕诸侯大臣：“昔高后成汤与尔之先祖俱定天下，法则可修，舍而弗勉，何以成德。”②在对祖先的隆重祭祀中，在对祖先功绩的一遍遍歌颂中，祖宗

① 《史记·殷本纪》。

② 《史记·殷本纪》。

之法早已成为神圣不可变更的制度。此外，商统治者也注意到了礼制对地方习俗的融合。这与商人的信仰崇拜有关。商人在崇拜至上神“天”或“帝”的同时，也崇拜日月星辰、山川河岳等，他们将日月星辰等一一人格化，将其视为“天”或“帝”的使臣。甲骨卜辞中有祭日、祭星、祭土的资料。故而商朝的宗教有别于西方。“西方造出了上帝以后，就把宇宙上一切权威都交给了上帝，消除了众神的存在和发挥作用的前提，殷人造出来的上帝是‘大权独揽，小权分散’。因此，众神还能在上帝的支配下存在，并发挥作用。”① 在继承传统习惯的同时，商统治者允许地方习俗的存在。“殷道衰，箕子去之朝鲜，教其民以礼义，田蚕织作。乐浪朝鲜民犯禁八条：相杀以当时偿杀；相伤以谷偿；相盗者男没入为其家奴，女子为婢；欲自偿者人五十万，虽免为民，俗犹羞之；嫁娶无所雠。”在箕子礼教下，“其民终不相盗，无门户之闭，妇人贞信不淫，辟其田，民饮食以笾豆，都邑颇放效。”②

总之，商人的礼，就是对上帝的尊敬、对宗法的维护、对祖训及传统的恪守。

① 朱天顺：《中国古代宗教初探》，第256页。

② 《汉书·地理志》。

# 第四章　西周的法律制度

## 第一节　立法概况

### 一、奴隶社会发展的鼎盛时期——西周

（一）西周概述

周族和夏族、商族一样，是一个古老部族，居住于中国西北部地区。《史记·周本纪》记载，周的始祖姓姬，名弃，曾在夏禹时任过农官。相传弃善于耕种稷、麦，曾教民稼穑，因而死后被尊称为“农神”，称之为“后稷”。到其孙公刘时，迁居至豳（音 bīn，宾，今陕西旬邑县）。

后来，公刘的后代古公亶父因避免戎狄人的侵扰，率全族人迁居到岐山下的周原（今陕西岐山县），并开始逐渐改变了戎狄之俗，修建城郭房屋定居下来，建立国家，成为商朝的一个属国“周”。

古公亶父之子季历统治时，周的势力逐渐强大起来，并与商朝发生矛盾。于是，季历被商王文丁杀死。

季历之子西伯昌（后自称文王）即位，准备灭商。至文王晚年，周的势力强盛，征服了许多部落、方国，“三分天下有其二”。文王死后，武王即位，继续文王所未完成的灭商大业。

公元前 11 世纪，周武王率军队在离商朝首都朝歌南七十里的牧野（今河南汲县北）与商纣王决战。但商朝的军队却“前徒倒戈”，引导周的军

队杀向纣王。纣王大败而逃，自焚而死。商朝灭亡，中国历史上第三个奴隶制王朝周建立。周朝建都镐京（今陕西西安市西南），史称“西周”。

周武王灭商两年后就病死。其子成王即位。由于成王年幼，无法理朝政，于是就由武王之弟周公代理国家政事。周公摄政时进行东征，平定了武庚与管叔、蔡叔之乱，周朝的统治才得以巩固。

### （二）西周青铜器铭文中的法律史料价值

金文，又称铜器铭文，是指商周时代铸（或刻）在青铜礼器、兵器及其他铜器皿上的文字，过去被称为“钟鼎文字”或“彝器款识”。

据统计，目前为止，传世和出土的带有铭文的铜器，不下6500余件。目前所见金文大部分是商周时期的，以周为多。

与甲骨文相同，金文也可以补充文献资料之不足。古代文献历经传写刊刻，不免含有讹误，而金文除后代伪作者外，则为古人真迹，其真实性与可靠性比文献更强。由于金文是第一手资料，所以用来研究当时的历史最为可靠。金文的史料价值正如郭沫若在《两周金文辞大系图录考释·序文》中所指出的：“传世之两周彝器，其有铭者已在三、四千具以上，铭文之长几有五百字者。说者每谓足抵《尚书》一篇，然其史料价值殆有过之而无不及。《尚书》自当以今文为限，今文中亦有周秦闲人所伪托，其属于周初者，如《金縢》《洪范》诸篇，皆不足信。今文可信者，仅十五、六篇耳，此十五、六篇复已屡经传写，屡经隶定，简篇每有夺乱，文辞复多篡改，作为史料不无疑难，而彝铭除少数伪器触目可辨者外，则属一字一名均古人之真迹也。是其可贵，似未可同例而论。”又“在西周我得到了一百六十二器，在东周我得到了一百六十一器，合共三百二十三器，为数看来很有限，但这些器铭都是四、五十字以上的长文，有的更到四、五百字，毫不夸张地是为《周书》或《国语》增加了三百二十篇真正的逸文”。

与甲骨文不同的是，金文的内容非常丰富，涉及政治、经济、军事、法律、思想及礼俗等方面。因此金文的法律史料较甲骨文丰富。

铜器铭文字数多少不一，少的仅一族徽，多的可达400字以上，如毛公鼎铭497字，是目前所见铭文最长的。一般说，商代的铜器铭文简单，记载的多是一些重大历史事件，与法律没有多大关系。西周铭文最长，多数记载祀典、册命、征伐纪功、契约和诉讼等，其中保留了丰富的法律文化成果。如𠈇匜、师旂鼎、曶鼎、鬲攸从鼎、散盘、鬲从盨、格伯簋、五年卫鼎、九年卫鼎、卫盉、琱生簋（甲、乙）铭文，是记载诉讼案件的铭文，是当时的典型案例，它们真实、生动地记录了西周的审判实践活动；法思想在西周铭文中也有反映，如：刑观念、德思想、礼与礼治思想、孝观念等。

## 二、西周的立法活动

### （一）西周的立法指导思想

1.“以德配天”“明德慎罚”。在商朝达到顶峰的神权法思想，被西周统治者继承发展，并发生了较大的变化。以周公等为代表的西周奴隶主贵族，总结并吸取了夏朝、商朝灭亡的教训，提出了“以德配天”的君权神授说。认为“天”或“上帝”不是哪一族独有的神，而是天下各族所共有的神；“天命”属于谁，就看谁有能使人民归顺的“德”。这一思想的提出，显然是在为西周取代商朝制造舆论，但同时也意味着神权的动摇。因而，西周统治者感到单靠神权已不足以维系其统治，还必须兼顾人事，重视民心的向背，既“敬天”，又“保民”。

“以德配天”“敬天保民”的治国方略运用于法制方面就是要求“明德慎罚”。即重视道德教化的作用，立法、司法都必须宽缓、审慎，执行刑罚更要慎重。

2.“礼治”的基本原则。中国古代人重视祭祀，一开始就将神权与族权紧密结合起来，产生了“礼”。周初，周公“制礼作乐”，将夏礼、商礼发展成一整套以维护宗法等级制为核心的行为规范以及相应的典章制度、礼节仪式。一般称之为“周礼”。在周人看来，“礼”是治理国家的唯一准绳。后来的儒家将之概括为“为国以礼”的“礼治”。

周礼所确立的全部规范和制度中，始终贯穿着“亲亲”“尊尊”“长长”“男女有别”四个原则。“亲亲”即必须亲爱自己的亲属，特别是以父权为中心的尊亲属；“尊尊”即下级必须尊敬和服从上级，特别是一国之君；“长长”即小辈必须敬重长辈；“男女有别”即男尊女卑、“男女授受不亲”和同姓不婚。其中最基本的是“亲亲”和“尊尊”。“亲亲”是宗法原则，旨在维护家长制；“尊尊”是等级原则，旨在维护君主制。二者都是为巩固宗法等级制服务的。从这两个基本原则出发，周礼在伦理道德上特别强调“孝”“忠”。在当时的宗法等级制度下，“亲亲”和“尊尊”往往是二位一体，因此“孝”和“忠”也往往是两相结合。“亲亲”和“尊尊”既是周礼的基本原则，也是西周立法的指导思想；与此相应，“孝”和“忠”既是伦理道德规范，又是法律规范。

“礼治”的基本特征是“礼不下庶人，刑不上大夫”。“礼不下庶人”是指礼所赋予各级贵族的世袭特权，平民和奴隶一律不得享有。“刑不上大夫”是指刑罚的主要锋芒不是针对大夫一类的贵族，而是指向广大平民。这种礼、刑分野的局面，充分说明西周实行的是一种公开不平等的特权法，即奴隶主贵族享有特权的奴隶制法。“礼不下庶人，刑不上大夫”，不仅是西周“礼治”的特点，也是西周指导立法、司法的重要原则。根据这一原则，各级贵族不仅享有礼所规定的各种特权，而且即使行为越礼，一般也不受刑罚的制裁，仅受道义的谴责。不过，“刑不上大夫”并不是说大夫一类的贵族犯有严重危害宗法等级秩序的罪行概不用刑，但即使用刑通常也能享有各种特殊照顾。如“王之同族有罪不即市”“有赐死而亡戮辱”“公族无宫刑”等。

## （二）西周的立法活动

1. 周文王之法“有亡荒阅”。据文献记载，早在周文王时期，西周就开始进行了刑事立法活动。《左传·昭公七年》记载，楚国大臣无宇说：“周文王之法曰：‘有亡，荒阅。’”

杜预注：“荒，大也。阅，蒐也。有亡人当大蒐其众。”

杨伯峻《春秋左传注》云：“范文澜《通史简编》第三章谓自皂至台是各级奴隶，马夫牛牧不列等，比台更贱。此‘有亡’，谓奴隶之有逃亡者。”

可见，“有亡，荒阅”是有关搜捕逃亡奴隶的法规。

2.《九刑》。周初进行了一次比较大的立法活动，即制定《九刑》。

《左传·昭公六年》记载，晋国叔向曾说：“周有乱政，而作九刑。”

《逸周书·尝麦解》则记载：

“维四年孟夏，王命大正正刑书。太史策刑书九篇以升授大正，大正坐举书乃中降，再拜稽首。太史乃藏之盟府，以为岁典。”

沈家本《历代刑法考·律令》按：

“此成王之四年，大正盖司寇也。正者，概修改之。曰授、曰举、曰藏，实有书在，是周之律令有书矣，邱文庄之言考之未详也。”

邱文庄（浚）曾言：“成周之世，未有律令之书。”沈家本在此批驳邱氏之论。[①]

《逸周书·尝麦解》有关《九刑》这条史料中的“大正”之职官，可与西周青铜器铭文所见西周职官相印证。

西周晚期的弭仲簠铭：“用饗大正，音（歆）王宾。”[②] 此铭中的“大正”，学者们有不同的看法。杨树达《弭中簠三跋》云：“大正者，《尔雅·释诂》云：‘正，长也。’《左传·成公六年》云：‘或谓栾武子曰，‘子为大政’，

① 沈家本：《历代刑法考》（二），第 832、833 页。

② 吕大临：《考古图》（卷三），中华书局 1987 年版，第 60 页；吴镇烽编：《陕西金文汇编》，三秦出版社 1989 年版，第 669—670 页。

按政与正同。寻或人称栾书为大政者，以当时栾书在晋当国，为六卿之长故也。杜注以中军元帅为释者，古人政与军合一,六卿之长，入则长政，出则长军，彼时晋师救郑，正在戎行，故杜以军帅为释，非大政之训为军帅也。”[①] 春秋时期《邾君钟铭》：“邾君求吉金，用自作其龢钟铃，用享大正。”杨树达《邾君钟跋》：“大正者,《弭仲簠》云：‘同鄉大正，音王宾’，云大正与此铭同。按《尔雅 · 释诂》云：‘正，长也’，大正盖犹今言首长。《左传》成公六年云：‘或谓栾武子曰……子为大政，将酌于民者也。’又昭公七年子产对韩宣子曰：‘以君之明，子为大政，其何厉之有？’按大政与大正同。栾武子、韩宣子皆当时晋上卿之执政者，故人皆以大政称之。彝铭大正，义相近也。”[②] 即杨说以为“大正”与文献之“大政”同，执政大臣之意也。张亚初等认为“正是长帅的统称”,“大正”即“高级的领导”,[③] 刘起釪主张“大正”泛指大臣官长。[④] 可见，沈家本认为“大正盖司寇”，是臆测，不确。

结合《逸周书 · 尝麦解》所载分析，“大正”似乎是一个职官的专称，以杨说为优。不管“大正”是何职,《弭仲簠铭》《邾君钟铭》证实《逸周书 · 尝麦解》关于“九刑”的记载当有所依据。周初制定“九刑”当确有其事。叔向以为“九刑”乃“叔世”产生的，显然这是不符合实际的。叔向把“禹刑”“汤刑”“九刑”看作“叔世”的产物，是为了讥讽春秋末期子产“铸刑书于鼎”公布法律之举。叔向距西周不远，也许看见过《九刑》的史料，或有所耳闻，因此推断夏有“禹刑”。可见他认为“禹刑”“汤刑”与“九刑”一样，都是刑书的名称。沈家本按：“《禹刑》虽起于叔世，然是取禹之法著于书，故仍以禹名也。叔向谓先王议事以制，不为刑辟，乃

---

① 杨树达:《积微居金文说》增订本，科学出版社 1959 年版，第 262 页。

② 杨树达:《积微居金文说》增订本，第 234—235 页。其中《弭仲簠铭》应为“用鄉大正”，杨误写为“同”。

③ 张亚初、刘雨:《西周金文官制研究》，中华书局 1986 年版，第 58 页。

④ 刘起釪:《释〈尚书 · 甘誓〉的“五行”与“三正”》，第 18 页。

以是为讥，固属探源之论。”①

可见，周初曾制定《九刑》当确有其事。《左传·文公十八年》太史克言：“先君周公制《周礼》曰：‘则以观德，德以处事，事以度功，功以食民。’作《誓命》曰：‘毁则为贼，掩贼为藏，窃贿为盗，盗器为奸。主藏之名，赖奸之用，为大凶德，有常无赦，在《九刑》不忘。’”杜预注：“《誓命》以下皆《九刑》之书，《九刑》之书今亡。”孔疏：“谓之九刑必其诸法有九，而九刑之书今亡，不知九者何谓。服虔云：‘正刑一，议刑八。’即引《小司寇》八议：议亲、故、贤、能、功、贵、勤、宾之辟。此八议者载于司寇之章，周公已制之矣，后世更作何所复加；且所议八等之人，就其所犯正刑议其可赦以否，八者所议其刑一也，安得谓之八刑。故知其不可，故不解之。”孙诒让《周礼正义》亦以为不允。沈家本按：“九刑，旧说二。服虔之说，疏已驳之。康成据《虞书》为说则是唐虞已有九刑，何至周方名为九，是其说亦未可从。窃谓《逸周书》言刑书九篇，是周初旧有九篇之名，后世本此为书，故谓之九刑，非谓刑有九也。”②可见，“九刑”为周初制定的刑法之名称。之所以称为“九刑”，是因为有九篇。“九刑”早在春秋时期可能就亡佚了，其内容已无法考定。太史克所云周公《誓命》一段可能与“九刑”有关，从中可见，西周“九刑”已有“贼”“藏”“盗”“奸”的罪名，并有常刑惩罚。正是由于有了较完备的刑法，所以周初社会秩序稳定，达到了盛世。《史记·周本纪》记载说：“成康之际，天下安宁，刑措四十余年不用。”

3.《吕刑》

据《史记·周本纪》记载，自周昭王始，“王道微缺”；至穆王时，社会矛盾进一步尖锐，“文武之道缺”“诸侯有不睦者”。为了缓和社会矛盾，稳定周王室的统治地位，穆王接受大臣吕侯的建议，废止严酷的旧法，以

① 沈家本:《历代刑法考》(二)，第818页。

② 沈家本:《历代刑法考》(二)，第833页。

"明德慎罚"为指导原则,"作修刑辟",制定了西周一部重要的法典《吕刑》。因由吕侯主持修订,故称。《史记·周本纪》又称《甫刑》。

《吕刑》原本今已失传。今文《尚书》中现存《吕刑》一篇。

但是,迄今为止,法制史学界因对吕侯所作之《吕刑》与《尚书·吕刑》之间的关系尚未阐述清楚,以致对《吕刑》的性质产生了一些模棱两可的看法。

传统的看法认为《吕刑》是西周的法律形式之一,既是一部成文的法典,又是一部阐述中国古代法学理论的著作①;有的则认为《吕刑》不是一部法典,而是一份关于适用刑罚的指示性文件②;也有的认为《吕刑》不是一部刑法典或诉讼法典,而是中国古老的具有刑诉法性质的文献③。

以上各家各执己解,但实际上是在《吕刑》究竟是什么性质的问题上发生了分歧。而解决这个问题的关键是澄清吕侯所作《吕刑》与《尚书·吕刑》之间的关系。

从《史记·周本纪》及今文《尚书》中《吕刑》篇来分析,吕侯受命所制《吕刑》是一事,今文《尚书》有一篇为《吕刑》又是一事。两个《吕刑》虽同名,却异实,不能笼统地将二者混淆起来。前者是吕侯受命所制定的法典,后者是依据西周官方档案整理所遗存下来的历史文献。但是,二者又有密切的联系。《尚书·吕刑》篇为吕侯制定法律后遗存的官方档案文献经后人整理保存在《尚书》中,成为其中的一篇。而作为法典的《吕刑》,其原件已失传,但其有关内容却由于《尚书·吕刑》篇得以保存下来。因此,我们今天才有机会通过《尚书·吕刑》篇来管窥《吕刑》这部法典之一斑。

① 张晋藩主编:《中国法制史纲》,第27页。

② 曾宪义主编:《新编中国法制史》,第28页。

③ 薛梅卿主编:《中国法制史教程》,第25页。

长期以来，正是由于分不清两个《吕刑》的性质，因此，在法制史学界乃至史学界形成了关于《吕刑》制定年代的一桩公案，众说纷纭。[①]

弄清了两个《吕刑》的性质，其制定年代问题也就迎刃而解了。

首先，从《书序》与《史记·周本纪》所载来看，《吕刑》这部法律制定于周穆王之时当毋庸置疑。《书序》云："吕命穆王训夏赎刑，作《吕刑》。"《史记·周本纪》云："甫侯言于王，作修刑辟。……命曰《甫刑》。"

其次，作为立法后遗留下来的西周官方档案文献，在它被《尚书》的整理者收编为其中一篇之时，即是《尚书·吕刑》成书之时，这应当在周穆王之后。据刘起釪统计，先秦文献《左传》《墨子》《荀子》等曾16次称引《吕刑》。可见，春秋战国之时，《尚书·吕刑》篇已广为流传。因此，周穆王之后至春秋战国时期，当为《尚书·吕刑》流入民间成书之时，并可能经过了整理者的润饰。

## 第二节　行政法律规范

### 一、行政管理体制

西周是我国奴隶制高度发展阶段，其行政管理体制也是如此。但是，周的行政管理体制与夏商不同，这一时期宗法制度与政权组织结合更加密切。周王按照血缘关系的远近，把土地层层分封给同姓子弟和异姓姻亲，从王室到地方形成一个系统的行政管理体制，同时也形成一个大宗与小宗的宗法关系。

① 参见马小红：《试论〈吕刑〉的制定年代》，载《晋阳学刊》1989年第6期。

### （一）周王（天子）

西周同夏、商一样，实行“君命无二”的君主专制制度。周王的权力比夏、商时期的王权更进一步发展而系统化。周王集政权、神权、族权于一身，其君权与族权（宗法）相结合比之夏、商尤为突出。

1. 政权方面。周王是全国范围内从王室、诸侯以至庶民的“共主”，举凡政治、军事、立法、司法各种大权都操在他手里。从《尚书 · 周书》里经常看到周王自称“余一人”，成王时的毛公鼎铭文有“余一人在位”，又说“无唯国正昏，弘其唯王智”，即国家之事，皆一律唯王意是从。《尚书 · 洪范》说：“惟辟作福，惟辟作威，惟辟玉食。”惟，只有；辟，指天子。就是说，只有天子才有权给人以幸福；只有天子才可以给人以惩罚；只有天子才可以吃美好的食物。全国土地名义上皆为国王所有。《诗经》上说：“溥天之下，莫非王土，率土之滨，莫非王臣。”从阶级关系说，周王是本国奴隶主的总代表。许多重大的军事和政治决策都由他一个人说了算。各级官吏由天子册命，诸侯由他分封，大的封国，二卿命于天子。周王的誓、诰在全国范围内都具有最高的法律效力。全国的重大案件，由他最后裁决。《论语》说：“天下有道，礼乐征伐自天子出。”就是说在周王室势力强大时，他的号令是无人不服从的，但到后来王室衰微时，他的天下共主的地位便动摇了。

2. 神权方面。商朝灭亡，旧有的神权统治观念发生动摇，周人从商之灭亡中看到人民的力量，认识到不能单靠神权维护统治，提出“以德配天”和“敬德保民”的思想。德是上天的意志，“敬德”就是要行德政，按上天的意志统治人民。他们把“敬德”和“天命”联系在一起，指出只有“敬德”才能“祈天永命”，所以最终还是企图靠天命来永远维护其阶级统治。

周王利用神权进行统治主要表现在两方面：第一，周统治者把周王说成是“天之元子”，即上天的长子，派到地上来统治人民的。正如《礼记 · 曲礼》所说："君天下曰天子。"即由上天委派君临天下的。"天子作民父母，以为天下王。"[①]《召诰》说："有王虽小，元子哉！"就是说，成王虽然年幼，但他是上天的长子。因此"其丕能諴于小民"，就是说他能够很好地治理小民。《尚书·顾命》记载，有一次太保同芮伯一起拜见周王，也说"敢敬告天子"。上述事例都说明周王假借君权神授进行统治。第二，垄断祭祀，只有周王能祭天。在夏商时期，自然属性的天，已被统治者尊为"至上神"了。商代的甲骨卜辞把"天"就称为"上帝"。周因于殷礼，祭天是当时国家举行的最隆重的礼仪，只有周王才有权祭天。《礼记·月令》记有孟春"天子乃以元日祈谷于上帝"。《诗·周颂·噫嘻》序："春夏祈谷于上帝也。"都说的是周王祭天的事。祭祀严格按照等级制度，所谓天子祭天地，诸侯祭山川。为什么只有周王才能祭天呢？为了体现"王权神授"，说明周王的权力是上帝赐予的。"昊天有成命，二后受之，成王不敢康，夙夜基命宥密。"[②]这首诗是周王祭天之乐，是说明周王受天命而有天下，文武二王都是兢兢业业顺天命统治下民。因而，祭天之权不得逾越，否则就是叛逆行为。诸侯祭山川，就是说诸侯只能祭祀其封国之内的山川神，表示他是封国之主。

3. 在族权方面。周王在政权中是最高统治者，是天下的"共主"，同时在全国又以姬姓奴隶主大家族的家长的身份成为天下的大宗，掌握最高的族权。[③]可见族权来源于宗法制度。

什么是宗法制度呢？所谓宗法制度，最初产生于原始氏族社会父系氏族公社时期，这时男子在社会经济生活和氏族公社中处于支配地位，氏族成员以父亲的血缘确定亲属关系，宗法制是以男子为中心的父权家长制演

① 《尚书·洪范》。

② 《诗·周颂·昊天有成命》。

③ 《诗·公刘》："君之宗之。"《毛传》曰："为之君，为之大宗也。"《诗·板》："大宗为翰。"《毛传》曰："王者，天下之大宗。"

变而来的。宗，就是“尊祖敬宗”的意思。《说文》释宗：“宗，尊祖庙也。从宀，从示。”本义是“宗庙”，就是血缘关系亲近的家族一起在宗庙里祭祀祖先，合称“宗族”。为了维护宗族内的统治秩序，规定了共同遵守的法规；因为它是以宗庙祭祀的形式出现的，所以称为“宗法”。《白虎通》解释：“宗者何谓也？宗者尊也，为先祖主也，宗人之所尊也。”

宗法制度的内容，简单地说，就是在一个大家庭内，家长享有至高无上的权力，甚至对家内成员有生杀予夺之权。家长死后，地位和权力由其嫡长子继承，其众子以及庶子则不能继承。同时在祭祀时，嫡长子是主祭，故叫作“大宗”。由于地位之不同，所以小宗必须无条件地服从大宗，并保护大宗。以上是最简单的宗法形态，实际上要复杂得多。因为小宗固然不能继承大宗的地位和权力，但他们也有子孙，也同样实行宗法制，而他又是大宗了。他的嫡长子、孙，世世代代成为大宗，非嫡长子又成为小宗。这样就形成一个庞大的宗法系统。

周人灭商前，已进入奴隶社会，在灭商后，因袭了商朝的制度，也把这种宗法制同国家政权结合起来，构成西周国家行政管理体制的特点。依照宗法制度，周天子的地位、权力世世代代由嫡长子继承，成为世代的天子，在祭祖时为主祭，为大宗。其余诸子皆封为诸侯，为小宗。诸侯对天子来说是小宗，但在自己的封国内，也由其嫡长子继承父位，成为世代诸侯，为大宗，其余诸子封为大夫，为小宗，如此类推下去。可见，诸侯和大夫，他们对天子和诸侯来说，是小宗，但在他们自己的封国和采邑内则是大宗，这样便在国家行政管理体制中形成一个特点：一方面是国家系统，另一方面是宗法系统。按照国家系统，周天子是全国最高统治者，天下之共主；按照宗法系统，周天子是全国姬姓大家族的族长，天下之大宗。受封的同姓诸侯，对天子来说是臣属，也是小宗。无论从哪一个系统来说，都要绝对服从天子。这种情况是西周以后的历代所没有的，从而构成西周奴隶制社会行政管理体制的一个特点。奴隶主阶级正是用宗法制度来巩固其阶级专政的。即所谓“克明俊德，以亲九族，九族既睦，平章百姓，百姓昭明，协和万邦，黎民于变时雍”[①]。这段话的意思就是通过宗法制度把九族万邦紧密地维系在一起。

为了弥补宗法制度的不足之处，西周统治者采取同异姓贵族互为婚媾的办法，建立姬姓与异姓的血缘联系，这是周天子族权的扩大。这样，姬姓贵族之间，是兄弟叔伯的关系，而与异姓贵族之间是甥舅亲戚关系。正如《诗经》上说的“昆弟甥舅”，即在全国范围内都是兄弟甥舅关系。西周统治者通过宗法制度和与异姓联姻的方式建立了一套严密的统治网。宗法制度同行政系统的严密结合加强了周天子的专制统治。

### （二）中央行政管理体制

西周统治者对政府的行政管理是非常重视的。《周礼·天官·大宰》规定：“以八法治官府。”就是从八个方面对政府机构和官吏的活动加以管理。所谓八法是：“一曰官属，以举邦治；二曰官职，以辨邦治；三曰官联，以会官治；四曰官常，以听官治；五曰官成，以经邦治；六曰官法，以正邦治；七曰官刑，以纠邦治；八曰官计，以弊邦治。”郑玄注引郑司农云：官属，是指六官其属，各六十，即机构的组织。官职，是指六官之职，即各机关的职权。官联，是指国有大事，一官不能独共，则六官共举之，即凡军国大事，非一个机关所能完成，需要有关机关配合共同完成。官常，是指各自领其官常职，即各机关的日常行政事务工作。官成，是指官府之成事品式，即各机关活动应遵守的章程和办事规则。官法，是指根据职责所定之法度，即凡祭祀、朝觐、会同宾客者，皆有不同的礼仪法度。官刑，是指掌刑之官，所司五刑之法。官计，是指定期考检官吏，以行赏罚。所有这些，说明了西周时对政府机关的组织职权和活动原则等都有明确的规定。

1. 三公。三公是指太傅、太保、太师。三公官的设立，是继承了氏族社会的长老监护制。三公是辅佐周王处理重大军事、政治事务的最高官吏，

---

① 《尚书·尧典》。

位居百官首，多由有统治经验、有权威的大贵族担任。《大戴礼记》载：“昔者周成王幼，在襁褓之中，召公为太保，周公为太傅，太公为太师。”他们的职责是：“保，保其身体；傅，傅之德义；师，导之教训。”[①]《史记·齐太公世家》记载，西伯（周文王）出猎，在渭水之阳遇到姜尚（太公望），立姜尚为师。后来武王伐纣，与太公作《太誓》，灭商以后所推行的政策，也是“师尚父谋居多”。可见太师在协助周王整军治国方面的作用。太师参加国家重大祀典也说明其地位之显要。例如，武王克商之后回到宗周告于祖庙，“武王在祀，太师负商王纣悬首白旂，妻二首赤旂，乃以先馘入，燎于周庙”[②]。这次重大祀典就是太师协助武王进行的。成王亲政后，以“召公为保，周公为师”[③]。召公名奭，周公名旦，他们都是多谋善战的周族长老，而且都是在武王克商时立下赫赫战功的勋臣。但是，三公位尊权重，所以后来并不常置，往往因人而设，即所谓“官不必备，唯其人”[④]。

2. 其他行政管理机关。（1）“三事大夫”。在《尚书》《诗经》等有关西周的典籍里，经常讲到“三事大夫”：常伯、常任和准人。常伯是负责管理地方行政的职官，又称“牧”。常任是负责官吏人选的，又称“任人”。准人是掌管司法的，又称“准夫”。所谓“三事大夫”，大概是对这三类主要职官的泛称。

（2）卿士。即金文中的“卿事”。卿士是协助周王处理各种政务的职官，他是三公以下王廷中的最高执政官。属官有太宰、太宗、太史、太祝、太士、太卜，合称六卿。因为六卿经常在周王左右，所以青铜器铭文里简称“三左三右”。三左是太史、太祝、太卜，三右是太宰、太宗、太士。他们在王廷中侍立于周王的两侧，协助周王处理政务。六卿的具体职务大致是：

---

① 《大戴礼记·保傅》第四十八。
② 《逸周书·世俘解》。
③ 《史记·周本纪》。
④ 《尚书·周官》。

太史：负责起草文书、记事、保管典籍和掌管天文、历法等；

太祝：掌管“社”“稷”的祭祀和礼仪；

太卜：掌管占卜；

太宰：管理王室的奴隶和财务；

太宗：掌管王室事务和宗庙；

太士：掌管司法。

卿士之中，太宰居长，为王廷职官的总头目，可以代表周王发号施令。《周礼》记载，太宰“掌建邦之六典，以佐王治邦国”。所谓掌“六典”，就是全部的政策法律都由他分管。这一职位，通常是由师、保兼任。据说周公曾任过太宰。

太宰原为首席厨师，掌管周王的膳食，并兼管祭祀时厨房内的事务。由于得到周王的宠信，所以太宰的职权日重，一切不属于其他职官的杂务都由他管，史载：“武王之母弟八人，周公为太宰。”[①] 太宰相当于后世的宰相，宰相之宰正是由太宰发展而来。

卿士同其属下之各种职官，组成官署，叫作“卿事寮”。以太史为首的左史、右史、左册等史官组成的官署叫“太史寮”。

（3）三司。三司也叫“三有司”“三有事”，即司徒、司空、司马。

司徒，“大司徒之职，掌建邦之土地之图与人民之数以佐王安扰（按：安抚的意思）邦国”[②]。金文作“𤔲土”，《免簠铭》：“王在周，命免作𤔲土”，（土是徒的假借字）掌农田图籍和人民户口与教化。

司空，“掌营城郭建都邑，立社稷、宗庙，造宫室车服器械，监百工”[③]。金文作“𤔲工”，由商代的“工”“多工”发展而来。在周初早期的诗歌里即有关于司空职掌的记载。《诗·大雅·緜》：“乃召司空，乃召司徒，俾立

① 《左传·定公四年》。

② 《周礼·地官·司徒》。

③ 《周礼·冬官·考工记》郑玄注。

室家。其绳则直，缩版以载，作庙翼翼，捄之陾陾，度之薨薨，筑之登登，削屡冯冯。百堵皆兴，鼛鼓弗胜。”从诗中对司空领导兴建土木工程情况的描绘，也可看到司空的职责。司空有时兼司寇之职。穆王时，“吕侯于六卿为司寇，于三公为司空公也。以诸侯而为王朝之卿，故言入为之公。是辅相之臣，故引《书说》‘吕侯为相’也”[①]。

司马,《周礼》大司马之职“以九伐之法正邦国”[②]，是掌管军政、军赋和军令之官。司马也叫“祈父”。《诗 · 小雅 · 祈父》毛传:“祈父，司马也，职掌封圻之兵甲。”高亨《诗经今注》:“祈借为圻。”边境叫作圻，司马主管保卫边境的事务，所以叫圻父。《散氏盘铭》:“司徒毛舀，司马单逹，邦人司空骕君。”可见，文献和金文都有“三司”的记载。

此外，还有司士，掌管版籍、爵禄。司寇，掌管司法审判和参与制定法律，周初，“康叔为司寇”。[③] 穆王时的司寇吕侯，曾“训夏赎刑”，作《吕刑》。司士、司寇的地位仅次于“三有司”，与司徒、司马、司空合称“五司”。“五司”皆有属官，如司马的属官有师氏、虎臣和专管马匹的走马（趣马），等等。

西周王廷和中央机构还不止于此，上面列举的仅为一些主要机构，其他如管理山川林泽、市场货贿以及负责奴隶主贵族吃、穿、用和娱乐等，皆有专门机构和官吏负责。可见，西周王廷和中央的管理机构是相当完备而系统化的。我们从这方面也可以看到，西周奴隶制的高度发展。

## 二、地方行政管理体制

### （一）王畿内的地方管理体制

周王和王室住在国都，国都周围环绕着城墙，护卫着奴隶主贵族的安

---

① 《尚书今古文注疏》卷二七上。

② 《周礼 · 夏官 · 大司马》。

③ 《左传 · 定公四年》。

全，为王室服务的工商奴隶以及自由民也住在里面。据《周礼》《尚书》等文献记载以及后人考证，大致情况是在都城周围百里为郊，郊内设乡，郊外设遂。乡设大夫为长，“掌其乡之政教禁令”[①]。遂也设大夫为长，“掌其遂之政令”[②]。大概周王室直辖的有六乡六遂。郊和遂统称为野，在边远的地方称鄙，在野、鄙居住的是从事农业生产的广大奴隶和自由民。

（二）封国

周人灭商以后，除了原有的土地外又占据了广大地域，为了便于管理和加强统治，一方面，由王室直接控制一部分地区，另一方面，把其余地区分封给同姓亲属和异姓功臣以及古圣王之后，即所谓的封邦建国“以藩屏周”。受封“诸侯之于天子曰某土之守臣某”[③]，即为王室守土之臣。所以封国在周初起着地方行政管理机构的作用。周初，受封者按其身份大致分为三类：

第一，古圣后裔。封神农之后于焦，黄帝之后于祝，帝尧之后于蓟，帝舜之后于陈，大禹之后于杞。

第二，同姓亲属。封周公旦长子伯禽于鲁，建都于曲阜（今山东曲阜）。封召公奭于燕，据近年考古发掘，断定建都于北京市房山县琉璃河镇北边董家村。封武王之弟康叔于卫，建都朝歌（今河南淇县）。封成王之弟叔虞于唐，建都于唐（今山西翼城），后改国号曰晋。封武王弟叔鲜于管（今河南郑州）。封武王弟叔度于蔡（今河南上蔡）。

第三，异姓功臣。太师尚父灭商有功，故首封于齐，建都营丘（今山东临淄）。

据《荀子·儒效篇》说，周初“立七十一国，姬姓独居五十三人”。

---

① 《周礼·地官·司徒·乡大夫》。

② 《周礼·地官·司徒·遂大夫》。

③ 《礼记·玉藻》。

受封者统称为“诸侯”，周王在分封时，连同那里的土地人民一起赐给他们。《大盂鼎铭》记载：“王曰：盂，……受民受疆土，……锡女邦𤔲四伯，人鬲自驭至于庶人六百又五十又九夫。锡夷𤔲王臣十又三伯，人鬲千又五十夫。”《左传·定公四年》也记载：“分鲁公……殷民六族，条氏、徐氏、萧氏、索氏、长勺氏、尾勺氏。……分康叔……殷民七族，陶氏、施氏、繁氏、锜氏、樊氏、饥氏、终葵氏……聃季授土，陶叔授民。”

受封诸侯在封国之内有相当的独立性，可以修建城郭，但有一定的规制：“大都，不过参国之一；中，五之一；小，九之一。”① 在规定的范围内组织军队，大国三军，小国二军，以及设官分职，并可将受封土地分封给其臣属卿、大夫、士。封国同王室一样，建立起一套宗法关系和与其密切结合的各级管理机构。《礼记·礼运篇》说：“天子有田，以处其子孙；诸侯有国，以处其子孙；大夫有采，以处其子孙，是谓制度。”处，是安置的意思。周王把土地授给诸侯封邦建国，诸侯再把土地授给大夫建立采邑。但是，全国最高土地所有权属于周天子，因此他们对周天子负有一定的义务。从史书记载来看，主要有如下几项：

第一，朝聘。朝聘就是定期由诸侯本人或派卿大夫去朝见天子。诸侯本人去叫“朝”，派卿大夫去叫“聘”。依后人追述当时的规定是，一年一小聘，三年一大聘，五年一朝。朝聘的主要内容是向周王报告工作，这也是周王控制诸侯的一种办法。

第二，贡纳。贡纳指诸侯把剥削奴隶和平民的所得财物，除供自己享用外，还要上缴周天子一部分，以满足周王室的需要，同时也是考察诸侯对周王是否忠诚。《尚书·洛诰》载，周公对成王说：“汝其敬识百辟享，亦识其有不享。享多仪，仪不及物，惟曰不享。惟不役志于享。凡民惟曰不享，惟事其爽侮。”这段话的意思，范文澜解释为：“你得用心考察众诸侯谁纳贡，谁不纳贡。纳贡的如果礼貌不好，即是侮慢王朝，等于不贡。

① 《左传》隐公元年。

诸侯不贡天子，庶民也不贡诸侯，政治就乱了。”[①]

第三，勤王。勤王就是诸侯要负责保卫王室，或代天子出征。当时宗周的北部、西部与南部都聚居着周族以外的少数部族，所谓“南蛮”和“北狄”，他们不时进犯宗周，加以侵扰。王室危难，诸侯有义务出兵保卫。西周末年，周幽王烽火戏诸侯一事，就反映了诸侯有保卫王室之义务的这种关系。

此外，周天子还通过命卿和派人到诸侯国监督的办法控制诸侯。据《礼记·王制》记载，“大国三卿，皆命于天子……次国三卿，二卿命于天子，一卿命于其君……，小国二卿皆命于其君。”卿到诸侯国多担任最高执政官，天子通过他们左右诸侯国的政治。同时还派大夫“监于方伯之国”[②]。

应该指出，在王室强盛时，诸侯国往往能尽宗子之劳，按时朝聘贡纳，如不听命天子，或夺爵，或削地，或灭其国。孟子在追述西周的情况时说：“一不朝，则贬其爵；再不朝，则削其地；三不朝，则六师移之。”[③]但到王室衰微时，诸侯便不听命于周天子了。

## 三、户籍管理制度

据史书记载，早在西周时，对于户籍就开始设置有关职官，进行管理，户数和人口“少多、死生、出入、往来者皆可知也”[④]。“《周礼》：孟冬司寇献民数于王，王拜而受之，登于天府。内史、司会、冢宰贰之，其重之如是也。”[⑤]说明西周统治者对户籍管理的重视，要求每年冬季把全国户籍情况上报周王。

① 范文澜:《中国通史简编》(第一编)，第 134 页。

② 《礼记·王制》。

③ 《孟子·告子下》。

④ 《国语·周语上》。

⑤ 《中论·民数》。

《周礼·秋官·司民》为掌管全国户口的机构，“掌登万民之数，自生齿以上，皆书于版，辨其国中，与其都鄙，及其郊野，异其男女，岁登下其死生”。书于版，即书于版籍，版籍是户籍簿，就是指进行户口登记。生齿，据郑玄解释：“男八月、女七月而生齿。”可见，当时户口登记和今天不同，不是出生后便进行登记，而是在生齿以后登记。“下，犹去也，每岁更著生去死。”[①]《周礼·秋官·小司寇》还有进行人口调查的记载，所谓“及大比，登民数，自生齿以上，登于天府”。上报到中央。

西周时，设有“媒氏”之官，专门掌管男女婚姻登记事宜。《周礼·地官》云：“媒氏，掌万民之判。凡男女自成名以上，皆书年月日名焉。令男三十而娶，女二十而嫁。”男女达到上述年龄必须婚配。“判”，就是判合，男女相匹配。同时还负责处理男女婚姻纠纷。“凡男女之阴讼听之。”所谓“阴讼”，郑玄云：“争中冓之事以触法者。”[②]即指夫妻之间发生纠纷而触犯法律者由媒氏处理。

西周时为了加强户籍管理，曾进行人口调查。宣王三十九年（公元前789年）：“料民于太原。”[③]料，数也，料民即人口调查统计。当然这次调查不是全国范围的，仅在太原一地。调查的原因是因为宣王千亩一战，大败于“姜氏之戎”，丧师过重，需要补充兵源。

## 四、军事管理制度

军队是西周国家的重要组成部分，随着奴隶制的高度发展，西周军队也不断扩大，成为一支保卫周室的强大武装力量。这时军队的主要任务是防御外部敌人的入侵，或以周天子名义发动开疆拓土、掠夺财富和奴隶的

① 《周礼·秋官·司民》及郑玄注。
② 《周礼·地官·媒氏》郑玄注。
③ 《国语·周语上》。

侵略战争，即如《左传·僖公二十五年》记载，所谓“德以柔中国，刑以威四夷”也。全国军队皆由周天子统帅，只有周天子对国家军队有绝对的领导权和指挥权。《国语·鲁语下》记载叔孙穆子的一段话，他说：“天子作师，公帅之，以征不德。元侯作师，卿帅之，以承天子。诸侯有卿无军，帅教卫以赞元侯。自伯、子、男有大夫无卿，帅赋以从诸侯。是以上能征下，下无奸慝。”说明这时的军队牢牢地掌握在天子手里。

（一）军队成员

西周军队的成员主要是居住在“国”中的各级奴隶主贵族和本族的平民。《明公毁铭》记载：“唯王命明公遣三族伐东国。”周人吸取了商末“前徒倒戈”的教训，除非特别需要，一般是不要奴隶当兵士的。

西周时作战以车战为主。武王伐纣时，已有“兵车三百乘，虎贲三千人”。乘在车上的是将领和甲士，由奴隶主贵族及其子弟充当，在车下的是徒兵（步兵），主要是平民，也有奴隶。当时一辆战车，有甲士三人在车上，披甲持弓箭戈矛；七十二人在车下，分前、左、右各二十四人；每辆车有四匹马拖拉，也有驾六匹马的。《诗·小雅·黍苗》：“我徒我御，我师我旅。”金文《禹鼎铭》：“肄武公乃遣禹率公戎车百乘、百、徒千……”徒是步兵，御（驭）是车夫或甲夫。这些材料，都说明西周时广泛使用车战。《诗·小雅·采薇》《出车》就是有关周王以车战打退北方玁狁进犯的记述。

（二）兵种

西周军队按其任务，可分为常备军和亲卫军两种。常备军在灭商以前就出现了，不过仅“三自”而已。后来不断扩充，宿卫宗周的有六自，驻镐京，称为“西六自”。在成周监视殷民的有八自，称为“成周八自”，或“殷八自”，驻雒邑，共十四自。远远超过商朝常备军的编制。

金文中的师是军队的最大编制，当时的一师相当于文献上的一军，合万余人。属于周王室的常备军约有十四万余人。史书上说，西周时天子六军，诸侯大国三军，次国二军，小国一军。[①]

常备军的主要任务是保卫周土不受侵犯。西周中期《盠方彝铭》云："王册令尹易（赐）盠赤市、幽亢、攸勒，曰：用𤔲六𠂤，王行，参有𤔲：𤔲土、𤔲马、𤔲工。王令盠曰：𤔲𤔲六𠂤眔八𠂤埶。"据于省吾先生考释，埶字乃"蓺"之初文。蓺训种植，在文献中"艺农桑"之语习见。铭文是说王令盠掌管六𠂤及八𠂤的谷物种植事，可见"西六𠂤"和"殷八𠂤"并不只是专门作战的军事编制。于省吾先生说相当于后世屯田的组织[②]亦属可能。当时实行寓兵于农制度，一年中"三时务农，一时讲武"[③]。若有兵甲之事，"则授之车甲，合其卒伍，置其有司，以军法治之"[④]。平时武器车甲存于武库，设专官保管。《周礼》一书中有司甲、司兵、司戈盾、司弓矢，就是保管武器的官。还有管战马的马质等。司兵一职规定"及其授兵输亦如之，及其用兵亦如之"[⑤]。

亲卫军是保卫周王的。《尚书》中的"虎臣"，金文中的"左右虎臣"，就是亲卫军的首领。亲卫军都是从奴隶主贵族中挑选出来的青壮年，战斗力强。所以叫"虎贲"。文献中说："天子有虎贲，习武训也"[⑥]，"王在国则守王宫，国有大敌则守王门"[⑦]，说明他们是保卫周王安全的亲卫军。

西周初期，王室强大，"礼乐征伐，自天子出"。周王有最高的军权，王室的军队和诸侯的军队，都要听从周王的调遣，遇有军情，诸侯有义务保卫王室。但到后来，王室衰微，周王丧失了天下共主的地位，诸侯国的

---

① 《左传·襄公十四年》。

② 于省吾：《略论西周金文中"六𠂤"和"八𠂤"及其屯田制》，载《考古》1964年第3期。

③ 《国语·周语上》。

④ 《周礼·夏官·诸子》。

⑤ 《周礼·夏官·司兵》。

⑥ 《国语·鲁语下》。

⑦ 《周礼·夏官·虎贲氏》。

军队便不听从他的调动了。

## （三）军事犯罪的惩罚

从史籍和金文中的记载来看，西周统治者已经懂得军法为整肃军纪、提高战斗力的手段。因此，非常重视。《易·师卦·七》有：“师出以律，否臧，凶。”强调出军作战如果没有严明的纪律就要打败仗。有关西周法律中的军事犯罪大致有如下规定：

1. 不从王征。据周初成王时的《师旅鼎铭》记载：“唯三月丁卯，师旅众仆不从王征于方，雷吏（使）厥友弘以告于白懋父，才（在）莱。”即因师旅众仆不从王征而被雷派遣他的属下弘告到莱的地方官长白懋父那里。白懋父判处罚金三百锊。

2. 违抗将帅命令。西周军法不准兵士违抗将帅命令。《周礼·秋官·士师》：“逆军旅者与犯师禁者，戮之。”郑玄注云：“逆军旅，反将命也。干行陈（阵）也。”逆军旅即违抗将帅的命令。行陈，指军队之行列。犯师禁犹言乱其阵势也。凡有上述行为就要遭到诛戮。

3. 后至与不努力作战。军队出征，将士不得怠慢。武王伐纣时，姜尚曾对其所率领之军队将士宣布：“总尔众庶，与尔舟楫，后至者斩。”[①] 意思是现在我渡河讨伐商纣了，兵士们必须准时出发，凡迟到者，一律处以斩刑。武王伐纣时在商郊牧野作《牧誓》，对参战将领和兵士宣布两条军法：第一，“弗迓克奔，以役西土”。弗，不；迓，迎敌；克，杀；奔，指奔来投降的人；役，助。意思是不要杀掉敌军中前来投降的人，以便使他们为周朝服务。第二，“尔所弗勖，其于尔躬有戮！”意思就是你们不努力作战，我就要把你们杀掉。

4. 军需供应不逮。《书·费誓》记述伯禽讨伐徐戎之前向将士和百姓们发布的军令。伯禽下令将士们要准备好干粮，按时出发，“无敢不逮，

---

① 《史记·齐太公世家》。

汝则有大刑！”假如不按时准备好，便处以死刑。最后要求百姓供给筑城原料，准备好牛马草料，如果不供给、不准备就要处以死刑。

## 五、官吏管理制度

### （一）册命制度

册命制度是周王分封同姓或异姓诸侯以及册立卿大夫时须颁发文书。《尚书・顾命》记载了成王死后册立康王时的情况。这种制度在商朝已经确立，设有专司册命之官叫“乍册”。文献和青铜器铭文有关周王册命的记载很多，“王乎（呼）史翿册命师酉：嗣乃祖啻官”[①]“王乎乍册尹册命师晨足师俗，嗣邑人”。[②]而且册命时往往举行隆重的仪式。《尚书・洛诰》记载周成王“命作册逸祝册”，叫逸写册命的祝辞。册命文书多由史官负责起草，由天子向受封者颁发。因为是以国家的名义颁布的，故册命文书具有法律效力，成为当时的任官凭证。虽然西周实行世官世禄制度，封地、官职、爵禄都是父死子继世代承袭，但从金文记载来看，原受封者死后，还要重新对后继者进行册命，例如《师克盨铭》（盖）：“王曰：克，余隹巠乃先且考，克黹臣先王，昔余既令女，今余隹醽（緟缍）豪乃令，令女更乃且考，䟽司左右虎臣。”又《郘智𣪘铭》：“隹元年三月丙寅，王格于大室，康公右郘智，易戠衣，赤市，曰：‘用嗣乃且考事，乍司土（徒）。’”这两段铭文，都是关于再册命的记载。只有经过再册命，其所继之官职，才属合法。

### （二）任官制度

西周以血缘的亲疏作为任官的标准。高级职官都是由血缘关系较近的

① 《师酉𣪘》。

② 《师晨鼎》。

贵族担任，亲、贵、官三位一体，构成西周行政制度的特点。在王室，是以王族和有姻亲关系的异姓贵族建立起来的联合专政，如姬、姜二姓掌握权柄。诸侯国是以公族与同姓以及有姻亲关系的异姓建立起来的联合专政。这些贵族世代相承，父死子继，垄断官职，实行世官制度。关于世官制度，西周铭文中有大量的记载，兹引数例于下：《曶鼎铭》文载：王若曰："曶！命汝更乃祖考翾卜事。"即让曶继承其先祖考（父死曰考）担任卜官。又《善鼎铭》："王曰：'善，昔先王既令汝佐疋纂侯，今余唯肇 先王令，令汝左疋纂侯，监 师戍，锡汝乃祖旂，用事'。"即不仅官职，而且象征官职等级的礼仪衣物也一概由其子继承穿用。又《师兑簋铭》：王乎（呼）内史尹册令（命）师兑："足师龢父嗣左右走（趣）马。"据郭沫若考证：师龢父死于周宣王十一年，此命师兑承继其职，是在幽王元年。足，续也，即继承其父担任趣马。

世官制度就是中央和地方的各级官职由贵族世代垄断的制度。这一制度在我国原始社会末期随着私有制的出现，氏族部落首领转化为奴隶主贵族，管理氏族事务的机构转变为国家机器以后便开始了。恩格斯在《家庭、私有制和国家的起源》中曾说："人们最初是容忍，后来是要求，最后便僭取这种世袭制了；世袭王权和世袭贵族的基础奠定下来了。"[①] 从夏朝开始，历经商、西周，皆实行"惟图任旧人共政"[②] 的"世官""宗职"，由奴隶主贵族世袭官职的世官制度。世官制作为奴隶社会的上层建筑，随着奴隶制社会内部封建生产关系的萌芽，奴隶主阶级走向没落，到西周后期这一制度便阻碍了社会的发展，从而随着奴隶社会的瓦解便逐渐由官僚制所代替。

（三）俸禄制度

西周由于实行世官制，因此在禄制方面也相应地实行世禄制。各级官

① 《马克思恩格斯全集》（第21卷），第188页。

② 《尚书·盘庚》。

吏都有自己的封地或采邑，在封地之内，父死子继，世代为官，封地内的收入除向上贡纳一部分外，其余留作自己享用，而没有后世那种领取俸禄的制度。他们的经济待遇同政治待遇一样，各级官吏是通过层层分封而取得的，各级官吏受封后，通过对其管辖下的人民赋敛所得来满足他们经济方面的需要。《国语 · 晋语四》记载：“公食贡，大夫食邑，士食田。”就是说明当时各级官吏所享受的不同的俸禄。

## 第三节　刑事法律规范

### 一、罪名

西周的刑事法律虽已失传，但从文献及文物中的零散记载仍可窥见其罪名之一斑。

1. 不孝不友罪。《尚书 · 康诰》载：“元恶大憝，矧惟不孝不友。”首恶之罪为“不孝不友”。“不孝”即不孝敬父母，“不友”即不尊敬兄长。这种行为破坏了以“亲亲”“尊尊”为原则的宗法等级制度，进而会造成社会紊乱，不利于维护奴隶制的统治秩序，因此“乃其速由文王作罚，刑兹无赦”，应该迅速依照文王所制定的刑法，对这种犯罪行为严惩不贷。

2. 寇攘奸宄罪。《尚书 · 康诰》：“凡民自得罪，寇攘奸宄”。“寇攘”“奸宄”当为同义词。寇，贼；攘，夺；“寇攘”即强盗。“奸宄”,《广雅 · 释诂》云：“窃盗也。”即后世所谓“盗窃”罪。这是侵犯财产所有权的重罪。

3. 杀人越货罪。《尚书 · 康诰》：“凡民自得罪……杀越人于货。”越，抢劫；于，取；货，财物。即杀人并抢夺财物，相当今世的“抢劫罪”。也是侵犯生命与财产安全的重大犯罪。

4. 群饮罪。《尚书 · 酒诰》记载：“群饮。汝勿佚，尽执拘以归于周，予其杀。”周公告诫康叔：要禁止周人聚众饮酒。如有聚众饮酒者，不要放纵他们，要把他们尽行逮捕并处以死刑。西周统治者确定这个罪名，是总结了商朝统治者只知饮酒作乐，不把臣民的疾苦放在心上，从而众叛亲离，走向灭亡的教训的结果。

5.“贼”“藏”“盗”“奸”罪。周初《九刑》中的罪名。在前文已引《左传·文公十八年》：“毁则为贼，掩贼为藏，窃贿为盗，盗器为奸。主藏之名，赖奸之用，为大凶德，有常无赦，在《九刑》不忘。”“毁则为贼”，杨伯峻注：“毁弃礼则为贼也”，[①] 即毁弃礼仪就是贼；“掩贼为藏”，杜预注：“掩，匿也。”孔疏云：“掩匿贼人是为藏，言其藏罪人也。”黄生《义府》云：“藏乃臧之误也。古‘藏’，‘赃’字皆作‘臧’，后人转写误加艸耳。‘掩贼为臧’，言得贼之物而隐庇其人，犹今窝主之谓。”杨伯峻云：“此说较孔说为胜。朱骏声亦谓藏即俗字之臓。”[②] 应从杨说，即窝藏贼就是赃；“窃贿为盗”，杜预注：“贿，财也。”孔疏曰：“窃人财贿谓之为盗。”即偷窃财物为盗；“盗器为奸”，杨伯峻注：“十二年《传》襄仲辞玉，以玉为大器；此器字亦大器、重器之谓。窃人一般财物为盗，盗人宝物为奸。”[③] 对这些犯罪行为，国家有规定的刑罚处罚，不能赦免，记载在《九刑》之中，不能忘记。

6.“乃别播敷，造民大誉”罪。《尚书·康诰》：周公告诫说，对于“乃别播敷，造民大誉”的大臣官吏“乃其速由兹义率杀”。“乃别播敷”，“乃，就。别，另外。播敷，宣告，此外指另外宣布一套措施”；“造民大誉”，“造，为，诈。《周礼·大司徒》：‘以乡八刑纠万民，……七曰造言之刑。’注：‘造言，讹言惑众。’这句意思是说以诈言欺骗人民骗取声誉。”[④] 即对于另搞一套政策、欺骗民众、树立个人声誉的大臣及下属官吏应依法处以死刑。

---

① 杨伯峻：《春秋左传注》（二），中华书局 1981 年版，第 634 页。

② 杨伯峻：《春秋左传注》（二），第 634 页。

③ 杨伯峻：《春秋左传注》（二），第 634 页。

④ 王世舜：《尚书译注》，四川人民出版社 1982 年版。第 159 页注㉓、㉔。

7. 诽谤罪。《史记 · 周本纪》载，周厉王时统治暴虐，国人纷纷评议厉王。厉王就颁布一条法令：命“卫巫使监谤者，以告则杀之”。凡有人议论天子，便构成罪，处以死刑。

8. 不从王命罪。《尚书 · 多方》载周公代表成王发布诰令：“乃有不用我降尔命，我乃其大罚殛之。”如四方诸侯不从王命，则要受重罚。《国语 · 周语上》载，周宣王时，樊仲山父曰：“犯王命必诛，故出令不可不顺也。”

9. 违背誓言罪。西周晚期的《倗匜铭》就记载了担任牧牛官职者犯“违背誓言罪”而被判刑的案件。

## 二、刑罚制度

### （一）文献所见西周的刑罚

记载西周刑罚的文献主要有《尚书 · 周书》《周礼》《周易》等。

1.《尚书 · 周书》所载的西周刑罚。《尚书 · 周书》在整个《尚书》中具有很高的可信度，这已为研究《尚书》的学者所公认。下面将有关刑罚摘录出来。

（1）《吕刑》篇所记载的刑罚体系。“五刑”“五罚”“五过”是《吕刑》篇所载刑罚体系，也是穆王时所制定的刑法《吕刑》的刑罚体系。

“五刑”。即墨、劓、剕、宫、大辟。从《尚书 · 吕刑》来看，《吕刑》关于“五刑”的规定有三千条之多，其中：墨、劓刑罪各一千，剕罪五百，宫罪三百，大辟二百。

“五罚”。“五刑不简，正于五罚。”孔传：“不简核谓不应五刑，当正五罚，出金罚罪”，孔颖达疏：“正义曰：‘不简核者谓覆审囚证之辞不如简核之状，既囚与证辞不相符合，则是犯状不定；谓不应五刑，不与五刑书同，狱官疑不能决，则当正之于五罚，令其出金赎罪，依准五刑，疑则从罚，故为五罚。即下文是也。’”其下文即指“墨辟疑赦，其罚百锾，阅实其罪。劓辟疑赦，其罚惟倍，阅实其罪。剕辟疑赦，其罚倍差，阅实其罪。宫辟疑赦，其罚六百锾，阅实其罪。大辟疑赦，其罚千锾，阅实其罪”。可见，“五罚”是，如以“五刑”定罪量刑有疑问，就罚罪犯出铜赎罪，即赎刑。其分五等：墨、百锾；劓，二百锾；剕，五百锾；宫，六百锾；大辟，千锾。

“五过”。“五罚不服，正于五过。”传：“不服不应罚也；正于五过，从赦免”；疏：“正义曰：‘不服，不应罚者，欲令赎罪而其人不服，狱官重加简核无服，疑似之状本情非罪，不可强遣出金；如是者，则正之于五过，虽事涉疑似有罪，乃是过失，过则可原，故从赦免。下文惟有五刑、五罚而无五过，亦称五者缘五罚为过，故谓之五过。五者之过皆可原也。’”可见，“五过”即是说以五罚惩处仍有疑问者，又是过失犯罪，因此可以赦免。

“五刑”“五罚”“五过”三者轻重不同，最重的是五刑，其次是五罚，最轻的是五过。“五刑”是主要的刑罚。

（2）《康诰》篇所见刑罚。《康诰》是《周书》中除《吕刑》篇之外，谈刑罚最多的一篇。

据《史记·周本纪》记载，周公平定三监及武庚叛乱之后不久，就将康叔封于殷地以统治殷遗民。《康诰》便是康叔上任之前，周公对康叔的训诫之词。

《康诰》记载：

王曰：“非汝封刑人杀人，无或刑人杀人。非汝封又曰劓刵人，无或劓刵人。”意即：并不是你封在惩罚人在杀人，那是上帝的意志；要按上帝的意志去办，不要专断地根据自己的意志去惩罚人、杀人。还应当说，不是你封在割人家的鼻子和耳朵，那也是上帝的意旨；要根据上帝的意旨去办，而不要专断地根据自己的意愿去割人家的鼻子和耳朵。

这里出现了三种刑罚：一是“杀”，即死刑。二是“劓”，即前章所述割鼻子。三是“刵”，《说文》：“刵，断耳也。”即割去耳朵。

（3）《酒诰》篇所见刑罚。《酒诰》篇也是周公对康叔的诰词。因康叔被封时尚年幼，周公担心康叔像商末统治者那样堕落，就以诰词来训诫康叔。

《酒诰》记载了周初的戒酒禁令："群饮。汝勿佚，尽执拘以归于周，予其杀。"即周人有犯"群饮"罪者，处死刑。这里出现了"杀"这一死刑。

2.《周礼》所载西周刑罚。《周礼》记载的刑罚体系很乱，其中既有西周的，又有春秋战国的。我们在此仅述可能属于西周的，或与《尚书·吕刑》所载相符，或与出土文物中的法律史料相印证。

《周礼·秋官·司刑》："掌五刑之法，以丽万民之罪。墨罪五百，劓罪五百，宫罪五百，刖罪五百，杀罪五百。"其"五刑"为：墨、劓、宫、刖、杀。与《尚书·吕刑》的"五刑"体系略异，即顺序不同，《周礼》的"宫刑"在"刖刑"前，"此五刑条目之略，皆先轻后重。依《尚书·吕刑》宫重于刖，而此经先宫后刖，《汉书·刑法志》同，疑亦传写之误。五刑各五百者，亦约举成数言之"[①]。

《周礼·秋官·条狼氏》："掌执鞭以趋辟，王出入则八人夹道，公则六人，侯、伯则四人，子、男则二人。凡誓，执鞭以趋于前，且命之。誓仆、右曰杀，誓驭曰车轘，誓大夫曰敢不关，鞭五百，誓师曰三百。誓邦之大史（事）曰杀，誓小史（事）曰墨。"

这一节所述的是对违誓的惩罚，前一半说的是军誓，所以专门提到仆、右、驭、大夫、师（师氏）等；后一半则是泛指国事，凡大事违誓当杀，小事违誓应施墨刑。训匜所记牧牛违誓，应鞭一千，施墨刑，与《条狼氏》职文大体符合。[②] 其中与《倂匜铭》相印证的有"鞭刑""墨刑"。

3.《周易》所见西周刑罚。《周易》保留了西周的刑罚：

---

① 孙诒让：《周礼正义》（第十一册），第 2836 页。

② 李学勤：《岐山董家村训匜考释》，载《古文字研究》（第一辑），中华书局 1979 年版，第 155 页。

（1）墨、劓、刖刑。《睽·六三》:“见舆曳，其牛掣，其人天且劓。”

高亨《周易古经今注》云：

《释文》:“天，剠也，马云‘剠鑿其额曰天’。”《集解》引虞翻曰：“黥额为天。”《说文》:“天，颠也。”此文天字即颠耳。《山海经·海外西经》:“刑天与帝至此争神，帝断之首，葬之常羊之山，乃以乳为目，以脐为口，操干戚以舞。”刑天即刑颠，亦以天为颠。鑿颠之刑曰颠，与去耳曰刵，去鼻曰劓，去髌曰髌同例。《汉书·刑法志》:“秦用商鞅，有鑿颠、抽肋、镬亨之刑。”鑿颠之刑，盖不自商君始。额者，颠之一部，故剠额亦名颠也。（高注：此采章炳麟说，见《小学答问》）

可见，“天”即墨刑之一种。劓，即割鼻之刑罚。

《困·九五》:“劓刖，困于赤绂，乃徐有说。”有“劓”“刖”两种刑罚。

（2）杖刑。《困·初六》:“臀困于株木，入于幽谷，三岁不觌。”

高亨《周易古经今注》:“臀困于株木者，盖谓臀部受刑杖也。杖以木株为之，故谓之株木。《庄子·列御寇篇》:‘为外刑者，金与木也。’郭注：‘金谓刀锯斧钺，木谓棰楚桎梏。’棰楚以杖，则刑杖得谓之株木，明矣。”

（3）剭刑。《鼎·九四》:“鼎折足，覆公悚，其形渥。”形，通刑；渥，通剭。《广雅·释诂》:“剭，刑也。”《广雅疏证》卷四：“虞翻注云：‘渥，大刑也。’《释文》:‘渥，郑作剭。’《周官·司烜氏》:‘邦若屋诛。’郑注云：‘屋，渎如其刑剭之剭；剭诛，谓所杀不于市而以适甸师氏者也。’《汉书叙传》:‘底剭鼎臣。’服虔注云:《周礼》有‘屋诛’、诛大臣于屋下，不露也。剭、渥、屋并通。”剭刑，即死刑。因秘密处死于屋内，故称。[①]

---

① 唐兰在《陕西省岐山县董家村新出西周重要铜器铭辞的译文和注释》一文中认为，“剭”与㑷匜铭之“黳”字通。其注云:“《易·鼎卦·九四》说:‘其形渥’，有很多别本作:‘其刑剭’。晁说之《易诂训传》引京房说:‘刑在頄为剭。’頄是脸上的颧骨。《玉篇》:‘黳，刑也，或作剭。’大概就根据京房本，所以《广韵·一屋》就说:‘黳墨刑也。’据此铭则西周已有黳字了。黥刑在古书中大都解为凿额，与此刻颧骨的剭刑略有不同。”即认为，“剭”为墨刑。唐文载《文物》1976 年第 5 期。此处不从唐说。

## （二）铜器铭文所见西周刑罚

西周铜器铭文中也保存了有关法律的史料，其中有关于刑罚的记载。

1. 鞭刑。西周中期的《㑞匜铭》有“我宜鞭汝千”“宜鞭汝千”，“今大赦汝鞭汝五百”。西周中晚期的《曶鼎铭》有：“余无攸具寇，正□□不□鞭余。”“鞭”即鞭刑。《尚书 · 舜典》：“鞭作官刑”，传：“以作为治官事之刑。”疏：《正义》曰：“此有鞭刑，则用鞭久矣。《周礼 · 条狼氏》：‘誓大夫曰敢不关，鞭五百。’《左传》有鞭徒人费、圉人荦是也。子玉使鞭七人，卫侯鞭师曹三百。日来亦皆施用，大隋造律方使废之。治官事之刑者，言若于官事不治：则鞭之，盖量状加之，未必有定数也。”可见鞭刑是用来治理官吏的。在古代鞭刑的刑具是革的，段玉裁《说文解字注》：“殴人之鞭用革。”

2. 罚丝。《曶鼎铭》记载，曶方指控说：“我既赎汝五［夫，效］父用匹马束丝。”限方说：“舐则俾我偿马，效［父］□俾复厥丝［于］舐。”由此可知，曶方的舐曾出一束丝给限方的效父。李学勤按：“古代贵族出丝是一种惩罚，《墨子 · 非乐上》云：‘其刑，君子出丝二卫。’可供参考。”[①] 李说甚是。罚丝是针对贵族的一种刑罚。商代已有，西周沿袭。

3. 赎刑。《㑞匜铭》有：“罚汝三百锾”，“牧牛辞誓成罚金”。这是宽赦牧牛五百鞭后，将余下的五百鞭与墨刑折合一并为“罚汝三百锾”。[②] 这与《尚书 · 吕刑》所载“墨辟疑赦，其罚百锾”大体相吻合，就是《吕刑》所确立的赎刑之制。

4. 罚金。西周早中期之际的《师旂鼎铭》有“伯懋父迺罚得夓古三百孚”。大意是说：伯懋父罚师旂货币三百锾。这是伯懋父因师旂驭下无方而对他实施的惩罚。“罚得，罚取。《吕氏春秋 · 慎大览 · 顺说》‘臣弗得也’，高诱注：‘得，犹取也。’”“孚是货币的称量单位，夓古可能为货币的

① 李学勤：《论曶鼎及其反映的西周制度》，载《中国史研究》1985 年第 1 期。

② 李学勤：《岐山董家村训匜考释》，第 153—154 页。

名称。”[①]“寽”“锾”相通。

师旂鼎铭之“罚锾”即《周礼·秋官·职金》所谓之“掌受士之金罚、货罚，入于司兵”。

从这条史料可知，罚金作为一个独立刑种在西周已存在了，即判处交纳一定数量的铜。学者们往往将之与《尚书·吕刑》所载“赎刑”混为一谈。二者其实不同。“赎刑”是有某罪而案情有疑，故出铜赎罪；“罚金”是有某罪，案情明了，直接判处交纳一定数量的铜。对此，沈家本在《历代刑法考·刑法分考十二·罚金》中已作详细考述。其云：

“旧说罚金即赎刑，然以《吕刑》之文考之，则赎、罚当为二事。”[②]

“罚金之名，始见于《职金》而详于《管子》，罪之最轻者用之，罚与赎义有别。《说文》：‘罚，罪之小者，从刀、詈，未以刀有所贼，但持刀骂詈则应罚。’‘赎，贸也。’贸易财也。五罚轻于五刑，罚为犯法之小者，而刑为犯法之重者。凡言罚金者，不别立罪名而罚金即其名在五刑之外自为一等。凡言赎者皆有本刑，而以财易其刑故曰赎，赎重而罚金；轻也。古者辞多通用，罚亦可称刑，凡经传之言刑者，罚亦该于其内，赎亦可称罚。”[③]

5. 流放。《师旂鼎铭》记载，“师旂众仆不从王征”，于是，“伯懋父令曰：‘宜播！叡！厥不从厥右征，今毋播’”。

“播”，“即播迁流放”。[④]《国语·吴语》“今王播弃黎老”，注：“放也。”

因为师旂的众仆不从其尊长出征，所以伯懋父判处其流放之刑。

《鬲攸从鼎铭》也记载攸卫牧之誓词：“我弗具付鬲从其租射分田邑，则放。”

6. 墨刑。《㑀匜铭》有“我宜鞭汝千，𪥛𪥛汝，今我赦汝。宜鞭汝千，

---

① 马承源主编：《商周青铜器铭文选》（三），文物出版社1988年版，第60页。

② 沈家本：《历代刑法考》（一），第328、330页。

③ 沈家本：《历代刑法考》（一），第328、330页。

④ 马承源主编：《商周青铜器铭文选》（三），第60页。

黰𪓐汝，今大赦汝鞭汝五百，罚汝三百锾”。这是伯扬父对牧牛所作的判决。

其中的“𪓐”字隶释为“黳”字，无争议。而“黰”“黜”两字，学者认识不一。唐兰先生认为“黰”即“黱”字，“古书没有这个字，应与幭通，《说文》：‘幭，盖幭也。’《管子·小称》：说齐桓公死时‘乃援素幭以裹首而绝’，可见幭是盖头的巾。幭字与幪字声近相通，《方言》四：‘幪，巾也。’《说文》：‘幪，盖衣也’，意义也是一样。那么，黱就是《尚书大传》‘下刑墨幪’的幪无疑。墨幪是头上蒙黑巾。只是战国以后人上了儒家的唯心主义的胡说的当，把唐虞时代的‘象刑’（把刑法画成图像来公布）解释成为只是象征性的刑罚，因而说黑幪用来代替黥刑，那是错误的。据此铭则黱黳是在剭刑的基础上再加盖幪的，即先用刀割颧骨外，再用墨填，而又使他蒙黑巾的双重刑罚，可以纠正旧说之误。”“黜”，唐兰释作“黜字从黑从㞢（音骋，与蚩字不同）。㞢字甲骨文作艺，上半与止字同，下象虫身。《说文》误为从屮，作蚩。古书无黜字，当即黜字。㞢和出声近，形亦相类（出字本亦从足形的止，《说文》也误从屮）。黜字《说文》：‘贬下也’，是废逐、罢免的意思。过去对黜字为什么从黑是讲不出道理来的，现在知道黜也是墨刑，就好懂了。黜黳只是罢免官职，比黱黳要轻”[①]。唐说在学界被广为接受。

李学勤先生提出了不同的看法：“‘黰𪓐’‘黰𪓐’是同义词。黰字从苜声，为古祭部字，疑读为㓷。《史记·张耳陈馀列传》训㓷为刺。黜字右半上面从之，下面从虫略省，应读为𢿱，《说文》云：‘刺也。’与㓷同义。𪓐字从古文屋，即训墨刑的黳字。墨刑是先刻其面，然后在伤处填墨，如后世的刺青，故称为㓷黳、𢿱黳。”并说：“铭云：‘我宜鞭汝千，㓷黳汝，今我赦汝’，只是宣布了宽赦，还没有说明赦的具体内容，因此下面又说：‘宜鞭汝千，黜黳汝，今大赦汝鞭汝五百，罚汝三百锾。’文义并不重复。

① 唐兰：《陕西省岐山县董家村新出西周重要铜器铭辞的译文和注释》，载《文物》1976年第5期。

有同志认为这里所说是两次赦免，是不对的。如赦有两次，在第一次赦后，就无所谓‘宜鞭汝千，黜䵦汝’了。‘今大赦汝鞭汝五百’，应连作一气读，意思是免掉五百鞭，其余五百鞭和墨刑则折合罚金三百锾。《书·吕刑》：‘墨刑疑赦，其罚百锾。’惟其与五百鞭合计，才达到罚金三百锾的数额。牧牛所受的实际处罚，只有这项罚金，一下鞭子也没挨到，看匜铭下文自明。”①

比较起来，李说对铭文的理解更合理，唐说则在铭文上有许多解释不通之处。铭文的“剢䵦汝”“黜䵦汝”是同义，即墨刑。

## 三、西周刑法的适用原则

从文献所载可知，西周刑法已有了适用的原则。它们实际上是“明德慎罚”及“礼治”的具体化。

### （一）区分过失与故意、惯犯与偶犯

这是周初周公旦力倡的刑法原则。《尚书·康诰》记载，周公告诫康叔说：

“敬明乃罚。人有小罪，非眚，乃惟终，自作不典，式尔，有厥罪小，乃不可不杀。乃有大罪，非终，乃惟眚灾，适尔，既道极厥辜，时乃不可杀。”

眚，过失；非眚，故意；惟终，惯犯；非终，偶犯。这段话的大意是：一定要慎重、严明地对待刑罚。有人罪过虽小，但他是故意或一贯地犯法，不可不杀；反之，有人犯了大罪，但不是故意，而是由于过失或偶犯，也可不杀。

可见，西周统治者在定罪量刑时能够注意到犯罪者的主观状态，故意、惯犯从重，过失、偶犯从轻。这在中国法制史上具有进步意义。

① 李学勤：《岐山董家村训匜考释》，第153—154页。

（二）“罪人不孥”

周文王针对夏商“罪人以族”的原则，提出“罪人不孥”的主张。周公继承这一思想，反对族诛连坐，主张罪止一身。《左传 · 昭公二十年》引《尚书 · 康诰》记载，周公强调“父子兄弟，罪不相及”。又，《左传 · 僖公三十三年》引《尚书 · 康诰》佚文则说：“父不慈，子不祗（敬），兄不友，弟不共（恭），不相及也。”

（三）“罔厉杀人”

《尚书 · 梓材》说：“罔厉杀人。”据《史记 · 周本纪》记载，《尚书》的《梓材》篇和《康诰》《酒诰》一样，也是周公对康叔的诰词。这篇诰词的中心内容是“罔厉杀人”，并宽恕罪犯。

王世舜《尚书译注》：“厉，杀戮无罪的人叫厉。”“罔厉杀人”，即不要杀无罪者，包含有不乱罚无辜、罪刑相应的意义。

在《尚书 · 无逸》中，周公也告诫成王，不要“乱罚无罪，杀无辜”。

（四）罪疑从轻

《尚书 · 吕刑》记载，“五刑之疑有赦，五罚之疑有赦”。孔颖达疏引《正义》曰：“刑疑有赦，赦从罚也；罚疑有赦，赦从免也。”即对判处“五刑”而有疑者，可减等按“五罚”处理；如以“五罚”论处仍有可疑者，则处以赦免。

《礼记 · 王制》说：“附从轻，赦从重。”附，施也。“附，从轻”指定罪量刑时，如其罪在轻重之间，刑可轻可重，则处以轻刑。这就是《吕刑》的“罪疑惟轻”。“赦从重”是说，所犯之罪而由故意入重罪，因之赦时可以重罪之上而赦之。

（五）同罪异罚

这是宗法等级原则“刑不上大夫”的体现。

《周礼 · 秋官 · 小司寇》有“以八辟丽邦法”的记载。辟，法；丽，附着，即适用法律。“八辟”是对亲、故、贤、能、功、贵、勤、宾这八种人犯罪减轻刑罚的法律。三国曹魏时改为“八议”入律，被魏晋以后封建法典沿用。

贵族官僚犯罪不仅有“八辟”规定的特权，而且某些刑罚不适用于贵族。如，《礼记·文王世子》记载，“公族无宫刑”。

# 第四节　军事法律规范

## 一、文献记载所见西周的军法

### （一）西周军法的形式

西周是依靠强大的武装力量不断进行征服而建立起来的。其军事制度基本成型。周王是王畿地区中央军及诸侯地方军的最高统帅，有权指挥并调动军队。

西周的军法形式在继承夏、商的基础上有所发展。临敌作“誓”仍然是其主要的军事法形式。据《尚书·牧誓》记载，公元前 11 世纪，周武王率军队在离商朝首都朝歌南七十里的牧野（今河南汲县北）与商纣王决战，曾作《牧誓》；鲁侯伯禽征伐徐戎时曾作《费誓》。另外，据《周礼》记载，西周还设置大司马一职专掌军事，以军事号令的形式传达王令、指挥军队并兼掌军中的赏罚，其职责是“若有兵甲之事，则授之车甲，合其卒伍，置其有司，以军法治之”。

### （二）西周军法的内容

西周军事法的主要内容仍以约束参战人员行动为主。《费誓》颁布了战时纪律，规定：在战斗中，每前进冲杀几次后，就要“止齐”（即整理队形）；要“弗迓克奔”（即不杀投诚的敌人）；如果“弗勖”（即不努力作战）、

“后至”，就处以斩刑。

《费誓》中则出现了有关约束本方战士和平民保证作战物资供应的内容，如规定：不及时足量地供应粮食、饲草、修筑工事的材料，以及损伤马牛，要受“常刑”“大刑”的惩罚。

### 二、西周铜器铭文所见军法案例

西周初期的《师旂鼎铭》记载了一起“不从王征”的军事犯罪的案件处理过程。其铭文如下：

唯三月丁卯，师旂众仆不从王征于方，雷事（使）厥友弘以告于白（伯）懋父，在莽（艿）。白（伯）懋父乃罚得夏古三百爰。今弗克厥罚。懋父令曰：“义（宜）播叡厥不从厥右征。今勿播，其又内（纳）于师旂。”弘以告中史书。旂对厥赘于尊彝。

大意是：师旂告发其属下“不从王征”，伯懋父审理此案。起初，伯懋父依法判决师旂的属下流放；后来改判决师旂的属下罚金，并令这些属下将罚金交给师旂。

从师旂鼎铭所记载的军法案例可知，西周时对“不从王征”的军事犯罪已经有了审判机关和简单的诉讼程序。

## 第五节 民事法律规范

### 一、社会各阶层的法律地位

西周是奴隶制等级制社会，在这个社会里，社会各阶层因其法律地位不同而享受的民事权利能力和具有的民事行为能力亦不同。当时法律制度的特征之一，就是公开确认这种人和人之间不平等的法律地位。

## （一）社会各阶层的法律地位

西周社会的基本等级为奴隶主贵族等级、自由民等级和奴隶等级。

西周初期，政治上实行分封制，即所谓封土建邦。据文献记载，周初共分封七十一国。武王、成王之后，分封仍在实行，直到平王东迁时还在关中分封了秦国。这样，在奴隶主贵族内部，周天子与被他分封的诸侯之间，便形成了上下不同的等级。诸侯在封国内再分封，实行采邑制，受他们分封的人称为卿大夫。采邑地内也如封国一样形成了阶梯式的政治组织和上下等级关系。分封制与采邑制形成了奴隶主贵族内鲜明的等级划分。正如《礼记·礼运》所说："天子有田以处其子孙，诸侯有国以处其子孙，大夫有采以处其子孙，是谓制度也。"卿大夫还在自己的采邑内设立职官"宰"，那是一种更细微的奴隶主内部等级制。

周初又实行世卿制，即天子或诸侯之下的大贵族世袭享有卿的政治地位，这使得奴隶主内部的等级制被进一步地长期巩固下来。

奴隶主内部的等级制分为五等爵和六等爵两种。在王朝内部，周天子之下分为五等爵。《礼记·王制》记载，天子以外有公、侯、伯、子、男五等贵族。《孟子·万章下》却说："天子一位，公一位，侯一位，伯一位，子男同一位，凡五等也。"诸侯国内实行六等爵制，即"君一位，卿一位，大夫一位，上士一位，中士一位，下士一位，凡六等"[①]。

这种封爵等级制，金文和其他典籍均有记载。关于公一级的，有周公，见于《周书》各篇、《矢令彝铭》；毛公，《顾命》《毛公鼎铭》；召公，《顾命》[②]《诗·江汉·召旻》；毕公，《顾命》；丁公，《矢令簋铭》；虢公，《班簋铭》等。

关于侯的记载，有卫侯、齐侯、吕侯，《顾命》；韩侯，《诗·韩奕》；噩侯，《噩侯鼎铭》《成鼎》；邢侯，《麦鼎铭》等。

---

① 《孟子·万章下》。

② 召公即《顾命》中的太保奭。

关于伯的记载，有芮伯、彤伯，《顾命》；申伯，《诗 · 崧高》；召伯，《诗 · 崧高》《琱生簋铭》；羌伯、益伯，《羌伯簋铭》；燮伯，《卯簋铭》；楚伯，《夨令簋铭》；吴伯、毛伯、吕伯，《班簋铭》等。

关于子的记载，有录子，《太保簋铭》；及子，《宗周钟铭》。

关于男的记载，有许男，《许男鼎铭》。

自由民为社会上最广泛、人数最多的劳动者阶层，他们包括自由农民、自由牧民、自由商人及其家属。其中最大量的是自由农民，他们在冬月农闲季节也可充当自由牧民或猎人，或自带一点手工产品进行商品交换和买卖。文献中称自由民为庶人和农夫。他们的身份地位远远低于公、大夫、士，但因“庶人食力”，就是说他们能够自食其力，所以是有自由身份的人。

奴隶阶级，是西周社会中地位最低贱的阶层。他们无人身权和财产权，可以被任意虐待、买卖和杀戮。奴隶们有的来源于战俘，有的靠买卖取得。奴隶名称很多，较常见的有臣、妾、鬲、众、仆等。臣是男奴，多用于农业生产，故以家来计算数量。妾是女奴。鬲与隶同音，奴隶之称谓。仆，指家内奴隶。众为农业奴隶。反映奴隶人身地位的记载，累见于文献和金文。

《尚书 · 费誓》：“马牛其风，臣妾逋逃，勿敢越逐”；“窃马牛，诱臣妾，汝则有常刑”，把臣妾与马牛并列在一起列为奴隶主的私有物，如其逃失，任何人不得据为己有，否则，以刑罚惩处。

《诗 · 小雅 · 正月》：“民之无辜，并其臣仆”，指西周末年，政治失道，王对无辜之民，滥用刑罚，甚至没收其财产臣仆。诗中臣仆也是以奴隶身份作为民的私财提出的。

《麦尊铭》：“侯易（锡）赭玑臣二百家剂。”这是康王一次赏赐给一个大贵族二百家赭衣踝跣臣的券书。此外。《不婴簋铭》有赐臣五家的记载，《瞰簋铭》有赐夷臣十家的记载，《大克鼎铭》有赐田及臣妾的记载，《耳尊铭》有赐臣十家的记载，《大盂鼎铭》有“赐尸司王臣十又三伯、人鬲千又五十夫”的记载，《令簋铭》有赐贝十朋、臣十家、鬲百人的记载，《曶鼎铭》中把众作为侵权行为赔偿的对象。

这些记载都说明把奴隶视为物，没有独立人格，不是法律的主体，和其他物处于均等地位，与牛、马、贝同列。他们可以被残酷虐待，赭衣踝跣，身着囚服，赤脚行走，随时以罪犯身份被杀戮处死。奴隶被杀戮的记载尚不多见，而受酷刑或因酷刑致死的倒有不少实例。扶风出土的《它盘铭》《刖刑奴隶守门鬲铭》和岐山出土的刖刑奴隶骨架，以血淋淋的事实，再现了奴隶被处以酷刑和因酷刑致死的情景。奴隶可以被买卖，只是由于当时劳动力缺乏其卖价不低而已。

### （二）社会各阶层的民事权利能力和行为能力

民事权利能力，指在法律上享有民事权利、负担民事义务的资格。只有具有法律上的人格，才能具有权利能力。享有民事权利能力者，必然具有民事权利主体的资格。奴隶制社会，在法律上享有独立人格，具有权利主体资格的只是奴隶主贵族和自由民，奴隶被视为物，自然不能成为权利主体。在奴隶制社会里，国家法律所赋予的民事权利又往往与所要求履行的民事义务相分离，所以，有时非权利主体却要承担民事义务。

西周社会各阶层的法律地位不平等，因此，各阶层享有的民事权利迥然不同。

周天子是奴隶主贵族中最高等级，因而享有完全财产权，有权任意处分、封赐或收回土地、奴隶和臣民，享受各地诸侯给他进献的贡赋。在政治上，他居于最高统治者的地位，掌握最高立法权、审判权、军事权和其他政治权力。他个人的至尊地位，个人的人身、名誉及其家属的地位，均神圣不可侵犯。天子的地位、权力是世袭的。

诸侯中的公、侯、伯、子、男及诸侯国内的卿、大夫、士，依其不同的社会地位，分别享有不完全的财产所有权。即他们在自己的封地内拥有对土地、奴隶和其他财产的所有权，拥有对人民的管辖权、收取贡赋权。但是，他们的这种所有权又要受制于天子或上级奴隶主贵族。当天子收回他们的封地、奴隶和人民时，他们便丧失了这些权利。

为了区分社会各阶层权利能力的差异，西周法律依据等级界限，在朝聘、祭祀、丧葬、衣服、车马、宫室、器物、乐舞、田猎等各方面，均规定了各阶层所能享受的权利，违犯规定，就是僭礼越位，要受到礼制的制裁直至刑罚惩处。例如，祭祀祖宗的家庙，天子有七庙，诸侯五庙，大夫三庙，士一庙，庶人则无，只能在居室祭祀。宫室修建规格也不同，天子之堂九尺，诸侯七尺，大夫五尺，士三尺。古人以高为贵，故等级身份不同，宫室建筑的高度亦不同。礼服穿着上也有明显区别，以示等级差异。天子着绣有龙卷曲花纹的丝帛礼服，诸侯则着绣有黑白相间的斧形花纹礼服，大夫着黑青色相间的亚字花纹礼服，士着无花纹礼服，用黑红色帛作上衣，绛色帛制裳。庶民只能穿青麻织成的毛边褐衣。凡此等等，都是为了区别社会各等级的身份地位。

广大的自由民是社会主要劳动阶层。他们有人身权，又不是完全的人身权，因为他们可以随国有土地被王封赐给诸侯，但他们不像奴隶那样被任意买卖、租赁、赠与。所以，除对土地有一定依附关系外，他们的人身是自由的。因此，在权利能力上，他们有独立的人格，有自己的家室儿女，也有财产权。但在西周中期以前，这种财产权不包括对土地的所有权。他们在民事上有独立行为能力；在职业上，可以从事农业、牧业、商业以及家庭副业。他们是自食其力者。《易经》中有不少自由民“肇牵车牛，远服贾”[①]，车运、肩挑、牛驮经营商业，养活妻儿老小的记载。仅此一例，就可说明他们有独立的人格，能独立行使自己的权利，并且成为民事诉讼的主体。《诗·召南·行露》所载一位女子，为反抗一个有家室的男人强迫成婚，她在法庭上慷慨陈词，抨击恶棍，为捍卫她独立的人格和自由而斗争的行为，就是自由民有独立权利能力和行为能力的最好证明。

① 《尚书·酒诰》。

奴隶是物，自然不可能成为民事权利的主体，可以被其主人任意处分。由于奴隶社会民事权利和民事义务的分离，奴隶虽无权利，却须尽其义务。他们要为奴隶主无偿劳动服役（包括兵役）。当奴隶主贵族随其上级出征时，他们是当然的随征者。因为西周家内奴隶占很大比重，有的奴隶主也派奴隶替自己经商。奴隶参与商业，并不意味着他们有行使此种民事权利的能力，他们只是奴隶主行使自己权利的工具。奴隶无权利能力，就不可能成为诉讼的主体。即使因奴隶的行为触犯了刑律，奴隶也不可能成为诉讼的主体，被告、原告，只能由其主人充当。《曶鼎铭》中的匡季寇攘案，抢劫他人禾谷的直接肇事者是"众仆"——匡季的奴仆，但因奴隶不能成为诉讼的主体，所以，受害人控告的对象，不是"众仆"而是"众仆"的主人匡季。诉讼结束，受罚的也不是"众仆"而是匡季。

## 二、物法

物是民事法律关系的客体，是权利和义务所指向的事物。民事法律调整的对象，主要是以物质资料的占有、交换为基础的社会关系。所以，物法是民法研究的一个重要方面。古代罗马法的物法，包括物权、继承、债权三个部分。西周民事法规，虽然还看不出物法的明确概念，然而，也有不少有关物法的规定。

### （一）物的概念

西局奴隶制法中所谓的物，是指可供人力支配利用的有经济价值的生产资料和消费资料。它包括自然物、劳动创造物、有固定形状物、无固定形状物等。换句话说，不仅包括物质，也包括行为。这种物，必然能用金钱作为衡量价值的尺度。所以，奴隶不能被看作法律上的人，而是一种物；奴隶主对奴隶的所有权和使用权属于物权。

## （二）物的分类

为了促进和保障社会经济的发展，繁荣和调节商品经济，西周时期对物作了如下分类。

1. 流通物和限制流通物。流通物，是国家允许在权利主体之间依照民事程序自由流转的物。限制流通物，指依据国家法律规定在民事流转范围、程度方面受限制的物。西周时期的限制流通物，就是那些“不鬻于市”即不能在市场上出卖的物，反之，允许“鬻于市”即能在市场上出卖的物，称之为流通物。限制流通物主要有以下几种：

国家专有的自然资源。法律明文规定，山林、山泽、矿藏为国家所有，国家设立专门机构负责管理。山虞掌山林之政令，林衡掌巡林麓之禁令，川衡掌巡川泽之禁令，卝人、职金掌金玉锡石之地而禁守之。所有这些管理山林、川泽、矿藏的职官，金文中几乎都有记载。[①] 对于自然资源，自由民可以根据法律规定享有一定使用权，但任何人不能转移这些物的所有权。

土地。土地是奴隶制农业国最重要的生产资料。西周中期以前，土地所有权属国有，禁止买卖流通，史书上称作“田里不鬻，墓地不请”[②]。这说明田地不能据为私有，充当买卖的对象；墓地的大小也有常法规定，民不得私下扩大或购置。中期以后，奴隶主贵族有的驱使奴隶去开荒，有的私下交换、买卖田土，私田出现了。这部分私田可以交易甚至出卖，但在形式上，它仍然受国家法律的限制。西周中后期出现的私田，其数量还不很多，大量的土地和周初一样为禁止或限制流通物。

贵族身份标记的特有物。为了防止普通老百姓僭越等级地位，凡圭璧金璋、命服命车之类的贵族特有物不得流通。[③]

神法物。宗庙之器、祭祀牺牲供献之物，非一般庶民能使用，禁止

① 《免簠铭》。

② 《礼记 · 王制》。

③ 《礼记 · 王制》。

流通。[1]

兵器。为防止人民反抗，兵器严禁流通。[2]

不合规定的手工产品。凡用器、布帛的精粗、宽窄、长短不合法度禁止买卖。例如布匹的法定宽度为二尺二寸，帛的宽度为三尺四寸，[3] 不足此限的，不许上市。

不成熟的农产物、林产物、水产物。这是为防止滥伐山林、过度捕捉鱼龟和把不能食用的农产品推入市场而规定的。凡不成熟的农、林、水产品，一律不准流通。[4]

2. 动产和不动产。现代民法将物分为动产和不动产。动产指可以移动的物，如牛马布帛；不动产指不能移动或移动就会损失经济价值的物，如土地、房屋。西周民法固然没有动产和不动产的概念，而类似的概念在周人头脑中已经形成。周人称动产为“财”“货”“货财”“器”等。如《礼记》中规定，子妇不得有私货、私畜、私器、私财[5]。这里的财、货、器、畜均指动产。不动产中，土地称作“田”“土”，房屋称为“宫室”“室”“庙”。家庭关系建立时，动产为次，不动产为主。例如，继父与继子的亲属关系的确定，要看其是否同财共居，也就是说继父是否以自己的财货为继子筑宫庙，使之有居室和祭祀的地方。如果继父为继子以货财筑宫庙，亲属关系即被确定，否则，则两人的关系如路人[6]。可见，不动产是最重要的物。西周中期以前，不动产禁止买卖，不仅土地，房屋也一样。中期以后，情况才有所改变。奴隶、牛马、弓矢等为动产。

3. 可有物和不可有物。可有物指可以为个人所有之物，或可以为个人

---

① 《礼记·王制》。

② 据《礼记·王制》，戎器在禁售之列，而《周礼·地官·质人》却说允许流通。后说有讹。

③ 《礼记·王制》孔疏。

④ 《礼记·王制》。

⑤ 《礼记·内则》。

⑥ 《礼记·丧服小记·继父同居》。

占有之物。不可有物指非经法律允许不得为个人占有使用之物。不可有物均不得流通于市。不可有物中，又分神用物和贵族特用物两种。宗庙之器和牺牲之物，都是祭祀神灵祖宗所用的神用物，不仅一般庶民不能保存，贵族中也只有宗子才有保存权、使用权。另外，标志贵族官爵身份等级的圭璧金璋、命服命车，均按国家法律规定，由天子赐予，为贵族特有物。这两种物，称作“尊物”，“非民所宜”，一般人不允许使用，故禁止流通。

4. 原物和孳息。原物是产生收益之物，孳息是由原物所产生的收益。关于孳息所有权归属问题，西周时期的规定比较特殊。原物为国家所有的，孳息物所有权归国家。如山林、川泽为国有，则山林、川泽孳息的林木、水产、矿藏也为国家所有。但是，西周法律规定，在法律允许范围内，人民也可以得到一定的孳息权。例如，春秋季节，经国家法律许可，“斩木不入禁”；反之，不在春秋两季，“凡窃木者，有刑罚”[①]。如果原物为私人所有，则孳息所有权就归私人了。如《九年卫鼎铭》记载裘卫和矩伯的交易活动时，矩伯“乃舍裘卫林晋里”，就是说矩伯把一块林地的所有权转让给了裘卫，转让林地所有权时，连同林地上的孳息物——林木一起转让了。《旟鼎铭》记载，王姜把“田三”和待收割的禾苗均赏赐给贵族旟，这也是原物与孳息物所有权一并转移的例证。

5. 有主物与无主物。有主物是已经为人所有之物，无主物为所有权尚未被人取得之物。“无妄之灾：或系之牛，行人之得，邑人之灾。”[②]是说邑人不慎发生火灾，他的牛受惊而逃，被路人牵走，邑人（牛主人）认了倒霉，所以称作“邑人之灾”。在这里，逃失的牛已变成无主之物，行人发现无主之物，可以根据先占原则据为己有。《礼记》《周礼》也都提到对无主物、货贿、奴隶、家畜的取得方法。[③]

① 《周礼·地官·山虞》。

② 《易·无妄六三》。

③ 《礼记·月令·仲冬之月》和《周礼·秋官·朝士》。

## 三、所有权

所有权是物权最重要的组成部分，是一切财产权利的核心和基础。所有权和所有制密切相关，是一定历史时期所有制形式在法律上的表现。因此，不同的所有制形式就决定了不同的所有权形式。在奴隶制社会，奴隶主阶级的所有权是建立在奴隶主私有制基础上的。西周奴隶制社会，所有权的最基本的表现形式，是对土地的所有权。

### （一）所有权的种类

所有权的内容，包括权利和义务两个方面。就权利而言，指所有人在法律规定的范围内对其财产的占有、使用、处分权。

西周的所有权，分为完全所有权和不完全所有权两种。

1. 完全所有权，指所有权对其财产包括动产和不动产有完全的占有、使用和处分权。这种所有权，其实就是建立在土地国有制基础之上的国家所有权。从严格意义上来说，这种所有权人，只能是以周天子为代表的国家，或周天子一人，其他任何人不能享有这种完全所有权。

这种完全所有权的主体，是周王代表的国家，其客体，包括动产（奴隶、牛马、财物）和不动产土地、房屋等。任何农业国家，对土地的所有权是所有权中最重要的一个方面。古代东方农业国家，土地是国家的命脉，国王的权力，最早就是从管理农业土地开始的。中国也不例外。古文献和金文记载西周土地国有即王有的很多，如：

《尚书·梓材》：皇天既付中国民，越厥疆土于先王肆；《大盂鼎铭》：丕显文王，受天有大命，在武王嗣文作邦，辟阙匿，匍有四方，畯正厥民；《师訇簋铭》：丕显文武，敷受天命，奕则殷民。这些记载，都强调了一个共同思想，那就是：周天子治理中国臣民是上天交付的大命，因而，土地、臣民都应属于以天子为代表的国家；周天子可以任意开拓自己的疆土，四方疆土自然属天子为代表的国家所有。

周天子对土地拥有完全所有权，即通常所说的土地公有权或王有权。周天子对土地的完全所有权，其最主要的表现特征，就是对土地的处分权。因为在所有权的诸要素中，处分权为最重要的权利。西周的土地国有制，使土地成为禁止流通物，因而，王对土地的处分权不是表现在土地的买卖上，而是表现在对土地的封赐上。周王封赐土地，常常连同土地上的居民一起封赐，这在文献上叫作“封邦建国”或“封诸侯，建藩卫”，金文称作“授民授疆土”[①]或“仆庸土田”[②]。周王赐田，一般是赐给三种对象：

第一，诸侯或勤政有功的贵族。周王分封诸侯，就是把土地、臣民和统治权力分割给大小诸侯。《诗·大雅·崧高》：“王命申伯，式是南邦，因是谢人，以作尔庸。王命召伯，彻申伯土田，王命傅御，迁其私人。”这首诗讲的是周宣王为了嘉奖有功的申伯，另赐了他封土。王对申伯说，封你去治理南邦，先在那里给你修建起谢邑作为封国国都。接着又命令大贵族召伯替王前去给申伯划定土田范围，又命令臣子傅御帮助把申伯的私人臣仆迁到新的封国去。《诗经》还有不少篇章也记载周宣王分封诸侯土地的事。如《韩奕》篇，说：“王锡韩侯，其追其貊。奄受北国，因以其伯。”韩侯的祖先曾接受过分封，后来衰败了，现在韩侯因得到宣王的欢心，便重新封赐给他王畿以北的北国，让他继受祖先的荣光。

1954年江苏丹徒烟墩山出土的宜侯夨簋，其铭文有周王徙封诸侯的记载。本来，虞侯地处西部地区，后来，周王又把他改封在东部的宜国，因而称作宜侯。改封时给他赐了“川三百”“宅邑卅又五”，即包括土地上的河流三百余条，以及供居民居住的城邑。据分析，该封邑的居民达3300多家[③]。此外，《中鼎铭》有周王分封土地于大贵族中，“作乃采”的记载；《趞尊铭》有周王“锡趞采”的记载；《鄭篕铭》有周王“命女（汝）作邑”的

① 《大盂鼎》。

② 《琱生簋》。

③ 李学勤：《宜侯夨簋与吴国》，载《文物》1985年第7期。

记载。这些铭文把分封的土地称作“采”“邑”，和史籍所载封国采邑完全吻合。

《蔡簋铭》是对勤政有功贵族赏赐的典型例子。该簋是夷王时器，讲的是夷王赏赐勤政有功的内宰蔡的事。夷王命令蔡说，过去，先王已经任命你任内宰一职，管理王室事务。现在我任命你分掌王室内外事务，你不敢不报告各种情况。你管理百工，一定要听从王后命令。你不敢不效忠王后，不要让你的下属胡作非为。因此，现在我赏赐你玄色礼服、礼器，希望你恭恭敬敬，昼夜小心勤政，千万不可废弃我的命令！此外，《师晨鼎铭》《伯晨鼎铭》《谏簋铭》《扬簋铭》《单伯钟铭》等，均为此类赐封。

第二，立有战功者。《敔簋铭》载有军事将领敔，在与南淮夷作战中，斩敌首一百，俘敌四百，执讯敌人四十，立了战功，被周王赏赐一百田的经过。《大保簋铭》记载成王时，诸侯录子造反，成王命召公奭前去平叛。随召公出征的贵族休，因立战功而“锡休佘土”，就是在佘国赐给休土田。

第三，地位显赫的贵族。据《旟鼎铭》记载，王姜代周王赏赐旟三个田及其待收稻禾。此人受王姜赐田时，同时还接受了另一位地位很高的大贵族师栌的厚赠。[①] 师栌地位几乎与王后同列，旟能从他手中得到赠品，可知其地位之显赫了。

除封赐权外，周王对土地的处分权，还表现在收回封地上。《大簋铭》中，周王把封赐给贵旅嬰的土地改封给大，当嬰听到这一王命时，不但不敢反抗，反而恭顺地说：“我不敢贪婪。”接着，他又亲自和周王派来的官员一起勘察了封地田界，办理了移交手续。《大克鼎铭》中周王赐给克的田地中，其中一块就是原先赐给井家的封地，现在也收回来转赐给克。

封赐土地，仅仅是周王表现其完全所有权的一个方面；另一方面，其他物，如贵族使用的尊物、金璋璧圭、命服命车、奴隶、货币、马牛、武器以及贵族精神标志的特权，也在封赐之列。从金文资料看，土田的封赐

① 郭沫若：《关于眉县大鼎铭辞考释》，载《文物》1972年第7期。

反而不大多见，大量的、俯首可见的封赐物，不是不动产土地、房屋，而是前列动产物。郭沫若《两周金文辞大系图录考释》所收铭文，从武王至共王共收 83 铭，共中反映周王分封的有 45 铭。在这 45 铭中，土田封赐仅四例，其余全为不动产封赐。就在那四例不动产田土封赐中，大都还同时带有动产封赐。

动产封赐，首先是贵族尊物。前已叙述，尊物是贵族身份等级的标志。周代礼制，详尽地规定了各级贵族使用尊物礼器的差别。尊物为非流通物，贵族们不可能从市场上获得，得到尊物的主要来源，除西周中后期奴隶主贵族内部的交换外，便是周王的赏赐。周王赏赐，是贵族得到尊物礼器的最主要的来源。金文中，凡贵族任职或立功受奖，大都要进行尊物赏赐。赏赐的尊物，有贵族使用的朝服、朝靴、礼服、佩带，有贵族乘坐的命车及车上不同等级使用的各种车饰，有贵族专用的玉圭金璋等礼器。如《大盂鼎铭》有朝服、朝靴和车马的赏赐；《师遽彝铭》有圆形玉圭和玉瓒璋的赏赐；《庚赢鼎铭》《献彝铭》《令彝铭》有鬯金小牛、酒樽、瓒璋的赏赐；《颂鼎铭》《师虎簋铭》《吴彝铭》《牧簋铭》《师毛父簋铭》《豆闭簋铭》《走簋铭》《望簋铭》《麦尊铭》等有礼服、銮旗、金车及车马器的赏赐。值得注意的是，尊物赏赐中，不仅有有形物，还包括无形物，即权利和特权。这说明周人关于物的概念的外延比较大，把法律关系中的权利也包括进去了。譬如，《大盂鼎铭》中周王对盂的赏赐，其中一项内容，就是允许盂在自己氏族旗帜上画兽纹。[①] 金文中，贵族均有自己宗族的族徽或族旗，这是一个族精神特权的标志。盂得到周王认可，在本族族旗上再画兽纹，将是获得更大特权的凭证。这种精神特权的物，不是一般概念的物，其法律效力远远超出实体特权物——有形尊物。当然，所有尊物，包括有形的，无形的，它们在法律上的价值均高出生产资料土田、奴隶、牛马。所以，周王赏赐时，尊物总要放在土田之前。

① 郭沫若：《两周金文辞大系图录考释》，第 34 页。

其次是武器。武器为禁止流通物，但可以用作动产赏赐。赏赐的对象，一是军功将领，二是随王出征的贵族。《小盂鼎铭》记载，康王时，贵族盂受命攻克鬼方，他前后发动过两次战役，规模都很大，仅第一次战役就俘虏敌兵一万三千八十一人，并生擒了敌军酋首。战争结束后，为了表彰盂的战功，康王在周庙举行盛大庆功仪式，赏赐盂一只弓，矢百束，还有甲胄、干、戈等。《虢季子白盘铭》也因子白抗击猃狁有功，赐之弓彤、箭彤。随王出猎赏赐弓矢等武器的事例，还见于《趞曹鼎铭》和《师汤父鼎铭》。

其他动产赏赐还有奴隶、货币、牛马等。奴隶作为一种物是西周最重要的生产工具，常常和其生产工具马、牛一起充当周王对贵族的赏赐物。《大盂鼎铭》记载，周王一次赐给盂各种奴隶千人以上。《令簋铭》中王后代王赐给令人鬲百人以上和五家臣。《麦尊铭》赐臣二百家。《周公簋铭》"赐臣三品"，就是把被征服的三个部落的人全部沦为奴隶赏赐给贵族。西周货币主要是贝币。《献彝铭》《小臣静彝铭》《庚嬴鼎铭》《吕鼎铭》《剌鼎铭》《令簋铭》《禽簋铭》等铭文均有赏赐货币的记载。这些货币中，多为贝币，也有金（铜）[1]。1980 年陕西长安出土的多友鼎，宣王时器，铭文记载多友因战功卓著一次被赏赐的动产中仅铜就有"百钧"，即三千斤。赐马的记载有《作册大鼎铭》《牧簋铭》《吴彝铭》《小臣宅簋铭》《虢季子白盘铭》等。西周中期以后，除赐马外又出现赐牛的记载。如《卯簋铭》赐卯的有马十匹、牛十头。《大鼎铭》赐大的有骊白杂毛的牡马三十二匹。

从实际意义上说，诸侯、贵族也是完全所有权人。诸侯贵族在法律关系上对周王封赐给自己的土地只有占有权、使用权，而无处分权。然而，这种占有实际上是占有人对物有事实上的管领力，即对物的实际控制权利。"私有财产的真正基础，即占有，是一个事实，是不可解释的事实，而不是权利。只是由于社会赋予实际占有以法律的规定，实际占有才具有合法

① 《献彝铭》《禽簋铭》。

的性质，才具有私有财产的性质。”[①] 西周奴隶制社会特别重视占有这个事实，并从法律上保护实际占有，使它变成所有权的一种职能。中期以后，随着奴隶制商品经济的发展，诸侯贵族的这种占有权，逐渐扩大以至和所有权几乎无多大差异了。

诸侯贵族对土地占有权的逐渐扩大，便是对土地的实际处分权。其表现主要有两个方面：一是诸侯贵族可以把自己的封地再封赐给他的部下；二是可以私扩土地，并进行土地交易。

懿王时期的《卯簋铭》说，诸侯﨤伯的封邑在丰京附近。他命令自己的部下卯主管丰宫丰京人民。这是一个十分重要的官职，所以他对卯进行了赏赐，共赏赐包括四块四百亩田地。不婴簋是夷王时器，铭文记载不婴因战功受赏经过。而给他赏赐的人就是称公的大诸侯虢季子白。夷王时，国力较弱，𤞤狁入侵，夷王便命虢季子白统率六师之众前往抵抗。当虢公出征抵达太原时，𤞤狁又窜至高陵。不婴以偏师歼敌，表现得勇武非常，结果擒敌众多而致胜。战后，虢公受到周王大赏，而虢公又对他的部下不婴进行了赏赐。虢公受赐的全是动产，但他对不婴的赏赐物中却有“田十田”即一千亩田。这说明虢公把自己的受封之地又转给了部下。

中期以后出现的私田，有的为开荒取得，有的是交换、买卖所得。私田非周王所赐，其所有权自然属于私田主人。1975年陕西岐山董家村出土的共王时三器卫盉、五祀卫鼎、九年卫鼎的器主裘卫，是个主管裘皮的官员，本人又兼营工商业，为工商奴隶主大贵族。他三次与人交换田地。《卫盉铭》是裘卫与矩伯进行买卖交易。矩伯原是庶人出身，缺少朝觐用的朝服礼器，于是，他以“田十田”“田三田”共一千三百亩田地作代价，买得裘卫的朝服礼器。《五祀卫鼎铭》《九年卫鼎铭》也是田土交易，田土能够交易，其自身已带有私田性质。

贵族对动产更拥有无限制私有权，这在周初金文中已大量出现。贵族

① 《马克思恩格斯全集》(第1卷)，第382页。

给自己的臣下和作战有功者赏赐动产或贵族把受封于周王的动产再转赐于他的部下，都说明动产是允许任意处分、转移的。动产所有权转移的标的，周初为武器、奴隶、马牛、铜、贝、车，中期以后，尊物也在其内。动产转移，无限制私有，在铭文中到处可见。此外，动产中的青铜器钟鼎盘盂，也常常作为陪嫁品转移其所有权。

2. 不完全所有权。这种所有权指对土地仅有占有使用权，而无事实上的处分权。西周不完全所有权的权利主体是庶民。从先秦文献和金文资料看，他们是社会上最大的劳动阶层，享有基本政治权利，对国家土地拥有占有权、使用权。《诗・小雅・信南山》："信彼南山，维禹甸之。畇畇原隰，曾孙田之。我疆我理，南东其亩。"又《小雅・甫田》："倬彼甫田，岁取十千。我取其陈，食我农夫，自古有年。"诗中说，广大的南山田土是大禹修治好的。田地分为高地低地，成王时分给农户。每户农夫的田地有田界，都在田亩之中。国家把土地分给农夫，每年再征收贡赋力役。生产出的谷物，黍是珍贵物，供士大夫享用，农夫们自己吃陈稷。这样的生活自古如此。从这两首诗的片段可以看出，农夫耕种的土地是国家分配的，他们耕种国家分配的土地，要向国家负担赋税和力役。他们对这些土地没有处分权，不能转让赠与，更不能买卖，也不能作为遗产留给子孙。因为土地授给之后每三年还要重新分配一次。[①] 农夫们对授予之田只有占有、使用权和收益权，所以说是一种不完全的土地所有权。

西周中期以后，私有土地出现，但从目前见到的金文资料看，私有土地仅掌握在奴隶主贵族手中。农夫由于人力和劳动工具的限制，不可能也没能力去开荒占有私田，和贵族一样去取得对私田的完全所有权。不过，这时由于私田的出现，土地国有制和建立在土地国有制基础上的土地定期分配制度开始遭到破坏。"三岁更耕之，自爰其处。"[②] 就是说国家给农夫分

---

① 《左传・宣公十五年》何休注。

② 《汉书・食货志》。

配土地之后，不再定期重新分配了，而由各家根据土地的瘠肥，自行调整份地的种植和休耕。土地定期分配制度的破坏，说明庶民对土地的私有权有所扩大，然而，它仍非完全所有权。

庶民对自己的动产却有完全所有权。有的“贩夫贩妇”，实际上就是出卖自己剩余农产品和手工产品的庶民，这说明庶民对自己的动产农产品和手工产品在法定范围内有处分权，他们是这些动产的主人，完全所有者。

### （二）所有权的取得

现代民法规定，所有权的取得有两种途径，即原始取得和继受取得。原始取得，指一个人取得对物的所有权要符合法律规定，而不是以原所有人的所有权和意志为转移。如对物的改造、添附、收益、先占等，就是此类情况。继受取得是指一个人通过某种法律行为从他人处进行财产转移而取得所有权，如根据买卖、赠与、继受取得的所有权属于此类情况。

西周民事法规中，关于所有权的取得也有类似的规定。现摘要如下：

1. 分封。即诸侯贵族依法律规定从周天子或上级贵族那里取得对分封土地的实际控制能力、占有权和对动产的完全所有权。这是贵族土地占有权获得的最主要的办法。

2. 先占。指一个人因占有无主物、委弃物、战利品的行为而取得对物的所有权。先占原则是要看谁对那些可以私有之物的第一个占有。现就战利品、无主物和委弃物的占有分述如下：

对战利品的占有。西周法律规定，战利品，首先是战争中获得的战俘，其所有权归国家。“出征执有罪，反释奠子学，以讯馘告。”[①] 凡战争俘虏，一律要带回交周天子处置，还要在周庙向周天子禀告俘敌和斩敌情况。《小盂鼎铭》记载康王时贵族盂征伐鬼方获胜归周后在周庙向周王汇报战果的经过：第一次战役，生擒敌酋三人，杀敌三千八百多人，俘

① 《礼记 · 王制》。

敌一万三千八十一人，俘马若干匹，俘车十辆，俘牛三百五十五头，羊二十八只。第二次战役，又擒敌酋一人，杀敌一百三十七个，俘敌若干，俘马一百零四匹，俘车百余辆。盂当场将四个敌军首领进献于康王。这说明战利品，无论俘虏或车、马、牛、羊，其所有权均归国家。类似记载，金文中比比可见。如《虢季子白盘铭》有“子白献馘于王”的记载；《不嬰簋铭》有“余来归献禽”的记载；《敌簋铭》有“告禽”的记载，如此等等，都说明主要战利品所有权归国家。

但是，从金文资料看，小额量的战利品如贝或金（铜），往往归第一个先占有的人。《雪鼎铭》的小贵族，受命随其上司出征东夷。他在战斗中掠获了贝，战后便用此贝作价给自己铸了宝鼎。《员卣铭》中的员，在战斗中掠获了金，战后也用此金为自己铸了宝器。这些军事小将领用来做器的贝或铜，铭文大都写作“俘贝，用作……宝器”或“俘金，用作……宝器”，从文体上分析，不像军功赏赐。因为有的铭文，直接写成“有得，用作宝器”[①]，很显然，这是占为己有。这个“有得”，不仅指贝、铜，其他有可能成为私有物的小战利品，均可以以先占原则，取得对该物的所有权。

无主物的占有。无主物指没有所有人或所有人不明的财产。譬如野兽就属于这种物。西周时期，对野兽所有权的取得，是以先占为准则的。但因当时的田猎，一般都是大规模的集体行动，农民要在贵族带领和驱使下集体出猎，因而，猎取之物，大的要交公，用作祭祀，或作为农夫对贵族的贡献品。只有小的猎取物，才能归个人占有。正如《周礼·夏官·大司马》所说：“大兽公之，小禽私之……致禽馌兽于郊，入，献禽以享烝。”类似记载还见于《诗经·伐檀》篇：“不狩不猎，胡瞻尔庭有悬貆兮！……不狩不猎，胡瞻尔庭有悬特兮！……不狩不猎，胡瞻尔庭有悬鹑兮！”貆、特，三岁的野猪，这些大的猎取物均交给了贵族或公家，农夫自己不得占

①《㝬骏簋铭》。

有。《七月》篇说:“言私其豵。”豵，一岁以下的小野猪。小野猪的所有权可以先占方式归之于私。

委弃物的占有。委弃物指被所有人遗弃之物，也包括他人走失的饲养动物。拾得委弃物，原则上要交公，待无人认领时，大的归国家，小物成为先占的标的。《周礼 · 秋官 · 朝士》:“凡得获货贿、人民、家畜者，委于朝，告于士，旬而举之，大而公之，小者庶民私之。”就是说，当拾到他人委弃的货币，走失的奴隶、家畜，都要缴到外朝，报告朝士。十日以后无人认领，便加以没收，大的东西充公，小的归拾得者私人所有。又据《礼记 · 月令 · 仲冬之月》:“是月也，农有不收藏聚积者，马牛畜兽有放佚者，取之不诘。”就是说，在仲冬这个月，庄稼粮食早该收聚起来，不能弃置在外，马牛六畜也应圈起，如果将应收藏好的谷物没有收藏起来而弃置在外，或任凭马牛走失，任何人可依先占原则取得对该委弃物的所有权，法律不追究占有者的责任。反过来说，假使委弃物的拾得不在仲冬之月，则应交公或归还失主。前引《易 · 无妄六三》“无妄之灾，或系之牛，行人之得，邑人之灾”，也是先占原则在无主物牛上的体现。

3. 收益。收益是指由生息物中生产出来的孳息，包括天然孳息和法定孳息两种。

天然孳息，指原物中自然产生的孳息物，如林木、幼畜等。周制规定，山林、川泽属国家所有，所以，这些原物上的孳息物，如山林中的林木，川泽里出产的皮角珠贝，所有权也属国家。但在特定条件下，人民也可取得对这些孳息物的所有权。如《周礼 · 地官 · 山虞》规定:“令万民时斩材，有期日。”《地官 · 泽虞》:“以时入之于玉府，颁其余于万民。”就是说，国家的法令允许百姓们十月份开始入山砍伐木材，但有具体日期规定。换句话说，在法定日期内，百姓们能取得对砍伐的木材的所有权；限定日期之外入山砍木，则以盗罪论处。泽虞是负责川泽政令的职官，他命令国泽地的人们要守护泽中财物，按时向国家缴纳一定量的皮角珠贝，剩余部分归庶民所有。这说明川泽地的百姓能取得川泽中天然孳息物的一定所有权。

法定孳息，指合法利息。按周制，泉府是国家市场税收官员，也兼管贷款业务。凡从泉府那里借贷货物或金财时，要按规定交纳利息。对放贷者泉府来说，他取得了法定利息的收益权。

4. 买卖。是继受取得的方法之一。西周专设质人管理市场奴隶、牛马、车辇用器以及四时所产珍奇稀有食物的买卖。据金文记载，自中期以后，不仅动产，就是不动产土地，也能通过买卖取得对买来之物的所有权。前述《卫盉铭》《格伯簋铭》等即是。

5. 继承，也是继受取得的方法之一。西周实行嫡长子继承制，嫡长子便能通过继承取得对财产的所有权。西周铜器大都在铭文结尾要刻铸“其子子孙孙永宝用”之类的话，这句话的含义，一方面在于确认该器及其铭文所记载的关于田土、马牛、官爵、荣誉的所有权人，更重要的还在于确认这些财产和荣誉的继承人。“子子孙孙永宝用”，即嫡长子或所有权人所指定的继承人永远继承、使用。

6. 赠送。这还是继受取得所有权的一种方式。周人制作青铜器的原因很多，其中一种原因，是有的贵族当接受别人馈赠之后，为了表示馈赠物所有权已经归己，因而铸器刻铭，书写馈赠经过，以表示其所有权已具法律效力。如《史颂簋铭》说，周王命令颂去看望稣，稣便和颂一起来到成周游玩，并赠送颂一块玉璋、四匹马，还有吉金。颂接受赠品之后，便铸了这个簋，镌刻了赠送经过，以表示这些物的所有权已转移到自己手中。《大簋铭》《旟鼎铭》等均有类似记载。陪嫁物也是一种特殊的馈赠品。陪嫁的青铜器即媵器上，都要说明此媵器送于那个出嫁的姑娘，以表示其物权归于新娘及其子孙。如宗妇鼎、番匊生壶等器便是娘家为嫁女作的媵器。

### （三）所有权的消灭

现代民法中，所有权的消灭，是指通过某种法律事实，而使所有权丧失或与所有人脱离的一种法律现象。西周民事法规中，引起所有权消灭的原因，大致有如下几种。

1. 所有物的丧失。所有权人因某种原因而丢失或丧失自己的所有物时，他对该物的所有权亦即丧失。前引《易·无妄六三》“无妄之灾，或系之牛，行人之得，邑人之灾”，牛因火灾受惊跑失，被行人得到，对行人来说，意味着他得到了失牛的所有权，对邑人来说，是一场灾祸，意味着他丧失了对牛的所有权。这则卦辞说明，自然灾害中，随所有物的丧失，所有权人对该物的所有权亦即丧失。类似卦辞《易经》中还有不少。《震六二》：“震来厉，亿丧贝，跻于九陵，勿逐，七日得。”大意是，暴雷击来，迅猛异常，货币主人因惊慌失措，丢失了贝币。于是他登上九陵求卦，卦象告诉他不要去追逐丢失的钱币了，七天之后自然会得到。卦辞当然是带有迷信色彩的，但它说明，所有权人丧失了自己的物，一般是追寻不回来的，所以说“勿逐”。“勿逐”已表示所有权随物的丧失而丧失。《巽上九》：“巽在床下，丧其资斧。”意思是，盗贼入室行盗，所有权人吓得伏于床下，结果钱财被盗。这个所有权人对钱财的所有权，随“资斧”——财物与货币的丧失而丧失。《旅九三》：“旅焚其次，丧其童仆。”这是说商旅居于旅舍，旅舍被焚，其童仆丧失。这些童仆可能逃亡，也可能丧生。如果童仆丧生于火海，就意味着所有权客体的灭失，其所有权自然也就消灭了。

2. 所有权的转让。所有权人根据自己的意志，把财产转让给他人，其所有权立即消灭，而受让人却对该财产取得了所有权。西周时期所有权的转让有买卖、交换、赠送、陪嫁等多种形式。

买卖行为造成的所有权转让，前已述及。据《周礼》记载，为了确认因买卖行为造成的所有权转让的法律效力，西周专设司市、质人等职官，负责买卖契约的签订，“大市以质，小市以剂”①，“以质剂结信而止讼”②。

交换，指双方所有权人互换自己的所有权，这也是转让所有权的一种形式。《五祀卫鼎铭》即是这种交换所有权的例证。

---

① 《周礼·地官·质人》。
② 《周礼·地官·司市》。

赠送，是所有权人自愿将自己的所有物赠与受让人，使受让人获得对赠物的所有权。除前述金文资料外,《易经》中也有反映。《遁九四》:“好遁，君子吉，小人否。”是说馈赠给别人的小猪，如受让人是君子，这种馈赠就会大吉大利，合乎礼制；如受让人是小人，赠与人便将大丧其财。这从一个侧面说明，馈赠之后，赠与人对物的所有权随之转入受让人一方。

3. 所有权的抛弃。西周法律规定，所有权人如抛弃所有物，其所有权也就随之丧失。前引《周礼・朝士》和《礼记・月令・仲冬之月》的规定，均可说明这点。仲冬之月，农夫不收藏积聚，或任凭马牛牲畜走失，这是原所有权人自动抛弃所有物的表现。抛弃所有物，就是对该物所有权的丧失。即使不在仲冬之月，对抛弃物的处理，“大而公之，小者庶民私之”，对原所有权人来说，也是丧失了对物的所有权。

4. 所有权因强制手段被消灭。这是指国家行政机关或司法机关依法强制所有权人转移其对物的所有权。周王对贵族撤销封赐，就是用强制手段消灭其所有权。如《大簋铭》《大克鼎铭》中贵族封地的被收回，表明这些贵族因此而丧失了对封地的占有权、使用权。《散氏盘铭》等铭文记录侵权一方在官府监督下用土地、奴隶进行损害赔偿，一旦定立赔偿券书，负责损害赔偿的一方，便丧失了对这些土地、奴隶的所有权。

5. 所有权主体的消灭。所有权主体的消灭，是指所有权人的死亡。换句话说，所有权人一旦死亡，其所有权便立即转移。这种所有权的转移，在西周最明显的表现，是家庭中家父死亡后实行的嫡长子继承制。父亲死亡，所有权便落入嫡长子手中；如无嫡长子，则依法律规定转移其归属。继父与继子之间也适用这种所有权关系的转移规定。

### （四）所有权的保护

为了对奴隶主贵族的所有权进行充分保护，西周奴隶制法规定，当所有权人的财产受到侵害时，所有权人有权向国家机关或司法机关提起诉讼请求保护。

1. 请求确认所有权之诉。这是指当所有权或占有权的归属问题发生争执时，当事人可向有关机关提起诉讼，请求确认所有权。

在不动产物权方面，西周法律规定，诸侯贵族及自由农民对土地只有占有权、使用权，而无所有权。但是，无论哪种形式的占有，国家都要对诸侯贵族及自由农民占有的土地按照法定手续，勘查土地疆界，并绘制地界图。地界图一式两份，一份存放官府，一份在占有人手中。如果土地占有权或私田所有权需要转移，则地界图要随土地一并转移。公田的转移还须官方代表亲临现场再次查核地界。《大簋铭》中当封赐给贵族嬰的土地被收回转赐给大的时候，周王便派王室官吏膳夫豖首先把这一决定通知给嬰，然后，他们一起到现场去勘查了那块转封土地的地界。《格伯簋铭》《散氏盘铭》《卫盉铭》《五祀卫鼎铭》《九年卫鼎铭》等均有田土转移时政府官员勘查田界的记载。有的铭文还详细地描述、记录了田界经过的具体路线、起点和终点。有的铭文记录着交付地界图的隆重仪式。当土地占有权或土地疆界出现争执时，要向小司徒或司法机关提起诉讼，进行请求确认土地所有权的诉讼。有关机关裁决此种诉讼的根据，就是官府保存的那一份地界图，即《周礼 · 地官 · 小司徒》的“地讼，以图正之”。

对动产物权的确认，也是通过当事人提起请求确认所有权之诉后再由司法机关裁决的。如《倗匜铭》判例，就是一起请求确认动产物权之诉的判决。原告小贵族牧牛，为五名奴隶的所有权归属和被告大贵族倗发生了争执。为了得到那五名奴隶，牧牛把倗告到司法官吏伯扬父那里，请求司法机关依法作出判决，以确认自己对五名奴隶的所有权。这场诉讼，是请求确认所有权之诉。

2. 请求返还原物之诉。所有人的财产被他人非法占有时，财产所有人有权提起诉讼，请求司法机关责令不法占有人返还原物。能够返还原物的，必须返还原物；不能返还原物的，可用其他物代替；假如原物已经灭失，可以请求赔偿损失。《曶鼎铭》第二判例就是典型的请求返还原物之诉。当匡季指使其二十名奴隶抢占了曶的“禾十秭”后，曶向司法机关东宫提起诉讼。匡季原先试图用五田四夫（五百亩田和四个奴隶）进行损害赔偿，但曶却坚持“必唯朕禾是偿”，就是说非返还原禾不可。而原禾因时隔已久已经灭失，因此，东宫判决为增加赔偿数量，使其尽量接近原物损失。东宫的判决是：“偿曶禾十秭，遗十秭，为二十秭。”“偿十秭”，与匡季抢劫的原禾数量相等，再“遗十秭”，即再加十秭，应看作原禾被窃后的那段时间里原禾应得的孳息数。这样判决，使赔偿数比抢劫数增加一倍，为的是求得赔偿数与原物数能得到实际的均等。判决辞还说，如果到第二年没有还清二十秭禾的赔偿数，则再加一倍，要偿还四十秭，即以二十秭为原物递增成倍孳息。

3. 请求损害赔偿之诉。所有人的财产因他人不法侵害而遭到灭失或损坏时，在无法返还原物或恢复原状的情况下，所有人可以请求赔偿损失。《散氏盘铭》属于这种请求损害赔偿的判例。铭文一开头便说“用夨扑散邑，乃即散用田”。就是说因为夨氏侵犯了散氏的田邑，致其田邑遭到损坏，于是夨氏愿意用自己的田邑给散氏进行损害赔偿。铭文接着详细地记述了夨氏用两块田给散氏作赔偿的经过，最后又让那两块田的田官在司法官面前宣誓，保证厉行誓言，进行赔偿。如果发现爽约现象，造成多大损失，便罚多少，甚至可以进行刑罚惩处。可见，这一赔偿是受害人向司法机关提起诉讼之后，由司法机关强制侵害人进行损害赔偿的。

以上几种诉讼方式，是西周民事法规中保护所有权的方法。这种所有权保护法，一般为损害赔偿，但有时也有例外。如《㑁匜铭》判例，其诉讼除民事外，还涉及刑事诬告罪。对这种民事与刑事混杂的诉讼，便不能单一地采用损害赔偿的方法，可以给以刑事制裁，也可以把民事赔偿和刑事制裁结合使用。《散氏盘铭》田官宣誓时以人身作担保，说如果不遵守誓言，愿受刑罚惩处，也包含这种意思。即除民事赔偿外，还将受到刑事惩罚。

## 四、债

债的称谓西周时已经出现，叫作“责”。《周礼·秋官·朝士》：“凡有责（债）者，有判书以治，则听。”就是说，凡有债务纠纷的，必须附有契约券书，官方才能受理。这说明“责”（债）的内涵已包括债权、债务两方面的内容。类似记载还见于其他篇章。《天官·小宰》：“听称责（债）以傅别”；《秋官·朝士》：“凡属责（债）者，以其地傅而听其辞。”前句意为有借贷债务纠纷的，根据契约借券而听断。后句为凡受死友的委托，向债务人追讨债务，如因债务人抵赖而发生诉讼，则要传唤知其债务的邻里人来作证。

西周债的发生主要由两种原因引起，一是因侵权行为所发生的债，二是因契约关系所发生的债。后一种情况是债产生的主要原因。

### （一）因侵权行为所发生的债

侵权行为指不法侵害他人人身或财产权的行为。受害人有权请求赔偿损失，而加害人必须承担因侵权造成的债务，主要是补偿受害人的损失。

前引《曶鼎铭》铭首“昔馑岁，匡众厥臣二十夫寇曶禾十秭，以匡季告东宫”，是交代引起诉讼的原因：一个荒年里，匡季指使其众和臣抢劫了曶的禾十秭，这是一种不法侵害并非法占有他人财产的行为，故受害人依法提起诉讼，请求赔偿损失：“必唯朕禾是偿”。尽管，由于匡季是个在东宫任职的大贵族，司法官试图通过匡季向受害人曶叩头陪情以了结此案，匡季也主动提出愿以五田四夫作代价进行赔偿损失，但因曶坚持返还原物，所以司法官不得不依法作出判决：“偿曶禾十秭，遗十秭，为二十秭。如来岁弗偿，则付四十秭。”责令被告赔偿十秭，再加孳息一倍，如果到第二年未付清债务，则要赔偿原物的四倍。这一判例说明，只要是因侵权行为引起的诉讼，司法机关必须用强制手段使侵权人承担因侵权行为造成的债务，即补偿受害人的损失为结案的前提。不过，此类案子，西周法律也允许双方当事人私下了结。当司法官判决之后，匡季和曶并未执行公判，而是私下达成了协议：匡季愿意在原先答应赔偿五田四夫基础上，再增加二田一夫，总共赔偿七田五夫。曶也就同意了匡季的请求，愿意在赔偿七田五夫和十秭的情况下，免去交付三十秭的孳息，而解决了这场争纷。

《散氏盘铭》更是一则因侵权行为所发生的债的典型资料。“用矢扑散邑，乃即散用田”，是侵权之诉引起的原因。因为矢氏不法侵害了散氏的财产权——对邑的财产权，因而构成争讼，散氏请求加害人赔偿损失。加害人“乃即散用田”，就是说用自己的田邑进行赔偿损失，履行因侵权而造成的债务。接下来，铭文详尽地记述了加害人用眉田和井邑田两块田地进行赔偿的过程。在官方主持下，双方各派大批田官和其他政务官员，矢氏一方有十五人，散氏一方有十人，对眉田和井邑田的田界进行了勘查，并绘制了田界图，签订了契约券书，加害一方的代表在司法官面前宣了誓，最后办理了田土移交手续，这场因侵权行为引起的诉讼，才以加害人作了损害赔偿而结束。

### （二）契约的种类和内容

因契约关系构成的债，是西周最主要的债。契约在西周称为“傅别”“书契”“质剂”“判书”“约剂”等。最常见的契约有如下几种。

1. 交换契约。这是商品交换早期的契约形式。基本上是以物易物，即一方用金钱以外的财产与他方的另一种财物相互交换。这种契约是双务性、承诺性和有偿性的。其法律后果是双方当事人转移交换财产的所有权。金文中这种契约经常见到，《五祀卫鼎铭》《九年卫鼎铭》《鬲从盨铭》等为典型材料。

五祀卫鼎，西周中期共王时器，其铭文记载裘卫和邦君厉之间的一桩土地交换活动。铭文说：“惟正月初吉庚戌，卫以邦君厉告于井伯、伯邑父、定伯、琼伯、伯俗父，曰厉曰：‘余执共王恤工，于昭太室东逆，营二川。’曰：‘余舍汝田五田’。”这段话的大意是：正月上旬庚戌那天，裘卫把邦君厉带到执政大臣井伯等人面前进行交易。他对邦君厉说：“我执掌共王勤政的事务，在昭王的太室东北，要经营两条河流。”又说：“我给你五田作交换。”这是要约人裘卫陈述交换土地的理由。由于交换的土地原先为公田，因此，交换活动要在执政大臣面前进行，以得到国家的认可。裘卫是个管理皮裘的官员，又是一个工商奴隶主。生产皮革制品离不开水，所以，他才看中了邦君厉所占有的位于昭太室东北的田地。那儿有两条流水，利于经营皮毛生产，因而愿意以自己的“五田”（五百亩田）交换邦君厉的一块四百亩的田地。官员们询问邦君厉：“你愿意换田吗？”当“厉乃许”之后，这桩土地交换契约便在双方协议的基础上达成了。裘卫用自己的五田去交换邦君厉的四田。从数量上看，交换是不等价的，然而，邦君厉的四田当中却有二川流动，水利收益将会弥补田数的差额，所以交换基本上是均等的。这便是裘卫不顾田土数量之差而以要约人身份首先请求交换的原因，也是邦君厉能够以允约人身份允诺契约达成的理由。契约签订之后，双方均承担义务，要按契约规定交付对方所换的田地。裘卫为了使自己对交换得来的土地享有永久占有权，因而铸造这件大鼎，详细记述在官方参与下勘查四田田界的经过和邦君厉现场交付裘卫田土的交接仪式。

九年卫鼎也是共王时器，器主仍为裘卫。铭文记载共王九年矩伯用自己的私田交换裘卫车马器的立契过程。铭文分以下几层意思：

第一层，交代交换行为产生的原因。共王九年正月，周王在周驹宫，又到宗庙里。这时，眉敖的使者前来朝见，周王举行盛大接待礼。矩伯被任命为接待使者的卿。为了接待礼的急需，他要向裘卫换取一辆好车。

第二层，叙述双方的交换物。矩伯向裘卫取了一辆好车，并带有车旁的钩子，车前横木中有装饰的把手，虎皮罩子，长毛狸皮的车幔，彩画的车套子，鞭子，大皮索，四套白色缰绳，铜马嚼口等。裘卫为了交换的顺利进行，给矩伯妻子贿赂了十二丈帛。矩伯用来交换的物是一块林舀里，即林地。

第三层，交代裘卫与矩伯交易活动中插入的一次小交易。矩伯给裘卫的林地中，其林木的收益权，早被矩伯分赐给小奴隶主颜氏了。矩伯裘卫之间的交易一旦成功，就意味着颜氏也将丧失对林木的收益权。因此，裘卫又给颜氏两匹大马，给颜氏之妻一件青黑色衣服，给颜家管事寿商一件貉皮袍子和罩巾，作为交换林木收益权的代价。

第四层，契约达成之后，矩伯给裘卫交付田地。当裘卫给颜氏管家交换物后，矩伯便命令寿商和裘卫一起去勘查土地，立起田界，举行换田交接仪式。

第五层，裘卫铸鼎，镌刻“卫其万年永宝用”，确定自己对这块林地的所有权。

十分清楚，这是一个交换契约成立的全过程。要约人为矩伯，受约人为裘卫，契约以双方交换物权而成立。这个契约还是一个主从契约，裘卫与矩伯的交换契约为主契约，裘卫与颜氏的交易为主契约引起的从契约。从契约以主契约的存在为前提，随主契约的成立而成立。尤为瞩目的是，这次交易和《五祀卫鼎铭》的交易存在着很大的差别。《五祀卫鼎铭》用以交易的土地为公田，因此，整个交易活动要在官方参与下进行。而这次交易中矩伯用以交易的土田，为他的私田。私田交易，无须官方执政大臣参与，也不举行官方主持下的宣誓仪式。契约的成立完全取决于立契双方的意思。这次交易，敢于在周王举行盛典时公开进行，说明私田交易在西周中期已较为普遍。私田交易首先从山林地开始，说明山林地最容易被奴隶主开荒利用，变成自己的私田。

鬲从盨是西周晚期厉王时器，器主鬲从为受约人。该器所载的契约是一种混合契约，即交换契约混杂着租借契约。不过，铭文主要反映的是交换契约。有两个要约人同一天与受约人鬲从分别签订了以耕作奴隶交换田土的契约。鬲从为了确认自己得到的奴隶的合法性和所有权，便铸造了这件宝鼎，镌刻铭文，详记契约签订的过程。

鬲从是个大奴隶主贵族，在王畿之内拥有大片土地。和他进行交易的第一个人是章氏。章氏派遣自己的部下用耕作奴隶去交换鬲从的土地。章氏出了三名奴隶换取鬲从的田地。交易过程中，章氏一方又馈赠了二名奴隶与对方，总共用了五名奴隶。交易中，要约人给受约人馈赠物品，表面上是为了促成契约的尽快完成，其实，馈赠物也是一种变相的折价办法，这点，《九年卫鼎铭》已有反映。契约以受约人的允诺而成立，随即进行了田、奴交接仪式。第二个和鬲从交易的人叫亘氏。他也派遣自己的部下用耕作奴隶来换田。亘氏除租借给鬲从三名耕作奴隶外，又将五名奴隶作为交换对象换取鬲从的田地。这次交换，同样以受约人鬲从的允诺而成立，双方签订了契约，办理了交接手续。这则契约中又混杂了一则租借契约，通过两则契约，鬲从一日内用土地换到十三名奴隶。从交换标的全是耕作奴隶而且其数字相当可观这点来看，说明鬲从肯定是个大土地奴隶主。奴隶虽是动产，但在当时其价格是比较昂贵的。“匹马束丝”才能买到五名奴隶，所以鬲从对这次交易颇为重视。为了使自己的契约有法律保障，他将两则要物交换契约的制定情况均报告了周王。大概由于王畿之内要物的交易，周王是要亲自过问的，因此，铭文开头便记载了在周厉王二十五年七月的一天，王在永地的师田宫听取了这两则契约签订经过的汇报，并作了认可。周王还命令一个叫成的小官吏迎来内史和大史，让他们把契约的副本登录在官府的记录中，并存档保管。之后，鬲从铸了器，以表明自己对那十三名奴隶的所有权。要物契约必须是书面契约，立契之后，将契约中分为二，由官府和债权人各存一半。《鬲从盨铭》的结尾是“厥右鬲从善夫克”，就是说，契约的右侧归鬲从保管。由于交换契约是双方契约，就鬲从一方来说，在确定自己对交换得来物的所有权时，他是债权人，因而，要保存契约右侧。这点和《周礼》等先秦古籍记载完全符合。善夫克是立契中介人。善夫，官名，克，人名。契约铭刻中介人姓名，在于索取旁证。两次立契活动均使用了同一个象形文字，此字郭沫若在《两周金文辞大系考释》中释为“钓”的象形文，意为“取，交易”。提到对方付给鬲从奴隶时，两次使用“复贿”一词，还付的意思。就是说拿到田，就要还付奴隶。[1]

---

① 冯卓慧:《鬲从盨所反映的西周契约关系》，载《考古与文物》1985年第6期。

从上述三件铭文，足以看出交换契约在西周已普遍存在。这是一种以物易物的交易活动，交换标的有土地、奴隶、车马及贵重物品。公田交换要报告官方，以保证国家对契约的干预。私田及非重要动产交换，自行其事。要物交换要写成书面契约。交换契约是双务性的，立约双方均可成为债权人，亦对对方负有债务。交换契约以标的物的交换而成立，交换之后，所有权人的所有权亦发生变革。交换契约也可以是混合契约或主从式契约。

2. 买卖契约。买卖契约是出卖人一方将财产交给买受人一方所有，而买受人接受此项财产并支付价款的协议。买卖契约的成立，必须注明买卖的标的和价格。西周时期，买卖的标的是物。出卖人的义务是将标的物及其所有权转移给买受人，而买受人的义务，是按契约规定支付价款。交付时间亦有规定，可与标的物的交付同时进行，也可按契约规定时间另行交付。无论买受人或出卖人违反契约规定不交付价款或不交付标的物，另一方有权依法向司法机关提起诉讼，请求保护权利。买卖契约与交换契约的最大区别是，前者以钱买物，或对物的价格作出明确的折算办法，后者是以物易物。西周中期以后，买卖契约已不少见，但它还处在买卖契约的初期阶段，不少买卖契约带有从交换契约转变而来的特点。《周礼·地官·质人》:“凡买卖者质剂焉，大市以质，小市以剂”，可以反映西周市场贸易中买卖契约的活跃。《格伯簋铭》《卫盉铭》《曶鼎铭》均有买卖契约的规定。

格伯簋，共王时器，铭文记载买受人格伯以良马四匹折价，购买倗生三十田的一次交易活动。达成的书面契约是:“惟正月初吉癸巳，王在成周。格白（伯）叏良马乘于倗生，厥贾（价）卅田，则析。”契约首先交代立契时间和地点。周王某年正月初吉癸巳那一天，王在成周处理政务，他俩签订了这件买卖契约。契约接着记载了交易内容:买受人格伯要买出卖人倗生的土地，便交付给倗生四匹良马，这四匹良马的价值是三十田，因此，便用四匹良马折价买田。契约签订后，写在木简上，然后中破为两半，叫作“析”，官府存一半，买受人执一半。买受人是债权人，所以要保存契约的一半，以证明对买受物的所有权；另一半存入官府，以备以后一旦发生债务纠纷，即可作为凭证。契约的后一部分主要书写勘查田地的经过并记录田地四至，以及倗生的守约誓辞。

很明显，这是一则买卖契约，买卖标的是三十田，价格是作了价的四匹良马。那四匹良马不是交换物，而是折了价的实物，用来支付田价，所以这则契约已变成了买卖性质的契约。尽管如此，它还是早期的买卖契约，是从交换契约演变而来的一种买卖契约形式。交换契约是早期商品经济的产物。随着商品经济的发展，简单的以物易物的交换已无法调节复杂的商品关系，于是，货币的作用便日益重要起来。货币作为商品流通市场，将会促进商品经济的进一步发展。《格伯簋铭》虽未直接使用货币，但却使用了"厥贾（价）"这个字眼，意为"它的价格"是用四匹良马作价的。可以看出，马匹在这儿起到了货币的作用。马克思说："货币结晶是交换过程的必然产物。"[①] 恩格斯说："牲畜变成了一切商品都用它来估价并且到处乐于同它交换的商品——一句话，牲畜获得了货币的职能，在这个阶段上，就已经当货币用了。"[②] 西周的情况也不例外，货币成为商品，流入市场，但初期货币数量不够多时，贵重牲畜马匹也起到了货币的作用。

卫盉也是共王时器，器主仍是前述交换契约中提到的大工商奴隶主裘卫。铭文是一则买卖契约。买受人为矩伯，买卖标的是朝觐用的玉器和贵重皮衣等物。出卖人为裘卫。裘卫从买卖中得到的价款依然不是货币，而是折价了的田地。铭文大意是：

共王三年三月壬寅日那一天，周王在丰邑大朝诸侯。矩伯为了朝觐的需要，向裘卫取了朝觐礼器玉璋。玉璋价值贝八十朋，根据这一价款，他给了裘卫一千亩田来折价。矩伯又从裘卫那里取了两张赤色虎皮，也是朝觐之物，和两件鹿皮披肩，一件杂色椭圆裙。这些东西的价值为贝二十朋，矩伯用三百亩田折价付给了裘卫。因为这些作了价的田地原为公田，

① 《资本论》（第 1 卷），《马克思恩格斯全集》（第 23 卷），第 105 页。

② 《马克思恩格斯全集》（第 21 卷），第 183—184 页。

所以还是依规定把契约签订情况一一告知伯邑父等大臣。大臣们命令三有司——司徒、司马、司空到现场参加了田地交付仪式。

这则契约的买卖性质比《格伯簋铭》更为明显，因为它直接用货币——贝作为衡量价值的尺度。尽管买受人付给出卖人裘卫的价款不是货币，而他两次给予裘卫的一千三百亩田，契约明文按一百朋作了价。这种交易，真正起作用的已经不是田地，而是货币贝，所以，它是一桩买卖契约性质的交易。《卫盉铭》再次表明，西周时期，早期的买卖契约，是从交换契约转化而来的。

曶鼎，孝王时器，是所有买卖契约中最典型的铭文。该铭第二段记述一场因买卖奴隶而酿成的诉讼案，诉讼案对买卖契约签订的全过程，描写得淋漓尽致。诉讼是因奴隶出卖人限两次违约引起的。买受人曶把限告到司法官井叔那里后，他的诉讼代理人在公堂上陈述了起诉理由。诉词中详细介绍了两次立契经过和限悔约的原委。

铭文开头说，曶用"匹马束丝""买汝五夫"，即买了限的五名奴隶，中介人叫效父。这是第一次交易。铭文直呼其"买"，说明"匹马束丝"已是作了价当作货币使用的实物。契约应属买卖性质，只不过其形式是口头契约罢了。契约以出卖人限的承诺而成立，曶已交付了马和丝。但是，限在收到价款后又悔了约，他不但没有交付买受人标的物"五夫"，反而让他的部下和中介人分别退回"匹马束丝"，但又提出要在王参门地方改签用金属货币购买那五名奴隶的书面契约。经曶同意后，双方签订了书面契约，达成了用铜百锊"买兹五夫"的交易。当曶交了铜后，限又一次悔约，让他的部下前来"退金"。在出卖人限两次违约不交付买卖标的情况下，买受人为了保证自己的合法权利，才不得不将限控告到司法机关，寻求法律对正当权益的保护。司法官对此案作了判决，责令限应遵守前约，不许再有贰言。限只好服从判决，交付了五名奴隶。

《曶鼎铭》判例说明，西周买卖契约有口头和书面两种形式，无论哪种形式均须具备中介人。契约成立的基础是协商。买卖标的和卖价要在契约上书写清楚。契约一旦达成，即具备法律效力，任何一方无权违反。如因一方违约发生诉讼，法律将制裁违约者，并保证契约的正常履行。“凡以财狱讼者，正之以傅别约剂。”[①] 就是说对因货财而引起的诉讼，则按契约傅别、约剂规定裁决。《曶鼎铭》对文献记载作了佐证。

3. 租赁契约。租赁是商品经济发展之后出现的一种新的财产流转关系。西周时期，已经产生租赁和租赁契约。租赁契约是出租人将出租财产交付承租人使用，承租人向出租人支付租金，并在租赁关系终止时返还所租财产的协议。它也是双务性、有偿性、诺成性的契约。租赁契约并不产生所有权的转移，而仅仅是双方当事人商定对租赁物的有偿使用。租赁关系终止时，承租人必须返还原物。西周时期租赁的标的尚处在土地范围之内。因为从中期开始，土地交换以至买卖不断出现，有时甚至是大面积的交易，这必将引起土地的相对集中。大奴隶主不断扩大自己占有的土地，小奴隶主被迫丧失土地，不得不承租他人土地，从而促进租赁关系的发展。另外，也有一些奴隶主，通过土地的承租和转租，企图从中渔利，这都是租赁关系发达的原因。世传青铜器鬲攸从鼎就反映了这种租赁契约。

鬲攸从鼎，西周晚期周厉王时器，其铭文是一起因承租人攸卫牧违反契约规定，拒绝缴纳租金而引起的一场民事诉讼案，其中反映了当时的土地租赁和租赁契约情况。铭文开头说：“女觅我田牧，弗能许鬲从。”意为：你攸卫牧租种我的土地，但不付我租金。这是原告鬲从提起诉讼的理由。从讼辞看，鬲从是出租人，攸卫牧为承租人，他俩曾立过租赁契约。诉讼提起后，周王命令两造到司法官虢旅那里接受审判。经虢旅审理，判决攸卫牧败诉，应承担违约责任，并在法庭上让他宣誓：“我弗具付鬲从其且（租），谢分田邑，则放。”就是说，我如果再不全部付给租金，那就收回我所承租的田地，我也愿受流放刑罚的惩处。

从攸卫牧的誓词看，攸卫牧并非完全没有交付租金，只是没有交齐。这也许由于收成不佳，或是其他原因。无论如何，不按期付清租金，承租

① 《周礼 · 秋官 · 士师》。

人便有被收回承租土地的危险，出租人有提起诉讼的权利。土地租赁一般要有几年的期限，因为土壤改造不可能短期完成。鬲从起先没有收回租地，肯定是租期未到，所以他只好诉诸司法机关，要求司法机关依法保护出租人的利益。攸卫牧愿以人身作担保起誓，说明西周法律是保护出租人权利的，也可看出租赁契约在西周所具有的法律效力。

4. 租借契约。租借契约是租赁契约的一种分支形态，根据对租赁物的使用是否取得孳息来划分。租赁和租借不同，前者需缴纳租金，取得孳息，定期使用，其标的为田地；后者亦缴纳租金，但不取孳息，定期使用，其标的物为房屋、奴隶或其他动产。西周时期，以耕作奴隶为租赁标的的契约，称作租借契约。《鬲从盨铭》就载有这种契约形式。

前已提及，该器所载一件混合契约，就是由交换契约和租借契约混合而成的。租借的标的为三名耕作奴隶。铭文记载是：亹氏派遣自己的经济代理人小宫，取了鬲从的田地，用三名耕作奴隶附以期限地租借给鬲从，作为交换的代价。租借一词铭文写作“限赊”，郭沫若解释为“附以期限地租借”[①]。租借自然是有期限的，到期后，承租人将归还租借标的。这则契约的租借标的是三名奴隶。契约对三名奴隶的姓名一一清楚地写了出来，并写明是租借（“限赊”）。不过没有写明租借日期，可能是因为租借在此混合契约中不太重要的缘故，或许立契时对租借日期已作过口头规定。奴隶作为租借标的是很值得注意的一种社会现象。古代发达的奴隶制国家，如希腊、罗马，都以奴隶为租借标的。古代东方其他国家还未见到这一现象。西周晚期以耕作奴隶为租借标的，是土地私有化迅速发展的表现。西周中期以后，土地开始向私有化转化。《五祀卫鼎铭》土地交易量达五百亩，约合今 156 亩，数量相当可观。随土地私有量的逐步增多，奴隶主对土地上直接从事农业劳动的耕作奴隶的需求量自然增大。奴隶从何而来？购买是一条途径，但不是唯一途径。因为“匹马束丝”才能购到五名奴隶，价

① 郭沫若：《两周金文辞大系考释》，第 125 页。

格是比较昂贵的。《格伯簋铭》中四匹马的价值为三十田即 3000 亩，一匹马价值 750 亩，合今 240 亩。“匹马束丝”买五名奴隶，即使除去“束丝”的价值，一名奴隶也要付出 150 亩土地的价值，相当今 48 亩农田的价值。所以，购买，不会成为奴隶主解决奴隶来源的唯一途径。于是，另一解决奴隶来源的途径——租借便应时而出现了。奴隶作为租借标的，既可消除需求关系的矛盾，又可使奴隶主免付购买奴隶的巨额资财。定期租借耕作奴隶，还能适应农业季节性的特点，农忙多租，农闲少租或不租。总之，以奴隶作为标的物的租借契约的出现，不仅对奴隶主阶级有利可图，对调整西周民事经济关系，促进社会经济的发展，都有着重要作用。

5. 借贷契约。和前几种契约一样，它也是商品经济的产物，是人类社会最早出现的契约之一。在先秦文献中，西周的借贷契约与买卖契约并列为两大重要契约。西周借贷契约的特点是，出借人把货币或实物交付借用人所有，借用人在一定期限内除返还一定数量的钱财外，并附加一定限额的利息。违反契约规定，不按时交付利息者，要受刑罚制裁。借贷在先秦文献中称作“取予”“同货财”“责”。“凡有责者，有判书以治，则听。”① 其中的“责”，专指借贷债务。是说因借贷债务发生的纠纷，必须附有契约券书，然后才能受理。“凡民同货财者，令以国法行之，犯令者，刑罚之。”② “同货财”，指赊贷钱物。是说民间赊贷钱物，应该按照国家法令规定的利息支付，违背规定的，处以刑罚。“听取予以书契。”③ “取予”即借贷款物。是说因贷款发生的争执，按借贷书契听断。如果债权人已经死亡，其遗嘱委托人代替死者向债务人讨取借贷债务，史书称作“属责”。“凡属责者，以其地傅而听其辞。”④ 就是说，受死友委托向债务人讨取借贷债务，

① 《周礼·秋官·朝士》。
② 《周礼·秋官·朝士》。
③ 《周礼·天官·小宰》。
④ 《周礼·秋官·朝士》。

如因抵赖而发生诉讼，要传唤居住在附近的居民来作证。

6. 委托保管契约。委托保管契约是寄托人把需要保管的物品交给保管人保管，保管人在一定期限内返还保管物的协议。依保管契约，寄托人把需要保管之物交付保管人，仅转移占有权，并不丧失所有权，故保管人应按约于一定期限内将保管物返还寄托人。保管契约是实践契约，既要双方为保管的要约和承诺，又要有寄托人交付保管的行为，契约方能成立。保管契约可以是有偿性的，也可以是无偿性的。保管契约是双务契约。这种契约是适应商品生产与交换的需要而产生的，是在私有经济日趋复杂的条件下出现的。

过去，许多国内外法学家以为保管契约仅在《汉穆拉比法典》、罗马法等法律制度中才列入契约种类。殊不知，在中国西周的法律中，它也被列入契约种类。《周礼·地官·廛人》中的“廛布”贾公彦疏为：“廛布者，货贿诸物邸舍之税者。谓在行肆，官有邸舍，人有置货物于中，使之出税，故云廛布也。”也就是说，廛布是一种因保管物品而得税收的称谓。这说明，西周有保管契约存在。这种保管契约中，寄托人是一般的商贾，保管人是官方，官方在市场上专门设立邸舍，受商贾委托，为之保管货物。保管的标的是“货贿诸物”，就是各种各样的货物。西周的保管契约是有偿性的，保管人为寄托人保管货物，到期返还原保管物，要寄托人支付一定的保管费。因为西周保管事业是官方经营，所以保管费以税收形式交付保管人，称为“廛布”。

### （三）契约形式和成立的要件

西周的契约分口头和书面两种形式。

1. 口头契约。用口头交谈进行意思表示而订立的契约，叫口头契约。西周时期，口头契约主要用于即时清结的契约关系。例如，《曶鼎铭》所述第一次与限进行的五名奴隶的买卖，即以口头许诺而成立。曶当即交付了“匹马束丝”，如果限也能立即交付奴隶，这桩契约就会告成。只是因限违约，才发生了纠纷。口头契约有时也用于借贷和其他非即时清结的契约关系，可以独立行使，也可与书面契约混杂在一起使用。《鬲从盨铭》书面契约中未注明租借期限，这个具体借期就是和租借书面契约混杂在一起的口头契约。口头契约简便、迅速、易行，但发生纠纷后较难取证，不易分清责任。鉴此，西周时期的土地、奴隶等要物交易，大都采用书面契约。

2. 书面契约。用文书形式进行意思表示而订立的契约，叫书面契约。这种契约因有据可查，有利于契约纠纷中分清责任。西周时期，书面契约称作“傅别”“质剂”“判书”“书契”等。严格地讲，有傅别、质剂两种。

傅，就是“傅著约束于文书”，也就是说把契约写在竹（木）简上；别，即“别为两，两家各得一也”，就是把契约分为两半，债权人与官府，或立契双方各执一半。傅别的书写格式，“为大手书于一札，中字别之”。就是说在一支木简或竹简上，中间写字，然后将其从中间破而为二，双方各执一半。一旦发生契约纠纷，官府便开府拿出库存契约之左侧与债权人执掌的右侧验合，断决是非。质剂，“谓两书一札，同而别之，长曰质，短曰剂”。就是说，质剂是在一支札上的左右两方书写同一内容的契约，然后，中分两半，右侧归债权人掌握，左侧存入官府，发生纠纷，开府验对，以断曲直。质剂有长短之分。长券叫质，短券叫剂。凡奴隶、马牛、土地等要物交易用长券，珍奇异物等动产交易用短券。

书面契约一般写在木（竹）札上，如果发生了争讼，纠纷解决后，债权人为了进一步确定自己对转移得来物的所有权，常常要铸造宝器，镌刻契约内容或诉讼（一般情况下为胜诉一方）的经过。刻在铜器上的契约实际上也有法律效力。

3. 契约成立的要件。从金文资料看，无论口头契约或书面契约，均由双方协议达成。契约成立，一般具备以下一些要件：

第一，口头、书面契约都须注明契约标的和债权、债务关系。

第二，契约签订过程中要说固定的套语。如《五祀卫鼎铭》记载土地交易契约的签订时，立约之一方和主持立约的执政大臣进行了如下的套语问答：

执政大臣问："你要交换土地吗？"

受约人邦君厉回答："我确实要交换对方的五百亩田地"。

第三，要物尤其是土地交易达成协议时，权利转让人要在司法官面前立誓，以表示愿意承担契约义务。五祀卫鼎、格伯簋等铜器均有反映。

第四，口头、书面契约签订都要有中介人，即证人。《曶鼎铭》中的中介人叫效父，《鬲从盨铭》的中介人叫善（膳）夫克。

第五，土地交易，要绘制田界四至图，并将田土四至详细写在契约上。《格伯簋铭》《散氏盘铭》等均有记载。

第六，有的契约，尤其是经过争讼之后的契约，如土地租赁，承租人（或败诉者）要以人身作担保，以保证契约的履行。

## 第六节　婚姻法律规范

### 一、婚姻

周人从婚姻、家庭和统治权三者之间的相因关系出发，对婚姻、家庭问题及其与此相关的立法活动十分重视。在周人眼里，婚姻是家庭组成的前提，而家庭则是整个社会的最小但又是不可缺少的细胞。一个家庭，犹如一个国家的小缩影，没有绝对的家庭主权人，没有长幼尊卑之间的等级关系，家庭不能安定，社会秩序也要遭到破坏。反之，婚姻、家庭如果合乎礼的规定，不仅社会秩序稳定，周的统治权也能巩固。正如《易序卦》所说："有天地，然后有万物；有万物，然后有男女；有男女，然后有夫妇，然后有父子；有父子，然后有君臣；有君臣，然后有上下；有上下，然后礼义有所错。"周统治者为了确保婚姻、家庭在礼制基础上的相对稳定，对婚姻原则、婚姻成立的条件及其终止以及婚姻形式、夫妻地位等均作了相应的法律规定。

（一）同姓不婚的婚姻原则

作为奴隶制发达时期的西周，不仅要求理论上的一夫一妻制（当然是对男性而言），而且要求每个家庭子孙繁衍，人丁兴旺，产业后继有人。于是周人在总结千百年历史经验基础上，进一步懂得了“男女同姓，其生不蕃”[①] 的道理，并将同姓不婚作为一条重要的法定婚姻原则恪守不移。《礼记 · 曲礼》：“取妻不取同姓，故买妾不知其姓则卜之。”《礼记 · 大传》：“百世而婚姻不通者，周道也。”这说明周人娶妻不能同姓，买妾也一样，首先必须卜问清楚其姓，然后才能通婚。同姓不婚也无年代界限，同姓之人，即使传过百代都不准为婚。正因为西周严格执行这一法定婚姻原则，所以，凡铜器铭文中有关婚姻的记载没有不是异姓为婚的。例如，克盨铭文记录着克与师尹两家达成的婚姻。番匊生壶是媵器，记录番匊生家女嫁孟氏家为妻。该器是厉王时器，铭文道：

“隹廿又六年十月初吉己卯，番匊生铸媵壶，用媵厥元子孟妃乖，子子孙孙永宝用。”这是说番匊生的长女出嫁给孟家，这桩婚事是番、孟两家达成婚媾。函皇父簋也是厉王时器，是函国的皇父为其女儿出嫁所造媵器。皇父之女姓妘，嫁与周室，铭文称为周妘。周为姬姓，这件婚姻是姬、妘两姓通婚。《叔姬簋铭》记载姬姓女子嫁与黄邦作妻，楚国女子邛嬭作陪媵之事。宣王时的苿伯簋铭文中有“孝倗友，与百诸婚媾”语，也就是说苿伯与边远地区的少数民族达成婚媾，以便宴好朋友，与异族结为亲密关系。宗妇鼎是幽王时器，其铭文记载远在蜀地的鄁国嬰姓女子嫁与姬姓的周室一事，是嬰、姬两姓通婚。《夨王簋盖铭》记载夨氏为自己的爱妃郑国的姜姓女子作礼器，这是夨、姜二姓通婚。

① 《左传 · 僖公二十三年》。

先秦文献中这类记载也屡见不鲜。《诗经·召南·何彼秾矣》是一篇赞美周平王的孙女下嫁给齐侯之子的诗篇。齐为姜姓，周为姬姓，这是姜、姬两姓联姻。《左传·昭公九年》记载郑公子与陈侯联姻，郑为周王室后代，姬姓，陈为虞舜后代，妫姓。这是姬、妫两姓结为婚约。

姓是代表有共同血缘关系，出自同一氏族的人的一种称号。顾炎武《日知录》记载，根据《春秋》，可以考出秦汉以前的二十二姓。许多古姓都从女旁，例如周天子为姬姓，其所封的同姓伯叔兄弟的封国也都是姬姓。夏人后裔越国是姒姓。虞舜的后裔陈国是妫姓。这说明古老的姓与我们祖先经历过母系氏族社会有关。同姓之人，在远古时曾是同一氏族的人，有一定血缘关系。

周人从数千年人类社会的发展中科学地总结了同姓相婚的弊害。《国语·晋语四》说："同姓不婚，恶不殖也。"子孙的繁衍是周人确立婚姻关系的最重要的目的，立国者要考虑江山有后代可继承，立家者要考虑宗祧家业有子孙可传宗，因此，周人确立了同姓不婚这一重要的婚姻原则。

周人不娶同姓而娶异姓，也还有政治上的需要，那就是通过异姓联姻起到对远邦的安抚作用，以维护周的一统天下。《礼记·郊特牲》说："娶于异姓，附远厚别也。"《国语·晋语四》："异姓则异德，……男女相及，以生及民；同姓则同德，同德则同心，同心则同志，同志虽远，男女不相及，畏黩故也。黩则生怨，怨则毓灾，灾毓灭姓。是故娶妻避其同姓，畏乱灾也。"也就是说，异姓相婚可以使边远地方的异族归附，使别姓与自己亲厚，这是有利于国计民生的，而同姓相婚，可能为了争色缘故，导致上下、辈分、亲属间轻慢不敬，最终产生怨恨，致使内乱发生，灭姓灭族，不利于巩固奴隶主阶级的宗法制统治。

周人的同姓不婚原则不能完全和今人的优生学说相提并论，然而在距今三千年前，我们的祖先已经懂得了"同姓相婚，其生不蕃"的道理，这不能不说是人类婚姻发展史上的一大进步。这种科学的观点是其他奴隶制国家，包括罗马在内，其婚姻法中绝无仅有的，它显示了我国古代文明的发达。

## （二）婚姻种类

周人的婚姻种类主要有掠夺婚、聘娶婚、自由婚三种形式。

1. 掠夺婚。这是以强力手段“劫掠”成婚的一种婚姻形式。

掠夺婚大约产生于夏代。《易 · 睽上九》：“睽孤见豖负涂，载鬼一车，先张之弧，后说之弧，匪寇婚媾。往遇雨则吉。”这是一则描写掠夺婚的爻辞。爻辞前部分是个古代故事，说睽孤这个人傍晚行路时，见到一豖伏在地上，又见到满载鬼的一辆车。睽孤起先想张弓射杀他们，后又弛下了弓。因为他仔细审视之后，发现车上坐的不是鬼，而是人。那么这些人为什么傍晚时分要打扮得像鬼一样呢？原来他们不是前来抢劫财物的寇贼，而是些掳掠新娘的掠婚者。爻辞后一部分涉及卦，是说占卜者遇到这一爻辞，如果要往别的地方去，出发时遇雨则吉。因为睽孤见到此事适逢在大雨之时。爻辞从一个侧面为人们再现了掠夺婚的原貌。掠夺婚把时间放在傍晚，因为其时昏黑，对方不易察觉。睽孤最初把劫婚者误判为一车鬼，仔细审视后才发觉是人，这正是因为傍晚时分的缘故。男方参与掠婚者，往往是一个大家族的一群青年人。这些人傍晚出发，身着黑衣，蒙面或者面部涂染，女家是不易认出庐山真面目的。爻辞中的睽孤，有的同志认为是指夏少康，[①] 说明掠夺婚产生于夏代。西周的掠夺婚，是在夏商基础上发展而来的。

最初的掠夺婚是真正的掠夺。后来，随着社会的进步，掠夺只不过是一种形式罢了。那种掠夺，实际上是一种假掠真婚制。也就是说，在男女双方达成婚约之后，把假抢作为男方“亲迎”的一种取代仪式。假掠真婚的前提是买卖婚姻，因为买卖婚要求男家要为女家纳征行聘礼。如果纳征数额稍稍缺少一些，很容易出现女方悔约现象，那就需要用抢婚形式来解决婚姻纷争。贫穷也可能成为掠夺婚的一种原因，贫穷的家庭用掠婚形式

① 高亨：《周易古经今注》（重订本），中华书局 1984 年版，第 272 页。

解决自己财产的乏匮。

《易·贲六五》载有一桩因女方索取聘金与男方发生争执，几乎使婚约被毁的故事。这一男方就有可能采用掠婚形式解决问题。因为婚约在前，即使真掠也不违法。

西周掠夺婚比较盛行，单是见于《易经》的就有：

屯如邅如，乘马班如，匪寇，婚媾；①

乘马班如，求婚媾；②

乘马班如，泣血涟如；③

贲如皤如，白马翰如，匪寇，婚媾。④

如此等等，都是描写掠夺婚的情景：一队队人群撵聚着，乘马而来了。马队行进着，又绕过山凹回旋而去。这是干什么呢？噢，原来他们不是寇贼，而是娶女婚媾的啊！那被掠的女子，泣血涟涟，哭声不止。被掠女子泣血涟涟，说明女方确系不愿意。此爻辞原意是，掠婚之前，男方如果占卜到这种爻辞，就是凶象，即使勉强掠夺成婚，强行匹配，也没有好结果。一般情况是，卜到此类爻辞，婚姻即告废止。从这种真掠会导致婚姻废止来看，西周存在的掠夺婚是假掠真婚，掠夺只是形式而已。

西周假掠真婚的形式，据《仪礼·士昏礼》记载，迎亲时，“主人爵弁，纁裳缁袘，从者毕玄端，乘墨车；从车二乘，执烛前马”。就是说，迎亲的时候，新郎要头戴赤黑色的帽子（爵弁），身穿红色衣裳（纁裳），腰系黑色带子（缁袘），陪同迎亲的人全身穿着黑衣礼服（玄端），大家乘坐黑色幔帐的车子，并带随从车两辆，在前边执烛作前驱。这一记载和爻辞所说的“载鬼一车”相吻合。有执烛者为之开导，说明时间必在

① 《易·屯六二》。

② 《易·屯六四》。

③ 《易·屯上六》。

④ 《易·贲六四》。

晚间或傍黑。所有迎亲者大都身着黑衣，乘黑车，即使新郎身上还有点红色，这种红色在暗淡烛光下也会呈现黑色。一片黑色，俨然像是“载鬼一车”了。

成婚为什么遇雨则吉呢？因为周人有了天的观念。他们把天、地看成人间男女一般，万事万物都是天地交合的产物。天地交合而生雨，雨润万物，故遇雨则吉[①]。“天上无云不下雨，地上无媒不成亲”，是民间谚语成婚遇雨则吉的写照。虽是掠夺婚，古人也颇重视这种机象。

2. 聘娶婚。这是西周婚姻的主要形式。聘娶婚成立的要件为男方向女家缴纳聘金，周人称作“纳币”“入币”，在婚礼仪式中叫“纳征”或“纳聘”。因此，聘娶婚通常称作买卖婚。《周礼 · 地官 · 媒氏》：“凡嫁子娶妻，入币纯帛，无过五两。”《礼记 · 杂记下》：“纳币一束，束五两，两五寻。”这是指普通人家缴纳的聘金数。当时的帛，既是实物，也起货币作用，而向女方缴纳的聘金，必须是纯帛（黑色缁帛），数量为五两。五两是指帛的长度单位。每两有两端，两端相向卷为一两。五两有十端，五和十之数又象征五行十日，取相辅相成之意。而每两有五寻，每寻长八尺，一两即四十尺，五两即二百尺。二百尺帛就是当时的聘金法定数额。男方不按此规定缴纳，即是违犯婚礼行为。违礼即违法，一旦酿成诉讼，违礼者败诉。周人用“五两”为聘金，取其“两”字之音，有象征夫妻匹配之义。二百尺的聘金价值有多大呢？大约比一个奴隶的买价要高一点[②]。聘金缴纳不足，女家有权悔约。《易 · 贲六五》：“贲于丘园，束帛戋戋，吝，终吉。”是说纳征那一天，女家结采装饰家园，男家送来聘金一束帛，女家嫌少，双方起了争议。大概由于一束帛符合法定数额，因此经媒氏及亲友们调解，女家不再坚持，双方又重归和好。

---

① 《论衡 · 自然》。

② “匹马束丝”的五分之一可买一个奴隶，那么，一束帛即二百尺帛的价值肯定比买一个奴隶的价格要高。

聘金的多寡，随妇女的身份不同而有差异。一般平民，聘金为束帛，士大夫阶层娶嫁门当户对的女子，身价要高一些。《仪礼·士昏礼》："纳征玄纁束帛、俪皮。"玄纁为黑红色；俪皮为两张。这种聘金包括一束黑红色的帛，另加两张鹿皮，自然比束帛要高贵多了。天子的聘礼比士大夫还要再加一双白玉圭，诸侯多加一个玉器大璋[①]。皮革、玉器在当时也起货币作用，玉器是货币中的上等。

除帛、皮革、玉器外，青铜器也可用作聘礼。如《克盨铭》记载，周王赏赐贵族克大批田土奴隶，并让内史趛登录了这件事。克为了颂扬周王恩德而制作了这件青铜器。同时，他也感谢内史趛，便和他联为儿女婚家，把这件盨献给趛，作为聘礼。

西周的聘娶婚不仅要求男方要出聘金，女方也要有嫁妆。聘金有法定数额，而嫁妆则无，也不是必须要陪送，完全出于女家自愿。对男家来说，为了维护男权的尊严，对收取嫁妆也不甚重视。嫁妆往往是贵重的青铜器，生活用具，上面镌刻铭文，写明陪嫁人，叫作媵器。出土的西周媵器极多，如叔姬簋、宗妇鼎、王方鼎等都是。这些贵重的媵器是贵族或侯国为自己的女子的陪嫁物，一般庶民家庭作陪嫁，或是钱财，或是货物，不那么显贵隆重。《易·蒙六三》："勿用取女，见金夫，不有躬，无攸利。"这里所说的"金"即陪嫁金。《诗·国风·氓》："以尔车来，以我贿迁。"意为一女子与相爱的男子商议结婚大事时，女子叮嘱男子要用车来娶自己，并带着自己的嫁妆一起去男家。诗中的"贿"即货，指女方的嫁妆。

婚约的签订者，必须是双方的家长，而不是当事人自己。如克盨是克为自己的儿子联婚而制作的聘礼，婚约签订者为克和趛。王方鼎是诸侯王为嫁次女作的器，也是父亲为儿女订的婚约。叔姬簋是曾侯为嫁女作的媵器，婚约签订者也是父亲。此类铜器铭文甚多，它反映了贵族家

① 《仪礼·士昏礼》贾疏。

的成婚，从诸侯王直至小贵族，均由家长——家父或宗子为儿女们缔结婚约。家长在，婚约缔结权在家长；家长不在，立约权下移宗子或世子。

《周易》和《诗经》也保留着这类记载。《易 · 蒙九二》："包蒙，吉。纳妇，吉。子克家。"是说父亲为儿子成婚作占卜。纳妇，指为儿子娶妻。《尔雅 · 释亲》："子之妻为妇。"子克家，即子成家，是父亲为儿子包办婚事。《诗 · 齐风 · 南山》："取妻如之何？必告父母。"《诗 · 郑风 · 将仲子》："岂敢爱之？畏我父母。仲可怀也，父母之言，亦可畏也！"都是说没有父母包办缔结婚约，儿女们是不敢成婚的。

在西周宗法制家族法下，父亲是民事权利的主体，严格地说，只有父亲才能为儿女订立婚约。至于母亲，仅仅是一种权利的象征。只有在父亲不在的情况下，母亲才有一定的缔结婚约权，而且，这种一定程度上的立婚权还常常被长兄、宗子所剥夺。

3. 自由恋爱婚。这是对聘娶婚的一种补充形式。《周礼 · 媒氏》："仲春之月，令会男女；于是时也，奔者不禁。"贾疏："仲春，令会男女之无夫家者，于是时也，奔者不禁。"周人认为，仲春之月为万物复苏季节，农耕开始，种子下地，秋季将结硕果。婚姻也一样，仲春之月应当是婚礼已经办完到了祈子的时候，如果有人至此时还没有成婚配，必将影响传宗接代和宗祧继承，这和周人的婚姻观是相悖的。于是，国家的法律不禁私奔，这就意味着法律对自由婚的认可。

自由婚有时间、地点和其他条件的限制。时间必须在仲春之月，地点在水旁，前提是"无夫家者"。时间定在仲春，是为了和自然界的变化相合；地点选在水旁，取最高媒神（送子娘娘简狄）当初在水边行俗吞食玄鸟卵的故事。条件限定在"无夫家者"，因这些人大都无力进行买卖婚姻。所以，自由婚实际上是聘娶婚的补充形式。《诗经》中处处保留着自由婚的篇章：

"溱与洧，方涣涣兮；士与女，方秉蕑兮。女曰：观乎？士曰：既且！且往观乎？洧之外，洵訏且乐！……维士与女，伊其相谑，赠之以勺药。”[①] 这首诗的大意是，仲春之月，溱、洧二水之滨，正值春水桃花季节，男女青年，手持芳草，杂沓其间，互邀共游，狂欢至极。其时，男女戏谑，互馈芍药，以示定情。真是一幅青年男女倾吐爱情的热烈场面。又《诗·卫风·淇奥》也说：

“瞻彼淇奥，绿竹如箦。有匪君子，如金如锡，如圭如璧。宽兮绰兮，猗重较兮！善戏谑兮，不为虐兮！”这首诗叙述一位女子于仲春之月在荡荡水边对另一男子所表的恋情：淇水深处，绿竹掩映，有位男子，十分风采，神态贵如金锡，仪表似圭似玉，风度翩翩，举止不凡。他多么善于和姑娘们戏谑啊！这戏谑绝不是什么坏事！《诗·郑风·褰裳》从另一侧面表现了热恋女子的复杂心情：

“子惠思我，褰裳涉溱；子不我思，岂无他人！狂童之狂也且！”诗的大意是，你若爱我，咱们就一起涉溱水去参加娘娘庙的祓禊；你如不爱我，难道再没别的男子了？你这个轻狂男子也太狂妄自大了吧！

自由恋爱婚男女能够相见，自由选择，情投意合后，方能达成婚约。这种婚姻比之于买卖婚，具有诸多便利和进步性。但是，在“聘则为妻，奔则为妾”[②] 的西周，自由成婚，女子只能处于妾的地位，无法进入“聘则为妻”的行列。妾比奴仆地位高不出多少，婚后常常会成为丈夫的遗弃品。妾也无法阻止丈夫纳妾。这点正是女子对自由婚的疑虑，也是自由婚在西周无法取代买卖婚而只能充当买卖婚的辅助形式的根源。《诗·卫风·氓》说：

“送子涉淇，至于顿丘。匪我愆期，子无良媒。将子无怒，秋以为期。”这是讲一对相恋在淇水边的男女，男子因女子拖延婚期而发怒，女子却忧心忡忡地说：“你没有媒氏啊！”无媒氏则无以聘娶为妻。一旦为妾，随时都有被丈夫遗弃的危险。果然，诗中的这位女子在男家为妾三年之后还是

① 《诗·郑风·溱洧》。

② 《礼记·内则》。

被抛弃了。"女也不爽，士贰其行。士也罔极，二三其德！"是说女子并没有爽约，男子却变了心；你这个男子太可恶，衷情不一，三心二意。有的女子虽未被抛弃，恋爱成婚后却常受丈夫虐待："有洸有溃，既诒我肄；不念昔者，伊余来塈。"是说当初水滨，春水荡荡，你赠我嫩枝作定情信物，今天你全不念过去的情分，只是对我发怒。有的诗歌，写女子早在水边相会时就已告诫男子："遵彼汝坟，伐其条肆。既见君子，不我遐弃。"是说双方来到汝水边，砍下嫩枝作定情物。现在我见到你多么高兴，将来可千万不要抛弃我。

在奴隶制社会的西周，没有建立在经济基础——聘金之上的自由恋爱婚，其法律地位远远低于聘娶婚。因此，这种婚姻只能流行于民间，贵族家庭很少见到自由婚的痕迹。封建社会，自由婚越来越受到法律的限制，其道理也在于此。

### （三）婚姻成立的条件

1. 婚龄。西周法定婚龄是，男三十，女二十。《周礼 · 媒氏》："令男三十而娶，女二十而嫁。"《礼记 · 内则》记载相同："（男子）二十而冠，始学礼……三十而有室，始理男事。女子……十有五年而笄，二十而嫁；有故，二十三年而嫁。"古人认为，女子早于二十而嫁，"则上无以孝于舅姑，而下无以事夫养子"。不过，这里所说的男三十，女二十，均为虚龄，实际婚龄是男二十八岁，女十八岁。

以三十岁左右为男子婚龄期，古代东西方基本一致。希腊人认为，婚姻是"生产健康与有效公民的手段"[①]。柏拉图认为男子的婚龄应定在三十至三十五岁之间。他主张对三十至三十五岁的未婚男子要强迫其成婚。亚里士多德进一步提出，法律在规定婚龄时，立法者应当考虑到男女之间的生殖能力能否同时终止，双方体力不至差距过大，父子年龄也不可相距过

① ［英］狄更生：《希腊的生活观》，彭基相译，商务印书馆1934年版，第177页。

远。他说："男子之生殖时期，大抵以七十岁为限；而女子之生殖机能，约至五十岁而绝，故男女配偶之开始，应与其生殖时期能相适应为要。……总之，妇女将届十八岁之际，应行结婚，而男子则以三十七岁为宜。"①

男三十、女二十是法定婚龄，现实生活中却常常出现低于法定婚龄的现象。不少男女，以男子行冠礼，女子及笄为男女成年的标志，此后即可成婚。至于统治阶级，为了立君立嗣的需要，结婚年龄则更早一些。正如《公羊传·隐公七年》何休作注："妇人八岁备数，十五从嫡，二十承事君子。"

贫苦百姓由于经济拮据，无力娶嫁，独居至老的，不乏其人。因此，西周法律对这种人的结婚年龄不以常法过分强求。如《易·大过九二》载："枯杨生稊，老夫得其女妻，无不利。"又《大过九五》："枯杨生华，老妇得其士夫，无咎无誉。"这是两种畸形婚姻的写照。前一爻辞用枯杨生叶，比喻老夫得到少妻。爻辞肯定这种婚姻不会产生不利后果。因为夫虽老，只要不在七十以上，少妻亦能生子，就为法律所允许。后一爻辞用枯杨开花比喻老妇少夫，爻辞对这种婚姻，不加肯定，也不予否定。因为枯杨开花，易于脱落，老妇已无生育能力，得到年少丈夫，虽不算耻辱，也不是光荣，所以说"无咎无誉"。

2. 父母主婚。这是婚姻成立的必要条件之一。家父是家庭民事权利的主体，有完全民事权利能力，对子女有无限管辖权和任意处置权，因而必然是子女婚姻权的主婚人。西周法律规定，没有父母的同意，婚姻便不能成立。"取妻如之何？必告父母。"即使婚后的离异，亦以父母之命是从。"子甚宜其妻，父母不悦，出。子不宜其妻，父母曰：'是善事我。'子行夫妇之礼焉，没身不衰。"② 无论结婚、离婚，均取决于父母的意愿，这是家

① ［古希腊］亚里士多德：《政治论》（第七编第 16 章），［英］昭厄特英译，吴颂皋、吴旭初汉译，商务印书馆 1934 年版，第 419—420 页。

② 《礼记·内则》。

长制特权在西周婚姻关系中的充分反映。

失去父母的子女，因受兄长的监护，兄长也可充当他们的主婚人。“岂敢爱之？畏我父母。……岂敢爱之？畏我诸兄。”[①] 兄长主婚，是家长制特权在婚姻关系中的扩展和延伸。

值得注意的是，西周时期父母虽是儿女婚姻的包办人，但儿女仍可在一定程度上表达自己的意愿。《易 · 观六二》：“窥观，利女贞。”是说女方许嫁之前，允许其窥观男子，自决可否。窥观之后，才去占卜，依次进行缔结婚约的程序。女子窥观制度，是自由婚在买卖婚中的表现。大约自西汉以后尤其是宋元时期，婚姻中关于子女的意愿，才被完全禁锢起来。

3. 媒氏认可。这是聘娶婚缔约的又一要件。国家设媒氏“掌万民之判”[②]。判，就是耦合。媒氏管理上自天子，下至百姓的婚配，其做法是：“凡男女自成名以上，皆书年、月、日名焉。令男三十而娶，女二十而嫁。凡娶判妻入子者，皆书之。”出生三个月的婴儿，由父亲起名之后，即将其出生年月日和姓名，登记于媒氏官府。到达婚龄时，媒氏要督促双方写出书面婚约，登录在案。由此可见，婚姻关系的成立，以在政府机关登记认可为准。即使是自由婚配，也不能不到政府机关去登记。否则，媒氏将依法追究其责任，对“无故而不用令者，罚之”[③]。

西周法律非常重视媒妁的作用。《说文解字注》：“媒，谋也，谋合二姓者也。”“妁，酌也，斟酌二姓者也。”男女二姓只有经媒氏介绍才能相互知名。男子无媒不得其妻，女子无媒老而不嫁。不经媒氏介绍而自成婚姻的，被认为是非法而合。“娶妻如之何？匪媒不取。”[④]《史记 · 周本纪》记载，周共王出游泾上，密国诸侯康公随行。适逢“有三女奔之”，康公

① 《诗 · 郑风 · 将仲子》。

② 《周礼 · 地官 · 媒氏》。

③ 《周礼 · 地官 · 媒氏》。

④ 《诗 · 齐风 · 南山》。

高兴地纳了三女，而他的母亲却出面反对，说，私奔无媒，不合礼制，快把三女敬献于王。以媒妁之言定婚配的制度从西周开始，在中国历史上延续了几千年。

西周的媒氏，据《周礼》记载，是官媒性质。有的学者认为，西周末年，私媒才开始出现。私媒与官媒不同，那是一种以媒为职业的人，多为老媪充任。西周的媒氏虽与后世的媒妁有所不同，但是，无论西周的官媒，或后世的私媒，使得“男不亲求，女不亲许”，男女之间丧失了婚姻的自主权。

（四）禁止婚姻成立的要件

西周法律关于禁止婚姻成立要件的规定，主要有：

1. 同姓不婚。这是永久性的一种婚姻障碍。关于同姓不婚的范围，据《礼记·大传》记载，丧服到了四世，血缘关系已经疏远，只服缌麻。五世时，以袒免丧服表示血缘关系即将中断。六世以后，亲属关系已断，各家自为一族，不再共事高祖。祖宗在上有别，四从兄弟之后，各自为宗，互不尊敬，在下的血缘关系也已断绝。这时，殷代法律是允许通婚的，而周人却不同。他们认为，五世之后，虽从一个家族中分出了大宗小宗，然而世系都有联系，不能有别；何况联缀的同族之人，共同聚族，饮食礼节也无差异。因此，只要是同出一族，即使百世之后，也不准通婚。同姓而婚，是西周婚姻的永久性障碍，永远不能消除。

2. 居尊亲丧不得嫁娶。这是婚姻关系的暂时障碍。周人强调家庭内部的尊尊、亲亲关系，于是，在父母丧期之内，子女不准嫁娶，以示哀伤。《礼记·内则》：“女子二十而嫁，有故，二十三年而嫁。”郑注：“故，谓父母丧。”因此，“父必三年然后娶，达子之志也”[①]。就是说，居父母丧期为三年，在此期间，不能嫁娶。此外，继父、出母的丧期也有不同规定，但凡居尊亲丧期，均不得为婚。但是，上述规定只对未嫁女子，或被弃出走后又归

① 《仪礼·丧服》。

回父家的女子有法律效力，若是已嫁女子，无论妻、妾，在为丈夫居丧三年期间，均不准再婚。

3. 等级身份不同，不得嫁娶。这是婚姻关系的永久性障碍。奴隶主贵族为了维护自己的等级特权地位，不仅“礼不下庶人”，就是嫁娶也只能在本阶级内进行；贵族与庶人之间绝无通婚的可能。《毛诗·韩奕》“韩侯取妻”注“诸侯娶一国，则二国往媵之”。说明诸侯与诸侯之间才允许相互通婚。这是对取妻而言的，而媵妾则为小于该诸侯国的小诸侯国。以此类推，士只能与士通婚，庶人只能与庶人通婚。至于天子，原则上是与诸侯国通婚的。这一制度，金文记载颇多。周王室与诸侯国联婚的铜器铭文，见于宗妇鼎、秦公钟、秦公镈等器；诸侯方国之间联婚的铜器铭文，见于叔姬簋、番匊生壶、矢王簋等器；贵族与贵族联婚的，见于克盨等器。

4. 五不娶。这是单方面永久性的婚姻障碍。凡女方具有以下五种情况之一种，即使女方持有异议，男方有权解除婚约。五不娶即“逆家子不取，乱家子不取，世有刑人不取，世有恶疾不取，丧妇长子不取”[①]。逆，指叛逆朝廷。不娶逆家女是为了保证奴隶主贵族及其国家的安全。乱，指淫乱。不娶淫乱家庭的女子，是为维护家庭伦理纲常。刑人，即因犯罪受刑之人。刑人家之女不娶，也是出于统治阶级的人身安全及其荣誉。恶疾，指喑、聋、盲、疠（麻风病）、秃、跛、伛（驼背）等疾病。家族内有恶疾史，直接关系着后代子孙的健康，故列为不娶之对象。丧妇长女被规定为不娶对象，因为这种人自幼便得不到家庭妇德的正规教育，缺少为妇的道德。所谓五不娶，带有明显的阶级烙印和男尊女卑的不平等思想，但其中也混杂有一定的合理成分。如有恶疾不娶，从优生优育角度看，在一定程度上是有好处的。当然，西周时期把恶疾的范围规定得太宽，这完全是出于贵族们的利益。五不娶作为婚姻障碍提出，其主要目的是使人们忠君、重家族和重祭祀，有浓厚的东方君权、族权色彩。同时，西周法律把这种限制

① 《大戴礼·本命》。

只规定于女方，更显出在婚姻关系中男女不平等的男权主义思想。

### （五）婚姻仪式

凡正式婚姻的成立，必须经过严格的婚姻仪式，即六礼：纳采、问名、纳吉、纳征、请期、亲迎。前四礼为订婚礼，是婚姻关系的主要程序。经此四礼，买卖婚约即告成立。后两礼为成婚礼。六礼称谓自周初开始，汉代袭为定制。宋以后因六礼过于烦琐而并为四礼：纳采、纳吉、纳征和亲迎。问名并在纳采之内，请期合在纳征之中。到了近代，又简化为订婚、结婚两仪。

纳采，《仪礼·士昏礼》说："下达纳采，用雁。"是说男方通过媒氏把愿与女方结亲的意愿告知女家，女家如若允婚，男方便派人缴纳采择的礼品，因而叫作纳采。纳采礼品为一只大雁。用雁作为礼品，取的是阴阳往来之意。雁为随阳之鸟，秋风落叶之际，一齐南翔，冰融花开之春，又北向飞回。夫为阳，妇为阴，以雁为象征，是说妇要从夫。雁随季节时令南北，往返不失，暗喻着女子一旦成婚，必须贞节不二。

问名，几乎与纳采同时进行，即所谓"宾执雁，请问名"[①]之礼。问名，不是问女子的名字，而是问女方的姓氏及女子生母的姓氏。其目的，一是防止同姓为婚，二是男家问名之后好在宗庙占卜婚姻的吉凶。

纳吉，《仪礼·士昏礼》说："纳吉用雁，如纳采礼。"问名之后，如果占卜又求得吉兆，便将结果告知女家，谓之纳吉。纳吉也用大雁一只，礼节同于纳采。

纳征，《仪礼·士昏礼》说："玄纁束帛、俪皮，如纳吉礼。"即男家向女家缴纳聘金。征，成的意思，因而又叫作纳成。纳征是前四礼中最重要的一礼，只有纳征之后，婚约才能告成。此后，婚姻关系正式成立，女子则不得另聘于人了。

---

① 《仪礼·士昏礼》。

请期,《仪礼 · 士昏礼》说:“请期用雁,主人辞,宾许告期,如纳征礼。”纳征之后,男家再行占卜,求得婚日吉时,然后,再派使者到女家告知占卜的婚期,请求女家允诺。请期礼节,仍带一只大雁,女家在家庙设宴招待使者,听取男方告知的婚期。

亲迎,《礼记 · 昏义》说:“父亲醮子而命之迎,男先于女也。子承命以迎。主人筵几于庙,而拜迎于门外。婿执雁入,揖让升堂,再拜奠雁,盖亲受之于父母也。降,出御妇车,而婿授绥,御轮三周。先俟于门外,妇至,婿揖妇以入,共牢而食,合卺而酳。所以合体,同尊卑,以亲之也。”这段话的意思是,婚期那天,男方的父亲用酒醮儿子,让他去亲迎新妇。男方必须首先按父亲之命去迎接女方。新妇之家在祖庙内设筵待婿,并在祖庙门外拜迎女婿。女婿手执大雁拜奠女方祖先,以表示女子将脱离父家转入丈夫的管辖之下。之后,新妇出来立于父母之侧,接受父母训诫、遵循妇道的最后一次教育。女儿听完父母的教诲,新婿便亲自驾御新妇坐车。而自己先行至自家门外,等待新妇,共食牲牢,婚礼即告结束。这种隆重的亲迎仪式,犹如古罗马有夫权婚姻中的共食式。罗马的共食式婚仪包括女家送亲、男家亲迎和新人共食三道手续。隆重而烦琐的亲迎仪式,是为了使买卖聘娶更为严肃,更有法律效力:至此,婚姻仪式终结,婚姻关系正式确立。

印证《诗经》等其他古籍。《仪礼》《礼记》记载基本是可信的。《诗 · 卫风 · 氓》:“尔卜尔筮,体无咎言。”这是一首反映自由恋爱婚姻仪式的诗歌。意为男子在婚前进行了占卜,卦上没有看到凶象,于是男子将占卜结果告诉给女方,女方才说出了“尔卜尔筮,体无咎言”的话,以表示婚约完成时女子的高兴心情。这首诗反映出庶民之间的自由恋爱也要婚前占卜,和《仪礼》记载完全符合。《易 · 咸》卦也有婚前占卜的记载:“咸。亨。利贞。取女吉。”咸是卦名,亨即享。古人享祀,如遇此卦,遇事则吉。娶妻也一样,遇到此卦,娶妻则吉。

六礼仅是婚姻关系构成的礼制,作为一个出嫁女子,还必须经过成妇之礼，才能最后进入男方家族。所谓成妇，就是拜见公婆，中国古代称作舅姑。《仪礼·士昏礼》说：“夙兴，妇沐浴，缅笄宵衣，以俟见，质明赞见妇于舅姑。”是说新妇在天不亮时起床，沐浴，扎起发髻，穿上助祭的服装，待到天亮时去拜见公婆。如果舅姑已逝，则要到三月之后入家庙时才能奠祭。此后，女子便正式称为妇。“三月而庙见，称来妇也。”[①] 这种礼仪反映了西周的婚姻与宗族关系的密切。

### （六）婚姻关系的终止

婚姻关系的终止有自然终止和人为消灭之分。所谓婚姻关系的自然中止，是指配偶一方的死亡。但在西周，这种婚姻关系的终止却不被认为是婚姻关系的绝对消灭，因为原先夫与妻的名义在一定情况下还在保留。

男子前妻死后的再婚，周人不叫再娶，而叫继室。在名义上，男子无再娶的权利，必须永远保留前妻的元配正妻称号。《公羊传》说：“诸侯一娶九女，诸侯不再娶。”《白虎通》也说：“天子娶十二女，……必一娶何？防淫佚也；为其弃德嗜色，故一娶而已！人君无再娶之义也。”在重国位、重继嗣的西周，主张诸侯、天子多娶，而在夫妻名分上只能保留一个妻的地位，即使妻死，名分亦不丧失。这是西周法律调节多妻关系的一种规定。

女子因夫死而再婚，叫作再嫁。再嫁女和前夫之间的夫妻关系随再嫁而告终结。但是，西周礼制是反对女子再嫁的：“一与之齐，终身不改，故夫死不再嫁。”[②] 不过在现实生活中，夫死再嫁现象还是普遍存在的。《礼记·丧服小记》“继父不同居”疏：“继父者，谓母后嫁之夫也。……夫死妻稚子幼，无大功之亲，随母适后夫。”《易·鼎初六》：“得妾以其子，无咎。”这一爻辞是说买到一个妾时，妾还携带着前夫之子。可见夫死再嫁并未被礼制所禁绝。

---

① 《仪礼·士昏礼》。
② 《礼记·郊特牲》。

所谓婚姻关系的人为消灭，指的是离婚。西周时期的离婚有两种情况，一是男女双方自动离异或协议离婚。尽管这种离异大都由男方提出，但它终究不能算作休妻。离异原因甚多，有因社会动乱、荒年饥馑的，也有因男子重色、喜新厌旧的，等等。如《诗 · 王风 · 中谷有蓷》："中谷有蓷，闵周也。夫妇日以衰薄。凶年饥馑，室家相弃尔，……有女仳离，慨其叹矣！"这是周平王时因社会不安定，民生艰难，夫妇之道日衰，加上凶荒饥馑，而造成的离婚事件。《诗 · 郑风 · 出其东门》是描写战乱之年，郑人因生活所迫而弃妻离异的诗篇："出其东门，闵乱也。公子五争，兵革不息，男女相弃，民人思保其室家焉。"这种离异完全出于社会所迫，所以，离异之后，夫妻双方"心不忍绝，眷恋不已"[①]，痛苦至极。男子喜新厌旧而离异的，见于《诗 · 邶风 · 谷风》。诗歌写一位被弃女子曾与丈夫同心同德，艰苦患难，共创家业，但到生活好转之后，无义丈夫却另有新欢，遗弃了妻子。

"七去"是另一种离婚方式。这种离婚，完全排除女方意愿，由男子单方面片面行使离婚权。"七去"，又称"七出"，俗称休妻。《仪礼 · 丧服》说："七出者，无子一也，淫泆二也，不事舅姑三也，口舌四也，窃盗五也，妒忌六也，恶疾七也。天子、诸侯之妻，无子不出，唯有六出耳。"另外，《大戴礼 · 本命篇》也有类似记载，只是"七出"次序有所不同。一般情况下，妻子有"七出"之一者，丈夫则有权休弃之。西周法律给妇女所加的这七条罪名，均与宗法制家庭有关。所谓无子，指妻子不能给夫家生育承宗后代，这和周人的婚姻观"上以事宗庙，下以继后世"相悖，自然为宗法制所不容。淫泆，指女子不贞节。女子不贞，既使子嗣身份不明，又易导致家族内部的辈分颠倒，族规混乱，自然也为宗法礼制所不许。不事舅姑，即不孝顺公婆。不孝顺公婆是违背尊尊、亲亲伦理道德的表现。只要子妇孝顺公婆，即使儿子不喜欢妻子，也不得离异，反之，得不到公婆的欢心，夫妻多么恩爱，也要休弃。所谓盗窃，实际上是为了不使子妇有

① 《诗 · 郑风 · 出其东门》孔颖达疏。

私产而妄加的一种罪名。按礼制规定，子妇不能有私货、私畜，甚至连母家赠送的财物都要归夫家所有。妇女对家族私有财产的占有权、处分权全被剥夺。在这种严格的家族私有观念下，女子盗窃必为法律所不容。女子多口舌，会影响家族内部的和睦和团结。妒忌也一样。恶疾，不但有传染他人或遗传后代之虞，患恶疾者，还不能进入家庙助祭。由此可见，“七出”离婚，无论哪一条要件，都是周统治者为了维护宗法制度而套在妇女身上的枷锁，通过这一规定，妇女做人的权利被剥夺殆尽了。

与“七出”相对应，女子有所谓“三不去”。就是说，在具有下述三种情况之一者，男方要休弃其妻，妻子有权不离开男家。“三不去”即“尝更三年丧不去，不忘恩也；贱取贵不去，不背德也；有所受，无所归不去，不穷穷也”①。就是说妻子曾与丈夫一起为公婆服丧三年的，因尽过孝道，有权拒绝离婚。贱时娶，富贵时提出休妻，妻子有权拒绝。这仅仅是礼制上的规定，而在现实生活中，这一条早已被否定了。如《诗·小雅·谷风》用一个被弃妻子之口控诉了那种忘恩负义的丈夫。

“习习谷风，维风及雨，将恐将惧，维予与女；习习谷风，维风及颓，将恐将惧，置予于怀。”在风雨如磐、生活飘摇的艰苦岁月里，妻子陪同丈夫苦度日月，丈夫也恩爱地将妻子抱在怀里。然而，生活好转富贵之后，情况却全然相反了：

“将安将乐，女转弃予；将安将乐，弃予如遗。”丈夫背信弃义地抛弃妻子，出妻如同弃置破烂旧物一般。所谓“有所受，无所归”，是指娶妻时女子娘家人在，如果待到娘家父兄俱无才提出离异，妻子有权不离去。因为弃归已无归处了。

以上“三不去”，有的为虚设，有的实存，但无论哪一规定，均非为了维护女权，而是借妇女之身，强化宗法家庭伦理道德。

---

①《公羊传·庄公二十七年》注。

### （七）一夫一妻制与一夫多妻制

周人在礼制上强调一夫一妻制。《周礼·媒氏》"掌万民之判"注："判，半也。男女各为一半，得另一半，合为一。"这种所谓的判合制，反映了周人一夫一妻制的婚姻原则：

"天子听男教，后听女顺；天子理阳道，后治阴德；天子听外治，后听内职；教顺成俗，外内和顺，国家理治，此之谓盛德。"[①]这就是说，只有实行一夫一妻制，即使是天子与王后之间的夫妻关系，也能分工明确，各理其事，外内和顺，国家治理。庶民之间的一夫一妻制，叫作"匹夫匹妇"[②]，它是从贵族间的一夫一妻制转化而来的。

事实上，一夫一妻制，对夫而言确为一人，而妻之一人仅仅是名号上的一种称谓。天子之妻称后，诸侯称夫人，大夫称孺人，士称妇人，庶民称妻。庶民之妻称作妻，说明事实上的一夫一妻制只能在庶民中间推行，奴隶主贵族，尤其是天子则不受一夫一妻制的限制，实际上是多妻制。《礼记·昏义》："古者天子后立六宫，三夫人，九嫔，二十七世妇，八十一御妻，以听天下之内治，以明章妇顺。"天子之妻，竟达一百二十一人之多。诸侯有夫人、世妇、妻、妾，也是多妻制。周幽王的外甥女嫁于韩侯时，陪嫁的娣、媵，达到"祁祁如云"[③]的地步，这足以说明贵族之间根本无视一夫一妻制的限制。《易·归妹六三》："归妹以须，反归以娣。"归妹，即嫁女。须是出嫁女的庶出姊，娣是庶出妹。女子出嫁，姊妹从嫁，从这一爻辞看，一般富有人家也实行从嫁为妾制。买妾，在西周是为法律允许的。

### （八）夫妻关系地位

西周实行夫妻地位的公开不平等，其主要表现在以下几个方面。

---

① 《礼记·昏义》。

② 《尚书·咸有一德》。

③ 《诗·大雅·韩奕》。

第一，女子对丈夫绝对贞节，从一而终。《礼记·郊特牲》："夫昏礼，……告之以直信。信，事人也；信，妇德也。一与之齐，终身不改，故夫死不嫁。"

第二，女子无独立人格，人身要依附于男子。《礼记·郊特牲》又说："男帅女，女从男，夫妇之义，由此始也。妇人，从人者也，幼从父兄，嫁从夫，夫死从子。"男女之间的鸿沟永远不能逾越，妇女至死为从人之人，受人监护，受人欺凌，无一自由。妻子在丈夫家的地位，实于子女不如。因此，丧礼规定，未嫁女有权为父服丧斩衰三年，而出嫁后，则取消对父服丧的资格，改为为夫服三年丧。妻子对丈夫，要敬若神明一般。"夫不在，敛枕箧簟席蜀器而藏之。"[①] 所有古代东方奴隶制国家，基本都是如此。《摩奴法典》规定，妻子"有如对天神般尊敬丈夫"，和西周礼制，几乎同出一辙。

妻子依附于丈夫，其荣誉地位，均由丈夫的荣誉地位而定其高低。"共牢而食，同尊卑也。故妇人无爵，从夫之爵，坐以夫之齿。"男子位尊则妻尊，位卑则妻卑。丈夫如有官爵，妻即随之享受一定待遇，夫荣则妻贵。反之，如果丈夫地位低下，妻子也只能嫁鸡随鸡，嫁狗随狗。

西周妇女地位低下，并非完全无民事行为能力。在诉讼中，妇女可以成为民事诉讼的主体，甚至庶民妇女也有权亲自出庭。至于贵族女子更能成为诉讼的主体了。"命夫命妇不躬坐狱讼"，从另一侧面说明贵族妇女有诉讼权。她们不亲自出庭，那是西周法律为贵妇人规定的一项特权。

第三，妻子无完全财产权，经济上不能独立。西周妇女无完全财产权，并不是说她们就没有任何财产了。西周妇女的财产，主要来源有三：其一，嫁资。这是最主要的财源。《诗·氓》："以尔车来，以我贿迁。"贿，即财货，陪嫁物。《易·蒙六三》称女子嫁资为"金"（铜）。西周以青铜器作媵器就是以"金"为陪嫁物的。其二，婚后丈夫的赠与。矢王簋即是婚后夫对妻的赠品。其三，别人的馈赠。《琱生簋铭》中琱生"献妇氏以壶"，就是

① 《礼记·内则》。

给宗妇送了一只壶作为馈品。壶也是一种财产。

西周妇女有一定的财产权，但绝无完全财产权。西周因婚姻受宗法制家庭制约，已嫁女的丈夫若为家庭中的他权人，根据妻随夫原则，庶子则没有独立财产权，一切归家族所有，包括该女子所获得的赠品在内。这种女子，不能对财产占有、收益和任意处分，她们只是在劳动需要情况下有财产使用权。

嫡长子继承制决定着妇女对不动产无继承权、所有权，即使是动产，出嫁女亦无所有权。《礼记 · 内则》载：

"子妇无私货，无私畜，无私器，不敢私假，不敢私与。妇或赐之饮食、衣服、布帛、佩帨、茝兰，则受而献诸舅姑。舅姑受之则喜，如新受赐；若反赐之则辞。不得命，如更受赐，藏以待乏。妇若有私亲兄弟，将与之，则必复请其故赐，而后与之。"

这说明在公婆面前，作为他权人的子妇不可能有私有财产，也不能将家中财物私借、私赠他人，甚至连娘家兄弟赠与的饮食、衣物都必须献于公婆。假若公婆再反赠给该女子，她也只能作此种财物的保管人。一旦家中需要，则拿出来归公使用。女子婚后接受的赠物，其实际享有权要大一些。

当已嫁女子的丈夫成为家庭中的自权人时，该女子有无实际财产所有权？礼制没有明确规定。但是，根据夫妻一体说，此财产的所有权应为丈夫所有。即使原属女子嫁妆的那部分财产，也为丈夫所有。而此女子的亲生后裔却有对母亲嫁妆的继承权。青铜媵器铭文结尾的"其子子孙孙永宝用"，就是媵器物权归该嫁女子孙继承的凭证。从《宗妇鼎铭》看，该女子的丈夫是自权人，那么，此鼎的继承者就当为该女子的子孙了。妇女被休时，法律允许带回一部分自己的财产。就像《易 · 归妹六三》说的那样，"归妹以须，反归以娣"，娣被带回了娘家，姊还留在夫家。

第四，妻子在家庭中分管内务，充当家务劳动者，或家务代理人。据《礼记 · 内则》记载，女子出嫁前要受专门的家庭教育。大约从十岁时起，开始接受所谓"四德"——妇言、妇容、妇德、妇功的教育。妇言，即言谈教育；妇容，指容貌；妇德，指顺从；妇功，就是学习家务操作技能，包括纺麻、养蚕、纺织、缝衣以及助祭等活动。妇功是妇女日常的主要职责，因此，礼制对此规定得尤为详尽。到十五岁左右，女子基本能够操作家务了，即算是“四德”教育告一段落。直至女儿出嫁时，父母还要反复叮嘱不可忘记“四德”，以便婚后能够辅助丈夫，料理好家务。

第五，丈夫有片面休妻权。丈夫的这一权利，前面已经叙述，《诗经》中比比可见。

第六，从礼制上讲，西周家庭关系还相对地注重夫妻间的互敬互爱，和睦相处，相互扶持。“夫也者，夫（扶）也；夫也者，以知帅人者也。”[①]是说丈夫是要妻子来扶持的，而丈夫又要以智慧去率领大家。

当然，周礼中强调的夫妻互敬互爱，是从奴隶制家族和国家利益出发的，不能和今天的夫妻关系相等同。周人的家庭概念也与今日的家庭观不同。但是，周人已能认识到婚姻、家庭、国家三者的关系，并用礼制法律调节这三者之间的相互协调，同时，强调夫妻间的互敬互爱，这不能不说是一种较为进步的思想。这还说明，西周时期，尚未形成后世那种绝对的男尊女卑观念。当然，在男女经济不平等、男权至上的西周，妇女在家庭中得到的敬爱也是微乎其微的。

## 二、家庭与继承

周人的家庭、继承制度均受宗法制度的制约，因而，要了解其家庭、继承制，必须首先了解宗法制。

### （一）宗法制度

宗法制西周以前已经萌芽，不过正式成为一种严密的制度是在西周。

① 《礼记·郊特牲》。

《尚书 · 尧典》:“克明俊德，以亲九族。”《尧典》是后人托古之作，或不可信，而殷墟卜辞中却常常见到族的称谓，如“王族”“多子族”“三族”“五族”等。这里的族，都涉及家族制度，可见殷人对于亲属间的亲疏关系已有所区别。周代建国以后形成的宗法家族制度，其内容已涉及祭祀范围、服丧的长久、土地继承、爵位继承、婚姻禁忌和收族等各个方面。

家庭是社会的细胞。《白虎通》说：“族者，凑也，聚也，谓恩爱相依凑也。生相亲爱，死相哀痛，有会聚之道，故谓之族。”族，实际上是指有血缘关系的亲属，他们相聚在一起，同出于一个血统，因而才“生相亲爱，死相哀痛”。最初的族，即血族，由母系而成。以后，族的亲属，日益增多，不可能有偌大的血族共聚在一起，于是便在保留最基本的血族的基础上，将其余的血族分离出去，这就产生了宗。一族之中，要有先祖的直接继承人。先祖死后，他就成为此族的主要负责人，这就是大宗；先祖的其余后代，又各自分离，自立成宗，叫作小宗。所以，宗有大宗、小宗之分。最早的始祖的直接继承人，叫宗子，其余无继承权的受宗子抚养，叫宗人，宗人共同尊敬宗子。“宗者，尊也。为先祖主者，宗人之所尊也。”[①]周人就是这样由族分出宗，创建起宗法制的。

西周的宗法制，《礼记 · 大传》有过详细记载：“上治祖祢，尊尊也；下治子孙，亲亲也；旁治昆弟，合族以食，序以昭缪，别之以礼义，人道竭矣！”可以看出，宗法制的目的，一方面，以祖宗关系相制约，使同族人尊重始祖而不犯上作乱；另一方面，通过下治子孙，旁治兄弟，确定其长幼尊卑次序。西周的分封制就是在宗法制基础上进行的。周天子分封自己的同姓兄弟、子侄中非嫡子者为诸侯，称为君。君对一族人来说是至尊，全族不得侵犯其特殊地位。天子为大宗，诸侯对天子而言是小宗。诸侯在自己的封国内又用这种办法继续分封。“别子为祖，继别为宗，继祢者为小宗。有百世不迁之宗，有五世则迁之宗。百世不迁者，别子之后也。宗

① 《白虎通义》。

其继别子所自出者，百世不迁者也；宗其继高祖者，五世则迁者也。”[①] 在诸侯的宗内，诸侯的嫡长子、嫡长孙，继承爵位、封国，所以世代为大宗。这个大宗是百世都不变的。诸侯的其他儿子从大宗中分出，自立一宗，叫小宗。这个小宗是相对诸侯的大宗而言的。别立一宗的那个儿子，是他自己这一小宗的始祖。这一小宗的继承人也是嫡长子、嫡长孙，对宗人称为大宗，百世不迁。而别子的其他儿子则又分离出去另立一小宗。大宗所继承的为此宗创立者的地位、爵位、土地、财产。小宗不能继承名分地位，只能继承父亲的产业。先父被称为祢，所以说“继别为宗，继祢者为小宗”。周人的宗族集团是由一个继别的大宗和四个继祢的小宗组成的。四个继祢小宗包括继祢小宗、继祖小宗、继曾祖小宗和继高祖小宗。西周宗法制用图表示，即

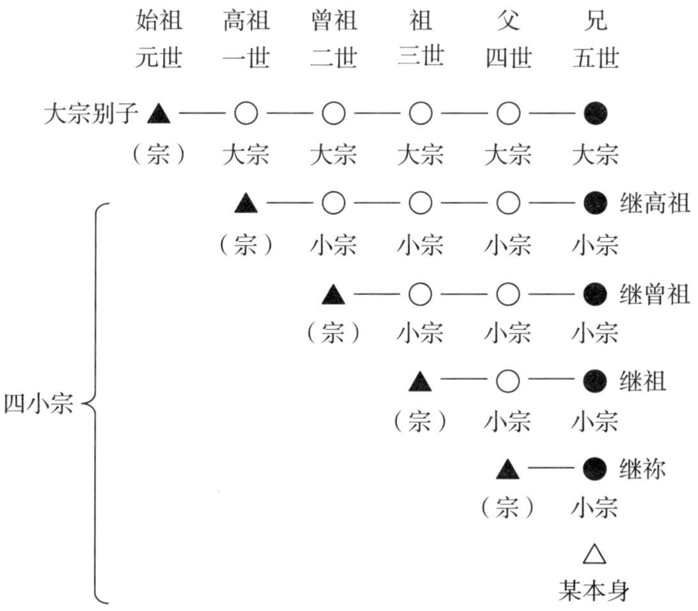


① 《礼记·大传》。

这样的一个宗族，从直系血缘看，包括父、子、孙、曾孙、玄孙五代；从旁系血缘看，包括兄弟、从父兄弟、从祖兄弟、族兄弟，另外还包括伯、叔、从伯叔、族伯叔、族曾祖。这种亲疏关系，表现在葬礼上，便形成了“五服”：斩衰、齐衰、大功、小功、缌麻。到第六代，亲属关系便终止了。所以小宗“五世则迁”。迁，迁宗，指迁徙出同宗，另立一宗。

## （二）家庭制度

西周的家庭有广义与狭义之分，广义可包括宗族与家族，狭义仅指一个家族。

1. 宗族内的关系。一宗之内，大功以上的亲属有同财异居的关系，也就是说，堂兄弟之间，有同财关系，却各自分居。《仪礼 · 丧服》说：“昆弟之义无分，然而有分者，则辟子之私也。子不私其父，则不成为子。……异居而同财，有余则归之宗，不足则资之宗。”又说：“子无大功之亲，与之适人。”郑注说：“子无大功之亲，谓同财者也。”这些都说明大功以上亲属是异居同财关系。所谓异居，是各家族各自分家而过，所谓同财，是同宗大功以上亲属在经济上要有一定宗族共产，互相援助，并受宗族法规制约。

同财异居的宗族，其宗族大权归宗子掌握。从法律上说，宗子有如下权利：

第一，掌握宗族祭祀权。祭祀权是宗族与家族内最重要的权利，只有宗子宗妇才能祭祀始祖，其余宗人只能在祭祀时，分别敬侍宗子。大宗宗子祭始祖时，群宗都来敬侍，小宗宗子祭祢时，宗人敬侍，宗人无权自己祭祀。《礼记 · 丧服小记》说：“庶子不祭祢者，明其宗也。”孔疏：“祢嫡，故得立祢庙，故祭祢。祢庶，不得立祢庙，故不得祭其祢。”又说：“谓宗至亦然。……若庶子是下士，宗子是庶人，此下士立庙于宗子之家，庶子共其牲物，宗子主其礼……若宗子为下士，是宗子自祭之，庶子不得祭也。”就是说，即使庶子政治地位高于宗子，也只能参与宗子祭祀，不能成为主祭人，若与宗子地位一样，则连祭祀之礼都不得参与。

第二，掌握全族共有财产权。《白虎通》说："大宗能率小宗，小宗能率群弟，通其有无，所以统理族人者也。"前引《仪礼・丧服》说："故昆弟之义无分，然而有分者，则辟子之私也。子不私其父，则不成为子。故有东宫，有西宫，有南宫，有北宫。异居而同财，有余则归之宗，不足则资之宗。"就是说，兄弟如手足在父的两旁，本不应分开，然而为什么要使兄弟分居呢？因为兄弟的儿子要尊敬自己的父亲，不分居便不能使他们尽子孙的孝道，因此，居住处所有分别。然而虽分居却财产共一，因此，各家生活有余的，应缴于宗族，不足的，应由宗族支援。另外，宗子还有收族的责任。所谓收族，是指资助同族中的贫穷无力者。这样，宗子便掌握宗族的共有财产。

第三，宗子是宗族内的法官。《贺氏丧服谱》说："奉宗加于常礼，平居即每事咨告。凡告宗之例，宗内祭祀，嫁女，娶妻，死亡，子生，行来，改易名字皆告。"也就是说宗族内日常事务的最后裁决权和干预权都由宗子垄断，俨然是宗族内的司法官。

第四，宗子在宗族内的至高地位不得被他人僭越。《礼记・内则》规定："适子、庶子，只事宗子宗妇。虽富贵，不敢以贵富入宗子之家；虽众车徒，舍于外，以寡约入。子弟犹归器、衣服、裘衾、车马，则必献其上，而后敢服用其次也。若非所献，则不敢以入于宗子之门，不敢以贵富加于父兄宗族。若富，则具二牲，献其贤者于宗子，夫妇皆齐而宗敬焉。终事而后敢私祭。"就是讲小宗对大宗，宗人对宗子要尊敬至极，即使自己生活富裕，优越于宗子之家，也不敢在居用上超越宗子之上。由于自己有功劳，受到政府嘉奖，被额外馈赠了衣服、器具、车马、裘衾的，都必须把其中好的献给宗子，自己服用其次，不能使自己的富贵超越父、兄家族。如果自己富贵了，一定要备好祭祀二牲，将好的献给宗子，当宗子祭祖时，这富贵夫妇斋戒后才能去参加助祭。祭宗祠的活动结束后，才能在自己家内祭自己的祢。这样，从西周开始，中国就形成宗族权。宗子掌握宗族权，这个宗子就是民间俗称的族长，在宗族法规中，他们是最高的掌权者，他们可以借助于祭祀始祖的特权来行使自己的其他权力。

2. 家族内的关系。每一个分门别居的家庭是一个家族。家族内的人都是直系尊卑亲属，其间也有一套确定的法规制度，用来确立家庭中父母的权力，区分父母子女的关系。

第一，父母掌握家族财产权。这里说的父母指家族内地位最尊，掌握家父权的人。譬如一家有两代人，则家父为父；有三代人，则家父为祖父；有四代人，则家父为曾祖父。家父去世，则为家母掌握，父母均去世，为下一代之男性嫡长子掌握。子女辈不可有私有财产。《礼记 · 坊记》说："父母在，不敢有其身，不敢私其财。"身为他权人的子女，既然连人身自由都无权自主，又更何论及财产权呢？《礼记 · 内则》规定："子妇无私货，无私畜，无私器，不敢私假，不敢私与。妇或赐之饮食、衣服、布帛、佩帨、茝兰，则受而献诸舅姑。"他权人不能有私有财产，即使别人赠送给他们的财产，也只能缴给自权人家长。

第二，父母掌握子女的婚姻权。子女婚姻的决定大权在父母，法律认可父母的主婚人地位。如前引《礼记 · 内则》所说："子甚宜其妻，父母不悦，出。子不宜其妻，父母曰：'是善事我。'子行夫妇之礼焉，没身不衰。"对于女子，则要求"在家从父母"。

第三，父母有惩罚子女权。这种惩罚权最多见的，是父母对子女的鞭挞权。《礼记 · 内则》规定："父母怒，不说，而挞之流血，不敢疾怨，起敬起孝。"向长者问事时，一定要手执几、杖。几、杖是杖责之物，子女问事时手操几、杖，是随时准备如自己做错了事，就以杖或几自责之。可知，不仅父母可直接鞭挞子女直到流血的地步，还可由父母下令，子女自己鞭挞自己。

父母对子女的惩罚权中是否包括生杀大权呢？先秦史籍记载甚少。《左传 · 昭公二十一年》记载，宋国的大司马华费遂的儿子华多僚陷害其兄华貙，宋元公听谗言后，让华费遂放逐华貙。华费遂气愤地叹息说："吾有谗子，而弗能杀。”这是一个父亲想行家父权杀死进谗言的儿子的叹息，然而终因君命不敢违，父亲只好放逐了无辜的儿子华貙。《史记·李斯列传》记载，始皇死，胡亥矫始皇命赐扶苏死，大将蒙恬劝扶苏：“请复请，复请而后死，未暮也。”扶苏却说：“父而赐子死，尚安复请！”于是便自杀了。这两件事都说明，春秋战国之际，虽礼崩乐坏，然而在家族中，家父权仍尊大无比，对子女有生杀大权。由此而论，在礼乐极盛的西周时代，家长对子女的惩罚权必然包括生杀权。这种权力一直延续到秦汉时仍如此。据《礼记·内则》记载子女出生后，家父有为子女命名之权，命名后的子女将登录于国家的公文册中。这表明父亲或家父有对婚生子女的认可权。

第四，父母有为子女辈隐忍的义务。中国是一个宣扬礼制的国家，西周的家庭关系中强调以礼治家，尊上爱幼，所以，父母虽有生杀子女之权，却极少使用。反之，对于关系到子女辈名誉地位的重大问题，父母要为子女隐忍，而不能公开宣扬。《礼记·内则》说：“子放妇出，而不表礼焉。”就是说子被放逐，媳被出弃，父母要隐忍他们的过失，而不能到处宣扬。《国语·周语》说：“父子将狱，是无上下也。”也是主张父子间不能提起诉讼，要相互隐忍过失。从隐忍的角度出发，周人主张对子女辈犯有过失者，应以教育为主，惩罚为辅，能教育者，家长必尽教育之道，只有不接受教育者，才进行惩罚。《礼记·内则》说：“子妇未孝未敬，勿庸疾怨，姑教之；若不可教，而后怒之。”就是说儿子、媳妇未对家长至孝至敬，家长也不要立即憎恶怨恨他们，而应首先教育他们，如果教育后，还不听从家长命令的，才谴责他们。这种隐忍和注重教育的观点与古巴比伦和古罗马法中规定的父母对子女的任意生杀予夺、出卖为奴的家长权相比，是进步得多了。这是中国独有的伦理道德观在法律中的体现，溯其源，仍然出于西周统治者“德主刑辅”的立法思想。

第五，家族内长幼尊卑要有次序。这是家族内的等级制度，通过它，使家族内各人不能逾越等级名分，保障家长的统治权，也保证家族内平安相处。家长之下的家属关系有夫、妻、妾、嫡子、庶子、长媳、众媳的区别，大家在家族内共处的一个法定原则是：“少事长，贱事贵，咸如之。”[①]也就是说，上下辈间，下辈要敬重上辈；同辈之间，地位低贱的要敬重地位高贵的，用这一原则处理长幼尊卑关系。上下辈间父母子女关系，前已备述，毋庸多言。同辈之间，夫妻关系中，妻为贱，夫为贵，妻要敬重夫。妻称夫为天，“夫者，妻之天也”[②]。丈夫是妻子的天，所以妻对夫“不敢悬于夫之楎椸，不敢藏于夫之箧笥，不敢共湢浴。夫不在，敛枕箧簟席，襡器而藏之”[③]。就是说，妻对丈夫要尊敬到不敢与丈夫在一根木钉上挂衣服，不敢在一根晾衣竿上晒衣服，不敢在丈夫的箱内放自已的物品，不敢与丈夫一起沐浴的地步。丈夫若不在家，一定要将丈夫所用衣物、被盖恭敬地收藏起来。夫妇到七十岁仍要同居，妻子要永远忠贞于丈夫。妻妾关系中，妾为贱，妻为贵，妾要更敬重丈夫，也要敬重妻。妾称丈夫为君，表示自己地位低于妻。对妾来说，丈夫如同国君一样，连妻也得称为女君。“妻不在，妾御莫敢当夕。”[④]如果是妻御侍丈夫之日，即使妻不在家，妾也不敢在此日与丈夫同居，以表示对妻的尊敬。妾的地位也有等级区分，《礼记》记载天子有一后，三夫人，九嫔，二十七世妇，女御八十一人，其地位是逐次下降的。卿大夫以下有一妻二妾，士一妻一妾，庶人只有一妻。

妻妾地位不同，其所生儿子地位也不同。妻生之子叫嫡子，妻生的长子叫嫡长子；妾生之子叫庶子。嫡庶出不同，影响到孩子在家庭中继承权不同。妻妾生子时，丈夫对待的礼节也有不同。妻生孩子时，居住在侧室，丈夫住正寝，丈夫要一日两次派人问候妻子的情况；将生之际，还要斋戒；孩子出生后，是儿子，要设弧表示尚武，是女儿要设帨，表示将以帨巾侍人。妾生子，丈夫仅一日一问，子生后三月，在妻的内寝见妾生之子，以

① 《礼记 · 内则》。
② 《仪礼 · 丧服》。
③ 《礼记 · 内则》。
④ 《礼记 · 内则》。

示妻妾地位的不同。一般平民百姓没有妾，家中也无侧室，妻将生子，丈夫便搬出居室，与家人共居，而让妻在自己居室生子。嫡庶不同，长幼有别，所以名分也不同。继承家长权的嫡子叫“冢子”，其余嫡生子叫“适子”，他们对冢子又称为“昆弟”，而庶出之子叫“庶子”，其待遇地位都有差别。

应当说明的是，家族关系中，父母权力虽然常常放在一起来提，然而由于妇女没有独立人格，妻的地位依丈夫而定，因之家长权主要由家父行使。只有当一个家族中男性至尊去世，家长权才由女性至尊行使。“舅没则姑老，冢妇所祭祀宾客，每事必请于姑，介妇请于冢妇。”①就是讲如果家长去世，婆母年老，家族内事务指挥权便交与长媳。但是，长媳行祭祀礼宴请宾客时，仍要事事请示婆母。其余子媳因位于长媳之下，对长媳又要如对家长，服从其指挥。

家族关系中还有一种特殊情况，就是继父与继子关系。《礼记·丧服小记》说：“继父不同居也者。必尝同居，皆无主后。同财而祭其祖祢为同居。”就是说，母后嫁之夫与母前夫之子没有亲属关系。如果丈夫死，妻子年幼，儿子也幼小，并且没有大功以内的亲属，妻子再嫁时，儿子随母与此后夫生活，后夫也无大功以内亲属，继父后来又把自己的财产遗留给该继子，并为之修筑宗庙，使之祭祀，则此继父与继子便建立了家族长幼尊卑关系。当继父去世后，此继子要行类似对自己亲生父亲的丧礼。

### （三）继承制度

为了确定家长权的继承人，也就相应地产生了周的继承制。周的继承包括祭祀权继承、地位继承和家族共财管理权继承。

1. 祭祀权继承，即宗祧继承。周人很重视对祖先的祭祀，祭祖人必须是家族内的家长。祭祀继承人称为嫡，确立祭祀继承人称为立嫡。周人的立嫡是嫡长子继承主义。《仪礼·丧服》规定：“有适子者无适孙。”郑注说：

① 《礼记·内则》。

“周之道，适子死，则立适孙。是适孙将上为祖后者也。”立嫡只能立一人，有嫡长子在，就不能立嫡孙；嫡长子死，则立嫡孙，嫡孙就成为祖宗祭祀继承人。立嫡的办法，是立嫡妻所生的长子。如果嫡妻无子，则从其余庶子中立其母地位比较高贵者所生儿子中的长子，此所谓“立适以长不以贤，立子以贵不以长”[①]。《公羊传·隐公元年》记载，鲁惠公死，其元配嫡妻无子，继娶声子出身微贱，生隐公。以后又娶仲子，仲子地位高于声子，生子桓公。后来惠公死，未立太子，隐公年长又贤，然而未被立为国君，而奉桓公为国君。这件事是周平王时候的事，可以看出周代的立嫡原则。周天子中从成王以后三十余王，大都循此原则。

嫡长子掌握祭祀权。《礼记·曲礼》说：“支子不祭，祭必告于宗子。”是强调庶子无祭祖祭祢之权利。祖庙、祢庙都设在宗子之家，支子若祭祀，便叫淫祀，为法律不允许。庶子如因功受封，其政治地位高于宗子，可准备祭祀牺牲礼品祭祖，然而主持祭祀礼的仍是宗子。隆重的祭礼，保证了尊尊、亲亲的统治地位。宗子祭祀权是法定继承最重要的内容之一。

2. 地位继承，即封爵继承。周代的分封制，封爵是授给宗室和勋臣的光荣。这种光荣不仅表现在政治地位上的荣耀，而且在身份关系上、禄爵享受上、物质待遇上都有特殊规定。这种封爵不仅本人生前可以享受，死后嫡长子仍可继承。享受继承爵位权的人，也可以享受食封、永业田及刑事上的特权。周制，封爵有公、侯、伯、子、男。金文中也可看到这种爵位的继承。如《毛公鼎铭》宣王封毛公父厝继袭封爵时说“父厝，今余唯𤕌先王命，命女亟一方”即是。

3. 家族共财管理权继承。周代在宗法家族制影响下实行家族共财制。这种家族共财由家长掌管，却非完全为家长个人所有，而是家族共有的财产。家父仅掌握对其管理权，继承人继承的也是这种管理权。在未分割财产前，此遗产为家族共有，所以《仪礼·丧服》规定：“父子一体也，夫妇

---

① 《公羊传·隐公元年》。

一体也，昆弟一体也。……而同财。”但因为家长既有管理财产权，又对家属有极大的命令权，所以他可以代表家族处分此家产。家族共有财产管理权既由家长总摄，其他家属成员便不得擅自使用、收益或处分；因此，《礼记》在强调子女不得有私财后，说明其原因为“家事统于尊也”[①]。西周中、后期出现的私田，不归家族共财，可以自由处分。

## 第七节　经济法律规范

### 一、自然资源管理立法

#### （一）土地管理立法

西周的土地仍然是王有，即国有制。即《诗经·北山》所说：“溥天之下，莫非王土。”周王把土地可以分封给诸侯或功臣，他们在封地之内，只有土地占有权而无所有权，不能买卖，所谓“田里不鬻”。[②]

土地管理的形式仍然沿用商代以来的井田制。从文献记载来看，这时已经有了比较准确的亩制。以百亩为“一田”（约合今31.2亩），井田制基本上采取十进位，即十井方一里，方十里为成即百井，方百里为同，即一万井。井田之间有遂、沟、洫、浍、川为灌溉系统，与之相适应的有径、畛、涂、道、路为道路系统，即通常所谓的“阡陌”。在大面积的井田外周围，启土作墉，启土后墉外就成了濠沟环绕方田。《诗经·闷宫》和周宣王时的一件铜器上面，载有“土田附庸”或“附庸土田”，就是对这一情况的反映。[③]

① 《礼记·内则》“子妇无私货”后之郑注：“家事统于尊也。”

② 《礼记·王制》。

③ 郭沫若主编：《中国史稿》（第一册），第132页。

文献和金文都记载，西周时设有各级官吏负责土地和农业生产的管理。中央设司徒总负其责。《周礼 · 地官 · 大司徒》:“掌建邦之土地之图与其人民之数，以佐王安扰（按：安抚的意思）邦国。”金文作“𤔲土”。“令汝乍𤔲土，官𤔲耤田。”徒指的是奴隶，土指土地。司徒的职责是管理土地和奴隶生产。“耤田，就是井田，因为是借助（强迫）民力耕作，所以说是耤田。”[①] 在各地具体管理农业生产的官吏叫“田畯”，负责监督在井田上的农业奴隶进行劳动生产。在井田上的奴隶往往是成千上万的人在一起进行劳动。《诗 · 周颂 · 载芟》“千耦其耘”，就是指这种劳动情况。所有在井田上劳动的成果，完全归奴隶主所有，连他们自身都是奴隶主阶级的私有财产。随时可以遭到奴隶主的杀害、赠与或买卖，而且价格非常低廉，金文上记载五个奴隶才换一匹马一束丝。

西周中后期，随着铁制生产工具的出现，社会生产力的提高，特别是商品经济的发展，荒地的开垦，各封国实力增强，宗法纽带松弛，私有土地开始出现。从青铜器铭文和古文献中都可以看到，在奴隶主阶级内部，土地已经可以用来交换、赔偿、赠与。例如周共王时的《卫盉铭》记载一个叫矩伯的矩国诸侯，为了取得朝觐用的礼器，曾用“十三田”（一千三百亩）与人交换瑾璋。说明“溥天之下莫非王土”的土地国有制和“田里不鬻”的局面已经被冲破。从而土地管理立法也随之变化。周宣王时，已“不籍千亩”。[②] 籍田即藉田、耤田，是每年春季周天子率领公卿百官举行的古礼，表示周王对国有土地生产的重视。但到宣王即位，则“不籍千亩”，是因为平民只注意自己私有土地耕作，连周天子直接管理的国有土地也出现了《诗经》上所说的“无田甫田，维莠骄骄；无田甫田，维莠桀桀”的荒芜情况。籍田古礼已失去意义，对此，不得不改变国有土地的管理措施，其办法之一，是加强对私田农作物赋税的征收。

① 郭沫若主编:《中国史稿》，第 134 页。

② 《国语 · 周语上》。

### （二）山林川泽管理立法

据《周礼·地官·司徒下》记载，西周时为了加强对自然资源的管理，设置有如下专门机构。

设山虞，“掌山林之政令”，负责山野林木的生产管理，规定林木采伐时间。“令万民时斩材，有期日。”按规定的时间砍伐林木，要求“仲冬斩阳木，仲夏斩阴木”，即冬天砍伐山南的树木，夏天砍伐山北的树木（松柏），春秋两季不得砍伐树木。凡不按规定时间砍伐及“窃木者有刑罚”，即未经许可私自砍伐者，要受刑罚惩处。但是，“凡邦工入山林而抡材，不禁”。郑玄注：“抡，犹择也。不禁者，山林国之有不拘日也。”即国家因事需要砍伐，则不受时间限制，任何时候都可入山砍伐。

设林衡，“掌巡山麓之禁令”，负责保护山林，掌握砍伐林木之时间，监督山林政令之执行。并“以时计林麓而赏罚之”，按时核定管理山林人员的功绩和过失，以便给予奖惩。

设川衡、泽虞，负责管理江河湖泊，规定采摘渔猎皆得以时节进行，否则“执而诛罚之”。

此外，《诗经》中有许多关于植树造林和反对任意砍伐林木的记载。如《小雅·鹤鸣》：“彼乐之园，爰有树檀。”《小雅·巧言》：“荏染柔木，君子树之。”《郑风·将仲子》：“无逾我里，无折我树杞，无逾我墙，无折我树桑，无逾我园，无折我树檀。”等等，反映了西周时对林木种植与管理的重视。

应该指出，西周厉王统治时期，为了加强对自然资源的控制，曾任荣夷公为卿士，“荣公好专利，而不知大难”[①]。荣夷公专利，即把山林川泽之利收归王室所有，不准其他奴隶主以及平民采伐利用。过去山林川泽虽属国有，但在开禁期间一般奴隶主和平民也可进行零星采伐和渔猎，厉王时则明令禁止。因而遭到“国人”的激烈反对，大夫芮良夫劝谏说：“天地百

① 《国语·周语上》。

物，皆将取焉，胡可专也？”又说：“匹夫专利，犹谓之盗，王而行之，其归鲜矣（归附周者寡也）。荣公若用，周必败。”由于此事损害了其他奴隶主和平民的利益，因此他们起来反对，同时“诸侯不享”。[1] 结果周厉王被驱赶到彘（今山西霍县东北）这个地方，后来厉王死在这里。

（三）水利管理立法

西周井田制下的田间水利管理，是有一套严格的规划的。据《周礼》一书记载：“凡治野，夫间有遂，遂上有径。十夫有沟，沟上有畛；百夫有洫，洫上有涂；千夫有浍，浍上有道；万夫有川，川上有路，以达于畿。”[2] 据学者考证：一井（约今 249.52 市亩）之中，遂的蓄水量约为 326 立方米，沟的蓄水量约为 1295 立方米，而洫的蓄水量为 490591 立方米，浍的蓄水量约为 191938 立方米，合计一同方百里的蓄水量为 10600396.23 立方米。这样，“从周百亩单位的夫，九百亩单位的井以至九百万亩单位的同，都有遂、沟、洫、浍来排水蓄洪，则洪水的危害可以控制，而且可以收润湿的利益”[3]。又据《国语 · 周语下》记载：西周时，“陂塘污庳，以钟其美”。韦昭注：“畜水曰陂，塘，隄也。钟，聚也。美，谓滋润也。”上述记载，形象地勾画出西周政府对农田灌溉的水利管理系统的蓝图。沟、洫、浍雨季皆可以蓄水防洪，而旱则放水润田，涝则排水防涝。这些水利设施，保证了农田灌溉的需要，而且遇有旱涝都能受益。

（四）矿藏及其他自然资源管理立法

《周礼 · 地官 · 卝人》记载：“卝（矿的古体字）人，掌金、玉、锡、石之地，而为之厉禁以守之。”上述矿藏资源为国家所有，卝人负责具体管理。凡开采皆由卝人“物其地，图而授之”。指定开采地点，并绘制图形。

① 《国语 · 周语上》。

② 《周礼 · 地官 · 遂人》。

③ 唐启宇编著：《中国农史稿》，农业出版社 1985 年版，第 58 页。

同时负责巡视矿藏之地，防止盗采，并监督政令之执行。

《周礼·夏官·校人》："校人，掌王马之政。"管理教养马匹之事务。如王室驾车用马，作战用马均由其供给。而为了管理好马的成长，规定有"执驹"，即在春季交配时，不准使幼驹交配。为了使马驯服，规定按时"攻特"，即阉割雄马的生殖器。

此外，《地官》还有角人、羽人，掌管山泽收获的禽兽的齿角和羽毛。荼人掌管山野生长的可供食用的草木根实，以及储蓄干菜瓜果，以备国家需用。掌蜃，掌管收取水产蚌蛤之类产品。等等。

## 二、赋税立法

### （一）贡纳制度

西周仍然实行井田制，在此基础上推行"沏法"，对沏法的理解历来意见不一，通常认为"沏"是通的意思，一里为井，有九百亩，分为九块，每块百亩，中间为公田，其余八块，各家种百亩，同井之八家，耕时通力协作，收获时按亩均分，以其中百亩之收获上缴政府，作为田赋，就是"彻法"。田赋是西周政府财政来源之一。

贡纳也是当时财政来源之一。按西周法律规定，受封的诸侯，要定期向王室贡纳。所以贡纳是诸侯应尽的义务，各诸侯国每年将收获所得，按土地所产向王室贡纳一定的贡物，供王室享用。《周礼·天官·大宰》之职有："以九贡致邦国之用：一曰祀贡，二曰嫔贡，三曰器贡，四曰币贡，五曰材贡，七曰服贡，八曰斿贡，九曰物贡。"祀贡，贡纳祭祀用的牺牲、包茅之类；嫔贡，嫔作宾，提供为国王接待宾客的用品；器贡，宗庙器用之物；币贡，绣帛、皮帛之类的物品；材贡，木材之类；货贡，金、玉、珠、贝之类的物品；服贡，祭服；斿贡，斿同游，羽毛之类；物贡，鱼、盐、桔、柚之类。这是周王室以天下共主，向全国诸侯国的征调，诸侯国必须按时缴纳，否则周王就要对其惩罚，或收回其封地，或派兵讨伐。

### （二）市税与关税

据《礼记 · 王制》记载，西周改变了夏商以来“市，廛而不税；关，讥而不征”的制度，而实行《周礼 · 天官 · 大宰》所说的“以九赋敛财贿”的制度，其中有“关市之赋”。所谓关市之赋，就是指市税与关税。

1. 市税。是在市肆征收的商品货物之税，是西周政府的重要财政来源之一。据《周礼 · 地官 · 廛人》记载：“廛人掌敛市絘布、总布、质布、罚布、廛布，而入于泉府。”五种市税的收入，最后皆上缴中央府库。

絘布，孙诒让《周礼正义》引江永云：“絘布者，市之屋税”，即市场之房屋税。絘读为“次”。布，布币。西周时市税以布币缴纳，故称布。

总布，《周礼正义》引王与之云：“总布，肆长总敛在肆之布也。货入于肆，肆长随其所货之物收其税，总而计之，其数非一，谓之总布。”可见总布即货物税。凡入市肆之货物由肆长征收，然后总其数，故称总布。

质布。《周礼正义》引王与之云：“质布，质人所税质剂者之布也。质人卖侯之质剂，如今田宅，官给券以收税，谓之质布。”又引江永云：“质剂盖官作之，其上当有玺印，是以量取买卖者之泉以偿其费，犹后世契纸有钱也。”说明质布是向订立契约之买卖双方征收的契税。

罚布。《周礼正义》引江永云：“罚布有三：质人罚度量淳制之犯禁者，一也；胥师罚诈伪饰行侯慝者，二也；胥罚有罪者，三也。”由此观之，凡违犯市肆之规定者，皆罚以布币，故谓之罚布。

廛布。《周礼 · 地官 · 廛人》郑玄注：廛布为“邸舍之税”。《周礼正义》引江永云：“廛与絘异者，絘是卖物之肆，廛是停储货物之舍，卖者买者皆有之，今时谓之栈房。卖者肆中不能容，则停货物于廛；买者当时不能即运，又或储之以待时鬻，亦须廛。此廛亦是官物，故当有税。”邸舍，唐宋叫邸店，晚清叫栈房，后来叫货栈，为远道贩运的客商提供住宿和堆放货物的地方。廛布，即储存费，作为市税交纳布币，所以叫廛布。

2. 关税。据《周礼 · 地官 · 司徒》记载，“司门”“司关”“掌节”等机构，负责关税之征收。

司门，“掌授管键，以启闭国门”。并对“出入不物者，正其货贿”。“不物者”，郑玄注：“不物，衣服视占不与众同及所操物不如品式者。”正，读为征。征，税也。说明司门之职，负责国门之启闭，对出入关门货物之检查征税，如发现“财物犯禁者举之”。即对不准出入关的违禁货物，则“举之没入官”。

司关，“掌国货之节，以联门、市”。货节，货物凭证。关与门、市相关联。《周礼正义》引贾公彦疏：凡货物，“自外入者征于关，关移之门，门移之市，所谓征于关者勿征于市也。自内出者征于市，市移之门，门移之关，所谓征于市者勿征于关也”。司关还对“凡货不出于关者，举其货，罚其人”。即为逃避关税，货物出入不经关门者，除没收其货物外，货物所有人还要受到刑罚制裁。

掌节，是掌管各种符节的机构，其中“货贿用玺节”，玺节，指印章，凡货物出入关、门，皆得有凭证，证明货物名称数量，关、门按此征收关税。

西周的关、市税率，限于材料，还不能详知，据《逸周书·大聚解》记载，当时推行的是“关夷市平”的政策。夷，平也，关夷市平，是说商人的货物过关和在市上应交的税都不高。西周时税率不高，是统治者作为德政推行的以“此谓归德”。

从上述记载来看，西周对市税与关税的征收，已建立了一套机构与法制，反映了随着商品经济的发展，国家对手工业和商业通过税收的形式加以调整。同时西周国家机构不断增多，开支增加，只有增加财政来源，才能得以维持，这也是当时开始关市之征的原因之一。

## 三、手工业管理立法

### （一）官手工业管理机关

对于西周手工业生产管理机构的体制，具体组织与职能，还不能作详细论述。但从《考工记》和金文记载，可以看出当时确实有负责手工业生产管理的工官。《冬官·考工记》序官云："国有六职，百工与居一焉。或坐而论道，或作而行之，或审曲面埶，以饬五材，以辨民器，……或治丝麻以成之。坐而论道谓之王公，作而行之谓之大夫。审曲面埶，以饬五材。以辨民器，谓之百工。……治丝麻以成之，谓之妇功。"又《礼记·曲礼下》云："天子之六工，曰：土工、金工、石工、木工、兽工、草工，典制六材。"郑玄注云："周制，皆属司空。土工，陶瓬（音访，捏塑黏土成瓦器）也；金工，筑治凫栗锻桃也；石工，玉人、磬人也；木工，轮、舆、弓、庐、车、梓也；兽工，函、鲍、韗、韦裘也；惟草工职亡，盖谓作萑苇之器。"上述文献所言"百工"，说明西周时期管理手工业生产的官是很多的，也反映了当时手工业生产分工更加明确。

金文中关于"百工"的记载也很多，但从金文来看，百工的地位似有很大变化。在西周早期的《令彝铭》："唯十月月吉癸未，明公朝至于成周，出令舍三事令罘卿事寮、罘诸尹、罘里君、罘百工、罘诸侯、侯、甸、男、舍四方令。"[①]明公，周公旦长子伯禽，封于鲁。从上述金文看，"百工"与卿士寮、诸侯等官吏并列，显然地位很高。但在西周中后期的金文中，"百工"多与臣妾并列，臣妾是奴隶，其地位显然下降。如《龙敦铭》有："王若曰：龙，昔先王既命女作宰……嗣（治）王家外内，毋敢有不䎽（原注：䎽，古闻字，外内事毋敢有不告汝者），嗣百工出入姜氏命（原注：百工，王室之百工，伊敦：司康宫王臣妾百工是也。出入，出纳也。姜氏，王后也）。"[②]又《伊敦铭》云："唯王廿有七年，正月既望丁亥，王在周康宫。旦，王格穆大室即位。……王平命尹邦册命伊，骏官嗣康宫王臣妾百工。"[③]《师獸敦铭》："唯王元年正月初吉丁亥，伯龢父若曰：师獸，乃祖考有劳于我家，女右唯小子，余命女死（尸）我家，骏嗣（治）

① 郭沫若：《两周金文辞大系图录考释》，第5页。

② 吴闿生集释：《吉金文录》（卷三），万有图书公司1968年版，第12页。

③ 吴闿生集释：《吉金文录》（卷三），第18页。

我东偏西偏，仆驭百工，牧臣妾，东裁内外（孙云：东裁，董裁之借），毋敢否（不）善。”①

上述金文中都把“百工”与臣妾并列，反映“百工”的地位低下。西周初期的“百工”可能是王室管理手工业的官吏，而中后期的“百工”可能是直接管理奴隶生产的具有一定生产技术的工匠。“东偏西偏”，有学者说：当系为百工设置的作坊，一般都设置在王宫之内的一个偏僻的角落。②以“仆驭百工”，在作坊里进行各种手工业产品的生产，以满足奴隶主贵族的需要。

### （二）生产管理政策与措施

西周仍实行“工商食官”政策，官府设作坊进行手工业生产，“待其业，以供其上”，以保证王室贵族的需要。西周统治者，为使手工业在原有基础上得到进一步发展，在灭商以后，把原来的手工业，按专业原封不动地保存下来，所谓“殷民六族”“殷民七族”，他们都是商朝从事各种手工业生产的奴隶，聚族而居在一起生产，如制陶、冶铸、丝织、漆器、玉雕。政府设置各种专职官吏所谓“百工”进行管理生产监督奴隶劳动。史书记载，凡调拨原材料，以及生产之成品，都要以法定格式进行登记，如《周礼·天官·掌皮》：“遂以式法，颁皮革于百工。”郑玄注：“式法，作物所用多少故事。”就是按照法定手续调拨皮革。同时工官还要负责监督奴隶劳动，凡懈怠及所做产品不合质量要求，即要依法治罪。为了明确生产责任，在产品上都要刻上或写上生产者的姓名，即名《礼记·月令》篇记载的“物勒工名，以考其诚。工有不当，必行其罪，及穷其情”。可见，西周时在官手工业生产作坊中，已初步建立起生产责任制。

---

① 吴闿生集释：《吉金文录》（卷三），第26—27页。

② 傅筑夫：《中国封建社会经济史》（第一卷），人民出版社1981年版，第182页。

## 四、商业立法

西周时期，工商业仍然由官府控制，但是由于西周奴隶制经济发展到鼎盛时期，农业、手工业都有了较大的发展，所以商业也比夏商时期有了较大的发展，而且出现了民间的一些交换活动。例如《诗·卫风·氓篇》："氓之蚩蚩，抱布贸丝。"《毛传》云："布，币也。"《笺》云："币者，所以贸买物也。春季始蚕，孟夏卖丝。"就是以布来交换丝。据《周礼·天官·大宰》以九职任万民。有"阜通货贿"的商贾，《考工记》有"通四方之珍异以资之，谓之商旅"。加上《尚书·酒诰》中所说的周初朝歌一带的商代遗民，"肇牵车牛远服贾，用孝养厥父母"的情况，说明当时专门从事商业活动的人不在少数，而且建立了市肆制度，设置官吏加强管理。

从上述《周礼》记载来看，西周时商与贾已有区分。孙诒让《周礼正义》："云'行曰商，止曰贾'者，《司市》注云：'通物曰商，居卖货曰贾。'义与此同。……《白虎通义·商贾篇》云：'商之为言商也，商其远近，度其有亡，通四方之物，故谓之商也。贾之为言固也，固其有用之物，以待民来，以求其利者也。行曰商，止曰贾。"

### （一）商业管理机构及其职责

在晚出的《周礼》一书，《地官·司徒下》所列有关市场管理机构有：

贾师，"掌其次之货贿之治，辨其物而均平之"。掌管货物的定价，并规定"凡天患，禁贵卖者，使有恒贾"。如遇天灾也不许抬高物价，要维持平常的价格。

胥师，也是负责物价管理的机构，并在市中公布刑罚与禁令。主要负责"察其诈伪，饰行卖慝者"，即如发现有出售以伪劣商品假冒好货及哄抬物价者，则加以处罚。

肆长，掌管本肆货物的陈列，规定名相近者相远也；实相近者相迩也。即名称相似而实质不同的货物不得陈列在一起，以防假冒。

廛人，“掌敛市絘布、总布、质布、罚布、廛布，而入于泉府”。即掌管征收市肆的屋税，上缴国家府库。同时规定，屠宰牲畜的肉商，可以收牲畜的皮、角、筋、骨抵作租税。

质人，“掌成市之货贿，人民、牛马、兵器、珍异，凡卖儥者，质剂焉”。质剂就是买卖契约。质人即是掌管商品交换过程中订立契约的。

### （二）市场之设置与规制

1. 市场之设置。据《周礼·地官·司市》记载，西周时有大市、朝市、夕市三种。“大市，日昃而市，百族为主；朝市，朝时而市，商贾为主；夕市，夕时而市，贩夫贩妇为主。”日昃，指日过中午而偏西，百族即百姓。大市相当于后来的集市，因为开市时间长，参加的人多，交换的货物充足，所以叫大市。有远道四面八方的百姓凡有所交换的货物都来到这里进行，因此大市在午后开始。朝市，是天亮至早饭这段时间开市，参加交易的主要是居于市肆的坐贾（音古），以及远道而来住在城市邸舍的行商。夕市，是在太阳西斜至黄昏这段时间开市，参加商品交换的主要是一些从事小本经营的小商小贩，所谓“贩夫贩妇”。

据《周礼·地官·遗人》记载，在城市之外的国野也设有市场。“凡国野之道……五十里有市。”这是为距离城市较远的人民而设立的固定的市。此外，在王侯相会之礼，大的军役，所聚人众较多，则设有临时的市，以解决人们生活上的需求。可见西周时随着经济的发展，商品交换相当发达。西周政府为商设市，反映了西周政府对商业的重视，但同时也反映了这时的商业活动仍直接由政府控制。

2. 市场之规制。从《周礼·地官·司市》记载来看，西周市场有严格的规制，“凡市入，则胥执鞭度守门，市之群吏，平肆、展成、奠贾、上旌于思次，以令市”。而且是“以次叙分地而经市”。据清人孙诒让《周礼正义》卷二十七“司市”云：“三市，每市盖各有总门，其内分设各次，次内又分列各肆，肆有一巷。是三市之中，内外分合，其门不一。胥，二肆一人，则所守之门，当为肆门也。”“肆行列前后有次第，谓之叙。盖即各肆行首，当市朝之处。每肆市舍多少无定数，其行首为巷门，门外即市朝也。自朝望之，各肆次第分列。十肆则有司虣（同暴），五肆则有司稽，二肆则有胥，一肆则有长，皆于门为治，所谓叙也。”上述记载说明大市、朝市、夕市各有不同的固定场所，而不在同一个地方，除大市日中开市外，其他皆早、晚开市。

（三）商品管理的具体措施

1. 对入市商品的限制。西周时期，官府对商品市场管理非常严格，法律明确规定哪些物品可以在市场出售，哪些不可以在市场出售。政府利用市场对商品进行管理和监督。据《礼记 · 王制》篇记载有十四条禁令：“圭璧、金璋、不粥（粥同鬻）于市；命服命车（天子或诸侯赏赐的礼服或车），不粥于市；宗庙之器（祭祀用的器具），不粥于市；牺牲（供祭祀用）不粥于市；戎器（指兵器），不粥于市；用器不中度（度，规格，不中度，不合规格，中音仲），不粥于市；兵车（指为出赋的车乘）不中度，不粥于市；布帛精粗不中数（数，指布帛的经纬线的数）、幅广狭不中量（指宽度长度不够尺寸），不粥于市；奸色乱正色，不粥于市；锦文珠玉成器，不粥于市；衣服饮食，不粥于市；五谷不时，果实未熟，不粥于市；木不中伐，（指伐木非时），不粥于市；禽兽鱼鳖不中杀（捕捞非时），不粥于市。”从这些禁令来看，有关于影响国家安全的，有关于违犯贵族等级制度的，有关于损害消费者利益的，有关于不利于自然生态发展的，凡上述商品皆不得在市场上出售。

2. 商品在市肆陈列与价格管理。关于商品陈列西周法律规定“以陈肆辨物平市”，即要求“司市”负责分别货物之种类，以其相同者陈列在一肆，不得混杂。目的便于使买者容易区别比较，以免上当受骗。在“肆长”条又规定：“陈其货贿，名相近者相远也。实相近者相尔（同迩，近也）也。”即陈列肆中的货物，对名称相近而实质不同的，不要陈列在一起，实质相同的，可以陈列在一起。这样做容易使买主识别货物之价格是否合理。

凡市场上出售的商品，皆由官府定价，具体管理商品价格的是“贾师”。他们根据商品质量的好坏和供求情况平定物价。值得提出的是，西周统治者，往往通过市场供求情况，了解民风的奢俭。《礼记·王制》篇记载，周天子在巡行各地时，多“命市纳贾，以观民之所好恶，志淫好辟”。凡奢侈品畅销，则反映“志淫”的人多，说明社会风气尚奢，从而官府可以制定相应的对策，并控制有关商品的销售。

此外，为了控制市场货源，政府也利用价格政策来进行调整。“凡治市之货贿、六畜、珍异，亡者使有，利者使阜，害者使亡，靡者使微。”郑玄注：“利，利于民，谓物实厚者；害，害于民，谓物行沽者。”意思是对人民有利而必需的货物，使其充分上市；反之，对质量低劣而不堪使用的货物，则减少以至禁绝上市。其具体办法，如郑玄所说：“使有、使阜，起其贾（价）以征之也；使亡、使微，抑其贾以却上也。”总的精神是：控制质次的货物和奢侈品上市。即亡（无）者使有，短缺的使它有货。利者使阜，坚实耐用的使它供应充分。害者使亡，粗制滥造的使它绝迹。靡者使微，细巧之物，奢侈品则尽量少上市。以此来调整供求关系。

3. 成交商品要订立契约。《周礼·地官·司市》有：“以质剂结信而止讼。”质剂，即券书，后世之契约也。买卖双方要订立契约以结信，而防止发生争讼。即使争讼发生也有凭证，所以叫“止讼”。《地官·质人》有：“凡卖侯（郑玄注：侯‘亦买也’。）者质剂焉，大市以质，小市以剂。”质、剂从形式上的区别是长短不同，长曰质，短曰剂。从内容上的区别，是买卖的标的与价格不同。凡买卖奴婢、牛马当时认为这是“大市”价贵，则用长券之质；买卖兵器、珍异等物当时认为这是“小市”价轻，则用短券之剂。

质剂皆“两书一札而别之”。是指当时契约因无纸而写在简札上，一式两份，即一分为二，中间有类似后世的骑缝，买卖双方各执一份，以后发生纠纷，则勘合验证之。

凡违反市场管理的各项规制，要受到“市刑”的惩罚。《司市》记载根据不同情节：“小刑，宪罚；中刑，徇罚；大刑，扑罚。”所谓，宪罚，郑司农云：“播其肆也。”即书其犯禁状，悬挂在市肆之门，以宣播其应得之罚。“徇罚”，是使犯罪者在市肆内游行示众，以为罚。“扑罚”，以鞭打之以为罚。

## 五、货币立法

《汉书 · 食货志》说：“太公为周立九府圜法。”看来西周初期已经有了方孔圜形铸币，但从历代出土的钱币中从未见到西周前期的这种金属货币。当是后人臆测。但是，《史记 · 平准书》记载：“农工商交易之路通，而龟贝金钱刀布之币兴焉。所从来久远。”说明商品交易促进了货币的发展，从而出现了几种货币同时使用，还是符合西周的情况的。

### （一）货币的使用

从先秦文献记载，特别是地下出土文物来看，西周时期在奴隶主贵族之间的交换中，起着货币作用的仍然是“贝”。不过西周时期，由于奴隶制经济的发展，也促使了货币的发展。西周初期仍然以天然贝为主要的货币形式，后来出现铜仿贝并得到广泛使用。

贝币仍然以“朋”为计算单位，《诗 · 小雅 · 菁菁者莪》中有：“菁菁者莪，在彼之陵。既见君子，锡我百朋。”记载着一个受到贵族丰厚的恩赐的人而发出的感激之情。是以“百朋”作为计算单位。据郭沫若：《两周金文辞大系图录考释》周初武王克商时《小臣单觯铭》云：“周公易（锡）小臣单贝十朋。”穆王时《刺鼎铭》云：“王易刺贝三十朋。”孝王时《效卣铭》云：“王易公贝五十朋。”这种赐贝之事，从金文中还可以列举很多。近年陕西岐山县董家村出土的西周铜器卫盉铭文中说：“王爯旂于丰。矩伯庶人取堇章（璋）于裘卫，才（财）八十朋，毕（厥）贮（贾），其舍田十田；矩或（又）取赤虎两、麀塞两、塞韐一，才廿朋，其舍田三田。”[①] 上述铭文是说，矩伯庶人在裘卫那里取得了朝觐用的玉璋，价值贝八十朋，可以付给“十田”；矩伯又取了两张赤色的虎皮、两件鹿皮披肩、一件杂色围裙，共值二十朋，可以付给“三田”，说明当时主要以贝作为交换媒介。

（二）重量单位货币的出现

从出土金文来看，西周初期还出现以“寽”为单位的赏赐和罚金的记录。例如成王时的《禽毁铭》云：“王易（赐）金百。”《师旅鼎铭》云：“罚得䍡（古）三百寽。”昭王时《過伯毁铭》云：“過伯从王伐反荆，孚（俘）金。”穆王时《稽卣铭》云：“易（锡）贝卅寽。”孝王时《曶鼎铭》云：“用�诞买兹五夫用百寽”。郭沫若说：“寽《说文》𠬪部云：‘五指捋也，从𠬪一声，读若律’，按金文均作一手盛一物，别以一手抓之，乃象意字，说为五指捋字。”[②] 寽同捋，《说文》云：“锊，十铢二十五分之十三也。从金，寽声。”《考工记·冶氏》：“重三锊。”郑玄注：“许叔重《说文解字》云：‘锊，鍰也。今东莱称（秤）或以大半两为钧，十钧为环，环重六两大半两，鍰、锊似同矣，则三寽为一斤四两。”环、鍰音近，一斤为十六两，三寽当为二十两。

从金文记载来看，西周中期已经用金属货币“寽”来计价了。例如孝王时的曶鼎铭文就记载五个奴隶的价格是百寽铜贝。这时所以用“寽”来计算，大概是由于金属“贝”的出现，在流通中以“朋”计算不准确，金属贝贵重，而用重量单位“寽”来计算则较准确合理。稽卣铭文“赐贝卅寽”，就是将铜铸的贝以重量计算的一例。西周时不仅流通领域中金属货币以“寽”计算，而在赎刑中也用重量计算。丁福保《古钱大辞典·总论》

① 庞怀清、镇烽、忠如、志儒:《陕西省岐山县董家村西周铜器窖穴发掘简报》，载《文物》1976年第5期。

② 以上均引自郭沫若:《西周金文辞大系图录考释》。

中说："《尚书·吕刑》其罚百锾之锾，即泉也。案夏侯欧阳说，墨刑疑赦，其罚百率，古以六两为率（率，锊之假借字，集韵：锊，古作锊）。古《尚书》说：锾者率也。一率一十铢二十五分铢之十三也，百锾为三斤。……参合众说，率也、锊也、锾也，实一字也。"这都说明了金属货币在西周经济生活中占有重要地位。

（三）金属货币、钱、镈的出现

钱和镈均是青铜制作的农具。《诗·周颂·臣工》："命我众人，庤乃钱镈。"众人，指奴隶。庤音至，借为持，拿着。钱，小铲子。镈音博，锄。钱字从古农具"刬（音产）"发展来的。刬即用铫（音遥）铲地。西周统治者重视农业生产，农业比商代发达，钱、镈都是用于耕耘的农具，大家都很需要，最初可能作为一般等价物的商品，形状大而粗糙，后来逐渐转化成为金属铸币，而铸造小而精细。这种金属铸币，就是"原始布"，或称"大铲币"。这种铸币形态，到春秋时得到进一步发展。春秋时期的"空首布"就是在此基础上发展而来的。

可见，随着西周农业、手工业和商业的发展，作为流通手段的货币需要量多了，而且货币形态也多样化，但主要还是在贵族之间的交换中使用。而民间的交易活动，则大都是像《诗·卫风·氓》篇所记"氓之蚩蚩，抱布贸丝"，仍然以物易物。又如《诗·小雅·小宛》有"哀我填寡，宜岸宜狱。握粟出卜，自何能谷？"（《毛传》："填，尽；岸，讼也。"）就是记述一个穷尽寡财之人，与人打官司之前，提着谷粟向人问卜，求其胜负，卜后也是用谷粟支付给占卜费用的。

西周时期在流通领域出现几种货币，不同形态的货币，皆属国家认可的，无疑国家必然对不同形态的货币规格、重量制定法定标准，以维护货币的信用，特别是金属货币，更需要有法定标准。从这个意义上说西周的货币立法已比商代更前进了一步。

# 第八节　司法制度

西周接受商朝“自恃天命，严刑峻罚”而导致灭亡的教训，提出“明德慎罚”的法制指导思想，建立起比较完备的司法制度。

## 一、司法机关

西周的司法机关分为：中央、乡遂、诸侯国三部分。

### （一）中央司法机关

中央司法机关以秋官司寇或称大司寇为首，大司寇的职责：“掌建邦之三典，以佐王刑邦国，诘四方。”① 大司寇是大法官，同时掌管全国的司法工作。下设小司寇是直接审判案件的，其职责：“以五刑听万民之狱讼。”“以五声听狱讼，求民情。”② 所谓五听即一曰辞听，二曰色听，三曰气听，四曰耳听，五曰目听。③ 下属士师是刑官，掌国都之内的禁令、狱讼、刑罚，其职责：“掌国之五禁之法，以左右刑罚。”④ 士师位在下大夫，为古代法官的通称。秋官司寇下辖司刑、司刺、司约、司盟、司圜、司隶、掌囚、掌戮等职官，分掌各项刑罚的执行。如：司刑，掌五刑之法，以丽万民之罪，墨罪五百，劓罪五百，宫罪五百，刖罪五百，杀罪五百。司刺，掌三刺、

---

① 《周礼·秋官·大司寇》。

② 《周礼·秋官·小司寇》。

③ 五听，郑玄注：“观其出言，不直则烦；观其颜色，不直则赧（nǎn 蝻，因羞惭而脸红）；观其气息，不直则喘；观其听聆，不直则惑；观其眸子，不直则眊（mào 冒，目不明的样子）然。”

④ 《周礼·秋官·大司寇》。

三宥、三赦之法，以赞司寇听狱讼。司盟，掌盟载之法，有狱讼者，则使之盟诅。司圜，掌收教罢民，凡害人者弗使冠饰，而加明刑焉。掌囚，掌守盗贼凡囚者，上罪梏拲而桎，中罪桎梏，下罪梏，王之同族拲，有爵者桎，以待弊罪。掌戮，掌斩杀贼谍而搏之。司隶，掌五隶之法，辨其物而掌其政令。可谓职责严明，分工精细。

### （二）乡遂司法机关

乡遂是西周重要的社会结构。据《周礼》记载，西周将全国划分为“国”与“野”两大区域，称为“体国经野”。周王直接统治下的王畿，分为“国”“乡”“遂”。“国”的本义是指王城和国都，在王城的城郭以内，又叫作“国中”；王城以外百里之内称为“乡”，设六乡。钜王城百里以外二百里之内称为“遂”，遂又叫作“郊”。从广义上讲，以王城为中心，连同乡、遂在内，统称为“国”。六乡居民多以血缘关系为纽带，采取聚族而居，居民称为“国人”。

钜王城二百里以外至三百里称为“野”，野以外为“县”，县以外为“都”。从广义上讲，凡野、县、都诸地区，统称为“野”。野、县、都居民多是按地域而居，居民称为“甿”或“野人”。

乡、遂皆属王畿，王畿之内设士，士既管理政务，又兼理狱讼；既是行政官，又是法官。国中与乡设乡士。“乡士掌国中，各掌其乡之民数而纠戒之。听其狱讼，察其辞。”① 遂又叫作郊，设遂士。“遂士掌四郊，各掌其遂之民数，而纠其戒令。听其狱讼，察其辞，辨其狱讼。”② 可见，乡士、遂士都既是行政官，又是法官。

县、都皆属王畿之外，县设县士。“县士掌野，各掌其县之民数，纠

① 《周礼·秋官司寇·乡士》。

② 《周礼·秋官司寇·遂士》。

其戒令而听其狱讼，察其辞，辨其狱讼。”[①] 都设方士。“方士掌都家，听其狱讼之辞。辨其死刑之罪而要之，三月而上狱讼于国。”[②] 可见，县士职责与乡士、遂士相同，方士则专理狱讼。

乡、遂及县、都的士，皆分为上士、中士、下士三级，可谓行政官或法官的等级。其下属有府、史、胥、徒等官吏，辅佐士管理政务，审理狱讼，掌管记录供词及管理文档等事务。

### （三）诸侯国司法机关

诸侯国的司法机关设司寇、士师等法官审理狱讼案件，基层案件则由乡官处理，当案件需要处以刑罚时，则提交给士或士师审理。此外，宗子族长对族人有权进行审判。中央司法机关还设讶士掌四方诸侯国之狱讼，谕罪刑于邦国。

## 二、起诉制度

西周的起诉制度比夏、商两朝前进了一大步。起诉形式有“自诉”与“告诉”两类。从地下出土的曶鼎[③]、鬲攸从鼎[④]、倗匜[⑤]的可辨铭文看，都证明这一点。如曶讼匡季案，曶亲自到周王室东宫告发匡季而提起诉讼。鬲从讼攸卫牧案，是鬲从到周康宫向周王控告攸卫牧而提起诉讼。牧牛讼师倗案是下级官吏牧牛起诉上司师倗的案件。上述都采用自诉或告诉的起诉形式，由原

---

① 《周礼·秋官司寇·县士》。

② 《周礼·秋官司寇·方士》。

③ 曶（hū 忽）鼎又称舀鼎，是西周中期青铜器，作器者名舀。原器已佚，今存铭文拓本，可辨者 379 字。

④ 鬲（gē 戈）攸（yōu 优）从鼎，周厉王时代文物，由陕西省凤翔出土。

⑤ 倗（yìng 映）匜（yí 移），周厉王或周宣王时代文物。1975 年 2 月，在陕西省岐山县董家村出土，重 3.85 公斤，腹底和盖内有铭文 157 字。

告的告诉或控告而提起诉讼，民事案件是这样，刑事案件也是这样。

西周的起诉制度规定自诉、告诉必须有“剂”，剂即诉状。凡狱讼，有剂官府才受理，无剂则不理。起诉程序中要求原告、被告都必须具备诉状或申诉状。递了诉状以后，民事案件的当事人要纳“束矢”，即交纳诉讼费一百支箭。刑事案件的当事人要“入钧金”，即交纳诉讼费三十斤铜。如果当事人不纳束矢或不入钧金者，即按照“自服不直”论，以败诉告终。刑事案件入钧金三日后乃致于朝，然后由士或士师进行审理。

西周设禁杀戮官职以审察起诉案件，其职责相当于现代的检察官。禁杀戮是秋官司寇的属官。《周礼 · 秋官司寇》：“禁杀戮，下士二人，史一人，徒十有二人。”禁杀戮的职责是“掌司斩杀戮者，凡伤人见血而不以告者，攘狱者，遏讼者，以告而诛之”①。所谓斩杀戮者，即犯杀人罪；伤人见血者，即犯伤害罪；攘狱者，即犯妨害公务罪；遏讼者，即侵犯权利罪。审察的对象不仅有民众，也有官吏。然而，禁杀戮的职责是作调查与审察起诉，而不审理案件。审案定罪的职责是由司寇承担。“禁杀戮”，郑玄注：“司犹察也，察此四者告于司寇罪之也。”②

徐朝阳先生在《中国刑法溯源》一书中，对“禁杀戮”一职为古代的“检察官”作了肯定的论述。王桂五同志在《人民检察制度概论》一书中，指出中国检察制度起源于西周，并说：周公作《周礼》约在公元前 11 世纪，而西欧检察制度直到公元 13 世纪才出现，中国检察官的产生要早于西欧两千多年。

## 三、证据制度

西周广泛地应用盟誓、物证、书证、人证、口供作为证据，并形成比

① 《周礼 · 秋官司寇 · 禁杀戮》。

② 《周礼 · 秋官司寇 · 禁杀戮》郑玄注。

较完整的证据制度。基本上摒弃了夏、商两朝的神示证据。在西周的证据中，盟誓占据着重要位置，是刑事证据的主要形式。从以神的意志为主要内容的神示证据，到以人身作为担保的盟誓证据，这个转变是证据史上的重大进步，且更具有法律色彩。

盟誓分为旧誓辞与新誓辞。旧誓辞常常是原告提起诉讼的依据，新誓辞则是判决的根据和结案的标准。当事人若违背誓辞将受到严厉的惩罚。凡大事违誓当杀，小事违誓当墨或鞭。①盟誓判决与盟誓结案，在鬲从讼攸卫牧案和牧牛讼师俶案中都有反映，而后者反映得更突出、更全面。在《俶匜铭》的157字中，“誓”字反复出现了七次，它对该案的定罪、减罪、量刑都起了重要作用，并记录在案。

物证、书证。物证在“曶讼匡季案”与“牧牛讼师俶案”中都有反映，如“禾十秭”“五夫”。书证已经广泛地使用，在诉讼中经常采用“地比”“图契约”等书证。“凡民讼，以地比正之。地讼，以图正之。”②“凡以财狱讼者，正之以傅别约剂。”③

人证。“曶讼匡季案”，匡季的众臣二十人就是人证。“牧牛讼师俶案”，官吏䚄、曶，他们既是记录誓辞的书记官，又是牧牛盟誓时在场的证人。

口供。在刑事诉讼中已广泛采用口供。法庭审理案件要求“两造具备”④，即原告、被告都到场。法官审理案件时注重原告与被告的供词，规定以五辞听狱讼。五辞，五声之辞。辞，讼辞即口供。“以五声听狱讼，求民情。”⑤法官在审理时，对当事人口供的真伪，对当事人的心理活动，

① 参见《周礼·条狼氏》。

② 《周礼·地官·小司徒》。地比，郑司农云：以田畔所与比正断其讼。图，邦国本图。地讼争疆界者，以图证之。

③ 《周礼·秋官·士师》。傅别，中别手书也。约剂，各所持券也。郑司农云：讼则案券以正（证）之。

④ 《尚书·吕刑》。

⑤ 《周礼·秋官·小司寇》。

通过五听认真观察。所谓五听，一曰辞听（观其出言，不直则烦）；二曰色听（观其颜色，不直则赧）；三曰气听（观其气息，不直则喘）；四曰耳听（观其听聆，不直则惑）；五曰目听（观其眸子，不直则眊）。从五个方面对口供进行审查判断，这是古代审判活动中的一项经验总结。

西周的证据制度已经摒弃了原始的神示证据，出现了盟誓、物证、口供等证据形式，并有核实、审查判断等明验证据的方法，形成一套比较完整的证据制度，对后世有着深远的影响。

## 四、审判制度

西周统治者接受商朝“自恃天命，残民以逞，严刑峻罚”的灭亡教训，提出“以德配天”“明德慎罚”的思想，建立起一套比较完整的审判制度。

### （一）明确区分刑事、民事案件

西周审判制度已经将刑事、民事案件区分开来，提出“争罪曰狱，争财曰讼”[①]，统称“狱讼”。就是说，狱是解决被告人的罪与非罪之争；讼是解决当事人的财货之争。并分别规定不同的诉讼程序。

### （二）提交诉状

提起诉讼要求原告、被告都必须提交诉状。诉状称“剂”，所谓有剂才受理，无剂则不理。无论自诉、告诉案件都必须有剂。

### （三）交纳诉讼费

提起诉讼要交纳诉讼费，民事案件诉讼费称“束矢”[②]，即一束箭；刑事

① 《吕氏春秋·决狱讼》注。

② 束矢，一说十二矢为一束；一说五十矢甚至一百矢为一束。

案件诉讼费称“钧金”[①]，刑事诉讼入钧金三日后乃致于朝，然后进行审理。否则便被认为“自服不直”，以败诉告终。西周时代铜乃贵金属，能一次交纳几十斤铜作诉讼费的，只能是拥有钱财的奴隶主或掌有权势的贵族。

（四）两造具备

两造，诉讼的双方，即原告和被告。西周审理案件要求原告、被告都必须到庭。诉讼提起的前提是要有原告人的告发，并在原告、被告双方当事人齐全的情况下，法官才开庭审判。这同古希腊、古罗马奴隶制国家“没有告诉人就没有审判”的控诉式诉讼原则相似。西周法官是坐堂问案，原告、被告则是当面对质。因为“狱讼不席”。原告、被告在对质前都要求盟誓。“有狱讼者，则使之盟诅。”[②]盟诅即盟誓。西周礼制：大事曰盟，小事曰诅。盟誓要举行隆重的杀牲仪式，“涖牲曰盟”[③]。孔颖达疏：“盟者，杀牲歃血，誓于神也。……盟之为法，先凿地为方坎，杀牲于坎上，割牲左耳，盛以珠盘，又取血盛以玉敦，用血为盟书，成，乃歃血而读书。”狱讼的盟诅仪式，有否如此之隆重，已难于考证，但誓于神，书于策则是可信的。原告、被告盟诅后书于策，一式两份，其中一份藏于官府入档。

## 五、法庭审理

法官审理案件主要是听讼、核对双方的供词与检验物证。听讼是从五个方面审察原告、被告的言谈举止及心理活动，“以五声听狱讼”[④]，又称“五听”，即一曰辞听，二曰色听，三曰气听，四曰耳听，五曰目听。

---

① 钧金，铜三十斤。钧，古代重量单位，三十斤为钧。
② 《周礼·秋官·司盟》。
③ 《礼记·曲礼下》。
④ 《周礼·秋官·小司寇》。

法官听讼时，不能偏听一方的证辞，而要“明清于单辞”①，并要核实五辞，当各种证词都核实后，才能按五刑判处刑罚，所谓“五辞简孚，正于五刑”②。

法官审理案件对口供极为重视，当双方当事人，尤其是被告人未能自愿招供时，法庭上就施用各曰“肆掠”的刑讯手段，“仲春之月……毋肆掠，止狱讼”③。除了仲春之月（阴历二月）不准肆掠外，其余月份施用刑讯是被视为合法的。

法庭审理结束后，依法作出判决。判决十天后宣读判决书，即所谓“读鞫”。

## 六、法官责任制

西周对法官的选拔有明确的标准：“非佞折狱，惟良折狱。”④佞（nìng宁），巧言献媚的人；良，善良正直的人。折狱，审判案件。并规定严格的法官责任制，指出法官审案有五种弊病，即“五过之疵”⑤。当法官犯了五过之疵，就要承担罪责相当的法律责任。如惟官（依仗权势），惟反（私报恩怨），惟内（暗中牵制），惟货（敲诈勒索），惟来（贪赃枉法）。法官犯了这五种弊病，审理案件时必然会对罪犯应刑不刑，应罚不罚，甚至出了人罪，罪及无辜。法官责任制规定，他的罪就和罪犯等同。同时提出“狱货非宝”⑥的告诫，指出对狱讼中的财物，不能作为私家财宝。

---

①《尚书·吕刑》。

②《尚书·吕刑》。

③《礼记·月令》。

④《尚书·吕刑》。

⑤《尚书·吕刑》。

⑥《尚书·吕刑》。

## 七、直诉制度

西周还建立起“路鼓”“肺石”等直诉制度。所谓路鼓，指在王宫门外设一大鼓，凡有冤屈者可以举槌击鼓，直诉于周王。所谓肺石，指设在王宫门外色赤如肺的大石，有冤屈者在肺石上站立三天，法官（士）即受理听讼。“立于肺石三日，士听其辞。”[①] 西周统治者建立路鼓、肺石等直诉制度，除了标榜德政外，同时也是加强王权对司法审判的监督，是西周审判制度的重要组成部分，对后世有较大的影响，到了封建时代发展成为登闻鼓制度。

## 八、上诉、复审制度

西周对上诉、复审已经形成比较完备的制度。当法庭对案件判决十天后，宣读判决书即读鞫，如果当事人不服，可以在规定的期限内要求上诉、复审。“凡士之治有期日，国中一旬，郊二旬，野三旬，都三月，邦国朞，期内之治听，期外不听。”[②] 西周的各级官府，分为“国”与“野”两大区域，一般地说是以离王城或国都的远近作为划分区域的标准。离王城或国都近，上诉复审的期限短；离王城或国都远，上诉复审的期限长。在王城的城郭以内叫作“国中”，“国中一旬”即上诉复审期限为十天。王城以外百里之内，称为“乡”，分设六乡。国中与乡设乡士既掌管政务，又“听其狱讼，察其辞”[③]。乡的组织，“令五家为比，使之相保；五比为闾，使之相受；四闾为族，使之相葬；五族为党，使之相救；五党为州，使之相赒；五州为乡，

① 《周礼·秋官司寇·大司寇》。

② 《周礼·秋官司寇·朝士》。

③ 《周礼·秋官司寇·乡士》。

使之相宾”[①]。假如每家以五口计算，从家、比、闾、族、党、州、乡，全乡当为 15625 家，共计 78125 人。乡士的职责为“掌国中，各掌其乡之民数而纠戒之”[②]。钜王城百里以外至二百里之内，称为“郊”，“郊二旬”即上诉复审期限为二十天。分设四郊，郊又称为“遂”，设遂士既掌管政务，又“听其狱讼，察其辞，辨其狱讼”[③]。遂的组织，“五家为邻，五邻为里（设里宰），四里为酂（设酂长），五酂为鄙，五鄙为县（设县正），五县为遂”[④]。假如每家以五口计算，从家、邻、里、酂、鄙、县、遂，全遂当为 12500 家，合计 62500 人。遂士的职责为“掌四郊，各掌其遂之民数，而纠其戒令”[⑤]。国中、乡、郊离王城较近，属于“国”的区域，是周天子直接统治下的王畿，因此，上诉复审的期限皆以旬计算。

郊以外的相当钜离的周围地区，叫作“野”。在野以外为“县”，县以外为“都”。此外，卿大夫的采邑称为“都鄙”，细分起来尚有甸、稍、县、都、鄙等名目。从广义讲，凡郊以外的地区，包括野、县、都，统称为“野”。“野三旬”即上诉复审期限为三十天。野设县士，“县士掌野，各掌其县之民数，纠其戒令而听其狱讼，察其辞，辨其狱讼”[⑥]。“都三月”即上诉复审期限为三个月。都设方士，“方士掌都家，听其狱讼之辞。辨其死刑之罪而要之，三月而上狱讼于国”[⑦]。各诸侯国又称“邦国”，“邦国朞”即上诉复审期限为一年。邦国皆远离王城，故上诉复审的期限最长。邦国之狱讼即四方诸侯国之狱讼，设讶士掌管。“讶士掌四方之狱讼，谕罪刑于邦国。”[⑧]

---

① 《周礼·地官司徒·大司徒》。
② 《周礼·秋官司寇·乡士》。
③ 《周礼·秋官司寇·遂士》。
④ 《周礼·地官司徒·遂人》。
⑤ 《周礼·秋官司寇·遂士》。
⑥ 《周礼·秋官司寇·县士》。
⑦ 《周礼·秋官司寇·方士》。
⑧ 《周礼·秋官司寇·讶士》。

上诉案件由司寇审判，西周朝廷设大司寇与小司寇。大司寇的职责是“掌建邦之三典，以佐王刑邦国，诘四方”①。小司寇则是直接审判案件的，其职责是“以五刑听万民之狱讼”②。上诉复审案件的审理程序：司寇接到上诉案件后要亲自审理，审理结束后由大司寇上奏周王，周王下令命三公进行参听，并经周王多次宽宥后由司寇量刑判决。“大司寇以狱之成告于王，王命三公参听之，三公以狱之成告于王，王三宥然后制刑。”

1975 年 2 月，在陕西省岐山县董家村出土的青铜器上的《㑺匜铭》，所记载的“牧牛讼师㑺案”是一起上诉案件，案件由司寇伯扬父审理，审理结束后伯扬父在周王莽京的行宫宣读判决，宽赦牧牛的原刑，改判轻刑与赎刑。因铭文记载的是最后判决，按照有关文献记载，西周的上诉复审程序中，还应包括三公参听与周王的多次宽宥。司寇审理的上诉复审案件是终审案件，因此也是狱讼的终审程序。

## 九、监狱

监狱是国家的强制机构与刑罚执行机构，是国家的重要组成部分。我国古代监狱是对被处以刑罚的犯人进行关押和劳动的场所，也是关押嫌疑犯、未决犯，以及待处决犯的场所。监狱是和审判机关、诉讼活动同时产生并发展起来的。

西周监狱沿袭夏、商而又有发展，并开始形成一套比较完整的监狱制度。西周的监狱是暂时拘禁囚犯的场所。入监囚犯分别罪之轻重要加刑具三木（桎、梏、拲），轻罪用梏，将刑具加在颈上，类似后世的枷；中罪用桎梏，在颈上加梏外，再将刑具加在足上；重罪用桎、梏、拲，指颈上加梏，足上加桎外，再将两手套入拲。西周对有爵位的人犯了重罪只加桎，王族

① 《周礼·秋官·大司寇》。

② 《周礼·秋官·小司寇》。

犯了重罪只加拲的刑具。在监狱中关押的有等待审判或判决的囚犯；有已经判决等待执行的罪犯；还有证人等，监狱并不是徒刑的执行场所，徒刑的执行是采用先坐嘉石，而后役诸司空的办法。

从广义上讲，西周的监狱可以分为以下三类。

### （一）圜土

西周的圜土，主要是关押罢（pí 疲）民的。“以圜土聚罢民。”① 所谓罢民，是指游民、有劣迹及轻微刑事犯罪分子。关押在圜土内的罢民，白天强制服劳役，夜间囚禁于圜土，在服饰冠戴上亦与常人不同，著墨幪若古之象刑，使其明刑以耻之。关押期分为上罪、中罪、下罪三等。“上罪三年而舍，中罪二年而舍，下罪一年而舍。”② 对于在圜土内不能悔改而擅自逃出者，杀。关押期满而释放出圜土者，三年不能与常人的待遇相等。“虽出三年不齿。”③ 对圜土的注释，古代学者有着不同的见解。《周礼》郑玄注：“圜土谓狱城也。”一说圜土为“犴狱”，韦昭注曰：“乡亭之系曰犴，朝廷曰狱。”故通称犴狱。

### （二）囹圄

囹圄，狱也。《风俗通》：“狱，周曰囹圄。”《礼记 · 月令》：“仲春之月……命有司省囹圄。”郑玄注：“省，减也；囹圄所以禁守系者，若今别狱矣。”《风俗通》：“圄，与也。言令人幽闭思愆改恶为善，因原之也。”可见，囹圄既是关押罪犯，又是罪犯“幽闭思愆”的场所，证实西周对罪犯已经实行刑罚与教化相结合的做法。有人说：这是我国古代监狱制度的重要发展阶段。这个评价是有一定的事实根据的。

---

① 《周礼 · 秋官 · 大司寇》。
② 《周礼 · 秋官 · 司圜》。
③ 《周礼 · 秋官 · 司圜》。

### （三）嘉石

嘉石即有纹理之石。西周狩嘉石置于外朝门左侧，大司寇听讼处。“以嘉石平罢民。”[①]贾公彦疏：“嘉石，文石也者，以其言嘉，嘉，善也，有文乃称嘉，故知文石也，欲使罢民思其文理以改悔自修。”

嘉石的服刑对象是“语言无忌”“侮慢长老”“害于州里”，但尚不足以关押于圜土的人。可见，嘉石是轻于圜土的刑罚。服嘉石者按罪之轻重分为五等：一等重罪者，每旬带桎梏坐嘉石一日，强制服劳役一年；二等罪者，带桎梏坐嘉石九日，强制服劳役九个月；三等罪者，带桎梏坐嘉石七日，强制服劳役七个月；四等罪者，带桎梏坐嘉石五日，强制服劳役五个月；五等轻罪者，带桎梏坐嘉石三日，强制服劳役三个月。嘉石是耻辱刑与强制服劳役相结合的刑罚，是一种特殊的拘役制度。服嘉石者由司空监督，服刑期满，取保释放。

## 第九节　礼制的完善

礼制经夏、商二代的发展，至西周时臻于完善。中国之所以被誉为“礼仪之邦”，与西周时期周公制礼作乐、礼治思想的确立及礼制体系的健全是分不开的。

### 一、神权法思想的动摇与“礼治”思想的确立

西周是神权法思想动摇的时代，自称有上帝庇护的殷人猝然亡于“小

① 《周礼·秋官·大司寇》。

邦周”之手，不能不引起人们对神力的怀疑。就是获得了统治地位的周人也不得不对神力提出疑问，认为天意实在难以把握。《尚书 · 大诰》言：“天棐（非）忱，尔时罔敢易法。”神权思想的动摇，必定会引起政治上的混乱。因此，对神权法思想进行变革就势在必行。周人对神权思想的变革带有很大的策略性，一方面，他们告诫族人“天不可信”；[①] 另一方面，又告诫被统治者，尤其是异族“惟天降命，肇我民，惟元祀”[②]。这样，一方面可以扼制统治阶层，使之兢兢业业，勤劳王事，避免重蹈亡殷的覆辙；另一方面也可以利用异族，尤其是殷人崇尚鬼神的特点，确立周人统治的正统地位。对天意可信又不可信的解释，是周人的创造。他们以“德”作为天意与天命的中介：有德则顺天意，顺天意则得天下（有天命）；失德则逆天意，逆天意则失天下（丧天命）。殷人“不敬其德，乃早坠厥命”[③]。而周人有德，故“皇天上帝改厥元子大国殷之命”。故周人认为，要永享天下，顺“惟文王德延”。“德”的出现，将周夺殷命之举解释得顺理成章。德是礼制的产物，是礼治思想的一个组成部分，是亲亲、尊尊所派生出的忠孝思想的概括。经过变革的神权法思想由于倚重于“德”字而被纳入了礼治思想的轨道。礼治思想由于德观念的成熟而丰富起来。西周礼治思想的发达，还在于礼制的完善。礼制作为一种传统的制度，随着宗法制的完善而完善。夏商之时，宗法制度并不严格，维护宗法制的礼制也杂乱无章，其中包括氏族社会所遗留的风俗习惯，祖先的训诫，祭祀制度，等等，这些制度带有很大的伸缩性，而且在某些方面并不完善，因此，礼治只能作为神权思想的一种辅助思想而存在。实际上，以礼治天下在夏商时是无法做到的。西周由于嫡长子继承制的确立，宗法制完善起来，维护宗法制的礼制也随之完善起来并成为统治者治国的纲纪及统治者个人修养的标准。作

① 《尚书 · 君奭》。
② 《尚书 · 酒诰》。
③ 《尚书 · 召诰》。

为治国的纲纪，礼制的内容包括政治、经济、军事、教育、行政、司法、宗教、祭祀、婚姻家庭、伦理道德等各个方面。《礼记·曲礼》总结道："道德仁义，非礼不成；教训正俗，非礼不备；分争辩讼，非礼不决；君臣上下，父子兄弟，非礼不定；宦学事师，非礼不亲；班朝治军、莅官行法，非礼威严不行；祷祠祭祀，供给鬼神，非礼不诚不庄。"作为统治者的个人修养而言，礼制约束着统治者的言行，其一言一行，言谈举止，进退揖让都须合乎身份，故孔子言："不学礼，无以立。"[①]总之，西周时，上至国家的立法行政、各级贵族和官吏的权利义务，下至衣食住行，婚嫁丧葬，送往迎来礼制几乎无所不包。特别重要的是，其中不少规范实质上具有法律（主要是民法和行政法）甚至国家根本大法的性质。正因如此，礼在西周成为"经国家，定社稷、序民人，利后嗣"[②]"定亲疏，决嫌疑，别异同，明是非"[③]的标准，成为法与道德的统一体。只有此时，礼治的思想才能较为彻底地在实际中体现。西周的礼治思想，既是西周礼制的体现，又是夏、商礼治思想的总结，其特点在于，以维护"亲亲""尊尊"为主线，而同时又涉及神权、传统习俗等各方面的内容。正如礼制是法与道德的统一体，礼治思想也是法律思想与道德观念的统一体，因此，中国奴隶社会中并不存在所谓"重礼轻法"的问题，夏、商，尤其是西周，礼包括了法，法是礼的不可分割的一部分，重礼必然重法，轻法也就是轻礼。

夏商的"天意政治"在西周被改造了，"周人尊礼尚施，事鬼敬神而远之"[④]。周人虽然仍"事鬼敬神"，但是，商人塑造的有意识的人格神上帝却被周人逐渐抽象化，他离人间越来越远，居高临下。远离人世的上帝兼有双重性质，一是至高的人格化的神，他监视四方，将治理国家的大任交

① 《论语·季氏》。

② 《左传·隐公十一年》。

③ 《礼记·曲礼》。

④ 《礼记·丧礼》。

给有“德”之人。所谓“皇天无亲，惟德是辅”①。二是殷人的上帝，在周时演变成具有自然法则意义的“天”。上天的喜、怒、哀、乐便也有了一定之规。

周人的“天”解决了改朝换代与上帝间的矛盾，解释了自己夺商之命的行动。但是，这一次成功的神权改革也动摇了神权的基础。首先，在神的面前，人的地位提高了，人不再是神随意摆布的“尤物”，人的德性在社会政治活动中占有了重要的地位。其次，天离人远去，人们对天的尊敬可以通过遵循“天则”——自然法则来表现。以往的法律规范是神意的体现，而此时法律规范却成为半神明半人为的产物，正因为人的地位的提高，西周时法律才逐渐摆脱了随意性而走向条理化。自此，中国法律便走上了非宗教化的路途而与人的道德伦理结下了不解之缘，陈顾远评论道：“中国法制之表现，除殷世以前，受宗教之影响外，自周以来，则无宗教之特殊色彩，中国法系之异于回回法系、印度法系者，此亦一端。”②

神权法思想的发展及迅速动摇的原因，不外乎中国奴隶社会的“早熟”。由于提前进入阶级社会，政治过于成熟，当政治再发展时，便与具有稳定性质的宗法思想产生矛盾，用神权解释一切对现实政治的发展显得过于幼稚和简单，人们便由单纯地崇神而转变为崇神重人，由于较为圆满地解决了人神之间的关系，中国古代社会即没有陷入宗教化的狂热，但也始终没有对宗教迷信进行有力的批判，彻底走出神权的羁绊。中国古代法律亦与此种状况相适应。在法典中虽然很少有宗教迷信的痕迹，但“天道”的影响却始终不曾消失。西周时的《吕刑》及天子所言之法具有浓厚的神权色彩自不待言，直至封建社会统治者仍以“君权神授”作为专制统治的理论基础，将设法立制视为代天行道。

---

① 《左传·僖公五年》引《周书》。

② 陈顾远：《中国法制史》，第53—54页。

## 二、周公制礼

"礼治"思想的确立，为礼制的发展奠定了理论基础，而礼制的完备也为礼治的实现提供了前提条件。礼治与礼制相辅相成，其构成了西周社会的特色。在完善礼制的过程中，周初的政治家周公的贡献实在是功不可没。

周公（？—约公元前1090年），姓姬名旦，周文王之子，武王之弟，成王之叔，故又称叔旦。其封地在周（今陕西岐山东北），故称周公，或周公旦。周公是西周初期杰出的政治家，他曾助武王克商建周，武王死后，武王之子成王年幼，周公摄政，"相王室以尹天下"，[①] 周公摄政期间，平定了三监、武庚之乱，确立了嫡长子继承制，完善了宗法制度，又"制礼作乐"[②]，建立了一系列典章制度，为"成康之治"奠定了基础。周公为政，勤谨果断，文武并用。《尚书》中的《大诰》《康诰》《酒诰》《梓材》《召诰》《洛诰》《多士》《无逸》《多方》《立政》等篇目经专家考订，为西周初年的命书，[③] 多出自周公之手。这些命书集中反映了周公的治国思想。周公为政的主要政绩有两项，一是创立了"以德配天"的君权神授说，以"德"为媒介，将殷人的上帝变成天下共有的上帝，使西周政权与神权密切联系。二是完善了宗法制度。周公的思想自成体系，前集夏、商之大成，后开封建之先河，在古代思想史上占有特殊的地位。周公思想体系的内容极为丰富，涉及社会政治、经济、文化、习惯、舆论等各个方面。中国后世的政治家与思想家几乎无不将其视为宝库，言必称周公。然而，这一包罗万象的思想体系并不杂乱无章，可以用两个字加以概括，这就是"礼治"。"礼治"思想体系是一个以德为理想，以礼制、礼仪为

---

① 《左传·昭公四年》。

② 《尚书大传》。

③ 参见陈梦家:《尚书通论》，中华书局1985年版，第110—113页。

规范，以教化、刑罚（或礼、乐、刑、政）为手段，对国家实行综合治理的思想体系。

（一）周公制礼的历史条件

1. 西周的社会状况与宗法制。中国奴隶社会是“早熟”的奴隶社会，在进入阶级社会后，奴隶主统治阶级借助了许多氏族社会的制度进行统治，形成血缘制与等级制相结合的礼治。夏、商之时，由于宗法制的不完善，氏族血缘制与阶级社会的等级制尚未交融，此外，商代的发展，已使血缘关系呈现出松散的趋势，例如，商人“刑始于亲，远者寒心”“严兵而不□者，其臣慑，其臣慑则不敢忠，不敢忠则民不亲其吏”。[①] 因此，“礼治”的思想便也无法完善。周克商，周族贵族获得统治权，但奴隶社会的性质并没有改变。“纣作淫虐，文王惠和，殷是以陨，周是以兴。”[②] 可见周对殷的取代并不是由生产力发展而引起的社会性质的变革。不仅如此，周对商的取代从某种意义上说反而是社会发展的中断。因为无论是从生产力上说，还是从文化的发展形态上说，周都远远地落后于商。考古发现证明，商已经是一个十分发达的奴隶制国家，青铜器的精美，城址规模的庞大，贵族墓葬的型制都是周初所难以比拟的。周灭商前夕，文王、武王远远没有奴隶主贵族那样的气派：“文王卑服，即康功田功”[③]，文王亲自从事生产劳动，不敢怠慢族人。因此，许多人认为文王之时，周族仍然处在氏族社会的末期阶段。军事上的胜利，使“小邦周”[④] 取代了“大邦殷”[⑤]。周人在不得不吸取商代文化及统治方法的同时，也不得不照顾到本族的发展状况，将氏族制度重新与阶级社会的制度相结合，重新拧紧商代已松散的血缘纽

① 《逸周书 · 史记解》。

② 《左传 · 昭公四年》。

③ 《尚书 · 无逸》。

④ 《尚书 · 大诰》。

⑤ 《尚书 · 大诰》。

带。“思兼三王，以施四事，其有不合者，仰而思之，夜以继日，幸而得之，坐以待旦”[①]的周公在完善氏族制与阶级社会等级制二者结合的问题上颇费心思。在总结了夏、商的经验及反复斟酌现实状况的前提下，周公终于健全了宗法制。与夏、商相比，西周的宗法制融血缘与社会等级为一体，合血统与君统为一体，嫡庶有别，大宗、小宗的界限分明，传承清晰。此皆周公之力。王国维《殷周制度论》言：

传子之法，实自周始，当武王之崩，天下未定，国赖长君，周公既相武王克殷胜纣，勋劳最高。以德以长，以历代之制，则继武王而自立，固其所矣。而周公仍立成王而己摄政，后又反政焉。摄政者，所以济变也，立成王者，所以居正也。自是以后，子继之法，遂为百王不易之制矣。

正因为周的社会形态落后于商，所以宗法制在西周没有被继续破坏，反而愈加巩固完善，王位传嫡长子，若子幼则由兄弟摄政，“以济变”，幼子长成，摄政者返政，以示正宗。嫡庶有别，嫡长子继承制使宗法制将氏族血缘制与阶级等级制杂糅为一体，宗法制终于在周公时健全起来。宗法制的特点是以血缘区分等级，使亲者贵，疏者贱，长者尊，幼者卑是统治者的既定政策，在这样一个以血缘纽带为基础的社会中，社会秩序只有依靠传统的礼加以维系。

礼是氏族社会的产物，起源于氏族的祭祀活动，其内容十分复杂，调整氏族成员之间关系的准则，约束氏族成员的风俗习惯等都可以称为“礼”。在中国，由于奴隶社会的早熟，血缘关系在阶级社会的大量存留，礼经过更新后被保留下来，成为约束人们的规范，并发展成礼制。礼制在阶级社会中有两项主要的作用，一是维护族人的团结，二是显示阶级与等级的差异。它与西周以“亲亲”“尊尊”为宗旨的宗法制完全吻合。在健

① 《孟子·离娄下》。

全的宗法制下，在血缘关系密切的西周社会中，礼治成为人们最能接受的治国思想。于是，周公摄政，“一年救乱，二年克殷，三年践奄，四年建侯卫，五年营成周，六年制礼作乐，七年致政成王”①。在完善宗法制的同时，相应地完善了礼制。

2. 夏商之礼与西周之礼。礼，包括礼制与礼治两个方面。宗法制为礼治的思想奠定了社会基础，而夏、商礼制的经验则为西周礼制的成熟准备了条件，也为礼治思想的贯彻准备了条件。

礼制，融“亲亲”“尊尊”为一体，既有血缘氏族制的残留，又有阶级社会的内容。作为奴隶社会的上层建筑，礼制在夏商时已经存在，但夏、商的礼制并不完备。夏由于刚脱离氏族社会，礼制淳朴，故其礼治思想以氏族社会的“忠”为尚。夏代之“忠”，既强调下事奉于上，又强调上尽力于下。如柳诒徵以为夏代之“忠”应以“《左传》桓公六年，‘上思利民，忠也’，及《孟子》‘教人以善谓之忠’二义解之”②。显然，夏代的礼治思想还带有氏族制平等的痕迹。商代，奴隶制较为发达，阶级差异明显，统治者更注重礼制的阶级内容。因此，商代礼制以森严的等级制为核心，礼治思想则以“敬”为尚，“尊而不亲”③。统治手段严酷，“先罚而后赏”。“敬”所强调的是王的权威。夏之忠与殷之敬皆有可取的一面，但也各有其弊。《说苑 · 修文》总结道：“夏后氏教以忠，而君子忠矣，小人之失野；救野莫如敬，故殷人教以敬，而君子敬矣，小人之失鬼。”其意为，夏过分强调氏族成员的和睦，而无上下之别，君无威严。殷人过分强调等级，而使人过分地相信鬼神所赐的灾福，对君敬而不亲。周公考虑到周族的社会发展状况，兼采夏、商之礼，既强调贵族要爱护小民，知小民生活的艰辛，又强调严格等级制度，下不得犯上。《尚书 · 无逸》记周公苦口婆心地告

---

① 《尚书大传》。

② 柳诒徵:《中国文化史》，第 79 页。

③ 《礼记 · 表记》。

诫贵族要继承文王的品德，与民同苦同乐，周公言："呜呼，君子所其无逸，先知稼穑之艰难，乃逸，则知小人之依……"周公认为，殷的灭亡，原因在于"不知稼穑之艰难，不闻小人之劳，惟耽乐之从"①。但是，周公也强调等级制度，《荀子·正名篇》："刑名从商，爵名从周"，爵便是等级制，是统治阶级内部的等级关系在法律上的确定。《文选·晋纪总论》干宝言："名器崇于周公，权制严于伊尹。"名器制度亦是等级制的体现，是贵族政治地位的象征。在等级制中，周公最为强调的是天子的威严。《尚书·康诰》记周公言："不率大戛，矧惟外庶子，训人，惟厥正人越小臣诸节，乃别播敷，造民大誉，弗念弗庸，瘝厥君。时乃引恶，惟朕憝。已，汝乃其速由兹义率杀。"官吏不循法令，损伤君主威严，则杀之无赦，可见周公的礼制，既有血亲和睦的内容，又有维护等级威严的内容，其"礼治"思想是夏、商忠、敬的结合，即维护"亲亲""尊尊"的制度。正如崇尚周公的孔子所言"周监于二代，郁郁乎文哉"②。其意为：周以夏、商二代之礼为借鉴，其礼制是多么丰富啊。历史的发展，为周公制礼提供了成熟的条件，于是周公言：

我不可不监于有夏，亦不可不监于有殷。我不敢知曰，有夏服天命，惟有历年，我不敢知曰，不其延……有殷受天命，惟有历年，我不敢知曰，不其延……今王嗣受其命，我亦惟兹二国命，嗣若功。③

外事，汝陈时臬，司师，兹殷罚有伦。④

汝陈时臬事罚。蔽殷彝，用其义刑义杀，勿庸以次汝封，乃汝尽逊，曰时叙，惟曰未有逊事。⑤

---

①《尚书·无逸》。

②《论语·八佾》。

③《尚书·召诰》。

④《尚书·康诰》。

⑤《尚书·康诰》。

故殷礼陟配天，多历年所，天惟纯佑命，则商实百姓。王人罔不秉德明恤。[1]

从周公的言谈中，我们可以看出，西周的制度确实是在“监于二代”的基础上制定的，尤其殷制，对周公的影响很大，殷罚、殷彝深受周公的重视，以至成为周礼的重要组成部分。再从《礼记》中所记的一些制度上看，周礼，即周代制度也确实是兼采二代的：

有虞氏瓦棺，夏后氏塈周，殷人棺椁，周人墙置翣。周人以殷人之棺椁葬长殇，以夏后氏之塈周葬中殇、下殇，以有虞氏之瓦棺葬无服之殇。[2]

凡养老，有虞氏以燕礼，夏后氏以乡礼，殷人以食礼，周人修而兼用之。[3]

昔者，有虞氏贵德而尚齿，夏后氏贵爵而尚齿，殷人贵富而尚齿，周人贵亲而尚齿。[4]

监于二代的周代礼制，无论是形式，还是内容都要比夏、商完善得多。周公所制定的完善的礼制不仅对当时，而且对后世都产生了巨大的影响，春秋时代的人常常引周公之礼作为自己为政主张的论据。《左传·哀公十一年》记：“季孙欲以田赋，使冉有访诸仲尼。仲尼曰：‘丘不识也。’三发，卒曰：‘子为国老，待子而行，若之何子不言也？’仲尼不对，而私于冉有曰：‘君子之行也，度于礼；施取其厚，事举其中，敛从其薄，如是，则以丘亦足矣，若不度于礼，而贪冒无厌，则虽以田赋，将又不足。且子

① 《尚书·君奭》。
② 《礼记·檀弓》。
③ 《礼记·王制》《礼记·内则》。
④ 《礼记·祭义》。

季孙若欲行而法，则周公之典在，若欲苟而行，又何访焉？”孔子认为，若欲兴其国，则必法周公之典。弃周公之礼而行他法，则为“贪冒无厌”，“欲苟而行”不足与之谋事。鲁文公时，太史克亦以“先君周公制《周礼》”为据，解释季文子逐莒仆之事，太史克认为，莒仆弑父而盗宝玉，投奔鲁国，其举违周公之礼，“则其孝敬，则弑君父矣；则其忠信，则窃宝玉矣”。对这种人宽宥，以至赏赐，是“以训则昏”，即以无礼导民，“民无则焉”，百姓便会唯利是图，不顾忠孝廉耻。[①] 周公之礼的影响如此深远，是凭借着总结二代之礼的优越条件而形成的。

总之，西周的宗法制决定了礼制与礼治必然在西周继续存在并发展，浓厚的血缘关系，决定了统治者必须实行礼治。而夏、商礼的发展又为西周礼的成熟提供了历史条件，周公顺应了历史发展的要求不失时机地健全了礼制并完善了礼治思想体系，终于成为中国历史上第一位占有特殊地位的伟大的思想家。

### （二）“礼治”思想指导下的西周法律特征

礼治思想的体系，概括地说即是融国法、家规、忠、孝、德、教化、刑罚为一体的思想。周公“礼治”思想的内容大致与其相同，但在周公“礼治”思想中，最值得一提的便是“德”观念的产生与发展，周公的礼治思想是以德为核心内容的。《左传・文公十八年》记：“先君周公制周礼曰：则以观德，德以处事，事以度功，功以食民。”建立一个人人有德的社会，是周公的理想，也是礼治的目的。西周时，将商人“徝”[②] 改写为“德”。郭沫若解释道：“德字照字面上看来是从值（古直字），从心，意思是把心思放端正。”[③] 也就是《礼记・大学》中所说：“自天子以至于庶人，壹是皆

① 参见《左传・文公十八年》。

② 王襄：《簠室殷契类纂》正・17。

③ 《郭沫若全集・历史编》（第一卷），人民出版社 1982 年版，第 336 页。

以修身为本。”“欲修其身者先正其心。”德以修身正心为务，修身正心的标准便是为国尽忠、为亲尽孝。以孝事亲，以忠事国是宗法制下最根本的道德要求。《孝经》言：“夫孝，天之经也，地之义也，民之行也。”孟子认为，西周社会秩序的稳定，根本原因在于其道德的实现：“人人亲其亲，长其长，而天下平。”[①] 周公所倡导的德，无疑是以忠、孝为本的，正如鲁国太史克所言：“孝敬、忠信为吉德。”[②] 正因如此，周公才将不孝视为最大的犯罪。“王曰：‘封！元恶大憝，矧惟不孝不友。’”[③] 周公又认为，统治者的德兴、德衰反映于民心的向背上。有德与否也是得天命与否的关键。周文王能建立周的基业，原因在于“徽柔懿恭，怀保小民，惠鲜鳏寡”[④]。因为怀保小民，周族同心同德，取代了大邦殷。《左传·昭公二十四年》引《泰誓》言：“纣有亿兆夷人，亦有离德。余有乱（治）臣十人，同心同德。”“此周所以兴也。”周公在其命书中反反复复告诫周族贵族，要“怀保小民”，使民与统治者能同心同德，因此，统治者必须时时刻刻警诫自己，不要以强凌弱，不要欺侮孤苦之人，要以仁慈之心获得民心。

惟乃丕显考文王，克明德慎罚，不敢侮鳏寡，庸庸、祗祗、威威、畏民。[⑤]

人无于水监，当于民监。[⑥]

天亦惟用勤毖我民，若有疾，予曷敢不于前宁人攸受休毕。[⑦]

---

① 《孟子·离娄》。
② 《左传·文公十八年》。
③ 《尚书·康诰》。
④ 《尚书·无逸》。
⑤ 《尚书·康诰》。
⑥ 《尚书·酒诰》。
⑦ 《尚书·大诰》。

自一话一言，我则末惟成德之彦，以乂我受民。[1]

肆王惟德用，和怿先后迷民，用怿先王受命。[2]

诞保文、武受民。……承保乃文祖受命民。[3]

德反映了民心的向背，有德者得民心，无德者失民心，而得民心者则得天之助：

呜呼！天亦哀于四方民，其眷命用懋，王其疾敬德。……其惟王勿以小民淫用非彝，亦敢殄戮，用乂民若有功。[4]

天棐忱辞，其考我民。[5]

惟我下民，秉为，惟天明畏。[6]

既然天随人愿“民之所欲，天必从之”[7]。所以有德者便有天下，享天命，失德者则丧天下，失天命，周公言：

惟乃丕显考文王，克明德慎罚，……闻于上帝，帝休。[8]

宅新邑，肆惟王其疾敬德，王其德之用，祈天永命。[9]

① 《尚书·立政》。
② 《尚书·梓材》。
③ 《尚书·洛诰》。
④ 《尚书·召诰》。
⑤ 《尚书·大诰》。
⑥ 《尚书·多士》。
⑦ 《左传·襄公三十一年》引《泰誓》。
⑧ 《尚书·康诰》。
⑨ 《尚书·召诰》。

于是“皇天无亲，惟德是辅”①殷因“不敬其德，乃早坠其命”②，而周王因有德，便成为“天之元子”③享有天命。

总之，周公的礼治思想以“德”为核心，并用“德”将天、民、天命合为一体，有德则得民，得民者得天下。西周的政权，以德为媒介，以民情为标志，又与神权发生了联系，神权思想经改造后被纳入了礼治的思想体系之中。

“德”是礼治思想的内在精神，而德的实践则有赖于礼制的规范，郭沫若言：“德字不仅包括主观方面的修养，同时还包括客观方面的规模——后人所谓礼，……礼是由德的客观方面的节文所蜕化下来的，古代有德者的一切正当行为的方式汇集了下来便成为后代的礼。”④《周书》的诰、誓中，极少谈到礼制，春秋时有人总结礼是“经国家，定社稷，序民人，利后嗣”⑤的制度，其后齐晏婴又将先王之礼总结为“君令而不违，臣共而不二，父慈而教，子孝而箴，兄爱而友，弟敬而顺，夫和而义，妻柔而正，姑慈而从，妇听而婉”⑥，即人人都按照自己的尊卑地位而尽职尽责。上对下要慈要严，下对上要敬要恭，晏婴又认为礼制的目的在于“农不移，工贾不变，士不滥，官不滔，大夫不收公利”⑦。可见礼制是人们的行为规则，合乎礼制的言行便体现了德的精神，违背礼制的言行，自然也就与德背道而驰。“周公制周礼曰：‘则以观德。’”⑧，通过礼制的实践来考察人们的德性，可见，周公时礼制已相当完善，合礼与否成为有德与否的标准。

---

① 《左传·僖公五年》引《周书》。

② 《尚书·召诰》。

③ 《尚书·召诰》言：“皇天下帝改其元子，兹大国殷之命。”

④ 《郭沫若全集·历史编》第 1 卷，第 336 页。

⑤ 《左传·隐公十一年》。

⑥ 《左传·昭公二十六年》。

⑦ 《左传·昭公二十六年》。

⑧ 《左传·文公十八年》。

通过以上的论述，可以看出，周公的“礼治”思想是以德为核心，以忠、孝为本，以保民为任，以保天命为目的的，它通过礼制而得以体现，其宗旨仍在维护宗法制的“亲亲”“尊尊”原则。亲亲父为首，人亲其亲则孝，尊尊君为首，人尊其尊则忠君。等级不同，忠、孝的内容也不同，《孝经》中记有天子之孝、诸侯之孝，卿大夫之孝，士之孝，庶人之孝。《礼记·礼运》言：“国有患，君死社稷谓之义，大夫死宗庙谓之变。”可见忠的内容亦有等级的差别，不同内容的忠、孝则有不同的行为规范，是谓礼制。

为了达到人人有德，遵守礼制的境界，周公以教化与刑罚为手段，使人或知耻而守礼制，以达立德之目的，或畏威而不敢触犯礼制。在《尚书·康诰》中，周公言：“封，予惟不可不监，告汝德之说于罚之行。”德之说，意在用教化感民，罚之行，意在用刑罚威民。在这里应该说明的是，因为西周是实行宗法制的社会，国家统治之下有对立的两大集团，一是具有周族血统的人，由于周族占据了国家的统治地位，具有周族血统的人一般来说享有一定的特权（其中不排除某些人因犯罪沦为平民，而失其特权，这些人相对周族整个成员来说只占少数）。二是臣服或被征服的外族人，由于臣属或被征服，这些人集体地沦为奴隶（其中也不排除氏族贵族由于与周联姻而成为奴隶主享有一定的特权，但这也是少数人）。在周公的“礼治”思想体系中，教化与刑罚是各有侧重的，对同族人以教化为主，兼以刑罚，对异族以刑罚为主，兼以教化。教与罚各有千秋，它们都是推行“礼治”，维护礼制的不可缺少的手段，正因如此，周公在其命书中几乎处处都谈论到教与罚的使用方法：

惟乃丕显考文王，克明德慎罚，不敢侮鳏寡，庸庸、祇祇、威威、显民。

别求闻由古先哲王，用康保民，弘于天，若德，裕乃身，不废在王命。

敬明乃罚。人有小罪，非眚，乃惟终，自作不典式尔，有厥罪小，乃不可不杀。乃有大罪，非终，乃惟眚灾，适尔，既道极厥辜，时乃不可杀。

有叙时，乃大明服，惟民其敕懋和，若有疾，惟民其毕弃咎，若保赤子。

惟民其康乂。非汝封刑人杀人，无或刑人杀人；非汝封又曰劓刵人，无或劓刵人。

汝陈时臬，事罚蔽殷彝，用其义刑义杀，勿庸以次汝封。乃汝尽逊，曰时叙，惟曰未有逊事。

元恶大憝，矧惟不孝不友……文王作罚，刑兹无赦。不率大戛，矧惟外庶子、训人，……乃别播敷……

无作怨，勿用非谋，非彝，蔽时忱。①

小子惟土物爱，厥心臧，聪听祖考之彝训。

庶士有正，越庶伯君子，其尔典听朕教。

我西土棐，徂邦君御事，小子尚克用文王教，不腆于酒……

厥或诰曰："群饮。"汝勿佚，尽执拘以归于周，予其杀。又惟殷之迪诸臣惟工，乃湎于酒，勿庸杀之，姑惟教之，有斯明享。乃不用我教辞，惟我一人弗恤弗蠲乃事，时同于杀。②

肆往，奸宄，杀人，历人，宥。肆亦见厥君事，戕败人，宥。③

其惟王勿以小民淫用非彝，亦敢殄戮，用乂民若有功。其惟王位在德元，小民乃惟刑用于天下。④

考朕昭子刑，乃单文祖德。⑤

我有周佑命，将天明威，致王罚，敕殷命终于帝。

惟天不畀不明厥德，凡四方小大邦丧，罔非有辞于罚。⑥

周公曰：呜呼！我闻曰：古之人犹胥训告，胥保惠，胥教诲，民无或

---

① 《尚书·康诰》。

② 《尚书·酒诰》。

③ 《尚书·梓材》。

④ 《尚书·召诰》。

⑤ 《尚书·洛诰》。

⑥ 《尚书·多士》。

胥诪张为幻。[1]

乃惟成汤，克以尔多方，简代夏作民主，慎厥丽，乃劝其民。刑，用劝，以至于帝乙，罔不明德慎罚，亦克用劝。要囚，殄戮多罪，亦克用劝。开释无辜，亦克用劝。[2]

呜呼，其在受德暋，惟羞刑暴德之人，同于厥邦，乃惟庶习逸德之人，同于厥政，帝钦罚之。

庶狱庶慎，惟有司之牧夫是训用违。庶狱庶慎，文王罔敢知于兹。

周公若曰："太史，司寇苏公式，敬尔由狱，以长我王国，兹式有慎，以列用中罚。"[3]

从以上的史料看，周公并不忽视刑罚的作用，在《立政》篇中，周公三次强调"庶狱庶慎"，又强调"敬尔由狱，以长我王国"。可见，在周公看来，刑罚是推行"礼治"不可或缺的手段。刑罚与教化相比较，周公认为，教化的手段是和缓的，它体现了统治者对民"若保赤子"之心，并以为统治者自身的言行端正，便是最好的教化："其惟王位在德元，小民乃惟刑用于天下。""考朕昭子刑，乃单文祖德。"教化实行得越多、越彻底，越有益于社会的风尚，有益于礼治的贯彻，因此，教化是不会产生副作用的。与教化相比，刑罚的手段则是严厉的。它体现了统治者"恶恶"之心，但刑罚的使用有一个限度问题，过分地使用刑罚，往往会产生相反的社会效果。会使民积怨，以至威胁到统治者的统治，所谓"怨有同，是丛于其身"。但是，这种常常导致结怨于民的手段又是不可缺少的，对某些犯罪，如"不孝不友""寇攘奸宄""杀越人于货""大放王命"等，教化已不足感化，非用刑不足以惩恶，周公言"乃非德用义"。此外，对一些屡教不

① 《尚书·无逸》。

② 《尚书·多方》。

③ 《尚书·立政》。

改，故意犯罪者，即“非眚，乃惟终者”亦“不可不杀”。在这种不可或阙，又难以避免其相反效果的情况下，周公提出了“慎罚”，即认真地对待刑罚，谨慎地使用刑罚，使刑罚达到预期的目的，而避免事与愿违的结果。在弘扬教化，谨慎刑罚问题上，周公有如下的主张：

第一，罚与教必须统一于德的基础上。周公认为教化与刑罚的目的都在于勉励人民立德，如商汤代夏，以至帝乙，“殄戮多罪，亦克用劝，开释无辜，亦克用劝”“罔不明德慎罚，亦克用劝”。

第二，先教后杀。周公认为在教与刑并用的情况下，应先用教化，给犯罪者一个改过的时机。若经过教化仍然犯罪者，则为故犯，须以刑惩之。如在“群饮”问题上，周公认为，商人饮酒以至丧国，周人应以此为戒，经过反复教育，而仍“群饮”者，则“尽执拘以归于周，予其杀”。因为周人群饮，是明知故犯，且危及政权。商人“湎于酒”则“勿庸杀之，姑惟教之，有斯明享”，因为商人有群饮的习惯，且不以此为罪，故先“教之”，而不杀。

第三，给贵族以特权，在同族中以教化为主。周公认为有功于国者，在法律上自然应享有特殊的地位：“肆亦见厥君事，败人宥”。同族之人，亦应有法律上的特权，“君子不施（弛）其亲，不使大臣怨乎不以（用），故旧无大故，则不弃也，无求备于一人”[①]。安抚同族，意在避免商末刑戮大臣以至众叛亲离的局面重演，既然在用刑上给同族人以各种宽宥，所以教化便成为周公对内的主要手段：“古之人犹胥训告，胥保惠，胥教诲，民无或胥诪张为幻。”对付外族则以刑为主，如对殷人沿用残酷的“殷罚”“殷彝”。对作乱者“将天明威，致天罚”，等等。

由于刑罚比教化在使用上更为复杂，所以周公谈慎罚之处远远多于教化，对刑罚的重视也就自然远远超过教化。周公曾命大正（大司寇）“正刑书”[②]，又作《誓命》言：“毁则（礼仪）为贼，掩（匿）贼为藏，窃贿为盗，

① 《论语·微子》。
② 《逸周书·尝麦解》。

盗器为奸。主藏之名，赖奸之用，为大凶德，有常无赦，在《九刑》不忘。”[①]周公的“慎罚”思想极为严密，何罪必杀，何罪可宥，刑罚如何随时随事而灵活变通，断狱时如何用刑，用什么样的人掌管狱政等诸如此类，都有明确的主张，由于对刑罚的谈论远远超过教化，以至有人将周视为“用严刑峻罚来部勒全民”[②]的王朝，并以为“读《尚书·大诰》《多士》《多方》《康诰》《酒诰》诸篇，更觉周人开国气象之中，肃杀之威，多于宽厚之德”[③]。其实这也是一种误解。由于刑罚使用有多少轻重的限制，所以比教化的使用要更为慎重，周公在告诫贵族立政之道时，不免要多言用刑之道，这是合乎情理的。“慎罚”以“明德”为目的，“明德慎罚”是周公推行礼治的关键所在。

周公相信，“天”喜欢“有德”之人，谁具有“德”，谁就获有主宰天下的资格。统治者也只有继续保持“德”，才能使自己的统治延续下去。因此，周公把“明德”“敬德”视为治理国家的最重要的国策。

要“明德”，首先要求统治者明理，念念不忘殷人迷信鬼神、专任暴力而亡国的教训，及周人得道多助的成功经验，把“德”视为国家治乱存亡的关键。正如《尚书·召诰》所总结的：“我不可不监于有夏，亦不可不监于有殷。我不敢知曰，有夏服天命，惟有历年，我不敢知曰，不其延。惟不敬厥德，乃早坠厥命。我不敢知曰，有殷受天命，惟有历年，我不敢知曰，不其延。惟不敬厥德，乃早坠厥命。今王嗣受厥命，我亦惟兹二国命，嗣若功。”是说，一个王朝接受上天的任命之后，能保持多少时间，这都是无法知道的。夏、商二朝因为“不敬德”，才失去了上天的委任。今天周王承受了天的大命，应牢记夏、商失国的教训，努力地“敬德”，才能永远立于不败之地。

---

① 《左传·文公十八年》。

② 徐道邻:《中国法制史论集》，志文出版社 1975 年版，第 21 页引沈伯刚文。

③ 徐道邻:《中国法制史论集》，第 21 页引萧公权文。

要"明德"，就必须要求统治者克制自己的欲望。周初的统治者经常告诫自己的臣下，记取殷人"纵淫于非彝""惟荒腆于酒""庶群自酒，腥闻在上，故天降丧于殷"[①]的教训，要"无若殷王受之迷乱，酗于酒德""无淫于观、于逸、于游、于田"，决不可以"惟出色乐之从"[②]，"无康好逸豫"[③]。

要"明德"，就必须关心民间疾苦，"怀保小民"。在周人看来，殷亡的原因之一，是他们"暴虐于百姓"，[④]造成民怨沸腾，从而引起上帝的不满："弗惟德馨香祀登闻于天，诞惟民怨。"[⑤]治理好人民是不容易的，必须尽心尽力才行："敬哉，天畏棐忱，民情大可见，小人难保，往尽乃心，无康好逸豫。"[⑥]因为对待人民的问题与保持"天命"是直接联系在一起的，所以，对待人民的问题是需要花一番功夫的："惟王受命，无疆惟休，亦无疆惟恤，呜呼！曷其奈何弗敬。"[⑦]意思是说，今天接受"天命"，固然是一件大好事，同时又是一件令人忧愁的事。这种意识同商纣王的"我不有命在天乎"的见解比较，不知要深刻多少倍。

在"敬德""重民"思想指导下，周初统治者还制定了一系列具体的施政方针和措施。比如"不敢侮鳏寡"[⑧]"罔敢湎于酒"[⑨]"彼裕我民，无远用戾"[⑩]"知稼穑之艰难""知小人之依（忧）""怀保小民，惠鲜鳏寡"[⑪]。这些主张和措施，对于巩固周初的政权以及维系社会的安定、生产的恢复与发

① 《尚书 · 酒诰》。
② 《尚书 · 无逸》。
③ 《尚书 · 康诰》。
④ 《尚书 · 牧誓》。
⑤ 《尚书 · 酒诰》。
⑥ 《尚书 · 康诰》。
⑦ 《尚书 · 召诰》。
⑧ 《尚书 · 康诰》。
⑨ 《尚书 · 酒诰》。
⑩ 《尚书 · 洛诰》。
⑪ 《尚书 · 无逸》。

展，无疑是十分有利的。

周初统治者把“民”抬高到与“德”“上帝”并列的地位上来认识。他们甚至强调：“人无于水监，当于民监。”① 即以人民的好恶作为镜子，以察政治的得失。“天”“上帝”是关心民间疾苦的：“皇矣上帝，临下有赫，监观四方，求民之莫（瘼）。”② 人民的意见与“天”“上帝”的意见在某种意义上来看是合一的：“天视自我民视，天听自我民听。”③“民之所欲，天必从之。”④ 人民被如此重视，这还是前所未有的事。

“明德”思想在法律领域中的反映，就是“慎罚”。所谓“慎罚”就是谨慎、慎重地立法和司法。这主要表现在以下几个方面：

第一是不杀无辜。《尚书·无逸》：“则若时，不永念厥辟，不宽绰厥心，乱罚无罪、杀无辜，怨有同，是丛于厥身。”意思是说，如果这样执政，不遵循法度，无宽容之心，任意惩罚无罪的人，杀害无辜的人，势必使人民把仇恨集中到统治者身上。

第二是“罪人不孥”⑤。这是对商人“罪人以族”的刑罚制度的修正。周人可能看到这种制度容易激起人民的怨恨和拼命反抗，不利于社会的安定。他们甚至主张“父子兄弟，罪不相及”⑥，或曰：“父不慈，子不祗（敬），兄不友，弟不共（恭），不相及也”⑦。这种思想在当时的古代社会中是进步的，对后世的影响也是积极的。

第三是区别对待。《尚书·康诰》：“敬明乃罚：人有小罪，非眚，乃惟终，自作不典，式尔，有厥罪小，乃不可不杀。乃有大罪，非终，乃惟眚

---

①《尚书·酒诰》。
②《诗经·大雅·皇矣》。
③《孟子·万章下》引《太誓》。
④《左传·襄公三十一年》引《大誓》。
⑤《孟子·梁惠王下》。
⑥《左传·昭公二十年》引《康诰》。
⑦《左传·僖公三十三年》引《康诰》。

灾，适尔，既道极厥辜，时乃不可杀。”是说，有人犯罪虽小，但不思改悔，坚持犯下去，属于故意犯罪，对这种人应当杀掉；有人犯了大罪，但出于偶然的过失，并且知道改悔，对这种人可以不处死刑。

第四是先教后刑。《尚书 · 酒诰》：“群饮，汝勿佚，尽执拘以归于周，予其杀。又惟殷之迪，诸臣惟工，乃湎于酒，勿庸杀之，姑惟教之。有斯明享，乃不用我教辞，惟我一人弗恤，弗蠲乃事，时同于杀。”大意是，周人群饮违法，从严处罚，决不宽贷。殷朝的旧人群饮，虽然违法，但可能出于旧的习惯或不明白周人的法令，就应先教育。经教育之后仍然犯禁的，再处死刑。

第五是谨慎地运用法条（或判例）。《尚书 · 康诰》：“外事，汝陈时臬司，师兹殷罚有伦。”“汝陈时臬事，罚蔽殷彝，用其义刑义杀。”意思是说，在司法审判中，应仔细地参考殷人的法律文献，选用正确的法条或判例。其目的在于防止偏颇：“兹式有慎，以列用中罚。”①

但是，“慎罚”不等于一味宽宥。对于严重危害统治秩序的犯罪，仍要坚决制裁。如《尚书 · 康诰》所列的“寇攘奸宄，杀越人于货”“不孝不友”，即“子弗祗服厥父事，大伤厥考心”“于父不能字厥子”“于弟弗念天显，乃弗克恭厥兄”“兄亦不念鞠子哀，大不友于弟”；②“外庶人、训人，惟厥正人越小臣诸节，乃别播敷，造民大誉”等重罪，不仅不应宽容，而且要“速由文王作罚，弄兹无赦”。可见，“慎罚”思想本身就包含宽、严在内。“慎罚”的目的就在于维护统治阶级的根本利益。

西周初期“明德慎罚”思想的出现，不仅标志着商代迷信鬼神、滥施淫威的暴政的结束，还极大地深化了中国古代的刑法思想，它作为一种文化遗产，对后世发生积极的影响。在此，仅用王国维对西周刑、礼、德等

① 《尚书 · 立政》。

② 注意，此处涉及的宗法伦理关系，不仅仅限于家族。在西周的宗法贵族政体下，伦理关系兼具政治色彩。因此，维护这种伦理关系，实质上等于维护了当时的政治秩序。

关系的论述，对周公的“礼治”思想做一总结：

周之制度典礼，乃道德之器械。而尊尊、亲亲、贤贤、男女有别四者之结体也。此之谓民彝。其有不由此者，谓之非彝。康诰曰：勿用非谋、非彝。召诰曰：其惟壬勿以小民淫用非彝。非彝者，礼之所去，刑之所加也。康诰曰：凡民自得罪，寇攘奸宄，杀越人于货，愍不畏死，罔不憝。又曰：元恶大憝，矧惟不孝不友，子弗祗服厥父事，大伤其考心。于父不能字厥字，乃疾厥子；于弟弗念天显，乃弗克恭其兄，兄亦不念鞠子哀，大不友于弟。惟弟兹，不于我政人得罪。天惟与我民彝大泯乱，曰：乃其速由，文王作罚，刑兹无赦。此周公诰康叔治殷民之道，殷人之刑，惟寇攘奸宄。而周人之刑则并及不孝不友，故曰惟吊兹不于我政人得罪。又曰：乃其速由，文王作罚，其重民彝也如此。是周制刑之意，亦本于德治礼治之大经，其所以致太平与刑措者，盖可观也。[①]

（三）周公思想体系中礼制与礼治的关系

在中国历史上，周公是第一位建立系统思想体系的人，其所制定的制度——周礼，是其思想体系的实践。周公的思想体系就是“礼治”思想的体系，即以礼作为治国治民的大法，束缚社会成员的言行。周公的礼治思想有如下特点。

1. 具有系统性和理想的色彩。周公的礼治，是要将全社会纳入礼制的轨道，而不是零星地、片面地解决某个问题或某种事情。因此，在礼治思想的背后，有一整套完善周密的礼制作为实现礼治的保障。礼治思想也反过来为礼制的建立提供了理论基础。“礼之于正国也：犹衡之于轻重也，绳

① 王国维：《观堂集林·殷周制度论》，中华书局1959年版，第480页。

墨之于曲直也，规矩之于方圆也。”[1] 周公之礼包含着法的内容，正因如此，中国法律思想及法律制度，在今后的发展中，始终脱离不了礼的窠臼，法以礼为指导，“一准乎礼”成为中华法系的特色。由于着眼解决全社会的问题，周公的礼治也不免带有理想的色彩，这就是人人以德自勉。由于人人贵德是礼治思想的目的，所以德观念在周公时异军突起。自周公后，德便成为君子、小人的分水岭。“修身齐家、治国、平天下”成为君子所追求的目标。统治者对德亦十分重视，德成为中国法律文化中的重要内容，以刑立德，惩恶扬善，教化寓于刑中，从某种意义上说，周公的“礼治”，是封建社会“法治”之源。

2. 具有实用性和灵活性。周公制礼建立“礼治”思想体系，虽不免理想色彩，但其毕竟是为解决现实问题而制。因此，其所建制度具有很强的实用性。直至战国，人们仍然感到“礼治”思想不能完全否定，尤其是以礼教、刑罚两手治国的方法，更为人称道。《荀子 · 成相》：“治之经，礼与刑；君子以修百姓宁，明德慎罚，国家既治四海平。”由于具有实用性，统治者强调“礼治”的思想原则是不可变的，但具体制度则可因时因地而变通。“立权度量，考文章，改正朔，易服色，殊徽号，异器械，别衣服，此其所得与民变革者也，其不可得变者则有矣：亲亲也、尊尊也、长长也、男女有别，此其不可得与民变革者也。”[2] 正因有了可变与不可变的区别，礼治思想才更具有实践性与现实性。在礼制破坏的情况下，礼治思想却得以保留。

总之，周公的礼治思想既系统、严密，又切实可行，并富有弹性和包容性，它是理想与现实的结合。以至“到了儒教孔子时期，从周礼中建立整个理论系统，作为中国礼教之最主要道统，礼，就是中国之正统思想”[3]。

① 《礼记 · 经解》。
② 《礼记 · 大传》。
③ 杨孝溁：《中国社会思想史》，五南图书出版公司 1982 年版，第 37 页。

## 三、礼制的内容

礼制是维护宗法制的规范，其涉猎面十分广泛。“礼治”指导下的礼制也包括了法的内容。

### （一）宗法制

1. 宗法制的完善。商代宗法制虽比夏有所发展，但远未完善。从其继承关系上看，商代子继制与弟及制并行[①]，立长与立嫡并存。[②]这样难免引起宗室的混乱以至互相残杀，“废嫡而更立诸弟子，弟子或争相化立”[③]之事愈演愈烈。宗族团结与权力之争成为难解的矛盾，周人宗法制则在解决这一矛盾中得到了完善。

宗法制完善的标志，即在继承上区分嫡庶。实行嫡长子继承制：“立嫡以长不以贤，立子以贵不以长。”[④]这就是说，按宗法等级的原则，多妻中须有一妻为正，称“嫡”，其余称“庶”，嫡为正统，庶为旁支，嫡妻所生子为嫡子，庶出者为庶子，在王位继承上，只有嫡系才具有资格，庶子无论如何贤能，都不得与嫡子相争，而嫡子中，具有法定继承王位之权的，又局限于嫡长子，当嫡妻无子时尚可立庶子，立庶子要以母贵为原则。这种继承原则，使立储君有了客观的标准，减轻了人为的混乱。王国维论述周制度时指出：

> 所谓立子以贵不以长，立嫡以长不以贤者，乃传子法之精髓。当时虽未必有此语，固已用此意矣。盖天下之大利莫如定，其大害莫如争，任天

---

① 参见《史记·殷本纪》。

② 参见朱天顺:《中国古代宗教初探》，第 279 页。

③ 《史记·殷本纪》。

④ 《公羊传·隐公元年》。

者定，任人者争。定之以天，争乃不生。故天子诸侯之传世也，继统法之立子与立嫡也。用人之以资格也，皆任天而不参以人，所以求定而息争也。……而定为立子立嫡之法，以利天下之后世，而此制实自周公定之，是周人改制之最大者，可由殷制比较得之。有周一代礼制，大抵由是出也。①

嫡庶制的建立，完善了以血统论尊卑的宗法制度并完善了宗法等级秩序。

2. 宗法制的内容。宗法制的内容，《礼记 · 大传》中言："别子为祖，继别为宗，继祢为小宗。有百世不迁之宗；有五世则迁之宗。百世不迁者，别子之后也。宗其继别子之所自出者，百世不迁者也；宗其继高祖者，五世则迁者也。尊祖故敬宗；敬宗，尊祖之义也。"根据诸多学者的研究，《礼记 · 大传》这段记载的内容可解释为：天子为天下之大宗，诸侯为一国之大宗，大夫为继别子之宗，天子、国君、大夫之位皆嫡长子继承，百世不迁。国君相对天子而言为小宗，大夫相对天子而言为小宗，大夫相对国君而言亦为小宗。大夫以下，亦有大宗、小宗。大宗百世不迁，小宗五世而迁。②为确保大宗、小宗之间的界限，周人采用了分封制，即将"政治、经济的组织套在血缘系统之上"③。西周自武王克商以后和周公摄政时期，都曾在全国范围内进行大分封。当时，全国土地和臣民名义上都归周天子所有，即所谓"溥天下之，莫非王土，率土之滨，莫非王臣"④。天子之位由嫡长子继承，天子之弟及支子、庶子封为诸侯。诸侯从天子那里接受册封，"封邦建国"⑤。诸侯受封后，除保留"公室"直辖封地外，以同样的方式将土地及土地上的居民分赐给大夫（诸侯支子或庶子），大夫的封地称"采地"

① 王国维：《观堂集林 · 殷周制度论》，第 456—458 页。

② 参见郭宝钧：《中国青铜器时代》、梁启超：《先秦政治思想史》等专著。

③ 郭宝钧：《中国青铜器时代》，第 203 页。

④《诗经 · 小雅 · 北山》。

⑤《国语 · 晋语》。

或“采邑”。大夫以下有士，由大夫分给食田。士是贵族的最低层，士的支子或庶子则为平民。分封制在周族内部形成了“王臣公，公臣大夫，大夫臣士”①的宝塔式等级。然而，分封制不独行于同姓之中，为使全天下为一家，西周还分封异姓诸侯，并采取同姓不婚的方法，与异姓联姻。“周天子称同姓诸侯为伯父叔父，称异生诸侯为伯舅叔舅，诸侯在国内称异姓大夫为舅。想见有宗的庶民与无宗的庶民与通婚姻，同样也保有甥舅关系。上起天子，下到庶民，在宗法与婚姻的基础上，整个社会组织贯彻着封建精神。”②

在分封的同时，规定了等级之间的权利与义务，下级必须听从上级政令，交纳贡赋（包括进贡奴隶），定期朝觐或述职，提供劳役，接受军事调遣和指挥，服从裁判等；上级则有保护下级和排难解纷责任。

西周的分封制有两个主要的特点，一是经济上的土地所有权和政治上的统治权直接相关。周天子既享有全国土地的最高所有权，便顺理成章地成为全国的最高统治者。诸侯、大夫亦在封国及封邑中享有同样的政治统治权。土地所有权与政治统治权一致，有利于周天子的统治，其被尊为天下诸侯“共主”，而在政治、经济上享有着至高的权威。分封制的第二个特点是与宗法制密切相关，用“大宗”与“小宗”将天下连为一体，又用嫡长继承制确立了宗法等级秩序，嫡长继承为纵向关系，宗法系统为横向关系，嫡长系统为大宗，支子为小宗，小宗在本支内亦有嫡长系统，此为本支之大宗，支子为小宗。以此模式而三分，则全族的系属明晰。大宗、小宗地位不同，权利、义务亦不相同，这种大宗、小宗的划分与诸侯、大夫、士的分封相一致，统治者内部的关系，除政治上的上下级关系外，又加上一层宗法亲疏的关系，而且政治等级与宗法等级可合而为一，互相维系。忠与孝合为一体。在这种制度下，奴隶主贵族一般说来，始终是贵族，发展到后来，不但周王，诸侯和大夫是世袭的，作为周王和诸侯的辅佐之

① 《左传·昭公七年》。
② 范文澜:《中国通史简编》（第一编），第136页。

官“卿”的职位也变成世袭之职，即“世卿世禄”制。

综上所述，宗法制度的宗旨，在于划分等级，区别尊卑贵贱。由于奴隶社会的早熟，经济与地域关系的发展相对不足，统治者既无法以财富，也无法以单纯的政治势力来制定等级，只好借用残存的氏族制，以血统的亲疏来辨别尊卑贵贱。因此，宗法制实质上是将族权与政权结为一体的等级制，为维护这一等级秩序而制定的典章制度及规定的仪式规范便称之为礼，与宗法制的发展相适应，礼制及礼治思想亦在西周完善起来，这就是“周公制《周礼》”。[①]

### （二）礼制的原则

宗法制的宗旨在于以血缘论尊卑，使统治者内部除政治关系外，还具有血缘的关系。血缘，亲亲之属，等级，尊尊之属，亲亲与尊尊的统一，是宗法礼制的基本原则。

宗法礼治思想，简单地说就是要用宗法等级制治国治天下。礼，产生于原始社会末期，进入阶级社会后被赋予了新的内容，其与宗法制相适应，成为维护宗法等级制的工具。“亲亲”便是指为人要亲爱自己的亲属，“亲亲以三为五，以五为九，上杀，下杀，旁杀而亲毕矣”[②]，即以自身为起点，上亲父，下亲子，父、己、子合为三。由父而上亲祖父，由子而下亲孙，祖父、父、己、子、孙合为五。此谓“以三为五”再由祖父上溯至曾祖、高祖，由孙下延至曾孙、玄孙，合而为九，此谓“以五为九”。故家族中的等级应按父、子、祖父、孙、曾祖、高祖、曾孙、玄孙排列。兄、从兄弟等为旁支。上杀、下杀、旁杀之意为在服丧时，对关系越亲近的人越重。以表示“亲亲”之义。“亲亲父为首。”[③] 由“亲亲”的制度与思想中必然派

① 《左传·文公十八年》。

② 《礼记·丧服小记》。

③ 《史记·太史公自序》《索引》。

生出“孝”的思想。《尚书·无逸》记，武丁父死，武丁守丧三年：“其在高宗，……作其即位，乃或亮阴，三年不言。”周人发扬了这一传统，并将孝的思想具体化，周人认为提倡孝道，是周人永享天命的保障：“威仪孔时，君子有孝子，孝子不匮，永锡尔类。其类维何？室家之壶；君子万年，永锡祚胤。其胤维何？天被尔禄；君子万年，景命有仆。”①孝与不孝，由此成为政治的内容，不仅仅局限于亲属间的亲爱，孔子曰：“《书》云：‘孝乎惟孝，友于兄弟，施于有政。’是亦为政，奚其为为政？”②“尊尊”是强调卑者必须服从尊者，小宗服从大宗。同“亲亲之杀”一样，尊尊亦贯彻着严格的等级精神。亲亲施于家，而尊尊施于国。“尊尊君为首。”③自天子以下，“名位不同，礼数亦异”。④《周礼·春官·典命》详细记载了自诸侯至士的不同的“礼数”。《礼记·丧服四制》总结道：“天无二日，士无二主，国无二君，家无二尊。”“尊尊”的制度与思想必然派生出“忠”的思想，即强调下级对上级的忠贞不贰，春秋时荀息言“忠”之义为“公家之利，知无不为”⑤。只要对上级有利的事，便不惜生命去完成。狐突言：“子之能仕，父教之忠，古之制也。”⑥可见，“忠”是三代思想的遗留。由于宗法制合血统等级与政治等级为一体，所以礼治的思想便也合忠孝为一体。“亲亲之杀，尊贤之等，礼所生也。”⑦宗法制下，亲亲就是尊尊，尊尊也就是亲亲，孝即为忠，忠即为孝。这与封建社会中忠孝分离，甚至“忠孝不能两全”判然有别。在血缘制大量遗存的早熟的奴隶制国家中，王族与国家合为一体，一个人能行孝于族，便自然可以尽忠于国。“惟忠惟

---

① 《诗经·大雅·既醉》。

② 《论语·为政》。

③ 《史记·太史公自序》《索引》。

④ 《左传·庄公十八年》。

⑤ 《左传·僖公九年》。

⑥ 《左传·僖公二十三年》。

⑦ 《礼记·中庸》。

孝”[1]便是礼治思想的核心所在。

忠孝思想，为德之根本，[2]“德”在西周文献资料中大量涌现，而且常与祖先的功业相联系。如《尚书 · 酒诰》：“聪听祖考之彝训，越小大德，小子惟一。”《诗经 · 周颂 · 清庙》：“秉文之德，对越在天。”对后人来说，追思先王业绩，才能继承先王之德，有了孝，才有了德，“有孝有德”。[3]在宗法制下，德、忠、孝都是一致的。有孝必然有忠，忠、孝双全则谓有德。与“礼治”思想中的亲亲、尊尊、孝、忠等一样，“德”亦是一个与宗法制密切相联系的观念，只是它的内涵更为丰富。诸如对天敬、对祖孝、对民善、恪守职责，小心谨慎，讨伐不义等都是德的反映。但德最本质的一点在西周[4]来说，仍是对同族人的亲爱。如《尚书 · 尧典》所言：“克明俊德，以亲九族，九族既睦，平章百姓。”直至春秋时，人们仍将“德”与“姓”相联，认为“异姓则异德，异德则异类……同姓则同德，同德则同心”[5]。德与体现礼制的“仪”互为表里，仪，规定人们外在的等级行为规范，诸如各等级的服饰、饮食、车马、祭祀时应使用的不同礼器，及不同的权利和义务。德，则是礼治的精神所在，它是辨别善与恶、贤与不肖、君子与小人标准。因此，礼制是奴隶社会统治阶级治国的根本大法，而“礼治”思想则是奴隶社会统治阶级治国的指导思想。

### （三）以礼为原则的西周立法

礼制的基本原则，便是以血统论尊卑，西周时发展为四个方面：即“亲

---

① 《尚书 · 蔡仲之命》。

② 参见《孝经》。

③ 《诗经 · 大雅 · 卷阿》。

④ 参见侯外庐、赵纪彬、杜国庠：《中国思想通史》，人民出版社 1980 年版，第 87—92 页。“德”观念起于西周，故将《尧典》所言之德列于西周。

⑤ 《国语 · 晋语》。

亲也，尊尊也，长长也，男女有别”[1]。礼治思想则将这四个方面上升到理论的高度加以宣扬。亲亲是从人之情出发，提倡人们亲爱自己的亲属，特别是以父权为中心的尊亲属；长长是强调晚辈对长辈，小宗对大宗，子弟对父兄的尊敬，在政治上，则任人唯亲，使亲者贵、疏者贱。尊尊，是强调下级对上级的服从，强调对天下大宗的天子和一国宗主的国君的服从，不得犯上，不得混乱等级秩序。男女有别则是强调男尊女卑。礼制规定了完善的等级制度，《礼记·坊记》言：“夫礼者，所以章疑别微，以为民坊者也。故贵贱有等，衣服有别，朝廷有位，则民有所让。”而礼治的思想也始终以区别亲疏、尊卑贵贱等级为目的，由亲亲、尊尊而派生出来的忠、孝思想是礼治思想的核心所在。以孝治天下，以忠治官吏的目的则在于建立起一个“父慈子孝，兄良弟悌，夫义妇听，长惠幼顺，君仁臣忠”[2]的宗法等级国家，这种礼治思想所盛赞的宗法等级秩序，在西周统治者看来，是天经地义的事情：“故礼之不同也：不丰也，不杀也，所以持情而合危也”，其意为“礼依天理人情而制定，故可维持其情而安其危”。[3]在礼治思想的指导下，西周的立法，充满了亲亲、尊尊的等级精神，列其史料如下，以证之：

1. 维护亲亲等级制，提倡孝道的立法。

凡为人子之礼：冬温而夏清，昏定而晨省，在丑夷不争。

夫为人子者，出必告，反必面，所游必有常，所习必有业，恒言不称老。

为人子者，居不主奥，坐不中席，行不中道，立不中门。食向不为概，祭祀不为尸，听于无声，视于无形。不登高，不临深，不苟訾，不苟笑。[4]

---

① 《礼记·大传》。

② 参见《礼记·礼运》。

③ 王梦鸥：《礼记今注今评》（上册），天津古籍出版社1987年版，第310页。

④ 《礼记·曲礼》。

凡祖者，创业传世之所自来也。宗者，德高而可尊，其庙不迁也……祖者，祖有功，宗者，宗有德，其庙世世不毁也。[①]

礼，不王不禘。王者禘其祖所自出，以其祖配之，诸侯及其大祖。大夫，士有大事，于其君，干祫及其高祖。[②]

天子七庙，三昭三穆，与太祖之庙而七。诸侯五庙，二昭二穆，与太祖之庙而五。大夫三庙，一昭一穆，与太祖之庙而三，士一庙，庶人祭于寝。[③]

殷道质，质者法天，亲其所亲，故立弟。周道文，文者法也，尊者敬也，敬其本始，故立长子，周道，太子死，立適（嫡）孙。殷道，太子死，立其弟。[④]

立嫡以长不以贤，立子以贵不以长。[⑤]

周公屏成王而及武王以属天下，恶天下之离周也，成王冠成人，周公归周反籍焉，明不灭主之义也。[⑥]

凡听五刑之讼，必原父子之亲，立君臣之义以权之，意论轻重之序，慎测浅深之量以别之。

山川神祇，有不举者为不敬，不敬者，君削以地；宗庙有不顺者为不孝，不孝者，君黜以爵；变礼易乐者为不从，不从者，君流；革制度衣服者为畔（叛），畔者，君讨。[⑦]

元恶大憝，矧为不孝不友。子弗祗服厥父事，大伤厥考心；于父不能字厥子，乃疾厥子；于弟弗念天显，乃弗克恭厥兄；兄亦不念鞠子之哀，

① 《礼记 · 祭法》赵匡释。

② 《礼记 · 大传》。

③ 《礼记 · 王制》。

④ 《史记 · 梁孝王世家》。

⑤ 《公羊传 · 隐公元年》。

⑥ 《荀子 · 儒效》。

⑦ 《礼记 · 王制》。

大不友于弟。惟吊，兹不于我政人得罪，天惟与我民彝大泯乱，曰：乃其速由。文王作罚，刑兹无赦。[①]

凡杀其亲者，焚之，杀王之亲者，辜之。[②]

以上所引史料，主要记载了西周时为人子的言行规范、继承方面的法则、祭祀的规定，及实施刑罚的原则。对长者的尊敬，嫡子的优越地位与权利的肯定，大宗掌祭祀，用刑须“原父子之情，君臣之义”原则的确立，等等，都是礼治思想的实践。

2. 维护尊尊等级制，提倡忠的立法。

尊尊主要体现于分封制中，天子分封诸国，规定了不同诸侯国的不同权利及对周朝廷所应尽的义务。

乃以九畿之籍，施邦国之政职，方千里曰国畿，其外方五百里曰侯畿，又其外方五百里曰甸畿，又其外方五百里曰男畿，又其外方五百里曰采畿，又其外方五百里曰卫畿，又其外方五百里曰蛮畿，又其外方五百里曰夷畿，又其外方五百里曰镇畿，又其外方五百里曰蕃畿。[③]

侯服，岁一见，其贡祀物；甸服，二岁一见，其贡嫔物；男服，三岁一见，其贡器物；采服，四岁一见，其贡服物；卫服，五岁一见，其贡材物；要服，六岁一见，其贡货物；蕃国，世一见，各以其所贵宝为挚。[④]

次国之上卿当大国之中，中当其下，下当其上大夫。小国之上卿当大国之下卿，中当其上大夫，下当其下大夫、上下如是，古之制也。[⑤]

---

① 《尚书·康诰》。

② 《周礼·秋官·掌戮》。

③ 《周礼·大司马》。

④ 《周礼·大行人》。

⑤ 《左传·成公三年》。

列国之卿，当小国之君，固周制也。[①]

先王之制，大都不过参国之一，中五之一，小九之一。[②]

士以上衣服皆有采章。庶人皆同，深衣而已。[③]

礼，有以多为贵者：天子七庙，诸侯五，大夫三，士一，天子之豆二十有六……有以少为贵者：天子无介。祭天特牲。天子适诸侯，诸侯膳以犊……天子一食，诸侯再，大夫士三。……有以大为贵者：宫室之量，器皿之度，棺椁之厚，丘封之大，此以大为贵也。有以小为贵者：宗庙之祭，贵者献以爵，贱者献以散，尊者举觯，卑者举角。……有以高为贵者：天子之堂九尺，诸侯七尺，大夫五尺，士三尺……有以下为贵者：至敬不坛，扫地而祭。……礼有以文为贵者：天子龙衮，诸侯黻，大夫黼，士玄衣纁裳。……有以素为贵者：至敬无文，父党无容，大圭不琢，大羹不和……[④]

在分辨贵贱的诸多项目中，统治者格外重视礼器，其等级标准最为森严，因为礼器是人祭神所用之器，含神意与人意为一体，是政治权力与得天命的象征，不同规格的礼器，不同规模的宗庙祭祀，标志着不同的身份与等级。“这种宗庙社稷的重器代替了古代法律，形成了统治者利用阶级分化而实行专政的制度。……周代尊、彝礼器上便铭记着专政所有权形式与统治权力的内容。尊，即变为权利义务的象征物。”“在器谓之‘尊’‘爵’，在人谓之亲、贵。”[⑤]这也就是“唯器与名，不可以假人”[⑥]的意义所在。与尊尊等级制相适应，西周的刑罚亦在“礼治”的思想的指导下，采用同罪异罚的原则，以使贵族虽罹于法，却不失其威。《周礼·秋官》详细规定

① 《左传·昭公二十三年》。
② 《左传·隐公元年》。
③ 《周礼·大司徒》贾疏。
④ 《礼记·礼器》。
⑤ 侯外庐、赵纪彬、杜国庠:《中国思想通史》，第78、79页。
⑥ 《左传·成公二年》。

了各等级所适用的法律与刑罚：

凡诸侯之狱讼，以邦典定之；凡卿大夫之狱讼，以邦法定之；凡庶民之狱讼，以邦成弊之。

凡命夫命妇，不躬坐狱讼。

凡王之同族有罪，不即市。

以余辟丽邦法，附刑罚：一曰议亲之辟，二曰议故之辟，三四议贤之辟，四曰议能之辟，五曰议功之辟，六曰议贵之辞，七曰议勤之辟，八曰议宾之辟。

掌囚掌守盗贼，凡囚者，上罪梏拳而桎，中罪桎梏，下罪梏。王之同族拳，有爵者桎，以待弊罪。

凡杀人者，踣诸市，肆之三日。刑盗于市，凡罪之丽于法者，亦如之。唯王之同族与有爵者，杀之于甸师氏。

以上我们引用了大量的“三礼”中的记载，来论证礼对西周立法的指导。以疑古派的学术观点看，似乎有些失于严谨，因为“三礼”皆为后人所作。但近年来的考古发现证明，“三礼”中存在着大量的三代真迹。在20世纪三四十年代疑古与信古的争论中，处于中立地位的考古学派在近年来考古学方面，获得巨大突破后，进入了否定之否定阶段。考古学家俞伟超、高明著《周代用鼎制度研究（中）》一文指出：“自汉以来，以为‘三礼’所记皆三代古风、西周遗训的观念，统治人间达二千年之久。20世纪以来，资产阶级史学的疑古派，打破了这个传统，发现这顶多是东周制度的记录，以前究竟有无这些制度，尚须从新追索。于是，传统概念中的西周制度，一下子变为虚无缥缈，不可捉摸的东西。用鼎有其制度始于西周晚期说，实质上也是这种史学思潮的产物。新中国成立以来，特别是近几年来的考古发现，使古老的传统概念似乎又要复活。人们一次又一次地看到‘三礼’所记用鼎制度的完整形态，确是西周就有。”[①]“古老的传统概念”的复活，是有真实的新的史料新的发现为基础的，因此，不能因对“三礼”作者的怀疑而完全否认或忽视“三礼”的史料价值。

## 四、礼制的特征

“礼者为异”[②]，异即等级，实行礼的目的在于用等级固定每个人的社会地位，并使之能安于天生的血统给自己带来的或贵或贱的命运。以使“民不迁，农不移，工贾不变”[③]，达到天下的安定。然而，等级的差异并不是礼治思想的最本质的特征，阶级的区别，部族的差异才是礼制中最本质的特征，这就是“礼不下庶人，刑不上大夫”[④]。正如列宁所言：“在奴隶社会和封建社会中，阶级的差别也是用居民的等级划分而固定下来的，同时还为每个阶级确定了在国家中的特殊的法律地位。”[⑤]西周的等级划分，首先表现在剥削者和劳动人民两大贵贱等级的区别上，这一等级是绝对不可逾越的，在宗法制下，贵者恒贵，贱者恒贱。“礼不下庶人，刑不上大夫”正是这种阶级差异在法律上的反映。“礼不下庶人，刑不上大夫”不但是西周礼制的基本特征，而且是西周立法、司法的重要依据。“刑不上大夫”是西周统治者总结了商代“刑始于亲，远者寒心，殷商以亡”[⑥]的教训而提出的原则，在统治者看来，宗法制下，王室之亲无论其贫富，在政治上都有外族人所无法比拟的地位，因而在法律上也应享有外族所没有的特权。刑罚恰当与

① 俞伟超、高明：《周代用鼎制度研究（中）》，载《北京大学学报》（哲学社会科学版）1978 年第 2 期。

② 《礼记 · 乐记》。

③ 《左传 · 昭公二十六年》。

④ 《礼记 · 曲礼》。

⑤ 《列宁全集》（第 6 卷），人民出版社 1959 年版，第 93 页。

⑥ 《逸周书 · 史记解》。

否，在于它是否符合“亲亲”“尊尊”的原则：“亲亲故尊祖，尊祖故敬宗，敬宗故收族，收族故宗庙严，宗庙严故重社稷，重社稷故爱百姓，爱百姓故刑罚中，刑罚中故庶民安。”[①]“礼不下庶人，刑不上大夫”也是宗法制下的产物，其中包含着“礼治”与“礼制”两个方面的内容。无论是从中国古代法律制度的角度来说，还是从中国古代法律思想发展的角度来说，这句话对西周以至后世都产生过极为深刻的影响，可以说，理解了这句话的含意也就理解了宗法制下的法律，理解了西周的“礼制”与“礼治”。正因如此，自古至今，对“礼不下庶人，刑不上大夫”的解释层出不穷，仁者见仁，智者见智，为加深对礼制与“礼治”思想的理解，现在有必要将前人对“礼不下庶人，刑不上大夫”的解释进行认真的总结并提出我们的初步看法：

1. 对前人几种解释的探讨。东汉经学家郑玄认为：“礼不下庶人”是因为庶人“遽于事，且不能备物”。[②]庶人由于忙于生产劳动，没有空余时间实行礼，这里的礼，指的是酬酢之礼，也就是宾客之礼。《白虎通德论·五刑》：“礼不及庶人者，谓酬酢之礼也。”此外，庶人也没有能够举行礼仪的礼器，故庶人无礼。“刑不上大夫”则是由于“不与贤者犯法，其犯法则在八议，轻重不在刑书”[③]，即法律没有明确规定贵族犯法所应受的刑罚，贵族犯法先以八辟之法议之。元人陈澔在《礼记集说》中提出“古之制礼者，皆自士而始也。先儒云：其（庶人）有事，则假士礼而行之”。这一观点是绝对的庶人无礼，贵族无刑论。清人孙希旦对此提出疑问：“庶人非无礼也，以昏则缁币五两；以丧则四寸之棺五寸之椁，以葬则悬棺而窆，不为雨止；以祭则无庙而荐于寝，此亦庶人之礼也。”[④]然而，在论证了庶人有礼后，孙希旦却恰恰得出了与其论证相矛盾的结论：“礼不下庶人者，不为

① 《礼记·大传》。

② 《礼记·曲礼》郑注。

③ 《礼记·曲礼》郑注。

④ 《礼记集解》。

庶人制礼也，制礼自士以上……庶人有事假士礼以行之，而有所降杀焉。"[①] 清人孙诒让在《周礼正义》中亦对"刑不上大夫"提出了自己的见解，他认为"盖凡入八议限者，轻罪则宥，重罪则改附轻比。仍有刑也"。

古人的争论，一直持续到现在。许多人认为"礼为有知制，刑为无知设"[②] 是西周历史的真实状况。他们由此而按字面的表述对"礼不下庶人，刑不上大夫"作了解释，将礼、刑的适用对象以大夫、庶人为界绝对地划分开来，这种解释从制度上来说，显然是说不通的。大量的历史史料证明了这种划分与当时的礼制并不相符，因为礼制的本身就包含着刑罚。《礼记·乐记》："礼者为异。"以礼制作为一种奴隶社会中的等级制度来说，不可能只为"有知制"。礼不仅约束贵族，也约束庶人，甚至约束奴隶主阶级的对立阶级——奴隶阶级。所谓"礼之所兴，众之所治也；礼之所废，众之所乱也"[③]。由此看来，卑贱的庶人显然是受礼束缚的，他们不是无礼，也不必"假士之礼"。《礼记》本身，就记载了许多庶人之礼。在服饰上"贵贱有等，衣服有别"[④]。在家族夫妇长幼的礼节上，"天子之妃曰后，诸侯曰夫人，大夫曰孺人，士曰妇人，庶人曰妻""问天子之年，对曰：闻之始服衣若干尺矣。问国君之年，长曰能从宗庙社稷之事矣，幼曰未能从宗庙社稷之事也。问大夫之子，长曰能御矣，幼曰未能御也。问士之子，长曰能典谒矣，幼曰未能典竭也。问庶人之子，长曰能负薪矣，幼曰未能负薪也"。[⑤] 对不同身份的人的死有不同的称呼："天子死曰崩，诸侯曰薨，大夫曰卒，士曰不禄，庶人曰死。"……诸如此类，正如孙希旦所说"庶人非无礼也"。在婚娶、丧葬、祭礼上庶人皆有庶人之礼，不必"假士之礼"，礼是具有全社会意义的制度，它的适用范围决不能仅限于士以上。礼的宗

① 《礼记集解》。
② 《白虎通德论·五刑》。
③ 《礼记·仲尼燕居》。
④ 《礼记·坊记》。
⑤ 《礼记·曲礼》。

旨是“章疑别微，以为民坊”[①]。在森严的礼制下，庶人假士之礼，无异于犯上作乱。

与“礼不下庶人”相同，刑的适用对象也决不会排除贵族阶层。周公平定武夷之乱，对贵族管叔、蔡叔、霍叔就使用了大刑。《国语·鲁语》载：“大刑用甲兵。”《周礼·秋官·掌囚》中记：“凡有爵者与王之同族，奉而适甸师氏，以待刑杀。”“不与贤者犯法”的论点，显然有违于历史的事实。

对“刑不上大夫”的另一种解释，是肉刑不上大夫，贵族犯罪“悉入流宥之科”[②]或者认为“五刑三千之科条，不设大夫犯罪之目”[③]，瞿同祖先生继承了这一观点并对五刑不上大夫的原因作了进一步的论证。他认为，五刑摧坏肢体、器官，不仅是对受刑者本人的污辱，也是对受刑人所属的阶级的污辱。故而，贵族犯罪，或令其自裁，或将其流放。[④]将“刑”具体地释为“五刑”较以前对刑笼统的解释有所进展，而且从制度上说，五刑不上大夫是可以自圆其说的。因为西周之时，大夫有采邑，诸侯有国，这些贵族皆拥有法律所允许的武装力量，判大夫及其以上的贵族肉刑或死刑，在实际中往往难以执行。但是，许多制度的制定，并不以实践中能否执行为前提，尤其在宗法制下，许多制度带有理想的色彩，许多史料可以证明，从制度上讲，五刑的实施并不回避贵族。

《周礼·秋官·大司寇》中记大司寇之职：“以五刑纠万民。”疏中释“五刑”：“此五刑与寻常正五刑墨、劓之等别。刑，亦法也。此五刑者，或一刑之中而含五，或此五刑全不入五刑者。”[⑤]此处的五刑，是“野刑”“军刑”“乡刑”“官刑”“国刑”，经文又曰：“四曰官刑，上能纠职。”这里涉及周代五刑问题。上古史料对五刑的记载有三种，第一是《周礼·秋官·大

---

① 《礼记·坊记》。

② 《周礼正义》。

③ 《礼记集解》。

④ 瞿同祖:《中国法律与中国社会》，中华书局 1981 年版，第 204 页。

⑤ 《周礼注疏》。

司寇》中说的“野刑”“军刑”“乡刑”“官刑”“国刑”。第二是《国语·鲁语》中记载的“大刑用甲兵，其次用斧钺；中刑用刀锯，其次用钻笮；薄刑用鞭扑”。第三是《周礼·秋官·司刑》中记载的墨、劓、剕、宫、大辟。这三种记载并不互相矛盾。第一种主要言刑之范围，第二种主要言刑之工具，第三种主要言刑之种类。在官刑的范围内，是否使用墨、劓、剕、宫、大辟？史料记载不十分明确。1975 年陕西省岐山县董家村发现的西周青铜器弥补了史料的缺陷。青铜器上的铭文证实了官刑中包含有墨刑。训匜中的青铜铭文记载了天子重臣伯扬父对一位不忠于上司的官吏名叫牧牛的处罚，按当时法律规定，对牧牛应处千鞭之笞，黥面。这不仅证实了肉刑存在于官刑之中，也证实了“鞭作官刑”[①] 的历史记载。在西周，“亲亲”与“尊尊”一体，因而官与贵族也常常是同一的。既然官刑之中有“墨”，那么就无法排除在贵族中亦适用此刑。结合出土资料，证之以大量的文献，可以推测肉刑对大夫及其以上的贵族也是适用的。《周礼·大司马》：“放弑其君则残之。”《礼记·文王世子》中记：“公族其有死罪则磬于甸人，其刑罪则纖剸，亦告于甸人”。注曰“纖，读为殲。纖，刺也，割也。宫、割、膑、墨、劓、刖皆以刀锯刺割人体也。”《周礼·秋官·小司寇》中记“以八辟丽邦法附刑罚”。邦法，即卿大夫之法：“凡卿大夫之狱讼以邦法断之。”[②] 不过，《礼记·文王世子》中又明确地记载：“公族无宫刑”，按此是否可以推断在贵族中，所排除的仅仅是宫刑，而劓、墨、刖则上大夫呢？

综上所述，从史料与出土文物中所见到的周朝社会，刑、礼二者的适用范围确实并无严格的界限划分。礼作为一种社会制度时，势必对全社会成员都具有制约的力量，而刑作为维护礼制的手段，不仅施与庶人，也同样施与贵族。

2. 从制度上看，“礼不下庶人，刑不上大夫”。李亚农说：“周人在灭殷

① 《商书·尧典》。
② 《周礼·秋官·司寇》。

之后，虽然进入了阶级社会，但上下间的差别，并不使人感觉到如何的森严。周天子也并没有专制君主的威风，他对于诸侯们总是伯父前叔父后地喊得异常亲密，……不随便使用刑罚，所谓‘礼不下庶人，刑不上大夫，就是这种精神的表现”。[①]这一论述，将“礼不下庶人，刑不上大夫”与宗法制结合起来，对弄清“礼不下庶人，刑不上大夫”的真实含义很有启发意义。

欲明“礼不下庶人”的含义，首先要明确宗法制下庶人的身份。一般说来，西周的“庶人”指的是外族人，其中包括被征服后的臣服于周的部族成员。由于与王室没有丝毫的血缘联系，在“亲亲”原则下，庶人的地位是卑贱的。他们属于“劳力者”，故而“遽于事”。庶人对本部族的首领来说是部族成员，属平民阶层；但对周王朝来说，却是奴隶，他们没有任何政治权利，甚至没有言论自由。弄清庶人的身份后，我们便可进一步考察一下庶人之礼究竟是哪一种礼。因为周灭殷后，采用宗法制统治，父系社会的血缘关系在这里得到了较多的保留。整个统治阶级成员之间基本上都有血缘关系，异姓贵族与周王室也基本上都有婚姻关系。礼起源于父系氏族的后期，进入阶级社会后一分为二，一部分成为全社会成员的行为规范，一部分保留了原有的血缘社会的特点，成为调整部族关系的家族礼，西周宗法制下的礼更是具有阶级社会与氏族社会相结合的明显特征。作为全社会成员行为规范的礼与后世的法有许多相同之处，如《荀子·修身》所言：“国家无礼则不宁。”《左传》记，鲁庄公二十三年（公元前670年）“如齐观社，非礼也”。非礼，即不合法度。曹刿言：“夫礼，所以整民也：故会以训上下之则，制财用之节；朝以正班爵之义，帅长幼之序；征伐以讨其不然。诸侯有王，王有巡守，以大习之，非是，君不举矣。君举必书，书而不法，后嗣何观？”曹刿认为，礼是规范人民的，君主应率先实践之，违背礼制之举就是不合法度，太史必书之于策。作为调整部族内部事务的

① 李亚农：《李亚农史论集·周族的氏族制与拓拔的前封建制》，上海人民出版社1962年版，第298页。

礼，则常常标志着一定的权利。只有同族、同宗、同家的人才能享受到，如宗庙祭祀、宾朋来往，参议国事等。这种部族或家族的礼，只有具有周族血缘的人或与王室有着血缘关系的人有权享受，这种礼是不能下庶人的，因为庶人的身份与血统是不配参与周部族内部的事务的，因而也就不享有这种礼的待遇。“小人是本族的人民，庶人是外族的人民……所以小人有一定的政治地位和政治权利，而庶人是没有政治地位和政治权利的。例如：小人在国家遇到国危、国迁和立君的时候，同贵族阶级一样有权可以参加讨论（见《周礼 · 小司寇》），而庶人却被除外……‘礼不下庶人，刑不上大夫’礼是贵族阶级的宗教活动及其他社会活动的仪节，风俗习惯，外族人民是不能参加的。”[①] 家礼（部族之礼）不下庶人这一论点，从制度上考察是精确的，这一论点可以得到大量史料的印证。《礼记》《仪礼》中所记的礼仪规范大致可分为两种类型。一种是自天子至庶人的礼，即规范全社会成员的礼。一种是自天子至士的礼，即周部族内部的礼。自天子至庶人的礼，是全社会成员所共同的，如在庙制上“天子之庙，三昭三穆，与大祖之庙而七，诸侯五庙，二昭二穆，与太祖之庙而五；大夫三庙，一昭一穆，与太祖之庙而三，士一庙；庶人祭于寝”[②]。这种礼规定了不同等级的不同行为规范，相互之间不得逾越，下犯上为非礼，同样，若贵族用了平民或庶人之礼亦为非礼。自天子至士的礼，即所谓的“家族礼”。这种礼即是周族贵族的规范，又是他们所享有的法律上的特权，这一特权是以血缘为基础的，排除了外族成员，无形中剥夺了外族的政治权利，置外族于臣服的地位。这也正是礼治所要达到的目的。在祭祀上“天子祭天地、祭四方、祭山川、祭五祀。岁偏诸侯方祀祭山川、祭五祀。岁偏大夫祭五祀。岁偏士祭其先”。“天子以牺牛，诸侯以肥牛，大夫以索牛，士以羊豕。”[③] 在议

---

① 斯维至:《论庶人》，载《社会科学战线》1978 年第 2 期。

② 《礼记 · 王制》。

③ 《礼记 · 曲礼下》。

国事方面，天子也只与本宗室成员相议。1963年陕西宝鸡市出土的西周青铜器何尊的铭文记载了周成王迁都时所作的诰。这个诰的对象，显然是本宗室的成员：“王诰宗小子于京室曰：昔在尔考公氏，克弼文王……”另外，宾客往来，须有礼仪，但这种礼仪仅存在于贵族之间。《周礼·天官·宰》“以八统诏王驭万民，一曰亲亲，二曰敬故，三曰进贤，四曰使能，五曰保庸，六曰尊贵，七曰达吏，八曰礼宾”疏曰：“礼宾，宾客。诸侯者。”《白虎通德论·卷八·五刑》中说：“礼不及庶人者，谓酬酢之礼也。”酬酢之礼即迎接宾客之礼。郑玄认为“为其（庶人）遽于事，且不能备物”[①]，故不行礼。说庶人因农作繁忙而且贫穷不能备有礼器，因而无酬酢之礼只是表面现象，实际上，交往在西周社会是要有一定身份的。只有具备一定的等级才能从事交往活动，庶人被排斥在外，劳动才是庶人阶级的本分。排除庶人，不允许庶人享有的礼在“三礼”中比比皆是，故而，从制度上说，“礼不下庶人”实际上是家礼不下庶人，即庶人只受礼制规范的束缚，而不享有礼制所规定的权利。家礼不下庶人的制度显示了周族血统的高贵，维护了周天子作为天下大宗的地位。

与“礼不下庶人”相对的“刑不上大夫”，其含义也须从血缘宗法制度上加以考察。《礼记·文王世子》记：“公族无宫刑”，说明贵族中是排除了宫刑的。历代史学家对这条史料都没有提出过疑问，清人沈家本总结道：“郑康成注云：谓同族不宫者也。方氏慤曰：有生所以传类，而宫刑则无生之道，故无宫刑。陈氏澔曰：受宫刑者，绝生理，故谓之腐刑。如木之朽腐，无发生也，此刑不及公族，不忍绝其生生之类耳。”[②]宫刑与其他肉刑不同，它不仅残害犯罪者的身体，而且绝其后嗣。《尚书大传》：“男女不以义交者其刑宫。”义交，谓依礼的规定，经过纳采、问名、纳吉、纳征、请期、亲迎六道程序，由父母之命，媒妁之言而结成的婚姻。违背礼所规定的婚

① 《礼记·曲礼上》。

② 《沈寄簃遗书·刑法分考六·宫》。

姻则为“不以义交”。不以义交是宗法制下大逆不道之举，其后代由于是非礼所出而无法确定身份，故《礼记 · 婚义》曰：“男女有别而后夫妇有义，夫妇有义而后父子有亲，父子有亲而后君臣有正，故曰：婚礼者，礼之本也。”正因婚礼对维护宗法制至关重要，所以对违背者才处次死一等的宫刑。这种严酷的刑罚是维护宗法血统纯洁的手段。但是，实施宫刑，尤其在贵族中使用宫刑显然有着许多不便，其一，贵族常常兼为一国、一家之大宗，诸侯为国之大宗，大夫为家之大宗，为使周族繁衍兴旺，宗法制下大宗必须保持百世不迁。宫刑断人子孙，若施及贵族身上，便断绝了贵族的宗庙，这是宗法制的大忌。其二，贵族基本上都具有王室的血统，这种血统在当时来说是上天所赐，非常高贵的。断人后嗣的宫刑，不仅是污辱犯罪者本人，而且也是对犯罪者血统的蔑视。若施及贵族，王室的血统尊严便也会因此而受到损伤。其三，宗法制下，天子以孝治天下，“不孝有三，无后为大”，宫刑施及贵族，不仅置亲族于不孝，而且也是对祖先的犯罪。正因如此，“公族无宫刑”。从史料及出土的文物中，都找不到贵族受宫刑的例子，可见，这一史料具有相当的可靠性。但宫刑不上大夫，并不等于放纵贵族可以“不以义交”来破坏宗法制度，犯不以义交之罪的贵族都被处以髡刑来代替宫刑。《周礼 · 秋官 · 司戮》记：“髡者使守积。”郑玄注：“髡者，必王之同族不宫者。宫者，为翦其类。”髡，即剃去鬓发，这种刑罚对一般的人来说是轻刑，但对贵族来说却是极大的污辱性惩罚。“身体发肤，受之父母，不敢毁伤，孝子之始也。”[①] 受髡刑的贵族无疑等于面带不孝的标记，同宗族的人将耻于与之为伍，而其本身也无颜见宗族之人。

将宫刑改为髡，其用意是显而易见的：既可惩戒犯罪者本人，使其闭门思过，又维护了周族贵族的尊严，向外族显示周族血统的高贵，而且有利于这一血统的延续。《礼记 · 文王世子》记：“公族无宫刑，不翦其类。”

① 《孝经 · 开宗明义章》。

这句话的本身就道出了宫刑不上大夫的目的所在。

综上所述，“礼不下庶人，刑不上大夫”，从制度上解释应是“家礼不下庶人，宫刑不上大夫”。众所周知，西周社会组织以血缘为其纽带。父系社会中的氏族血缘制度大量残存并发挥着巨大的作用，而阶级的内容与之相糅，在血缘关系（血缘的亲疏）与阶级关系（地位的贵贱）大体相一致的情况下，统治者采用了宗法制的统治，宗法制的核心在于“亲亲”“尊尊”。“礼不下庶人，刑不上大夫”含有这双重因素。以往对它的解释只注意到阶级的内容，认为这句话正与“尊尊”的原则相吻合，实际上，“礼不下庶人，刑不上大夫”这句话更直接地反映了西周社会的血缘内容，与“亲亲”的原则也是相吻合的，而且是通过“亲亲”以达“尊尊”的。它将“亲亲”与“尊尊”有机地结合在一起，成为西周社会的用刑原则。同时，由于它所含的阶级内容与以后的封建等级制极为吻合，所以对后代也一直产生着巨大的影响。

## 五、礼与法的关系

### （一）礼制的特点

起源于原始社会后期的礼，进入阶级社会后，随着国家的建立，其内容与性质都发生了根本的变化。三代礼制有如下特点：

第一，风俗习惯与国家制度融为一体。为了适应新形势的需要，阶级社会中，礼的内容进一步扩展。它不仅包括了原始部落遗留的社会生活规范，而且也囊括了国家的制度和法令。其中包括国家机构的设置，官吏的任免奖罚等。《礼运》篇云：“国有礼，官有御，事有职，礼有序。”《礼记·明堂位》记“夏后氏官百，殷二百，周三百”。殷、周的官名散见于甲骨文、金文及《尚书》等各处，其完备已为世人公认。夏官的确切资料到目前为止还未有发现，但根据“夏禹传子”的社会发展状况推测，夏代已进入出现国家的历史阶段。除国家机构及官员的设立外，夏、商、周之礼还包括阶级社会中的等级制度。“礼者为异。”三代礼制“有以多为贵者，天子七庙、诸侯五、大夫三，士一……有以少为贵者，天子无介……有以大为贵者，宫室之量，器皿之度，棺椁之厚，丘封之大，此以大为贵也……有以小贵者，宗庙之祭，贵者献以爵，贱者献以散……有以文为贵者，天子龙衮，诸侯黼，大夫黻、士玄衣纁裳……”这种严密的等级制度足以“辨君臣上下长幼之位”[①]。礼在扩展新内容的同时，还沿袭改造了许多原始部落所遗留的社会生活规范，并赋予原始礼以新的内涵，以便符合阶级社会的需要。比如《仪礼》首篇《士冠礼》就是原始社会部落中普遍存在的成人礼的演变。《礼记冠义》释士冠礼曰：“已冠而字之，成人之道也。”《曲礼上》曰：“二十曰弱，冠。”就是说男子到了二十岁时，便到了成人的年岁，他应该像部落成年成员一样，担负起部落的各种义务，遵守部落的一切规范——礼。故《冠义》又言：“冠者，礼之始也。”除这一层原始的“成年”意义外，《士冠礼》还有着阶级社会的内容；《士冠礼》中记士成人之服有三种，即爵弁服、皮弁服与玄端。爵弁服用于祭祀，即“与君祭之服”[②]。皮弁服用于战争与围猎，是“以征不义，取禽兽射”[③]时所用之服。得到这两种礼服，即表示行士冠礼者已具有参与国事的权利。《左传 · 成公十三年》记：“国之大事，在祀与戎。”礼服象征着士的社会地位与政治地位，一般庶人是没有的，因此，《士冠礼》本身也渗透着阶级社会的内容。

礼的内容日益膨胀，几乎涉及一切领域。三代社会、政治、经济、法律、文化、家族等一切规范，无不以“礼”统而言之。因此《礼记 · 曲礼上》言：“道德仁义，非礼不成；教训正俗，非礼不备；分争辩诉，非礼不决；

① 《礼记 · 哀公问》。

② 《仪礼注疏》郑玄注。

③ 《公羊传 · 昭公十五年》何休注。

君臣上下父子兄弟，非礼不定；宦学事师，非礼不亲；班朝治军，临官行法，非礼威严不行；祷祠祭礼，供给鬼神，非礼不诚不庄。”各种制度杂糅不分的状况，正是社会相对发展而又尚未充分发展的必然现象。

第二,三代礼制表现出高度的统一性。部落内部的等级分化，部落间的相互征服，产生了国家。随着国家的诞生，至高无上的权威者——王或天子便出现了。与部落首领不同，国家的统治是以地域而不是以血缘划分的，因此，王与天子不仅是本部落人民的首领，而且也是其所辖地域的各部落的首领。王或天子所在的部落之礼，无疑便会成为整个国家的礼制，被征服者或异姓联姻者的部落都要服从统治者的礼制。孔子强调“礼乐征伐自天子出”[①],《礼记·中庸》言“非天子不议礼”都说明了礼的统一性和权威性。由此也可以看出礼不再仅仅依靠神权作为自己的保障，而且还有着统一的王权作为其实施的后盾。

礼的统一性还表现在内容的变化上。因为三代统治者来源于不同的氏族或部落，所以以政权的交替为分界线，礼随着政权的嬗变而有所不同。从社会风尚看，夏人古朴，提倡“忠”；商人威严尚武，提倡“敬”；周人慈和，提倡“文”。《说苑·修文》:“夏后氏教以忠，而君子忠矣，小人之失野；救野莫如敬，故殷人教以敬，而君子敬矣，小人之失鬼；救鬼莫如文，故周人教以文，而君子文矣，小人之失薄。”孔子亦言周人文质彬彬，“周监于二代，郁郁乎文哉，吾从周”[②]。考古发掘的资料也确实证明三代不同风尚。夏去原始社会不远，器物更接近于史前文化，反映出部落社会古朴忠义之遗风。商代则有引人注目的王陵墓葬，从墓葬的浩荡规模，大规模的人殉、人祭可以看出商代统治者不容非议的至上威严，贵族使用的青铜器上狰狞的饕餮纹既令人充满敬畏之心，又使人感到社会发展不可抗拒的活力。周代的墓地则显然有别于商。王国维“中国政治与文化之变革莫剧

① 《论语·季氏》。

② 《论语·八佾》。

于殷周之际”[①]的著名论断得到了考古资料的印证，周代齐整的族葬地标志着周族对血缘关系的充分重视，在夏忠、商敬的基础上，以血统关系为基础的“宗统”与“君统”相一致的宗法制已趋完善，礼制的黄金时代已经到来。

再从具体的社会习俗与制度来看，随着夏、商、周三代统治者的更替，占统治地位的某些习俗和制度也相应变化。如在祭礼上：“夏后氏尚黑，大事敛用昏，戎事乘骊，牲用玄；殷人尚白，大事敛用日中，戎事乘翰，牲用白；周人商赤，大事敛用日出，戎事乘骠，牲用骍。”[②]在服制上，颜色不同：“（夏）尚黑而黑衣裳；殷尚白而缟衣裳；周则兼用之，玄衣素裳。”[③]纹饰不同：“夏后氏，山；殷，火；周，龙章。”[④]在丧葬上“夏后氏堲周，殷人棺椁，周人墙置翣”，“夏后氏殡于东阶之上……殷人殡于两楹之间……周人殡于西阶之上”。[⑤]在养老制度上：“夏后氏以乡礼，殷人以食礼，周人修而兼用之。”[⑥]

最后值得指出的是，三代之礼在演变之时，有一点是不变的，即礼的精神不变。《礼记·礼器》记：“三代之礼一也，民共由之。”这就是说，三代之时，占统治地位的意识形态“礼”是人们必须遵循的规范和制度。

### （二）礼制与法律的关系

从上述三代礼制中可以看出，进入阶级社会后，礼已成为包罗万象的社会规范。正因为包罗万象，所以自古至今人们对礼的理解便各有偏重。即便是对礼制研究有素的孔子对礼也没有下一个明确的定义。《论语》中

① 王国维：《观堂集林·殷周制度论》，中华书局1959年版，第451页。
② 《礼记·檀弓》。
③ 《礼记·王制》郑注。
④ 《礼记·明堂位》。
⑤ 《礼记·檀弓》。
⑥ 《礼记·王制》及《内则》。

提出“礼”的地方达70余处，在不同时期，不同地方，对不同的人孔子对“礼”的解释也各不相同。只有对礼进一步解释，才能搞清礼的构成及其与法、刑的关系。

礼在进入阶级社会之前，主要指部落成员长期生活中所形成的生活规范，与起源于战争的刑罚有不同的制约对象。礼用于部落内部，以教化为主。刑用于部落间的讨伐及对战败部落的惩罚。《尚书·舜典》曰：“帝曰：皋陶，蛮夷猾夏，寇贼奸宄，汝作士，五刑有服……”可见刑是用于战争之具。

进入阶级社会后，礼便有广义与狭义之分，狭义的礼或单指由原始部落习俗演变而来的生活规范，或单指国家的某项制度。而广义的礼则无所不包，是社会生活规范、国家制度，甚至是整个占统治地位的意识形态的总称。只有了解“礼”的历史及其特点，我们才能理解三代礼制的含义，并对古代典籍中关于礼的各种不同论述进行区别。比如《礼记·坊记》篇云：“夫礼者，所以章疑别微，以为民坊者也，故贵贱有等，衣服有别，朝廷有位，则民有所让。”此处的礼便是广义之礼。《礼记·坊记》又言：“礼以坊德，刑以坊淫。”此处的礼便是狭义之礼，专指道德或伦理规范。其后又言：“夫礼，坊民所淫，章民之别，使民无嫌，以为民纪者也。”此处的礼则与“刑以坊淫”的刑内容相同，显然指刑事规范。因此，在三代，刑是礼的一个组成部分，礼制中包含着刑罚及法律的内容。《诗经·召南·行露》中述“召伯听讼”[①]之事，诗所描写的是一位女子不同意出嫁，与男方争讼于公堂。女子是被告，其辩护词中写到不嫁之由：“虽速我狱，室家不足。”郑玄注曰：“室家不足，谓媒妁之言，不和六礼。”又言：“虽速我讼，亦不女从。”郑注言：“不从，终不弃礼。”由此可见，礼确实有“定亲疏，决嫌疑，别同异，明是非”[②]的法律作用。

---

① 《诗序》。

② 《礼记·曲礼》。

将礼与刑，或礼与法作为两个不同的范畴，作为两种不同甚至对立的治国方法而加以论述，应是春秋以后的事情。由于社会政治发展日趋复杂。礼制中所包含的各项制度日趋独立，礼崩乐坏。[①] 包罗万象的礼制渐渐不复存在，但作为一种曾在历史上长期实行过的制度，它在人们的思想中留下了极为深远的影响。随着各项制度的逐步完善，礼逐渐退化为以人伦道德为主要内容的教化手段。它强调教化的感革作用。与以暴为后盾，以惩罚为手段的法形成截然对立又互相关联的两种治国方式。但是，无论是儒家的礼治，还是法家的法治都导源于三代的礼制。《礼记经解》言："礼之于正国也，犹衡之于轻重也；绳墨之于曲直也；规矩之于方圆也。"这完全与法家的"法观念"相吻合。齐法家言"法"为："尺寸也，绳墨也。规矩也，衡石也，斗斛也，角量也。"[②] 商鞅称法为"国之权衡"[③]。可见法家的法治理论是三代礼制有关法律方面内容的发展。也正是因为法家的"法治"源于三代礼制，儒家在批判法家理论，批判成文法时才不能完全否认法律的作用。而只是强调教化优于惩罚，"礼治"应先于"法治"。孔子言："道之以政，齐之以刑，民免而无耻；道之以德，齐之以礼，有耻且格。"[④] 又言："礼乐不兴，则刑罚不中。"[⑤] 儒家所强调的礼及"礼治"偏重于三代礼制有关教育方面的内容，已非三代广义上的礼。儒法两家思想的对立，促进了社会思想的发展；儒法两家思想的同源，又促使其在今后的发展中合流为一体，水乳交融，成为中华法系的主干。

无论是法家，还是儒家，都只是偏重于三代礼制中的某一项内容，在他们的思想体系中，礼、法内涵已有了明确的分野。所以我们不能用这种已变形的礼、法观来论证三代的礼、法。而是应遵循三代历史原有的面貌

① 《论语·里仁》。
② 《管子·士法》。
③ 《商君书·修权》。
④ 《论语·为政》。
⑤ 《论语·子路》。

来探讨三代礼制中所包含的法律制度与法律观念。因此，不言三代礼制，三代的法制与法律思想就无从谈起。

（三）西周的德、礼、刑

《左传·文公十八年》记鲁太史克之言："先君周公制《周礼》曰：'则以观德，德以处事，事以度功，功以食民。'作《誓命》曰：'毁则为贼，掩贼为藏，窃贿为盗，盗器为奸，主藏之名，赖奸之用，为大凶德，有常无赦，在九刑不忘。"其大意为，周公作《周礼》，"以礼则观人之德"，"有善德，乃能制断事宜"，"据其效果，评其功劳之有无与大小，""功成而后受邑受田，以食于民。"周公又作《誓命》："毁弃礼则为贼"，"掩匿贼人是为藏"……这些犯罪为"大凶德"，周有常刑以惩处之，不在赦限，必以墨、劓、刵、宫、大辟、流、赎、鞭、扑九刑惩罚之。[①]这段史料论述了礼、德、刑三者的关系。概括地说，礼是规范，德是礼内在精神的体现，刑是推行礼，维护礼的手段。此处的"礼"，是"礼则"，即"礼制"之意，是礼的外在表现形式，与"礼治"的思想相辅相成，礼则是礼治思想的表现，礼治思想则是礼制在意识形态中的反映。德，是礼治所提倡的忠、孝的概括，有德与否，也就是是否具备忠孝的品质，标准在于行为举止、言谈话语是否合乎礼制的规定，符合者为有德，不符合者为无德，违背者则为"贼"，必须诉诸刑罚。故而，礼治的思想与德的精神是合二为一的，要实行礼治，必须提倡德，而欲达到有德的境界，必须以礼治天下。

德作为礼治的根本内容而被大力提倡，始于西周。商代甲骨卜辞中有"德"，写为"彳直"意为直行，与政治及个人品德似乎无关。"俗谓用力徙前曰德，古语也。"[②]周灭商后，在对神权观念进行变革时，提出了"德"的观念，以政治上说，德与天相对应，有德者有天下，德的兴衰，是夏、商、

① 见杨伯峻：《春秋左传注》（二），第633—635页。

② 《说文解字段注》。

周更替的原因，要享天命，首先要保持祖先的德行。从伦理道德上讲，“孝敬、忠信为吉德”[①]。作为周人的发明,《周书》及《诗经》言“德”之处远远超过对“礼”的论述。如言夏、商“不敬厥德，乃早坠厥命”[②]，又言“文王克明德慎罚，不敢侮鳏寡，庸庸，祗祗、威威，显民”[③]，故取代了殷人的天命。周人重德，以至于帝王之名称皆含有“德”之义，诸如文、武、成、康、昭、穆等皆为德的体现。作为帝王来说，“德”有着双重意义，一是“聪听祖考之彝训，越小大德”，[④]即沿袭先王之礼，保有先王之德，这也正是礼治思想所倡导的“孝道”。二是小心翼翼，属守天命，为天下作出表率，通过自己的言行感化天下之人向善弃恶，遵礼守法。如《庄子 · 天下篇》所言，“周以天为宗，以德为本”。基于此，西周的统治者希望通过感化而达到天下的治理，“若有疾，惟民其毕弃咎”[⑤]。在用刑方面统治者格外强调德的指导作用，认为没有德为前提的刑罚的滥用，将会导致国家的灭亡。“明德慎罚”[⑥]成为西周，尤其是西周初期实施刑罚的原则。如，在定罪时，要考虑到犯罪的动机。《尚书 · 康诰》言：“人有小罪，非眚，乃惟终，自作不典式尔，有厥罪小，乃不可不杀。乃有大罪，非终，乃惟眚灾，适尔既道极厥辜时，乃不可杀。”即有人犯罪，罪行虽小，但并非过失，且为惯犯，则不可不杀。后世总结为“志善而违于法者免，志恶而合于法者诛”[⑦]。志的善恶，是以德为标准的，在判刑时，切忌匆忙草率，要反复斟酌，使刑罚能够弘扬德的精神。《尚书 · 康诰》：“要囚，服念五、六日，至于旬、时，丕蔽要囚。”这种以德行刑的思想一直持续到春秋：晋公子重耳

① 《左传 · 文公十八年》。
② 《尚书 · 召诰》。
③ 《尚书 · 康诰》。
④ 《尚书 · 酒诰》。
⑤ 《尚书 · 康诰》。
⑥ 《尚书 · 康诰》。
⑦ 《盐铁论 · 刑德》。

流亡在外，晋怀公下令让追随重耳的家臣返回晋国，并规定了时限，过期无赦。又逮捕了追随者狐毛、狐偃之父，言：“子来则免。”狐突以传统的德的观念劝怀王：“子之能仕，父教之忠，古之制也，策名，委质，二乃辟也。今臣之子，名在重耳，有年数矣，若又召之，教之二也。父教子二，何以事君？刑之不滥，君之明也，臣之愿也。淫刑以逞，谁则无罪？”[①]卜偃亦言：“《周书》有之，乃大明服，己则不明，而杀人以逞，不亦难乎？民不见德而唯戮是闻，其何后之有？”[②]此说明，西周时刑罚以忠，以德为指导，要使人们从刑罚中体验出君主惩恶扬善之心，刑之所加，必是德之所弃。失去德的标准的刑则为“淫刑”，其后果便是断送江山，“其何后之有？”春秋时，宗法制被破坏，用刑常依君主喜怒，人们对西周用刑“乃大明服”的传统怀念不已是有其道理的。

① 《左传·僖公二十三年》。
② 《左传·僖公二十三年》。

# 第五章 春秋时期的法律制度

## 第一节 立法概况

### 一、“礼崩乐坏”的结果

公元前770年，周平王将周王室东迁至雒邑（今河南洛阳），史称“东周”。从东周开始至公元前476年的近三百年间，因鲁国史书《春秋》记载了从鲁隐公元年（公元前722年）至鲁哀公十四年（公元前481年）的历史，故一般称这段历史为“春秋”时期。

春秋时期，是中国古代社会从奴隶制向封建制转变的时代。这一时期社会的基本特点是“礼崩乐坏”，其具体表现在以下三个方面：

在经济上，春秋以后，铁器逐渐应用于农业生产，牛耕开始普遍推广，这使得农业生产力迅速提高；春秋中晚期，在“井田”之外，出现了“私田”；随之而来的是，私田不断增多，土地甚至可以交换、租赁、买卖，井田制渐趋瓦解。

在政治上，至春秋末期，周天子早已失去了昔日驾御诸侯的权势，王室衰微，王权旁落，各大诸侯国争夺霸权；各诸侯国内部，“礼乐征伐自诸侯出”[①]，卿大夫专权跋扈，新旧势力矛盾日益激烈，出现了一个所谓“礼

① 《论语·季氏》。

崩乐坏”的局面。

在思想、文化、意识形态上，也进入一个从注重“神事”到注重“人事”，从“学在官府”到“私学”大兴、“百家争鸣”的新时代。传统的宗法等级观念和神权法思想受到了“德”“仁”思想的猛烈撞击、批判，“礼”思想和“法”思想成为社会意识形态的重要基础；“士”（知识分子）阶层出现，文化教育走下“神坛”步入民间。

“礼崩乐坏”的结果是：井田制被破坏，礼制衰落，郡县制逐步取代分封制，王权旁落，政权下移。这标志着奴隶制开始瓦解，封建制逐渐兴起。由此引发了法律制度的变革。

## 二、各诸侯国的立法概况

春秋初期，各诸侯国基本上沿袭西周的法律。但是春秋中晚期后，社会政治、经济、文化、法律都发生了重大的变革。总的说来，这一时期法律制度的一个重大变革，就是各诸侯国公布了以保护私有财产为中心的成文法。但从整体上看，这种变革的发展是很不平衡的。这从各诸侯国的立法活动看得很清楚。

### （一）楚国的立法活动

从文献记载来看，楚国在春秋时期曾有两次立法活动。

第一次是楚文王时（公元前 689—公元前 677 年）制定了《仆区之法》。《左传·昭公七年》（公元前 535 年）记载，楚王建造“章华之宫”，接纳逃亡者并安置在宫里。楚国大臣无宇的守门人犯罪后逃入“章华之宫”。无宇要入宫捉拿，被王宫的卫兵拒绝，并被逮住去见楚王。无宇向楚王申诉说：“天子经略，诸侯正封，古之制也。封略之内，何非君土？食土之毛，谁非君臣？故《诗》曰：‘溥天之下，莫非王土；率土之滨，莫非王臣。’天有十日，人有十等。下所以事上，上所以共神也。故王臣公，公臣大夫，大夫臣士，士臣皂，皂臣舆，舆臣隶，隶臣僚，僚臣仆，仆臣台。马有圉，牛有牧，以待百事。今有司曰：‘女胡执人于王宫？’将焉执之？周文王之法曰‘有亡，荒阅’，所以得天下也。吾先君文王，作仆区之法，曰‘盗所隐器，与盗同罪’，所以封汝也。若从有司，是无所执逃臣也。逃而舍之，是无陪台也。王事无乃阙乎？昔武王数纣之罪以告诸侯曰：‘纣为天下逋逃主，萃渊薮。’故夫致死焉。君王始求诸侯而则纣，无乃不可乎？若以二文之法取之，盗有所在矣。”于是，楚王允许无宇前往王宫捉拿其守门人。

杜预注：“仆区（音欧），刑书名。”服虔曰：“仆，隐也。区，匿也。为隐匿亡人之法也。”从记载可知道，《仆区之法》是楚文王仿照周文王“有亡荒阅”之法而制定，是搜捕逃亡的奴隶和罪犯的法律。

第二次是楚庄王时（公元前 613—公元前 591 年）制定了《茅门之法》。《韩非子 · 外储说右上》记载：“荆庄王有‘茅门之法’。曰：‘群臣大夫诸公子入朝，马蹄践霤（音溜，屋檐下排水的长槽）者，廷理斩其辀（音舟，车辕）、戮其御。’于是，太子入朝，马蹄践霤。廷理斩其辀、戮其御。太子怒，入为王泣曰：‘为我诛戮廷理。’王曰：‘法者，所以敬宗庙、尊社稷，故能立法从令。尊敬社稷者，社稷之臣也，焉可诛也？夫犯法废令，不尊敬社稷者，是臣乘君而下尚校也。臣乘君则主失威，下尚校则上位危。威失位危，社稷不守，吾将何以遗子孙？’于是，太子乃还走避舍，露宿三日，北面再拜，请死罪。”一说：“楚王急召太子。楚国之法：‘车不得至于茆门。’天雨，廷中有潦，太子遂驱车至于茆门。廷理曰：‘车不得至茆门。非法也。’太子曰：‘王召急，不得须无潦。’遂驱之。廷理举殳而击其马、败其驾。太子入为王泣曰：‘廷中多潦，驱车至茆门。廷理曰：非法也。举殳击臣马、败臣驾。王必诛之。’王曰：‘前有老主而不踰，后者储主而不属。矜矣。是真吾守法之臣也！’乃益爵二级，而开后门出太子，勿复过。”

王先慎《韩非子集解》：“孙诒让曰：茅门，下作茆门。《说苑 · 至公篇》与此略同，亦作‘茅’。案：茅门即雉门也，《说文 · 隹部》：雉，古文作鴩，或省为弟，与茅形近而误。《史记 · 鲁世家》‘筑茅阙门’即《春秋》定二年经之‘雉门两观’也。诸侯三门：库、雉、路，外朝在雉门外。茅门之法，廷理掌之，即《周礼·秋官》‘朝士掌建邦外朝之法’也；天子、诸侯三朝皆有廷；士、理，字通。先慎曰：孙说‘茅’即‘弟’之误也，《御览》六百三十八引正作‘弟’可证。”

茅门、茆门，又称雉门，是楚王宫宫门之一。廷理，楚国的最高司法官。从记载来看，《茅门之法》有两说，可能是有关楚王王宫宫禁出入之法，规定：群臣、大夫、诸公子入朝时，车不得进入雉门之内，马不得践踏积水；违者，砍断车辕，处驾车者死刑。

### （二）晋国的立法活动

春秋时期的晋国，自文公之后，曾有四次大的立法活动。

第一次是在晋文公称霸时，即公元前633年。《左传·僖公二十七年》记载，晋国“蒐于被庐”，“大蒐以示之礼，作执秩以正其官”。杨伯峻《春秋左传注》：“昭二十九年《传》云：‘文公是以作执秩之官，为被庐之法。’则执秩为官名。然《汉书·刑法志》注引应劭云，‘蒐于被庐之法作执秩以为六官之法’，似以为法名，官主爵秩，法当即《周礼·太宰》所谓‘以八法治官府’之法。”[①] 又，昭公二十九年，孔子书信则说：“文公是以作执秩之官，为被庐之法。”杜预注：“僖二十七年文公蒐被庐，修唐叔之法。”

被庐，晋国地名（今不详）。当时晋楚争霸，势在必战，晋文公在被庐举行“大蒐”礼（阅兵），并制定了《被庐之法》，具体内容不详。但孔子说《被庐之法》仍遵守晋的祖先唐叔的法度（即礼）。可能是有关官吏爵秩之法。

第二次是赵盾（赵宣子）为晋国执政时即公元前621年。《左传·文公六年》记载，“宣子于是乎始为国政，制事典，正法罪，辟狱刑，董逋逃，由质要，治旧洿，本秩礼，续常职，出滞淹。既成，以授太傅阳子与大师

① 杨伯峻：《春秋左传注》（一），第447页。

贾佗，使行诸晋国，以为常法”。

杨伯峻注：“制事典”，“事典犹言办事章程或条例，《周礼 · 太宰》‘六曰事典，以富邦国，以任百官，以生万民’是也。制，制定。”“正法罪”，“孔《疏》曰：‘正法罪者，准所犯轻重，豫为之法，使在后依用之也。’则若后代之制定刑罚律令。”“辟狱刑”，“阮刻本作‘辟刑狱’，今从《唐石经》、金泽文库本、宋本、岳本、足利本乙正。杜注：‘辟犹理也。’孔《疏》：‘辟狱刑谓有狱未决断当时之罪，若昭十四年韩宣子命断狱之类是也。’则辟狱刑若后代之清理诉讼积案。”“董逋逃”，“杜注：‘董，督也。’孔《疏》：‘董逋逃者，旧有逋逃负罪播越者，督察追捕之也。’”“由质要”，“由，用也。质即《周礼 · 天官 · 小宰》‘听买卖以质剂’之质剂，郑玄《注》云：‘质剂谓两书一札，同而别之，长曰质，短曰剂。’孙诒让《正义》云：‘质剂手书一札，前后文同而中别之，使各执其半札，唯札半别，而字全具不半别。质剂，不徒卖买用之，旅师平颁兴积，敛之民而散之民，亦凭质剂以为信焉。’要即《小宰》‘听出入以要会’之要会，贾《疏》云：‘岁计曰会，月计曰要’，谓簿书账目也。然则由质要者，盖谓财物之出入，皆用契约、账目以为凭据定夺也。”“治旧洿”，“洿音乌。治旧洿者，孔《疏》云：‘法有不便于民，事有不利于国，是为政之污秽也，治理改正使洁清也。’沈钦韩《补注》谓为治理停水，免民疾疫，似与上下诸事不类，恐非。”“本秩礼”，“孔《疏》：‘本秩礼者，时有僭窬，贵贱相滥，本其次秩使如旧也。’”“续常职”，“据杜《注》，当即《论语 · 尧曰篇》之‘修废官’。孔《疏》云‘职有废阙，任贤使能，令续常故也’。”“出滞淹”，“当即昭十四年《传》之‘举淹滞’，亦即《论语 · 尧曰篇》之‘举逸民’。孔《疏》云：‘贤能之人沈滞田里，拔出而官爵之也。’以上九事平列，或以为不平列者，恐非”[①]。

赵盾的新法典当时并没有公布，但新型地主阶级却用它来镇压旧贵族。晋平公时（公元前557—公元前532年），范宣子执政，继续沿用赵盾所制

① 杨伯峻：《春秋左传注》（二），第545、546页。

定的法典。《左传·昭公二十九年》，“著范宣子所为刑书焉”，杜预注：“范宣子所用刑”，训“为”作“用”。范宣子比赵盾（赵宣子）稍晚，活跃于晋厉公至晋平公时期（公元前580—公元前532年），结合孔子书信所谓“且夫宣子之刑，夷之搜也”，杜注可取。因此，应该是赵宣子作刑书，范宣子沿用。后来，晋赵鞅、荀寅“铸刑鼎”，公布了这部法典。

第三次是范武子执政时于公元前593年制定了“范武子之法”（或称“士会之法”）。《左传·宣公十六年》（公元前593年）记载，“武子归而讲求典礼，以修晋国之法”。杨伯峻注：“《周语中》亦载此事，其文较繁。末云：‘武子遂不敢对而退，归乃讲聚三代之典礼，于是乎修执秩以为晋法。’”①

范武子，即士会、随武子，士为之子，字季。春秋时晋国大夫。因食邑在随（今山西介休东南），后更受范地（今山东梁山西北），故又称虽会、范会、士季、随季。公元前593年，任中军元帅，并兼任太傅，执掌国政。其所修订的可能是有关官吏爵秩的法规。

第四次是公元前513年，晋国大臣赵鞅、荀寅将赵盾所作法典铸在铁鼎上，公布于众。这是新势力在晋国取得政权后采取的一项重大措施，但遭到了孔子的反对。

### （三）郑国的立法活动

春秋时期，郑国的立法活动曾有两次。

第一次是郑简公三十年（公元前536年），郑国执政子产“铸刑书于鼎，以为国之常法”。这是中国古代第一次公布法律。此举遭到晋国大夫叔向的抨击。

第二次是郑献公十一年（公元前503年），郑国执政驷颛杀邓析而用其《竹刑》。《左传·定公九年》（公元前501年）记载：“郑驷颛杀邓析，

---

① 杨伯峻:《春秋左传注》(二)，第770页。

而用其《竹刑》。”杜预注：“邓析，郑大夫。欲改郑所铸旧制，不受君命而私造刑法，书之竹简，故言《竹刑》。”《竹刑》原为郑国大夫邓析所私自编撰，并无法律效力，后经国家认可，才具有法律效力。

## 第二节　春秋末期成文法的产生

### 一、春秋末期成文法的出现及其争论

中国古代的成文法产生于春秋末期。

首先创制成文法的是郑国的子产。《左传・昭公六年》：“三月，郑人铸刑书。”杜注：“铸刑书于鼎，以为国之常法。”为此，晋国大夫叔向曾写信痛斥子产。

事隔二十三年，晋国的赵鞅、荀寅也铸造刑鼎。《左传・昭公二十九年》记载：“冬，晋赵鞅、荀寅帅师城汝滨，遂赋晋国一鼓铁，以铸刑鼎，著范宣子所为刑书焉。”鲁国的孔子对此进行了强烈的批评。

郑、晋两国铸刑书（鼎），确是开创了我国成文法的先河。在此之前，并无成文法。这一点，我们从叔向、孔子的书信中可以明见。

叔向在信中说：“昔先王议事以制，不为刑辟，惧民之有争心也，……民知有辟，则不忌于上。并有争心，以徵于书，而儌幸以成之，弗可为矣！……‘国将亡，必多制’，其此之谓乎？”

孔子强烈抨击：“晋其亡乎！失其度矣。……贵贱不愆，所谓度也。……今弃是度也，而为刑鼎，民在鼎矣，何以尊贵？贵何业之守？贵贱无序，何以为国？”

叔向、孔子都把郑、晋铸刑书（鼎），公布法律之事看作一件关系政权存亡的重大事件。

如果在鲁昭公六年之前已有公布法律之事，则叔向、孔子就不会极力

反对了。叔向、孔子之所以会反对，就是因为成文法是一种崭新的、激进的东西，无论是形式上，还是内容上。

近年来，史学界和法学界有人主张早在殷周时期已有成文法，[①]《周礼》中的“象魏”之制，就是西周公布法律之证。[②]这种观点值得商榷。可以肯定，春秋末期郑晋两国铸刑鼎，是中国公布成文法之始，在此之前，并无成文法，其根据除前述之时代与社会条件以外，还可以从叔向、孔子反对铸刑鼎的信里得到反证。

叔向说：“昔先王议事以制，不为刑辟，惧民之有争心也，……民知有辟，则不忌于上。并有争心……，‘国将亡，必多制’其此之谓乎？”孔子说：“晋其亡乎？失其度矣。……贵贱不衍，所谓度也。……今弃是度也，而为刑鼎，民在鼎矣，何以尊贵？贵何业之守？贵贱无序，何以为国？”

叔向和孔子崇尚“先王议事以制，不为刑辟”。怎样理解这句话？杜注：“临事制刑，不豫设法也。”王引之案：“杜以‘议事’为‘临事’非也。议读为仪，仪度也；制，断罪也；谓度事之轻重以断其罪，不豫设为定法也。”[③]王解释得非常恰当。在春秋末期以前，是根据案情的轻重来判罪；“不为刑辟”，不是不制定法律，而是不公布法律。叔向、孔子之所以极力反对铸刑鼎，就是因为这是一种崭新的、激进的东西，从形式上看，与先王“不为刑辟”的传统不符；从内容上看，与西周以来奴隶主贵族的“礼”相违背。因此，他俩诅咒郑晋快要亡国了。如果此前就存在公布的成文法的事情，他们就不会因为眼前的事情而大惊小怪了。

顺便说到，虽然春秋以前没有成文法，但是已经有了成文的法律。夏之《禹刑》，商之《汤刑》，周之《九刑》是否存在过，史料匮乏，难以考定。但至少可以肯定西周已有成文的法律。《逸周书·尝麦解》：“维四年孟夏，王

① 杨剑虹：《“铸刑鼎”考释》，载《中国古代史论丛》1981年第3辑。

② 钱穆《周官制作时代考》对此早有驳斥，载《燕京学报》第十一期。

③ 《经义述闻》卷十九“议事以制”条。

命大正正刑书，太史筴刑书九篇以升授大正，大正坐举书乃中降，再拜稽首，太史乃藏之盟府，以为岁典。”沈家本按：“此成王之四年，大正盖司寇也。正者，盖修改之。曰授、曰举、曰藏，实有书在，是周之律令有书矣。”[①]《尚书 · 吕刑》也有“明启刑书胥占”。这说明当时有了成文的法律，但这并不等于就有成文法，因为成文法必须是公布的成文法律。西周成文的法律是秘密的，“藏之盟府”的；春秋末期以后的成文法是公开的，公布于众的。这是两种不同法律形态下的两种法律形式，其内涵是截然不同的，需要认真分清。

当时公布法律，之所以将律文铸在鼎上，是因为鼎在古代是国家权力的象征。公元前 606 年，楚庄王曾“观兵于周疆”，“问鼎之大小轻重”。据周大臣王孙满所说，从夏朝就铸鼎，后来，鼎随着朝代的更替而“迁于商”“迁于周”。鼎是王权的象征，楚庄王问鼎之轻重、大小，就是过问周王的权力，暴露了楚想代替周室统治天下的企图。[②]因此，当郑、晋的新兴势力上台后，为了使新法律具有更大的权威性、稳定性和威慑力，为了表示新兴地主阶级取得政权的合法性，就把新法律铸在鼎上，公布于众。铸刑鼎，公布法律，从秘密的法律转变为公开的法律，虽然这只是形式上的变化，也是有意义的，意味着从此将开始一种新的法律形态——封建制法律形态。

## 二、春秋末期成文法产生的社会条件

春秋末期，郑、晋两国相继“铸刑书（鼎）”，公布了成文法，这是一件具有划时代意义的重大事件，标志着中国古代奴隶制法律形态转变为封建制法律形态。那么，为什么成文法首先在郑国、晋国出现呢？

春秋末期，正是中国社会从奴隶制向封建制转变的时代。由于当时各诸侯国社会政治经济发展的不平衡性，因而，它们进入封建制的步伐也不

① 沈家本：《历代刑法考》（二），第 832 页。
② 《左传 · 宣公三年》。

一致。郑、晋两国由于其特殊的历史背景，在向封建制过渡的道路上比其他诸侯国先迈进了一步，因此，成文法最早在这两个诸侯国出现。具体来看，郑、晋两国的情况又不尽相同。

先看看郑国。郑国是西周分封最晚的诸侯，是周都以南的一个重要诸侯国，与其他诸侯国相比，它内外交困，危机四伏，实行社会变革的要求更为迫切；同时，也和郑国执政子产，坚持实行变革图强的方针有直接关系。公布成文法是子产进行封建改革的产物。

鲁僖公二十八年（公元前 632 年），城濮之战后，晋、楚二强，南北对峙，形成了长期争霸的局面。郑国处于南北交通要道，居二大国之间。晋楚争霸，都必须先征服郑国。郑国腹背受敌，穷于应付。从城濮之战到向戌弭兵之盟（公元前 632—公元前 546 年），晋国 17 次伐郑，楚国 20 次伐郑。[①] 谁伐郑，郑就服于谁，处境尤为困窘，以至萌发“牺牲玉帛，待于二境”[②] 的念头，成为大国争霸的牺牲品。

公元前 605 年，“郑公子归生轼其君夷”[③]。从此，郑国政治混乱，七穆更迭执政，内乱纷起。鲁襄公三十年（公元前 534 年）：“子产相郑伯以如晋，叔向问郑国国政焉。对曰：‘吾得见与否，在此岁也。驷、良方争，未知所成。若有所成，吾得见，乃可知也。’叔向曰：‘不既知矣乎？’对曰：‘伯有侈而愎，子皙好在人上，莫能相下也。虽其和也，犹相积恶也，恶至无日矣。’”由此可见郑国卿族内争之甚。这一年就发生了“伯有内乱”。当时郑国的形势，用子产的话来说，就是“国小而偪，族大宠多”。

子产是春秋时期杰出的政治家，是一个朴素的唯物论与无神论者，敢于正视现实。为了摆脱郑国外患内乱交困的局面，对外，他发挥了自己善于外交的才能，圆满地处理了许多棘手的事件，改变了郑国外交上的被动

① 见于《春秋经》及《春秋左传》。

② 《左传·襄公八年》。

③ 《春秋经·宣公四年》。

局面；对内，他择贤任能，对新旧贵族采取了“忠俭者从而与之；泰侈者因而毙之”[①]的策略，同时进行了一系列根本性的改革：“作封洫，立谤政，制参辟，铸刑书”[②]，取得了很好的效果。

“作封洫”即“使都鄙有章，上下有服，田有封洫，庐井有伍”，是对田制进行的改革。《左传·襄公三十年》记载了改革的内容：“从政一年，舆人诵之，曰：‘取我衣冠而褚之，取我田畴而伍之，孰杀子产，吾其与之。’及三年，又诵之，曰：‘我有子弟，子产诲之，我有田畴，子产殖之。子产而死，谁其嗣之？’”

“舆人”，是国都中甲士一类人[③]；“取我衣冠而褚之”，《吕氏春秋·乐成》作：“我有衣冠，而子产贮之。”褚即贮，郭沫若认为“贮有赋义”[④]，杨宽谓贮是财物税[⑤]；“取我田畴而伍之”，《一切经音义》卷四十二引《仓颉篇》云：“畴，耕地也”，《吕氏春秋·乐成》作：“我有田畴，而子产赋之”，杨伯峻认为：“此‘伍’字亦‘赋’之借字，纳田税也。”[⑥]由此可知，子产的田制改革与赋税有关，即承认土地私有，按亩征税，取消土地定期分配的井田制。

“立谤政”，即鲁昭公四年，“作丘赋”，把军赋改为按丘（即按土地占有面积）分摊。这是因为，在井田制下，土地定期分配使用，每个劳力大体上耕种差不多的土地，服军役的人自己配置军用品。“作封洫”以后，井田制瓦解，土地不再定期分配使用，有劳力不一定有土地，因此收取军赋的办法必须改革。

“制参辟，铸刑书”，即制定法律三篇[⑦]，铸于鼎上，公布于众。为了保

① 《左传·襄公三十年》。
② 《左传·昭公六年》。
③ 童书业：《春秋左传研究》，上海人民出版社1980年版，第144页。
④ 郭沫若：《两周金文辞大系图录考释》（七），第138页。
⑤ 杨宽：《古史新探》，中华书局1965年版，第79页。
⑥ 杨伯峻：《春秋左传注》（三），第1182页。
⑦ 杨伯峻：《春秋左传注》（四），第1276页。

护已取得的改革成果，鲁昭公六年（公元前536年），子产公布新制定的“刑书”。“刑书”的具体内容已不可考，但从晋国奴隶主贵族叔向的严厉谴责中，可知“刑书”与田制、赋制改革有关。叔向说：“今吾子相郑国作封洫，立谤政，制参辟，将以靖民，不亦难乎？”[①]因此“制叁辟，铸刑书”的目的是将新的田制、赋制用法律形式固定下来，保护新兴地主阶级的经济利益，限制、打击奴隶主贵族的特权。把法律条文铸在鼎上，让人们知道自己的权利和义务，“民知争端矣，将弃礼而徵于书，锥刀之末，将尽争之”[②]，在一定程度上有利于保护新兴地主阶级的既得利益，促进社会生产和封建生产关系的确立和发展。

再看晋国。晋国的政治制度比较特殊，公室的宗族组织早已瓦解，很早就没有公族把持大权的现象，因此，保守势力较弱，“礼崩乐坏”容易发生。

春秋初年，晋文侯死后，昭侯继位，封文侯的弟弟于曲沃，即为曲沃桓叔。曲沃（今山西闻喜东北）比晋都翼（今山西翼城南）大。曲沃桓叔依靠实力，长期与公室为敌。后来，曲沃武公灭掉公室，代为晋君，是为晋武公。武公死后，子献公继位，然而晋之内乱未已。后来，晋献公因“桓、庄之族偪”，而“尽杀群公子”[③]，又因“骊姬之乱，诅无畜群公子，自是晋无公族”[④]。从此，晋国政权渐渐归异支异族的贵族掌握。诸卿之间争权夺势，互相兼并，政权与土地越来越集中，在此过程中，有的大夫渐渐转化为封建贵族。叔向曾谈到晋国的形势：“然，虽吾公室，今亦季世也。戎马不驾，卿无军行，公乘无人，卒列无长。庶民罢敝，而宫室滋侈，道殣相望，而女富溢尤。民闻公命，如逃寇雠。栾、郤、胥、原、狐、续、庆、伯降在皂隶。政在家门，民无所依。……公室之卑，其何日之有。”[⑤]这反映了

① 杨伯峻:《春秋左传注》(四)，第1276页。

② 杨伯峻:《春秋左传注》(四)，第1276页。

③《左传·庄公二十三年》《左传·庄公二十五年》。

④《左传·宣公三年》。

⑤《左传·昭公三年》。

晋国新旧势力的消长过程。

最典型的例子是赵盾专政。晋文公重耳出逃时，狐偃、赵衰以士的身份随重耳出亡。晋文公作三军，狐毛、狐偃将上军，“命赵衰为卿，让于栾枝、先轸”[①]，赵氏不及于狐氏。至鲁文公六年，“晋蒐于夷”，后来，又“改蒐于董，易中军，”宣子于是乎始为国政，赵氏的势力大起来。次年，赵盾主扈之盟，开大夫主盟之先[②]。最后发展到赵盾之党赵穿弑晋灵公。从此，晋国的政权下移，卿大夫专政，以致政出多门，霸业不竞。

赵盾执政后，进行了一系列变革，以保卫新兴势力的斗争成果。“制事典，正法罪，辟狱刑，董逋逃，由质要，治旧洿，本秩礼，续常职，出滞淹。”[③]新的法典虽没有公布，但是新兴地主阶级仍用它作为镇压贵族的工具。晋平公时，范宣子执政，就沿用了赵盾制定的法典[④]。后来，韩宣子执政，祁氏发生内乱，羊舌氏“助乱”，“六卿以法诛公族祁氏、羊舌氏”。[⑤]终于，鲁昭公二十九年，“晋赵鞅、荀寅帅师城汝滨，遂赋晋国一鼓铁，以铸刑鼎”，这时距赵盾制事典已近百年了。鲁国旧贵族孔子，攻击鲁文公六年的“夷之蒐”是“乱制”，“宣子之刑”当然是乱制的产物，与奴隶主贵族的意志相违背，所以，当赵鞅等将“宣子之刑”铸在铁鼎上，公布于众时，孔子像23年前晋国叔向反对郑国子产“铸刑书”那样，对晋国“铸刑鼎”进行了猛烈的抨击。

晋国封建化较早还有两个因素，其一，晋国独特的政治制度。这使得它在用人方面，能够广开材路，以贤能择人。“夷之蒐”，阳处父推荐赵盾

① 《左传·僖公二十七年》。

② 童书业:《春秋左传研究》第61页。

③ 《左传·昭公六年》。

④ 《左传·昭公二十九年》，“著范宣子所为刑书焉”，杜注“范宣子所用刑”，训“为”作“用”。范宣子比赵盾（赵宣子）稍后，活跃于晋厉公至晋平公时期，结合孔子言“且夫宣子之刑，夷之蒐也”来看，杜注可取。应是赵宣子作刑书，范宣子沿用。

⑤ 《史记·赵世家》。

任中军帅的理由就是赵盾“能”，“使能，国之利也”[①]，并不仅仅因为阳处父是赵氏同党。晋国还充分任用别国的人才。“虽楚有材，晋实用之”[②]，他国的贤能之辈纷纷投奔晋国。其二，晋楚争霸战争的刺激作用。新兴势力在战争中，显示自己的才能，争得功勋、土地，提高自己的政治经济地位。晋国实行军政合一制，军队的最高统帅同时是国家的执政、卿之首。赵盾即是将中军，“始为国政”。

此外，春秋末期教育的发展和教育制度的变化，为郑晋两国公布法律创造了文化条件。西周时“学在官府”，人们手中已有很多书籍，学术文化开始步入民间，整个社会的文化水平得到了提高，加上郑、晋之地本来就是夏商周三代文化的沉积带，具有良好的文化传统，因此，公布成文法有可能最早在这里出现。

## 三、春秋末期“铸刑书（鼎）”事件的历史意义及其影响

春秋末期，郑国、晋国相继“铸刑书（鼎）”。这是中国法制史上一件具有划时代意义的法律事件。

它宣告了“刑不可知，则威不可测”的中国奴隶制法律形态的结束和成文法的诞生。从此，将开始一种新的法律形态——封建制法律形态。标志着中国古代法律制度步入了一个新的时代。

春秋末期的成文法事件，也拉开了春秋战国成文法运动的序幕。战国时期，各诸侯国新兴地主阶级纷纷登上历史舞台，进行变法改革，公布法律。于是掀起了一场轰轰烈烈的成文法运动。在成文法运动的发祥地三晋地区，产生了成文法运动的丰碑——魏国李悝的《法经》；在东方，透过两千年前的银雀山汉简，可以窥得成文法运动在各国发展之一斑；在陕西关

① 《左传·文公六年》。
② 《左传·襄公二十六年》。

中，出现了成文法运动的集大成者——秦律。成文法运动的发展对当时社会的影响，仍可从文献中寻到一些遗迹。战国时代成书的著作大多打上了这一时代的烙印。如《周礼》的"象魏"之制，《尚书·尧典》的"象以典刑"[①]，《管子·立政》之"布宪"。成文法运动对后世封建法制的影响更是不言而喻的。它拉开了中华法系的序幕，为历代封建王朝法制的发展奠定了基础，成为秦汉以后封建法制的滥觞。

春秋战国的成文法运动表明，中国古代的成文法是封建社会特有的产物，奴隶社会并没有成文法。春秋末期，成文法之所以在郑、晋两国最早出现，就是因为郑、晋两国在走向封建社会的道路上，比别的诸侯国先迈了一步。战国时期，之所以能形成轰轰烈烈的成文法运动，是因为当时各诸侯国大都进入封建社会。可以说，中国古代的成文法是封建经济基础的产物；同时，对维护封建经济基础，促进封建社会的形成、发展，也起了不可忽视的积极作用。

## 第三节　东周盟书与春秋战国法制的变化

### 一、东周盟书的史实

#### （一）概况

"盟书"一词最早见于《周礼》，[②]《左传》称之为"载书"[③]。它是东周

---

① 吕思勉以为"象以典刑，盖即《周官》之悬法象魏"，见《先秦史》，上海古籍出版社1982年版，第426页；唐兰认为"就是把这些法典画成图像来公布"，见《用青铜器铭文来研究西周史》，载《文物》1976年第6期。其实，春秋战国文字现在看上去就好似图画一样，"象以典刑"就是把刑法铸在鼎上。

② 《周礼·秋官·大司寇》："凡邦之大盟约，涖其盟书而登之于天府。"

③ 襄公九年"晋士庄子为载书"。又《周礼·秋官·司盟》郑注亦称"载书"。

时期各诸侯国或卿大夫之间为了某些重大事件或在某些重大活动中制订公约、“对天盟誓”时所记录的文辞。春秋时期，“盟誓”之风盛行，诸侯和卿大夫为了巩固内部团结，经常举行盟誓活动，先秦文献尤其是《左传》对此记载颇多。① 战国时期，“盟誓”之风渐衰。从《战国策》《史记》等文献记载可以管窥这一时期盟书之一斑。② 出土文物也可以印证这些记载。

20 世纪三四十年代在河南省温县偶然发现了朱书石片盟书，但是大多散失。得以幸存的 11 片现藏中国社科院考古所（其中 3 片无字）。③ 这是地下文物中所见最早的盟书实物。80 年代初期，河南省考古工作者又在此处发掘，证实这里是一处东周盟誓遗址，发现土坑（即坎）124 个，其中有 16 个坑出土书写盟辞的石片。据初步统计，这次出土盟书圭片达万余片。这两次发现所得盟书一般称之为“温县盟书”。这些盟书正在整理中。目前仅发表了该遗址一号坎的发掘简报。④ 这批盟书上大多有历朔，整理者据此初步推定一号坎盟书的纪年为晋定公十五年十二月二十七日即公元前 497 年 1 月 16 日，主盟者应为晋国六卿之韩氏，很可能就是韩简子（名不信）。温县盟书的出土印证了文献中所载东周盟誓制度，但是进一步的研究仍有待于整理工作的结束和有关材料的全部发表。

### （二）侯马盟书

考古发掘出土的东周盟书数量大、价值高者应推侯马盟书，本节将主

① 比较完整的有：僖公二十八年，成公十二年，襄公九年、十一年，定公十年；只存一、二句者有：僖公九年、十八年、二十六年，宣公十五年，襄公十九年，昭公十一年，定公元年，哀公二十六年等。

② 《战国策·齐三》“孟尝君舍人有与君之夫人相爱者”章、《赵二》“苏秦从燕之赵始合纵”章，《史记·平原君列传》。

③ 河南省文物研究所：《河南温县东周盟誓遗址一号坎发掘简报》，载《文物》1983 年第 3 期。另见陈梦家：《东周盟誓与出土载书》，载《考古》1966 年第 5 期。

④ 河南省文物研究所：《河南温县东周盟誓遗址一号坎发掘简报》。

要对此进行分析。

1. 盟书的史料价值。1965 年，山西省考古工作者在发掘山西侯马晋城遗址时发现了大批朱书文字的玉石片，并于同年 11 月至次年 5 月进行了大规模发掘。不久，郭沫若首先指出这些玉石片上的朱书文字是古代歃血定盟的盟书。[①] 出土盟书的地区被确定为东周晋国的盟誓遗址。遗址位于侯马晋城遗址的东南部，面积 3800 多平方米。共发现竖坑 400 多个，已发掘 326 个。从发掘迹象看，掩埋是先在壁龛中存放玉璧，然后再埋牺牲、盟书。这种埋盟书、牺牲的竖坑就是所谓的“坎”，与《礼记》《周记》等记载的盟誓仪式大致吻合。

侯马出土盟书计 5000 余件，其中多数已残，字迹不清，较完整清晰者有 656 件。盟书系用玉石片写成，文字一般用毛笔朱书，少数为墨书，篇幅长短不一，一般在 30 至 100 字之间。书写方式与温县盟书相同。20 世纪 70 年代初期，山西省文物工作委员会对这批盟书资料进行了临摹、整理和考释、研究，编成《侯马盟书》，1976 年文物出版社出版发行。[②] 日本学者滋贺秀三、中国学者刘海年及美国学者郭锦等从法律史方面对侯马盟书进行了探索性研究，[③] 取得可喜的成就。

出土盟书是东周盟书的可信实物，弥补了文献所载盟书史料之不足，为我们提供了许多文献中难以见到的珍贵信息。据初步研究，温县盟书的形式、内容与侯马盟书的几乎相同，所属时代又大致相当。因而以侯马盟书为典型代表来管窥东周盟书的历史背景、性质及其所反映的社会与法制变革的关系具有重要的意义。

---

① 张颔：《侯马东周遗址发现晋国朱书文字》，郭沫若：《侯马盟书试探》，均载《文物》1966 年第 2 期。

② 本节文字有关侯马盟书者，如未注明出处，均引自此书。

③ 刘海年：《文物中的法律史料及其研究》，载《中国社会科学》1987 年第 5 期；郭锦：《法律与宗教：略论中国早期法律之性质及其法律观念》，载《美国学者论中国法律传统》，中国政法大学出版社 1994 年版，注（53）。

2. 盟书的种类与内容。侯马盟书各部分所记载的内容，可以被归纳、划分为 6 类 12 种：[①]

（1）宗盟类。这一类字迹能够辨识的盟书共 514 篇，分别出土于 37 个坑位中。“宗盟”即同宗之人一起举行盟誓。盟辞强调要奉事宗庙祭祀和守护宗庙，反映了主盟人为了加强晋阳赵氏宗族的内部团结，以求一致对敌而举行盟誓的情况。具体又可分为 6 种：其中有一篇追述“受命”，并载有干支记日和月象的盟书，相当于举行某次宗盟类盟誓的序篇，为“宗盟类一”，其余以盟辞中列入被诛讨对象的多与寡，分为“宗盟类二”（一氏一家）、“宗盟类三”（二氏二家）、“宗盟类四”（四氏五家）、“宗盟类五”（五氏七家），少数因残损，被诛讨对象的氏家不清，为“宗盟类六”。除宗盟类一外，其他盟辞体例相同，只是参盟者不同。其大意是说，某发誓要诚心诚意事奉宗庙祭祀，守护宗庙，如违背誓言并企图使敌对势力返回晋国，将被先君神明鉴察，灭绝氏族。

（2）委质类。这类文字篇幅最长，字迹可辨识者共 75 篇，分别出土于 18 个坑位中。“委质”即将自己抵押给某个主人，表示一生永不背叛。与宗盟类不同的是，此类盟书开头没有“从嘉之盟”的字样，表明主盟人并不参加这类盟誓活动。这是从敌对阵营里分化出来的一些人所立的誓约，表示与旧营垒决裂，并将自己献身给新的主君，被诛讨的对象除五氏七家外又增加四氏十四家。这类盟书体例也相近。其大意为：某在赵尼与赵氏宗主的斗争失败后，又投靠了赵氏宗主，发誓不再与赵尼等交往，也决不帮助其返回晋国，否则灭绝我氏族。

（3）纳室类。这类字迹可辨的共 58 篇，集中出土于第 67 号坑。盟辞体例相同，内容大意是，参盟人发誓：从今以后，若不遵从盟约，敢于“纳室”（侵夺别人的奴隶、财产），或闻听同宗兄弟“纳室”而不管者，甘愿接受诛灭氏族的惩罚。

---

① 《侯马盟书及其发掘与整理》，载《侯马盟书》。

（4）诅咒类。这类隐约有文字痕迹的13件，出土于第105号坑，字迹墨色，大多残损，因而无法辨识完整成篇的辞句，但盟辞体例与上述三类相近。其内容似诅咒无邺不虔诚地事奉其宗主韩子，而出入于中行寅及先某之所，做了导致众人冤死等坏事。

（5）卜筮类。墨书，共3件，分三处存放在坎的壁龛内。不是盟书，而是举行盟誓祭祀“卜牲”时使用龟卜、筮占文辞的记录。

（6）其他。除上述5类外，还发现少数残碎的盟书，内容特殊，但由于辞句支离，无法了解各篇全貌。其中仅1件存有“永不盟于邯郸”一个完整的句子。

由于是一批人，为了对付共同的敌人结盟发誓，因此，以上各类盟书，除（5）（6）类外，其他同类各篇的内容体例基本上相同，只有参盟人不同。又因为是多次反复地盟誓，双方阵营的情况不断变化，所以各次盟辞中被诛讨对象的多寡就有了显著的变动。

3. 盟书的断代。从20世纪60年代发现侯马盟书以后，对于其年代及所反映的史事背景众说纷纭，归纳起来主要有6种看法：

（1）郭沫若考订盟书年代为公元前386年，盟主是赵敬侯章，政敌是盟书中的赵北，即武公子赵朔；盟书反映的是赵敬侯章与赵武子朔争位之事。①

（2）陈梦家认为侯马盟书为公元前5世纪后半期（公元前452—公元前416年）之物，由于文献史料匮乏，盟书所述史实及所见人名无法考核。②

（3）唐兰、高明考证这批盟书是赵桓子逐赵献子自立后的遗物，主盟人为赵嘉即赵桓子嘉，政敌是赵化即赵献侯浣，反映的是公元前424年赵桓子嘉与赵献侯之间争夺政权的史实。③

---

① 郭沫若：《侯马盟书试探》，载《文物》1966年第2期；郭沫若：《出土文物二三事》，载《文物》1972年第3期。

② 陈梦家：《东周盟誓与出土载书》，载《考古》1966年第5期。

③ 唐兰：《侯马出土晋国赵嘉之盟载书新释》，载《文物》1972年第8期；高明：《侯马载书盟主考》，载《古文字研究》第1辑。

（4）李裕民认为盟书订于公元前 585—前 581 年，其内容与文献所载“下宫之难”有关。①

（5）张颔等认定是公元前 497 至前 489 年晋国世卿赵鞅同卿大夫之间盟誓的约信文书。主盟者赵孟是晋赵鞅即赵简子，其政敌是赵尼即邯郸赵午之子赵稷；所反映的历史事实是公元前 496 年“智伯从赵孟盟”后，赵鞅为索取“卫贡五百家”，对邯郸赵氏以及范氏、中行氏持续数年的征讨战争。②

（6）李学勤认为第 105 号坑所出盟书（“诅咒类”）确实反映了公元前 497 年晋卿赵氏家族分裂，赵简子鞅杀邯郸赵午，征讨赵稷、范氏、中行氏的史实。其他盟书的年代要略晚些，从第 16 号坑的历朔看（“宗盟类一”），当在公元前 470 年前后，辞中盟主赵嘉为赵简子鞅之孙赵桓子，政敌赵弧等当是逃居境外的赵午等人的余党，所以赵氏家臣结盟防止其重返晋国。③

各家之说分歧较大，早晚相差近 200 年。郭沫若说之误，李裕民已在其文中驳正。陈梦家说的依据是“宗盟类一”中的“定宫”就是晋定公之庙，晋定公卒（公元前 475 年）盟书才出现。张颔则考定此处“定宫”应是周定王之宗庙。④比较起来，张说合理，因而陈说不可取。同样，李学勤对此片盟辞时代的判定也不可从。目前最有代表性的是唐兰、高明之说与张颔之说。两家主要分歧在于对 16 号坑出土的载有历朔的盟书释文不同，⑤加上对古代某些制度认识不同，因而造成了盟书释文分歧，最终形成盟书

① 李裕民：《我对侯马盟书的看法》，载《考古》1973 年第 3 期。

② 张颔、张守中、陶正刚：《侯马盟书丛考》，载《侯马盟书》；《中国大百科全书·考古卷》“侯马盟书”条，第 201 页。

③ 李学勤：《东周与秦代文明》，文物出版社 1984 年版，第 43 页。

④ 张颔、张守中、陶正刚：《侯马盟书丛考·宗盟考》，载《侯马盟书》。

⑤ 对一些文字的释文不同，如“赵尼”之“尼”，张释为“尼”，高释为“化”；“晋公大冢”之“晋”，张考释为“晋”，高则释为“出”，此字当以张说为优。

与文献相印证的史实相差较大的结果。从当时的整个历史背景及全部盟书的内容分析，张说比较妥当。张颔据16号坑出土"宗盟类一"所载历朔推定，其盟誓时间为晋定公十六年即公元前496年，其他各坑出土的不同内容的盟书，其盟誓时间距此不远。李学勤对第105号坑盟书（诅咒类）所反映史实与文献所载公元前497年晋卿赵氏家族分裂相印证的肯定，又为张说提供了佐证。各家之说的共同点是大多肯定出土地点即晋晚期都城新田。

从遗址各坑之间的叠压来看，有相互打破的关系，如"盟书区"10处有这种现象，其中9处与盟书有关；[①] 所出盟书内容又相联系，这说明，古代为了一事而反复为盟，即文献所谓"寻盟"现象，可见盟誓是在不很长的时期内多次举行，[②] 各类盟书的时间相距不会太远。因此参考同时代的温县盟书所载历朔推定结果，将侯马盟书的时代断在春秋晚期比较合适。

## 二、东周盟书的性质

早在20世纪二三十年代就有法史学者涉猎过东周盟书的性质问题。如，1924年张心徵著《春秋国际公法》（出版处不详）；1931年徐传保著《先秦国际法之遗迹》（上海中国科学公司出版）；1939年洪钧培撰《春秋国际公法》（重庆中华书局出版）。[③] 笔者有幸寻到陈顾远所著《中国国际法溯源》一书，[④] 因而得以了解当时关于这一问题的见解。

陈顾远在该书第一编"绪论"中说："古代国际法之适用，有以国际盟约为根据者，古代虽无今日成文的国际条约，但约信以为誓，涖牲以为

① 张颔、张守中、陶正刚：《侯马盟誓遗址竖坑情况表》备注栏，载《侯马盟书》。

② 张颔、张守中、陶正刚：《侯马盟书及其发掘与整理》，载《侯马盟书》；李学勤：《东周与秦代文明》，第43页。

③ 中国社会科学院历史研究所：《八十年来史学书目》，中国社会科学出版社1984年版，第312页。

④ 商务印书馆1934年版"国学小丛书"之一。

盟，其性质实一国际盟约。凡邦国之间，不得无故背信反盟；否则裁制随之。此种盟约，在国际间之适用，尤具有极优之效力，可以改变向有之规律。”他又在第三编第三章“盟誓”中论述道：“现代国际法上，以二国或数国之同意，缔结条约互保其权利者，曰同盟国；条约曰同盟条约。我国古代，列国对立，虽无现代之各种条约形式，而盟诅誓约之事，亦极盛行，考其用意，与今固非二致也。”

民国初年，以西方近代法学理论、方法研究中国古代法律制度成为时尚。从总体上看是一种进步，标志着中国法学从古代到近代转型的完成。但是具体到古代盟书与盟誓制度的研究，这种借鉴西方国际法的做法却显得过于简单。从表面上看，中国古代盟书与西方现代国际法条约相类似，但是两者实际上存在着质的差别。现代国际法是17世纪和18世纪随国家主权观念确立和国际交往的需要形成的，由国家间平等达成的一系列条约、协定组成。而东周时期虽然列国林立，但不存在国家主权观念，况且春秋时还有一个形式上的周天子。风行一时的盟书发生在周天子与诸侯、诸侯与诸侯之间，或者是诸侯与卿大夫、卿大夫与卿大夫之间。相互间地位并不平等，谁的势力大，谁就可以拟定盟辞让别人来发誓遵守。因此，不能将二者等同。

近年来，这一问题又引起了关注。有学者指出，史籍和金文中记载的“誓”和“盟誓”，都是有强制约束力的，其中不少就是定罪的根据，所以它是一种法律形式。[①] 确切地说，东周盟书是一种特殊的法律形式。东周盟书不仅具备春秋战国一般成文法的特质，而且还有自己的一些特点。

确认盟书是一种法律形式，其理由如下：

第一，盟书具有一般法律形式形成的程序。《左传》《周礼》及历代史家对此多有论述。有学者将之归纳为以下10项：（1）“为载书”，书之于策，同辞数本。（2）凿地为“坎”。（3）用牲。（4）盟主“执牛耳”，取其血。（5）“歃”血。（6）“昭大神”，祝号。（7）“读书”。（8）“加书”。

---

① 刘海年：《文物中的法律史料及其研究》，载《中国社会科学》1987年第5期。

（9）“坎用牲埋书”。（10）载书之副“藏于盟府”。[①]

第二，盟书具有一般法律形式的规范性，具有强制约束力。无论是文献所见盟书，还是出土盟书，其体例格式基本一样。一般地说，盟书由“盟首”“诅辞”两部分组成。前者即盟誓约辞，是盟书的规范部分；后者即对违背誓约者的诅咒，要其受神明惩处，是盟书的惩罚部分。这种体例与一般法律条文由规范、惩罚两部分组成是一致的。但是有例外。如侯马盟誓遗址第105号坑出土的“诅咒类”盟书就没有誓约规范，仅有惩罚部分。[②]其形成原因：一是现存标本残缺，无法辨识原本完整的辞句；二是原标本上根本就无誓约部分，或许其所涉内容为盟誓者熟知，故省去不记。

盟书的强制约束力还表现在，盟辞一经写定，不得随意改动。《左传·襄公九年》载，“荀偃曰：‘记载书。’公孙舍之曰：‘昭大神要言焉，若可改也，大国亦可叛也。’”从侯马盟书来看，各类盟辞都是根据主盟者的要求事先写定的，参盟者一般只能依盟辞约定履行义务。

与战国时期各国所颁行的法律相比，盟书这一法律形式又具有特殊性，其表现如下：

第一，盟誓是东周时期社会政治生活中出现的一种特殊现象。这种独特的政治活动在夏、商、西周时期从未出现过，东周以后也未曾有过。记载由此产生的盟辞的盟书，与西周以前的“刑书”不同，与春秋末期“铸刑书”以后发展起来的成文法也有本质区别。因此，从中国古代法律发展史来看，东周盟书比较特殊。

第二，与一般法律制定程序相比，盟书的制定程序是一套特定的礼仪程序。史载西周中期穆王命吕侯制定法典《吕刑》及战国以后的法典都是由国君或国君命大臣制定的。东周盟书则不然。如前所述，它是由主盟者事先拟

---

① 陈梦家：《东周盟誓与出土载书》。

② 山西省文物工作委员会：《侯马盟书》，第12页。

定盟辞，并写在玉石片这种特殊的载体上；主盟者割牛耳取血并以口含之，其他参盟者依等级身份高低渐次进行；然后宣读载书，最后依礼仪掩埋。

第三，盟书采用的惩罚方式也相当特殊。文献所载及甲骨金文所见商周刑罚在盟书中没有反映。盟书的惩罚方式千篇一律，都是借助神灵诅咒违犯盟约者将亡国灭家，灾祸临头。显然这种惩罚是基于人们对神权的崇拜。

因此，作为一种独特的法律形式，东周盟书是参加盟誓双方对某一特定事务的约定，它规定各自的权利义务。

## 三、东周以前的盟书

关于盟誓制度，目前有不同的认识。有人认为夏、商、周三代都存在盟誓制度；[①] 也有人认为盟誓行为只是春秋时期才开始出现的现象。[②] 弄清楚这个问题是我们了解东周盟书功能的关键。笔者认为盟誓制度有一个发展变化的过程，其含义与功能各不相同。让我们先来考察一下春秋以前的“盟”和“誓”。

据研究，“盟”最初可能导源于原始部落时代，部落间通过“盟”这种仪式联合起来，以处理部落间的大事。参加“盟”的部落间的关系大致是平等的。[③] 甲骨文、金文均有“盟”字。[④]《说文》：“盟，杀牲歃血，朱盘玉敦，以立牛耳。”《礼记·曲礼下》：“涖牲曰盟。”《释名·释言语》：“盟，明也，告其事于神明也。”甲骨文中的“盟”字指用牲方法，[⑤] 金文“盟”

① 刘海年：《文物中的法律史料及其研究》，载《中国社会科学》1987 年第 5 期。

② 徐连城：《春秋初年“盟”的探讨》，载《文史哲》1957 年第 11 期。阎步克：《春秋战国时“信”观念的演变及其社会原因》，载《历史研究》1981 年第 6 期；张颔、张守中、陶正刚：《侯马盟书和春秋后期晋国的阶级斗争》，载《侯马盟书》，第 1 页。

③ 徐连城：《春秋初年“盟”的探讨》。

④ 高明：《古文字类编》，第 316 页。

⑤ 徐中舒主编：《甲骨文字典》，四川辞书出版社 1988 年版，第 748 页。

字指祭祀，[①]这与文献、字书的解释相印证。“盟”的本义即对神发誓，歃血为凭。

商周时期的“盟”作为一种祭祀礼仪，就成为共同向天神地祇人鬼（包括先民之神）发誓，通过某种共同的方式取信于神祇，以期获得有效的约束力而采取的共同的步骤。[②]这时期的“盟”是一种制度性的礼仪活动，其盟约由主持活动的周天子所赐。《左传·僖公二十六年》记载，鲁臣展禽回忆“昔周公、大公股肱周室，夹辅成王。成王劳之，而赐之盟，曰：‘世世子孙无相害也！’载在盟府”。西周王室及诸侯皆有盟府，主功勋赏赐。盖策勋之时，必有誓辞。[③]

“誓”字甲骨文中未见有，但西周晚期铜器铭文中多见。文献中“誓”字出现较早。《礼记·曲礼下》：“约信曰誓。”《说文》：“誓，约束也。从言，折声。”段注：“按凡自表不食言之辞皆曰誓，亦约束之意也。”可知，“誓”的本义是以言辞约束其行动。《尚书》有《甘誓》《汤誓》《泰誓》《牧誓》等，即战前告诫将士以激励、约束其行为之誓词，当属军令。西周金文的“誓”字多见于与诉讼有关的铭文中，为法律用语。有两种用法：（1）作动词，立誓、发誓。如《倗匜铭》中要求败诉者牧牛立誓，《鬲攸从鼎铭》中要求败诉者攸卫牧立誓。（2）作名词，誓言。《倗匜铭》“从辞从誓”，即遵守誓言。[④]这种要求败诉者“立誓”并遵守誓言的做法实际上是西周审判过程中保留古代神判的一种迹象。[⑤]

可见，春秋以前的“盟”和“誓”并非一事。商、西周的“盟”是祭

① 陈初生：《金文常用字典》，陕西人民出版社 1987 年版，第 697 页。

② 陈戍国：《先秦礼制研究》，湖南教育出版社 1991 年版，第 329 页。

③《左传·僖公五年》注。见杨伯峻：《春秋左传注》(一)，第 440 页。

④ 参见陈初生：《金文常用字典》，第 252 页。

⑤ 参阅林惠祥：《文化人类学》，商务印书馆 1991 年版，夏之乾：《神判》，上海三联书店 1990 年版。吴荣曾认为二者有区别，见其论文《试论先秦刑罚规范中所保留的氏族制残余》，载《中国社会科学》1984 年第 3 期。

祀礼仪活动，由于史料所限，商代是否有盟约不得而知，不过西周的情况能略知一二。当时，一切礼、乐、征伐大权出自周天子，由周天子主持垄断的“盟”所产生的“盟约”（即誓辞）是周天子策勋赏赐有功之臣的一种形式。而“誓”是借助神权所立约束之言词；运用于西周审判之“誓”则是原始神判的遗迹，由此形成的誓言与由“盟”产生的盟约誓辞有本质的区别。但是，西周的“盟”“誓”也有共同点，其方式古朴，多不反映完全意义的信用关系，也不如春秋时期应用得广泛。因为西周在土地国有制的基础上，氏族血缘关系影响政治制度，形成了以宗法、分封、等级制度为主要内容的“周礼”，制约了社会生活。“溥天之下，莫非王土，率土之滨，莫非王臣”，周天子拥有最高权威，为“天下宗主”；初民“质朴淳厚”的遗风与自然神、祖先神的崇拜，构成了观念上对人之束缚，使这个阶段信用上仍不成问题。[①] 因此，西周盟书的功能作用非常有限。

## 四、东周盟书与当时法制变化的关系

春秋以后，虽然“礼崩乐坏”，但是，“盟”这种昔日的祭祀礼仪活动不仅没有被抛弃，反而得到发展。西周时期以“礼”为基础、作为周天子特权之“盟”及其誓约，随着王权的旁落被诸侯、卿大夫拥有，并广泛应用，因而形成东周时期特有的一种政治现象。“盟”由过去的礼仪活动转变为具有政治意义的结盟活动，并且频繁、普遍出现。这在文献记载中有明显的反映。仅就《春秋》《左传》来看，自鲁隐公元年至哀公二十七年（公元前 722—公元前 468 年）的 254 年间，诸侯国之间举行的盟誓近 200 次，其中和晋国有关的就有 50 多次。[②]

春秋初年，两个或两个以上的诸侯国通过“盟”的形式联合起来对付

① 阎步克:《春秋战国时“信”观念的演变及其社会原因》，第 4—5 页。

② 山西省文物工作委员会:《侯马盟书》，第 1 页。

第三国；第三国也和另一诸侯国结成联盟以对付前者。其性质只是一个没有共同明确政治目的的不巩固的军事集团。起初，同盟国间的关系较平等，但是，春秋中叶以后，随着“盟主”主“盟”局面的出现，“盟主”和“加盟国”间的关系就不平等了。①

春秋中期以后到春秋晚期，公室衰微，“政在家门”，卿大夫专权的政治局面愈演愈烈。于是，诸侯、卿大夫之间不得不以订立盟约的方式来维持国内的安定，出现了大宗的私家与宗族间的盟誓活动。这种盟书在文献中未保存下来的相当多，侯马盟书及温县盟书为我们提供了这种私家与宗族间盟书的大量实物。因此，史家将春秋时期形容为“世道交丧，盟诅滋彰”的时代确实是恰如其分。②

盟誓所以在春秋时期的社会政治生活中成为一种独特的政治现象是有其社会原因的。

春秋以后，社会生产力水平提高，土地国有制瓦解，整个社会经济尤其是商品经济有了很大发展。这一方面壮大了各地的地方势力，导致了诸侯割据称雄的结局；另一方面猛烈地冲击了已经开始松散的血缘关系，为走向新的统一创造了条件。一些实力较强的诸侯国如齐、晋、秦、楚等都曾陆续兼并弱小诸侯国，先后取得称霸一方的霸主地位。与此同时，东周王室大权每况愈下，其直辖地区方圆仅五六百里，昔日“共主”徒有虚名，对诸侯之间日益频繁的兼并征伐无能为力，只能借昔日的盛名进行盟誓活动，共同订立盟约，以约束诸侯。而在各诸侯国内部，虽然卿大夫专权跋扈，但是谁也没有力量冲破周礼的束缚，而且都要尊崇名义上的周天子。为了巩固内部团结，打击敌对势力，他们不得不通过盟誓活动进行政治结盟，以维持力量平衡。这一切都体现在春秋时期频繁的盟誓活动的结

① 徐连城:《春秋初年“盟”的探讨》，载《文史哲》1957 年第 11 期。

② 《谷梁传 · 隐公八年》注。

果——盟书之上。[①]

在春秋时期社会大动荡的冲击下，重人事的思想逐渐动摇着以往天帝祖先的神圣地位。从表面上看，这时期的盟誓活动仍是借助神灵为后盾的，但实质上是以春秋时期兴起的“信”的观念为基础，借神以固信。“歃血为盟”以示神圣的外在形式虽然得以保留，但是其内容却发生了质的转变。《国语·鲁语》所谓“夫盟，信之约也”即是这种转变的真实记载。中国古代“信”观念始于政治盟约。有所约定而要采取盟誓方式，反映人们对约定的可信性即“信用”有着迫切的要求。人有信用，这种品德称为“信”。春秋之时，“信”备受推崇和重视。这是大异于西周而与盟誓的普及相一致的。在春秋时期的日益动荡中，大量的权利义务不得不靠相互约定，而这种约定每每失去法律保障而只能依靠信义。“信”是体现于诺言的相关责任与义务的品质，社会个体（集团或个人间）如对一事务约定了各自的权利、义务，就有了如此加以信守履行的义务，不得改变或追悔。[②]因而盟书在春秋中晚期具有独到的、不可替代的作用。

东周盟书实际上是春秋末期社会政治经济制度发生重大变化进而在法律制度上的反映。由于昔日维持社会秩序的周礼已崩坏，以盟誓为标志的“信”开始成为一种行为规范，在社会生活中取代“礼”的某些功用而维系着人们的权利、义务与责任。[③]这种盟誓的形式，最初是奴隶主贵族开始使用的。他们在“失德丧礼”的情况下，妄想用盟誓的方式来团结内部，并借助神鬼的淫威维护其摇摇欲坠的统治地位。后来，随着盟誓风气的盛

---

① 《左传》所载盟书既有诸侯之间的，又有诸侯国大臣之间的；而出土盟书则只是晋国大臣之间的。又《左传·僖公二十八年》载：城濮之战后，晋国登上霸主宝座，晋文公以臣子身份召请周天子前来，率各路诸侯朝见，并在庭院中盟誓，“皆奖王室，无相害也”，否则要受神灵的诛灭。周王借昔日名声进行盟誓活动以约束诸侯之事由此可以推断，诸侯“挟天子令诸侯”盟誓也可由此观其大概。

② 阎步克：《春秋战国时“信”观念的演变及其社会原因》，第 3—4 页。

③ 阎步克：《春秋战国时“信”观念的演变及其社会原因》，第 9 页。

行，新兴地主阶级同样也使用盟誓的方式团结和巩固自己的宗党以打击其政敌。所以，“盟誓”在不同阶级手里，就成为有着不同目的、不同内容的政治手段。[①]因此，东周盟书是春秋法制变化过程中一种特殊的法律形式，是春秋以来礼制破坏、权力下移的产物，是当时新旧势力之间、新兴势力之间权力平衡的标准器。这一点从春秋晚期新法制的萌起可以看得更清楚。

早在公元前513年，后来侯马盟书中的主盟者“子赵孟”赵鞅等就在晋国“铸刑鼎，著范宣子所为刑书焉”。正如郑国子产“铸刑书”遭到晋国贵族叔向的抨击一样，赵鞅等“铸刑鼎”也受到鲁国贵族孔子的激烈反对。这充分表明春秋末期代表新兴势力的法制即封建制法律形态正处于萌发状态，尚未建成。在新旧法律制度的转变过程中出现了“空白”区间，而东周盟书恰恰在这个“空白”区间起到特殊的、不可取代的、承上启下的法律作用。当然，春秋时期盟书的这种特殊法律功能并不是绝对发生作用，但一般地说，它们大多会起短暂的作用。

战国时期“盟誓”之风渐衰，表现是结盟的频繁性、普遍性均不及春秋时期，其盟书的约束力也远不如春秋时期。“春秋霸主的盟约还有其相对的神圣性，而战国诸侯的‘人质’就成了危机的标帜了。在这样氏族纽带正遭割断而地域财富的代表阶级称雄之时，权利和义务在国际范围内就要改观，强者兼人而弱者图存。”[②]战国时期“人质”的广泛适用标志着盟约的可信性产生了危机，“信”观念开始衰落。随之，“法治”观念建立并逐渐占统治地位。法家在领导各国变法运动时，将其“以法治国”的“法治”思想运用于变法实践中，推动了成文法运动的发展。随着“法治”观念代替了“信”观念，成文法取代了盟书，这个过程直至秦朝“法治”社会的建立。

① 《侯马盟书和春秋后期晋国的阶级斗争》，载山西省文物工作委员会:《侯马盟书》。

② 侯外庐、赵纪彬、杜国庠:《中国思想通史》(第1卷)，第637页。

# 第四节　行政法律规范

## 一、各诸侯国官僚制的确立和行政管理体制的变革

### （一）国君

春秋初期，各国的诸侯叫“国君”，掌握一国的政治、军事、司法、经济大权，权力最大。所以当时人就说：“赏庆刑威曰君。”杜预注云：“作威作福，君之职也。”[①] 各封国中央机关的卿大夫和其他官吏皆仿西周制度，按血缘关系的亲疏，分别担任不同的官职，世代相袭，所以叫“世卿”制度。如鲁国的三桓，季孙、叔孙、孟孙三家都是鲁桓公的后裔。郑国的七穆，都是郑穆公的后裔。晋国的六卿和齐国的田氏等，皆世代为卿，把持各诸侯国的政权。然而到了春秋中后期，各诸侯国由于征战和称霸的需要，国君开始选用有才能的官吏担任文臣武将，形成以将相为首的封建官僚制，从而打破了西周以来按血缘宗法关系世代相袭的世官制度。公元前 651 年齐桓公在“葵丘之会”的盟词上说“士无世官”[②]，就是指士大夫的官职不能世代相袭，宣布对世卿制的废除。

春秋时期，有人提出国君要以“德”驾驭臣下。《左传・桓公二年》记载臧哀伯的一段话，他说：“君人者，将昭德塞违，以临照百官，……百官于是乎戒惧，而不敢易纪律。”否则“官之失德”，国家将要衰败。这是吸收西周以来用“德”作为约束臣下，维护统治的手段。

---

① 《左传・昭公二十八年》。

② 《孟子・告子下》。

## （二）中央行政管理体制

1. 为政（执政）、相（令尹）、将军的设立。郑国的为政（执政），齐、鲁的相，楚国的令尹，都是最高行政官。将军是最高武官，晋国有三军将，将中军最尊，又称元帅。这些职官，都是由诸侯国挑选有统治才能的人担任的。他们有的是公族，如《左传 · 襄公二年》，"秋七月庚辰，郑伯睔卒。于是子罕当国，子驷为政"。又《左传 · 襄公三十年》"郑子皮授子产政，……子产为政"。又《左传 · 襄公三十一年》，"郑人游于乡校，以论执政，……议执政之善否"。子罕、子驷、子产都出身郑国公族。有的则与国君无任何血缘关系，"齐桓公置射钩，而使管仲相"[①]。后来齐国设左右二相，灵公时崔杼和庆封曾为右相和左相[②]。有的相在执政时几乎专断一切，如"叔孙相鲁，贵而主断"[③]。晋文公时，实行军政结合的原则，常以将中军为正卿，执国政。秦国最高执政为大庶长。可见，这时各诸侯国的最高行政官名称虽不一，但总的趋势是向中央集权制方面发展。

2. 其他行政管理机关。春秋时期，中央机构在总执政之下的其他职官仍沿用西周以来设置的官职。据金文和古文献记载主要有：

（1）司徒。西周时，各诸侯在封国内皆设此官职，春秋时期始终存在。司徒的职掌范围很广。《左传 · 襄公二十五年》记载郑国使"司徒致民"。说明司徒掌管人民。《国语 · 周语上》记载："司徒协旅。"韦昭注："司徒，掌合军旅之众也。"《左传 · 桓公六年》，"晋以僖侯废司徒"，废后改为中军，上述记载表明晋有司徒后改中军并说明司徒具有"协旅"带兵出征的职能[④]。南遗谓季孙曰："吾子为司徒，实书名。"[⑤]杜预注："书名，定位号。"

① 《左传 · 僖公二十四年》。
② 《左传 · 襄公二十五年》。
③ 《韩非子 · 内储说上》。
④ 《国语 · 周语上》。
⑤ 《左传 · 昭公四年》。

这是鲁国设司徒的记载。宋文公时，“鳞矔为司徒”[①]。楚国“令尹蔿艾猎城沂，使封人虑事，以授司徒”[②]。封人是司徒属官，掌管城郭建筑。建筑需要动用劳动力，而封人则具体负责劳动力的调集。虑事，计划的意思，据顾炎武解释，“虑，筹度也”，即筹度工程完毕上于司徒[③]。

（2）司马。司马是掌管军事的武官。《左传·襄公二十五年》：郑子展命“司马致节”。杜预注云：“节，兵符”。又《左传·昭公二十二年》：“宋公使公孙忌为大司马。”《左传·襄公二十九年》：“晋侯使司马女叔侯来治杞田。”《左传·昭公四年》：叔孙“为司马”。其他各国也设司马。其职司不见率兵征伐，可能主要是掌管军政的行政官。

司马属官有校正、工正，为具体掌管车马之官。《左传·襄公九年》记载：“使皇郧命校正出马，工正出车，备甲兵，庀（音痞，备具。）武守。”杜预注：“校正主马，工正主车。”

（3）司空。春秋时期各诸侯国皆有司空，主管工程建筑。《左传·襄公二十五年》：“司空致地。”《左传·隐公二年》：“司空无骇入极。”杜注：“鲁司徒、司马、司空皆卿也。”《左传·襄公三十一年》：“司空以时平易道路”。可见郑、晋两国设有司空，而其职掌为修整道路。又《左传·昭公四年》：“孟孙为司空以书勋。”杜预注：“勋，功也。”可知鲁国也有司空。

春秋时宋国为殷后，宋平公十二年（公元前 564 年），宋国发生火灾，“乐喜为司城以为政”[④]。《左传·文公七年》，“公子荡为司城”，司城即司空，宋武公名司空，故宋改司空之官为司城[⑤]。宋中央有六卿，即右师、左师、司马、司徒、司城、司寇。

（4）司寇。《左传·襄公三年》：晋侯之弟扬干有罪，“请归死于司寇”。

---

① 《左传·文公十六年》。

② 《左传·宣公十一年》。

③ 杨伯峻：《春秋左传注》（二），第 712 页。

④ 《左传·襄公九年》。

⑤ 杨伯峻：《春秋左传注》（二），第 556 页。

可见司寇为主刑的司法官。又《左传 · 昭公十八年》：郑子产“使司寇出新客，禁旧客勿出于宫”。掌司治安方面的职责。文公七年，宋以“华御事为司寇”。《史记 · 孔子世家》载，鲁定公时，孔子任鲁国司寇。《左传 · 襄公二十一年》，鲁国多盗，“季孙谓臧武仲曰：‘子盍诘盗。’武仲曰：‘不可诘也，纥又不能。’季孙曰：‘我有四封，而诘其盗，何故不可？子为司寇，将盗是务去，若之何不能？’”说明各国皆有司寇，其职掌皆为负责治安和刑狱。

春秋时期有的国家有大司寇和少司寇。例如宋国曾以“向为人为大司寇，鳞朱为少司寇”[①]。铭文中有“鲁少嗣寇封孙宅盘”[②]，可知鲁有少（小）司寇，当然也有大司寇官职。

春秋时楚国、陈国和唐国掌管司法的职官叫“司败”。《左传 · 文公十年》记载，楚成王时，子西曰：“臣免于死，又有谗言，谓臣将逃，臣归死于司败也。”《论语 · 述而》篇有一段对话：“陈司败问昭公知礼乎？孔子曰：‘知礼。’”又楚国的附庸小国唐国[③]，在唐成公时有人“窃马而献之子常。子常归唐侯。自拘于司败”[④]。从司败的职权看与其他诸侯国之司寇相同。

据《左传 · 襄公二十一年》载：栾盈辞于成周负责外交事务的行人曰：“天子陪臣盈，得罪于王之守臣，……将归死于尉氏。”《汉书 · 地理志上》陈留郡尉氏下应劭注云：“古狱官曰尉氏，郑之别狱也。”与《左传 · 襄公三年》所记“归死于司寇”同。可见尉氏亦同司寇为掌刑之官。

（5）太史。太史是史官之长，春秋时仍沿西周之制。诸侯国中央设太史，但不像过去“太史赞王，王敬从之”[⑤]。《左传 · 襄公二十五年》：太史记事，“崔杼弑其君”。《左传 · 襄公四年》：“昔周辛甲之为太史也，命百官，

---

① 《左传 · 成公十五年》。

② 马承源：《记上海博物馆新收集的青铜器》，载《文物》1964 年第 7 期。

③ 《史记 · 楚世家》：“楚昭王灭唐。”

④ 《左传 · 定公三年》。

⑤ 《国语 · 周语上》。

官箴王阙。”太史之权仍然很大。但是再没有看到太史赞襄国王作为国王顾问的材料。

（6）行人。春秋时期，行人是掌管外交事务的官吏。《周礼·秋官》有大行人、小行人，掌诸侯朝聘之礼仪和奉命出使各国。春秋时各诸侯国皆有行人，经常出使各国以及接待别国使者，其地位显著提高。《左传·襄公四年》，鲁国叔孙豹去晋国，晋侯设享礼招待他，韩献子曾派行人子员去问他关于答礼的问题。晋平公时，秦伯的弟弟诚去晋国重温盟约，叔向下令召唤行人子员接待他，但是当时值班的行人子朱表示不满，同叔向发脾气；叔向是平公的太傅，行人敢向他发脾气，而平公知道后却说：“晋其庶乎，吾臣之所争者大。”① 可见这时的行人在政府中的地位是很高的。

应该指出，春秋时期由于各国之间来往频繁，国君有时派其他官吏前往，这种奉命出使的人，也叫行人。《左传·襄公十一年》云：“行人，言使人也。”《左传·昭公八年》传云：“楚人执陈行人干徵师杀之。”又《左传·昭公二十三年》传云：叔孙婼到晋国，晋人将他逮捕，《春秋》记载说：“晋人执我行人叔孙婼。”上述行人皆有官职，并非专任行人，而是兼职，所以他们是国君临时派遣的使者，史书上也称其为行人②。

### （三）地方行政管理体制

县郡机构的出现及其逐步取代封邑制，是春秋时期地方行政管理体制的重大变化。

1. 县和郡的设置。随着官僚制取代世卿制，在地方上出现了县和郡的萌芽。县和郡的出现，是同春秋时期政治形势的发展密切相连的。春秋前期，各诸侯国对其所辖地方仍沿用世袭采邑制度。到了中后期，由于土地私有制的发展和按田亩征收赋税制度的执行，破坏了原来的世卿世禄制

---

① 《左传·襄公二十六年》。

② 杨伯峻：《春秋左传注》（二），第 734 页。

度，采邑制度已成为社会发展的阻碍，并且不能适应在国君统一领导下进行兼并战争的需要。有的新兴贵族，在通过战争占领的新地区内采取由国君直接管辖的县、郡管理体制。这时，郡大抵设于边境地区，地位比县低。所以公元前 493 年晋国赵鞅在同邯郸赵氏、范氏、中行氏作战时，在前线誓师大会上宣布："克敌者，上大夫受县，下大夫受郡。"[①] 这是我国历史上推行县、郡两级制的开端。这时，县高于郡。杜预注引《周书 · 作雒篇》云："千里置县，县有四郡。"据姚鼐《郡县论》解释："郡远而县近，县成聚富庶而郡荒陋，故以美恶异等，非郡与县相统属。"但是受县、受郡并不是旧式的分封，而是赏给一个县或郡的赋税。县制最初在秦、楚两国实行。《史记 · 秦本记》载：武公十年（公元前 688 年）"伐邽冀戎，初县之。十一年，初县杜、郑。"《左传 · 哀公十七年》载：楚文王任彭仲爽"实县申息"。从铭文记载来看，县在齐国出现也较早，齐灵公（公元前 581—公元前 554 年在位）来蔡，赐叔夷："厘都沓剢，其县讠（三百）。"[②] 一次就赐县三百，说明齐县是很小的。其他诸侯国也都以县为建制进行地方制度的改革。例如，晋国魏献子为政，"分祁氏之田以为七县，分羊舌氏之田以为三县"[③]。每县任命县大夫主持县政。开始时，县和郡都是由国君派官驻守，属于一种权宜办法。后来由于其对于组织大规模的兼并战争和抵御外来侵袭能发挥更大的作用，不仅逐渐推行及于内地，把它确定为固定的地方政权组织，而且由国君赋予边境郡守以应付突然事变的大权。发展到战国时期，郡在建制上的地位逐渐高于县了。

2. 县和郡的组织与职权。

（1）县。县，悬也，是悬示国君命令的意思。县多是在征战中所占领的地区，因此国君要在这个地区行使管辖权，首先要派去官吏代表国君悬

① 《左传 · 哀公二年》。

② 《叔夷钟铭》，见郭沫若：《两周金文辞大系考释》，第 203 页。

③ 《左传 · 昭公二十八年》。

示命令，要人们遵守，故县的长官叫县令，也有的叫县尹、县公、县大夫或县君。县令是受国君之命，管理县内事务的。县令之下设有属官，因材料缺乏，具体组织情况不详。据《左传·襄公三十年》记载，绛县有“县师”。杜预注：“县师掌地域，辨其夫家人民。”可见县师是在县大夫之下，管理土地人口的官吏。

春秋时期，由于县作为一级地方行政机构，组织尚不完善，各项职能分工不够明确，往往军事、民事、行政、司法等皆集中于县的长官，而且多是他亲手处理。据《左传·昭公二十八年》记载：“冬，梗阳人有狱，魏戊不能断，以狱上。”魏戊为梗阳大夫，一县之长，县内发生诉讼案件，他亲手处理，决断不下，而上呈执政卿魏献子。

（2）郡。郡，原意是君之邑，为国君所有。郡也是在征战中所占领的，但多在人烟稀少的边远地区，并派军队驻守，长官叫郡守。郡守之下也设有属官，因材料缺乏不可考。但是应该指出：春秋时期县的组织和郡的组织也还不够完善，行政、司法、军事等职务上的分工还不像战国时那样明确。也就是说，这时虽然冲破了分封制的壁垒，但完备的官僚制还未建立起来。这时县在建制上虽然高于郡，但还未形成县对郡的统辖关系。

3. 县、郡同采邑的区别。县、郡与采邑的区别主要在于：采邑的卿大夫是世袭的，而县、郡的长官不是世袭的，并且在一定程度上实行任人唯贤，由国君任免，他们一般不享有封邑，而向国家领取俸禄。县和郡的军政大权，统由国君掌握，由国君统一发布政令和军令，县令、郡守不得擅自作主。

春秋时期县、郡的出现，虽然仅仅是新的地方制度的萌芽，但它却动摇和打破了奴隶主贵族世袭采邑制度的旧传统，在地方管理体制方面开创了一个新格局，为以后郡县二级制的地方制度的普遍推行开辟了道路。可以这样说，它既是封建制取代奴隶制的产物，又是从地方割据走向中央集权的标志。

春秋时期，各诸侯国还在县和郡之下进行基层政权的改革，如管仲治齐，在县之下划分为乡、连、里、轨等组织，即五家为轨，十轨为里，四里为连，十连为乡。这是适应一家一户小农经济的需要而建立的地方制度，是有利于新兴地主阶级专政的。这一改革，对于建立齐桓公尊王攘夷的霸业，发挥了积极作用。

封建官僚制逐渐取代世官制，反映了新兴地主阶级的要求。随着封建生产关系的出现，新兴地主阶级不仅要求充分发展私有经济，而且要求获得相应的政治地位和登上政治舞台，掌握政治权力。因此，他们千方百计地冲破旨在保障奴隶主贵族特权的世卿制度。经过长期的斗争，世卿制度终于在春秋中叶以后逐渐被官僚制度所取代。

### （四）户籍管理制度

春秋时期各诸侯国对户籍管理更为重视。由于新的封建生产关系的萌芽，小农经济开始出现，居住分散，为国家户籍管理带来一定的困难；如果不建立一套适应新形势需要的户籍管理制度，国家就难以掌握人口和土地数量，在赋税、兵源方面便不能得到保证。《左传》记载，鲁国在宣公十五年（公元前 594 年）实施“初税亩”；成公元年（公元前 590 年）“作丘甲”；哀公十二年（公元前 483 年）“用田赋”。这些法令只有在国家掌握了户口基础上才能贯彻实施。《左传 · 成公二年》记载：楚共王时，有“乃大户”的措施。杜预注：“（大户）阅民户口。”就是挨户调查核实户口。管仲在齐国曾提出建立轨、里、连、乡基层组织的户籍管理办法，这一办法就是后世保甲制度的萌芽。

《管子 · 度地》篇说：“常以秋岁末之时阅其民，案家人比地，定什伍口数，别男女大小。其不为用者，辄免之；有锢病不可作者，疾之；可省作者，半事之。并行以定甲士，当被兵之数，上其都。”这是进行人口调查，目的是分配土地，征发徭役和统计能充当兵丁之人数。又《禁藏》篇云：“户籍田结者，所以知贫富之不訾也。故善者必先知其田，乃知其人，田备，然后民可足也。”这里的“户籍”一词，当是所见文献中最早的记载。

## 二、军事管理制度

春秋时期，王室衰微，诸侯卿大夫势力不断强大，礼乐征伐由“自天子出”逐渐变为“自诸侯出”和“自大夫出”。周王室已无力进行征伐战争，而多由诸侯国的军队承担。诸侯国在争战中不断充实自己的军队，依靠自己的军事力量，扩展本国的实力，逐渐脱离周王室，形成独立的诸侯国。由于各诸侯国之间彼此兼并和大国争夺霸权而不断发生战争。应该指出，春秋时期奴隶和奴隶主的矛盾也空前尖锐化，所谓“盗贼公行”[①]也是这种阶级矛盾的反映。因此，也有的战争是为了镇压奴隶的武装暴动。此外，随着新的生产关系的出现，新兴地主阶级与旧的奴隶主贵族之间也不断发生争夺政权的战争。所有这些因素，都促进了春秋时期军事管理制度的加强与发展。

### （一）兵士的来源

春秋初期，各诸侯国兵士的成员，仍沿西周制度，由“国人”组成，即由下级奴隶主和庶人充任。齐国在桓公时，其兵士来源，“三军悉出近国都之十五乡，而野鄙之农不与也”[②]。其中主要是士和农民，士在作战时充当甲士，农民平时务农，战时充军。《国语·齐语》记载：“五乡一帅，故万人为一军，五乡之帅帅之。三军，故有中军之鼓，有国子之鼓，有高子之鼓。春以蒐振旅，秋以狝治兵。是故卒伍整于里，军旅整于郊。”可见这时齐国已经有一支强有力的武装。当时仍然实行寓兵于农的政策。一年之中，“三时务农，一时讲武”，战时充当士卒，即步兵。春秋中后期随着世官制被官僚制所代替，“国”“野”之分逐渐消失，县郡制逐渐推行，从而由普遍兵制取代国人当兵的制度。

① 《左传·襄公三十年》。

② 江永:《群经补义》卷二《春秋》。

### （二）兵种

春秋时期的兵种主要有车兵和步兵，前期以车兵为主，后期以步兵为主。

1. 车兵。车兵以战车为作战工具。战车是军队中的快速机动力量。春秋时期车兵是主要的兵种，春秋前期诸侯国的兵车一般不超过千乘（辆），卿大夫的兵力一般不超过百乘。史书记载，当时鲁有“公车千乘”①，齐国有“革车八百乘”②，吴齐艾陵之战，齐国一次就损失“革车八百乘”③。可见，到春秋后期各国兵力不断增强，公元前529年平丘之会，晋国已有“甲车四千乘”④。

在车战时，每辆兵车配有一定的甲士和徒兵。《周礼·地官·小司徒》郑玄注引云：“革车一乘，士十人，徒二十人。”说明每乘战车，配有甲士和步卒三十人。其中甲士三至四人在车上，余皆在车之左右随车前进。战车虽有较强的机动性，但它受到地理条件的限制，如遇山川林泽、坎坷不平之地域，它的威力就无从发挥，甚至寸步难行。

2. 徒兵。徒，是步行的意思，徒兵，即步兵。《礼记·祭义》：“五十不为甸徒。”孔颖达疏：“徒谓步卒。”春秋时期，有的诸侯国在车兵之外，还有徒兵，他们是以步卒组织成军的。最早见于郑国，《左传·襄公元年》：“晋韩厥、荀偃帅诸侯之师伐郑，入其郛（郛即郭），败其徒兵于洧上。”可知郑有步兵。郑国子产死后，其子大叔执政，“兴徒兵以攻萑苻之盗，尽杀之”⑤。可见，在中原地区的池沼作战，兵车不便，因此有徒兵之建制。此外，当时所谓“蛮夷戎狄”，则不置车兵，因为不便于山地作战，晋国

① 《诗·鲁颂·閟宫》。
② 《国语·齐语》。
③ 《左传·襄公十一年》。
④ 《左传·昭公十三年》。
⑤ 《左传·昭公二十年》。

与戎狄为邻，故同边陲少数部族作战，使用步兵。《左传·僖公二十八年》："晋侯作三行以御狄。"行，指步兵的行列。晋平公十七年，晋国与戎狄作战，晋将魏舒曰："彼徒我车，所遇又阨"，因此"毁车以为行，五乘为三伍"。[①] 这是改车兵为步兵，将每五辆车上的军士改编为步兵三伍。从当时晋国来看，车兵逐渐为步兵所代替。

春秋时期，南方的楚、吴、越诸国，除设步兵外，还多以舟师作战，出现水军，而无车兵。《国语·越语上》记载着子胥谏夫差的一段话："夫上党之国，我攻而胜之，吾不能居其地，不能乘其车。夫越国，吾攻而胜之，吾能居其地，吾能乘其舟。"可见这些地处江南的诸侯国不设车兵，而有水兵。

3. 骑兵。骑兵在春秋时正在各国兴起。《韩非子·十过》云：秦穆公"革车五百乘，畴骑二千，步卒五万"。《六韬》虽托言吕望与周王，但其成书年代大约在春秋时期，其中讲到"骑战"，并有挑选武骑之士的标准。秦穆公在世当为公元前659—公元前621年，此例说明春秋初期秦国已有骑兵。

总之，春秋时期各诸侯国所处地理条件不同，交战对方不同，各国所置兵种也不一样。大致中原地区以车兵为主，山区以步兵为主，吴越因境内多江河湖泊，故以舟师为主。这反映了当时各国皆根据具体情况因地制宜地建立兵种。

### （三）军队的编制

春秋时期各国军队编制不尽相同，大国皆以"军"为最高编制单位。一般是大国三军，但由于诸侯国势力的增长，他们为了在征战中取胜，都不断扩充本国的军队。以晋国为例，春秋初期只有三军，到中期晋景公执政时，已增至六军。其编制沿袭西周每军一万二千五百人，在军之下有师、旅、卒、两、伍。齐国据《管子·小匡》记载，桓公时管仲拟定之军制为：

① 《左传·昭公元年》。

五人为一伍，十伍（50 人）为一小戎，四小戎（200 人）为一卒，十卒（2000 人）为一旅，五旅（1 万人）为一军。这是“作内政以寄军令”的方法，即实行“寓兵于民”，将社会组织与军事组织一体化。这样做的优点是：“夜战其声相闻，足以无乱；昼战其目相见，足以相识；欢欣，足以相死，是故以守则固，以战则胜。”这种做法对后来战国时的军队编制有直接影响。

春秋时期各国除步兵外，还有战车，作战时的编制有的诸侯国以“偏”为单位，即“车十五乘为偏，两偏组成一个编队，作战时相互掩护，不许脱离”[①]。

## 三、官吏管理制度

### （一）任官制度

1. 选贤任能，冲破血缘关系的壁垒。春秋时期，奴隶主贵族的世官制度虽然受到很大冲击，但是仍然占着主要地位，各诸侯国的一些重要官职，还是由奴隶主贵族的家族所把持。齐国的国政，先后由国氏、高氏、管氏、鲍氏、崔氏、田氏所控制，后来终于被田氏所取代。晋国政权一直掌握在公族栾氏、祁氏、韩氏、魏氏、羊舌氏等家族手里，后来又由范氏、中行氏、知氏、韩氏、赵氏、魏氏等六家所把持。鲁国国政后来把持在“三桓”手里。不过，在新设置的县、郡，其长官则多由国君任命，按照“任人唯贤”的原则，例如魏国任用县大夫，就是“以贤举也”[②]。有时国君还亲自了解县大夫的治绩，例如晋文公时赵衰为原县大夫，文公曾“问原守于寺人（按：犹如封建社会的宦官）勃鞮”[③]，征求他对县大夫的意见。这些都是任官制度上的重大变化。但是，这时旧制度的残余仍然存在，在选任县大

---

① 蓝永蔚：《春秋时期的步兵》，中华书局 1979 年版，第 89 页。

② 《左传 · 昭公二十八年》。

③ 《左传 · 僖公二十五年》。

夫的过程中，往往还是卿族“各令其子为大夫”[①]。

这一时期，其他官职也多是世官。例如《左传·襄公二十五年》所载崔杼杀君一事：“大史书曰：‘崔杼弑其君’，崔子杀之。其弟嗣书，而死者二人（太史之弟皆为此续书）。其弟又书，乃舍之。南史氏闻大史尽死，执简以往。闻既书矣，乃还。”说明此一家皆为史官，可见世官制度还存在。

春秋中后期，随着奴隶制向封建制过渡，一些由奴隶主贵族转化来的新兴地主阶级，出于政治的需要，开始任用出身卑微的人担任重要官职。齐桓公任用出身贫困、后与鲍叔“同贾南阳”的管仲，秦穆公任用出身卑贱的百里奚等主持国政就是明显例证。这在中国行政管理制度史上是开创选贤举能之端。晋国自文公始，取消由公族辅政的宗法条规，以狐偃、赵衰辅政，遂成霸业。襄公时赵盾在晋国“始为国政”便提出“出滞淹”问题，即推举贤能者为官。在郑国，子产执政后对原有官吏“择能而使之”，并提出对卿大夫“忠俭者，从而与之；泰侈者，因而毙之（免除其官职）”的措施[②]。齐桓公称霸以后，在葵丘邀集鲁、宋、卫、郑、许、曹等国相会结盟，于盟约中规定“尊贤育才，以彰有德”[③]的条款，不允许世代为官，为盟约的内容之一，从而选贤任能遂成为制度。正是由于齐国在选贤任能方面做得较好，而成为“五霸”中的最强者。由此可见，春秋时期，各国都把废除世官制作为政治改革的一项重要内容。

从史书记载来看，春秋时期似乎已出现了荐举制度，而且举非其人者还要负法律责任。如晋国赵盾举韩厥为司马，欲观其是否称职，“河曲之役，赵孟（盾）使人以其乘车干行（韦昭注：‘干，犯也。行，军列。’），献子（韩厥）执而戮之。”赵盾皆告诸大夫曰：“二三子可以贺我矣！吾举厥也而中，

① 《史记·晋世家》。

② 《左传·襄公三十年》。

③ 《孟子·告子下》。

吾乃今知免于罪矣。”[①] 说明被荐举的韩厥称职，符合任官条件，不仅免予刑罚还得到奖赏，故为一件可贺之事。

2. 士为统治阶级所重视。春秋时期“士”成为官吏的重要来源。在商周时期，“士”是奴隶主贵族与庶民之间的中间阶层，他们有的在政府里担任一定官职，有的也参加农业劳动。《礼记 · 少仪》有：“问士之子长幼，长，则曰，能耕矣；幼，则曰，能负薪、未能负薪。”春秋时期奴隶制日趋崩溃，封建制逐渐兴起，社会发生大动荡，对“士”的影响很大，他们博通礼、乐、射、御、书、数等六艺，而且希望在政权中取得一定的政治地位。孔子及其弟子，就是新兴的“士”阶层的代表。孔子当时还为他的学生子贡等人讲述为“士”应具备的行为准则。一次，“子贡问曰：‘何如斯可谓士矣？’子曰：‘行己有耻，使于四方，不辱君命，可谓士矣。’曰：‘敢问其次。’曰：‘宗族称孝焉，乡党称弟焉。’曰：‘敢问其次。’曰：‘言必信，行必果。’”[②] 孔子讲为“士”的准则是：用羞耻之心来约束自己的行为，出使外国，完成国君的使命，这便可以叫作“士”了。还有宗族称赞他孝顺父母，乡里称赞他恭敬尊长，以及言而有信，行为要坚定果断。总的意思是效忠国君。这时，新兴地主阶级认识到他们所能起的社会功能，并加以重用，而且逐渐出现养士之风。春秋后期，不仅有已经没落了的奴隶主贵族出身的士，而且有新兴地主阶级和庶民中受过教育的人，“士”，也就成为当时社会结构中的知识分子的通称，其地位高于一般庶民，“士农工商四民者”[③]，士居其首。先秦诸子中很多人出身于士。这时的士，不仅有的在政府机关中担任官职，而且著书立说，根据他们所代表的阶级和阶层各抒己见。春秋战国之交兴起的“百家争鸣”的繁荣局面，“士”起了重要作用。

① 《国语 · 晋语五》。
② 《论语 · 子路》。
③ 《管子 · 小匡》。

这一时期，各诸侯国的统治者看到人才对治理国家的重要作用，在选人任官方面往往打破国别，相互延聘所谓“客卿”。从史书记载来看，春秋时期晋国已开始招用其他诸侯国的人才到晋国任官，而且给予很高的待遇。《左传·襄公二十六年》记载：楚国大夫椒举投奔晋国，“晋人将与之县，以比叔向”。叔向曾为晋大夫，晋平公时为太傅，地位很高，可见当时晋国对外来人才的重视。所以当时楚人说：“虽楚有材，晋实用之。”[①]孔子曾做过鲁国季氏的“委吏”即管理粮仓的小官，还担任过鲁定公的司寇，后来不得志便到各诸侯国游说，在卫国时，“卫人亦致粟六万”[②]作为奉禄，孔子当上卫国的客卿。这些由“士”出身的客卿，在各国政治生活中发挥了很大作用。例如秦国，僻处西土，比较落后，但缪公时，大量任用客卿，并委以重任，终成西方霸主。如李斯所云：“昔缪公求士，西取由余于戎，东得百里奚于宛，迎蹇叔于宋，来丕豹、公孙支于晋。此五子者，不产于秦，而缪公用之，并国二十，遂霸西戎。”[③]正因为“士”在政治上的作用，所以引起春秋时各国统治者对客卿的重视。

### （二）俸禄制度

春秋时期，各诸侯国的中央和地方官吏，主要还是沿用西周以来的食邑制度。卿大夫有采邑和禄田，同世官一样，也是世代继承禄位即世禄制。随着井田制的崩溃，食邑也遭到破坏，在这种情况下，最高统治者为调动官吏的积极性，促其为政府效劳，于是“制为禄位，以劝其从”[④]。对官吏“委之常秩”。据竹添光鸿《会笺》云：“秩，禄廪也。此言使其禄廪有常。”[⑤]即按官位高低，由政府发给薪俸，以勉励官吏听从国王教诲，并为其效

---

① 《左传·襄公二十六年》。

② 《史记·孔子世家》。

③ 《史记·李斯列传》。

④ 《左传·昭公六年》。

⑤ 杨伯峻：《春秋左传注》（二）引，第549页。

劳。这样，世禄制便逐渐为以谷粟作俸禄的制度所代替。这种制度大抵开始于“士”进入仕途之后，政府所给的报酬，因为当时士大多贫困，取禄以代其耕，所以“禄”成为当时士非常关心的问题。《论语 · 为政》有一段关于孔子的学生子张问老师如何求官禄的记载：“子张学干禄。（干，求也，禄，官吏的俸给。）子曰：‘多闻阙疑，慎言其余，则寡尤；多见阙殆，慎行其余，则寡悔。言寡尤，行寡悔，禄在其中矣。’”又《论语 · 卫灵公》篇记载：“子曰：‘君子谋道不谋食，……学也，禄在其中矣。’”意思是说，好好学习，将来做官以后就可以拿到俸禄。可见，这时已开始由政府支付给官吏俸禄。据史书记载，这时的俸禄，多用谷米支付。春秋末年，季孙氏专鲁国之政，孔子为司寇，深得季孙氏信任，但他只是受谷禄六万，却无尺土之封。又《论语 · 泰伯》篇记载：“子曰：‘三年学，不至于谷，不易得也。’”就说的是以谷为俸禄。但不同官职，给禄多少，还没有明确的规定，这反映了我国古代俸禄制度在春秋时期还处于萌芽状态。《论语 · 雍也》篇记载：“子华使于齐，冉子为其母请粟。子曰：‘与之釜。’请益。曰：‘与之庾。’冉子与之粟五秉。子曰：‘赤之适齐也，乘肥马，衣轻裘。吾闻之也：‘君子周急不继富。’”说明给付粟米的量具也不一致，有釜、庾、秉。釜，量名，容当时的量器六斗四升，约含今天的容量一斗二升八合。庾，量名，容当时的二斗四升，约含今天的四升八合。秉，量名，十六斛，五秉，则是八十斛。古代以十斗为斛[①]。可见，当时还未形成一套完整的制度。这是鲁国禄制的大致情况。

《左传 · 昭公十年》载：齐景公时，曾召回子山、子商、子周，还给他们封邑，给他们增加了俸禄。“凡公子、公孙之无禄者，私分之邑。”说明这时还存在封邑现象，但是这与原来的封邑不同了，而以邑代禄，食其租税而已。

从上述材料可以看出，春秋时各国职官不论其官位高低，只有禄谷，

① 杨伯峻：《论语译注》，中华书局 1958 年版，第 60 页。

而无封土，他们完全受制于国君，再无力与国君分庭抗礼。《左传》记载，有的职官，“弃官，则族无所庇”[①]，如果“守其官职，保族宜家”[②]，反映了官与禄密切结合，丢掉官职，就丢掉一切。以上说明禄制是适应了君主专制下的官僚行政体制需要而出现的。

### （三）致仕（退休）制度

古代官吏退休称为“告老”或“致仕”。老的标准从什么年龄起始？《周礼》“六十为老”。《礼记·曲礼上》记载：“大夫七十而致事。”这里记载的大概是春秋战国时期的规定。从《管子》等先秦史籍中可以看到这时以七十为老，把老龄的起始标准提高了大约十年。这可能是由于当时在战争中为增加赋役和兵员的需要。所谓致事（仕），即辞官，还禄位于君主。告老致仕制度，在我国史书中至春秋时才有较为明确的记载。《左传·襄公七年》：“冬十月，晋韩献子告老。”就是告老退休。又《左传·隐公三年》：“子厚与州吁游，禁之，不可，桓公立，乃老。”子厚是石碏的儿子，乃老指石碏退休。又《左传·襄公三年》：“祁奚请老，晋侯问嗣焉。称解狐，其雠也，将立之而卒。又问焉。对曰：‘午（祁奚的儿子）也可。’于是羊舌职死矣，晋侯曰：‘孰可以代之？’对曰：‘赤（羊舌职的儿子）也可。’于是使祁午为中军尉，羊舌赤佐之。”这段记载反映了告老以后，要找合适的接班人。又《左传·昭公十年》载：陈桓子把陈氏、鲍氏的家产全部交给齐侯，便“请老于莒”。请求在莒地退休。春秋时期，关于告老退休的记载如此之详，说明当时各国为了扩大自己的实力，与其他诸侯国在争战中取胜，需要提高行政效率，因此，告老退休问题被各国统治者所重视，在我国行政管理制度史上也是一项创举，此制对后世封建社会影响极大。

---

① 《左传·文公十六年》。

② 《左传·襄公三十一年》。

# 第五节　军事法律规范

## 一、春秋时期军法的形式

春秋时期，随着周王室的衰微，各主要诸侯国纷纷改革军事组织和军赋办法。

齐国。据《国语 · 齐语》记载，管仲“作内政而寄军令”，以五家为轨，十轨为里，每家出一人，五人为伍，进行编制，扩大军事力量。

晋国。《左传 · 僖公十五年》记载，“作州兵”，即以州为单位征收军赋、服兵役。

鲁国。《左传 · 成公元年》记载，“作丘甲”，即以丘（行政区域）为单位征收军赋、扩大兵源。

郑国。《左传 · 昭公六年》记载，子产“作丘赋”，即按“丘”征赋。

军事立法也从过去的“自天子出”变成“自诸侯出”，甚至“自大夫出”。但是，“誓”仍然是军队集结进行演习或作战时公布的战时纪律和军法的一种主要形式。

## 二、春秋时期军法的内容

秦晋韩原之战前，晋军曾临阵申明军法。“失次犯令，死；将止不面夷，死；伪言误众，死。”

领兵出征的卿大夫在军中已经有了军事刑罚的执行权。如，楚国令尹子玉率兵攻打宋国前在蒍地演习，曾“鞭七人，贯三人耳”[①]。

① 《左传 · 僖公二十七年》。

同时，各诸侯国军队已相继设立专门的司法人员。如，齐国、楚国有军正，吴国、晋国有司马、司空，负责掌管军令军法，对违犯者以“军事无犯，犯而不隐”的原则处理。晋国大夫庆郑因擅进退、失次犯令、贻误军机、不救主帅而被斩于三军之前。[①]但是，在对主将领过失犯罪的处理上，一般比较轻微。如，秦国大将孟明视伐晋失利，损失很大，但秦穆公不以“一眚掩大德”，仍用他作主帅，戴罪立功；后来，孟明视再次伐晋，取得胜利。

## 第六节　经济法律规范

### 一、自然资源管理立法

《左传·成公六年》，记载着晋国韩献子一段话，他说：“夫山、泽、林、盐，国之宝也。”说明他们看到了物质资源是富国强兵的基础，反映了各诸侯国对自然资源的重视。管仲相齐桓公，在回答桓公对富国强兵的策问时，所提出的“尽地利，官山海，正盐策”[②]等措施，就是利用齐国的自然资源的有利条件，进行经济改革。

#### （一）土地管理立法

从出土的青铜器铭文记载来看，西周中后期已经出现了私有土地，并开始冲破了“溥天之下，莫非王土”和“田里不鬻”的制度。春秋时期，随着铁制农具的出现与使用，牛耕的出现与推广，各诸侯为了发展自己的

① 《国语·晋语三》。
② 《国语·齐语》。

实力，彼此之间都在开疆拓土，利用先进的农业生产技术，“辟草莱”，开垦荒地，从而私有土地随之得到进一步发展。原来诸侯国内的土地所有权属于周天子，而这时则属于诸侯自己支配了。大夫对采邑内的土地也有了支配权。这样，土地管理也要相应地发生变化，制定新的法规加以调整。新的土地管理法规主要从两个方面加强对土地的管理。

首先，各诸侯国为了增加自己的实力，从“足食足兵”的目的出发，强调提高农业生产。《管子·国蓄》篇云：“凡五谷者，万物之主也。”土地成为“万物之本原，诸生之根苑”①。土地是自然资源的最重要的构成部分。管仲说：欲“王天下”，必须“国富而粟多”②。当时把土地管理的效果好坏，农业收成的丰歉，看作治国安邦的大事。《管子·五辅》篇云：“善为政者，田畴垦而国邑实，朝廷闲而官府治，公法行而私曲止。”管仲向齐桓公提出的“尽地利”，就是要加强土地管理，充分发挥土地的潜力，开垦荒地，增加粮食生产。因此，他建议齐桓公注意“无夺民时”③。“令夫农，群萃而州处，察其四时，权节其用，耒、耜、枷、芟，及寒，击菒除田，以待时耕；及耕，深耕而疾耰之，以待时雨；时雨既至，挟其枪、刈、耨、镈，以旦暮从事于田野。”④可见，齐国正是以上述思想为指导，制定土地管理政策与法规的，从而促进了农业生产的发展，为富国强兵打下了物质基础，并且成为春秋“五霸”之首。

其次，通过改变赋税制度，促进农业生产的发展。春秋时期，随着生产关系的变化，原来井田制下的劳役地租形式，阻碍了生产力的发展，为了适应富国强兵的需要，这一时期各诸侯国纷纷改变赋税制度，并以此作为对土地管理的措施。（此问题论述，详见赋税部分）

---

① 《管子·水地》。
② 《管子·治国》。
③ 《国语·齐语》。
④ 《国语·齐语》。

## （二）山林池泽和水利管理

1. 山林池泽管理。春秋时期管理山林池泽的机构，仍沿用西周的制度。《国语·齐语》记载管仲在回答齐桓公“定民之居”时，提出要在“泽立三虞，山立三衡”之官，管理山林池泽事宜。就是仿照《周礼·地官》山虞、川衡、泽虞而设的。又《左传·昭公二十年》记载：“山林之木，衡鹿（鹿同麓）守之；泽之萑蒲，舟鲛守之；薮之薪蒸，虞侯守之；海之盐、蜃，祈望守之。”[①]从上述晏婴与齐侯对话中，也可以看到齐的山林池泽都设有专职官吏管理。

管仲在齐国提出“修树艺”，要求人们掌握林木栽培与管理技术，并制定法令规定山林池泽之禁。在一次盟会上，宣布“薮泽以时禁发之”。注云：“草木零落，然后入山林；獭祭鱼，然后修泽梁也。”

鲁国设有专门管理渔业的官吏叫水虞，也叫渔师，“掌川泽之禁令”[②]。“兽虞，掌鸟兽之禁令。”禁令规定：“鸟兽孕，水虫成，兽虞于是手禁罝罗，猎鱼鳖以为夏犒，助生阜也。鸟兽成，水虫孕，水虞于是禁罝罜䍡。”凡“鱼方别孕，不教鱼长”而捕捉是“贪无艺也”。有一次夏天鲁宣公在泗水之渊捕鱼，被一位叫里革的主管官吏发现后，“断其罟而弃之”[③]。

2. 水利管理。春秋时期，各诸侯国都把兴修水利当作发展农业生产的重要措施。齐国济水流经境内，便利用灌溉农田，同时“导水潦，利陂沟，决潘渚。注：潘，溢也。渚潘溢者，疏决之令通”[④]。这项措施，是注意雨季排涝。

---

① 杨伯峻注引庄述祖《五经小学述》、段玉裁《说文解字注》、沈钦韩《补注》、王绍兰《经说》均谓“舟鲛”为“舟鲛”之误。鲛为御之重文。《鲁语下》有舟虞，盖即舟鲛。宋翔凤《过庭录》云：渔与鲛通。

② 《国语·鲁语上》注。

③ 《国语·鲁语上》。注：孕，怀子也。罝 jū，兔罟。罗，鸟罟。罜 zhǔ 䍡 lù，小网也。

④ 《管子·五辅》。

楚国在春秋末期曾修建“芍陂”水利工程，引淠水经白芍（音鹊）亭东积成湖，相传为楚相孙叔敖所造。据后人追记，芍陂规模很大，“陂径百里，灌田万顷”①。对楚国农业生产的发展起了很大作用。

吴国在吴王夫差时，开凿邗沟，又名邗江，全长一百五十公里，沟通长江和淮水，是我国最早的一条人工开凿的运河。对沿岸农田灌溉起了很大作用。

3. 盐铁管理。春秋时期，齐国为了有效地利用境内的自然资源，根据具体情况，制定“官山海”政策，就是把山中的矿藏和海里的鱼盐，作为国有财产，由国家派官吏管理，只有国家才能开采捕捉。为此，管仲曾协助齐桓公制定具体措施。

（1）在食盐方面，鼓励人们煮盐，但运输、销售由国家专营。为使人们煮盐，国家为其提供条件。管仲向桓公建议：“请君伐菹薪，煮沸水为盐，正（征）而积之。”② 即请齐桓公允许国人砍伐枯草干柴，用以煮海水为盐，国家征购，贮存起来，然后再卖给老百姓。管仲的建议，得到桓公的批准，便作为法律行之齐国。由于这一政策，使人们有利可图，大家便纷纷去煮盐，为避免农事荒废，规定每年十月至来年正月为煮盐时间。从而使农事与煮盐两不误。

（2）在冶铁方面，从《管子 · 地数》篇记载来看，当时人们已经掌握了矿产资源情况。据统计，“出铜之山，四百六十七山；出铁之山，三千六百九山”。齐国公布的冶炼政策是：私人采矿冶炼，出铁后官私分成。其办法是：“量其重，计其赢，民得其七，君得其三。”③ 即私人炼出的铁，按重量交官府三成。铁的制成品，由官府统一收购，计算利润，官府也提取三成。官府收购之铁器产品，由官商加价向人民销售。这样，国家就可

① 《后汉书 · 王景传》李贤注。
② 《管子 · 轻重甲》。
③ 《管子 · 轻重乙》。

以获得更多的利益。

齐国推行上述经济立法的结果，不仅满足了人们生活、生产的需要，并且增加了人们的收入和国家的财富积累，而且促进了农业、盐、铁生产的发展。

## 二、赋税立法

### （一）田赋

1. 实行按亩征田赋。春秋时期，由于井田制破坏，私有土地不断增加，原来的劳役地租和贡纳制度，已经不适应新的生产关系的需要，因而各诸侯国相继实行新的田赋制度，以促进农业生产的发展和保证国家的财政来源。最早推行新的田赋制的是齐国，在管仲相齐后，于公元前 685 年宣布“相地而衰征”的田赋制度，即根据土地的优劣肥瘠，分成不同等级，按等级征收田赋。使野鄙之农民“专令治田供税”[①]。相地衰征制的确立，标志着由劳役地租转化为实物地租，从而提高了农民生产积极性，有利于增加农业生产。

鲁国在宣公十五年（公元前 594 年）宣布“初税亩”，承认土地私有，实行按私田的亩数收税。这一改革实施第二年即宣公十六年，鲁国就出现“大有年”，农业生产得到发展的成效。

楚国在康王十二年（公元前 548 年），“书土田”，“量入修赋”，进行土地登记，“量公私一切收获数而修定赋税之法”[②]。

此外，晋国“作爰田”，郑国“作丘赋”等，都说明春秋时期，各诸侯国进行田赋改革，是当时社会发展的趋势。但是对这种改革，也有人加

---

① 江永:《群经补义》卷二。

② 杨伯峻:《春秋左传注》（三），第 1107 页。

以非难,《左传》的作者则认为“初税亩,非礼也”。《谷梁传》说:“初税亩,非正也。”所谓非礼、非正,都认为“初税亩”破坏了旧制度。这正说明他们思想的保守性。

2. 田赋税率。春秋时田赋的改革,并没有提出明显的税率,《谷梁传》在谈到初税亩时,曾说:“初税亩者,非公之去公田而履亩,十取一也。”即不论耕种公田和私田,都要按收成的十分之一交纳田税。据《管子·大匡》篇记载:齐国“案田而税,二岁而税一。上年什取三,中年什取二,下年什取一,岁饥不税”。“二岁而税一”,如果是指二年收税一次,而且又分年成好坏,荒年还免税,说明齐国的田赋率比鲁国的什一而税还要轻。其他诸侯国的田赋税率,限于材料,故不能尽述。不过可以推断,春秋时由于官僚制取代世卿制,俸禄制取代世卿制,加上互相争战,军费开支不断增加,相应地增加田赋税率是不可避免的。特别是到春秋后期,由于国君淫逸贪婪,加重对人民的剥削。《左传·昭公三年》(公元前539年)记载,到齐景公时已是“民参其力,二入于公,而衣食其一”了。农民把收获的三分之二作为田税上交国家,这种税率已超过十分之六了,可见当时农民负担之重。

### (二)市税与关税

夏商周实行“工商食官”政策,工商业都是官营,并服务于王室贵族,故《孟子·公孙丑上》说:“关讥而不征。”关,关卡。讥,查问。古代设关之目的,不是为了征税,而是防止奸细,御防外来侵犯,对过关的人进行查问。这种情况,到西周中后期开始发生变化,春秋时期,随着土地私有制的发展,特别是经济发达地区的齐国,曾把士、农、工、商分为四民,社会分工专业化非常明显。私人经营商业逐渐兴起,这时经商的特点是以营利为目的,到处追逐利润,他们不仅在本国市场上出售商品,而且还要通过关卡到别国市场上出售商品。当时各诸侯国仍沿用西周的关市税政策,但这时又有所发展,《管子·问》篇云:“征于关者勿征于市,征于市者勿征于关。虚车勿索，徒负勿入，以来远人。”关与市征税有明确的分工。关是征收行商之税，市是征收坐商之税。如果在关卡已经征税，入市后则不再征税，反之，在市已纳税，到关便不再交税。“虚车勿索”注：“索虚车益其烦扰。”“徒负勿入”注：“徒负货既寡，故勿令入其征。”即载货的空车和肩担背负的小贩，不征关税。

关市的税率，限于材料，难以详述，据《管子·幼官》篇记载，齐桓公三会诸侯时，曾宣布：“市赋百取二，关赋百取一。”按照这个法令，征收的市税，为商品贸易额的百分之二，关税为百分之一。这个法令因为是在诸侯盟会上宣布的，所以不仅适用于齐国，且与会的诸侯国都得遵守。不过到齐景公时，曾出现“偪（同逼）介之关，暴征其私”[①]，重收关税的情况。

## 三、手工业管理立法

### （一）手工业生产管理机构

春秋时期，各诸侯国沿袭周制，都设有专门管理手工业生产的机构，但名称不尽一致。一般设工正、工师、匠师，楚国中央设有工尹，为专门管手工业生产的机构。史书中有“百工”的记载，百工泛指管理生产的官吏和手工业生产者。春秋时期，百工聚居在一起，《论语·子张》篇说：“百工居肆，以成其事。”疏引《正义》曰：“五材各有工，言百，众言之也。肆，谓官府造作之处也。”《正义》的解释还是沿袭“工商食官”之说，但在春秋时期，这种官府造作之处可能是生产的作坊又兼店铺，产品一部分卖给官府，余下的自己销售。

《国语·齐语》记载：“四民者勿使杂处，杂处则其言哤（音忙，语言

① 《左传·昭公二十年》。

杂乱），其事易。”故四民“群萃而州处”，韦昭注：“州，聚也。”即按其职业之特点，分别聚居在不同地方。例如“处士也，使就闲燕”，韦昭注：“闲燕，犹清净也。”“处工，就官府；处商，就市井；处农，就田野。”可见齐国的百工也是聚居在一起从事手工业生产。从商周以来的历史看，很多是一个大家族聚居在一起，从事同一种产品的生产。这样，在当时的条件下也便于传授生产知识，改进生产技术，进行产品质量的比较，以及便于国家管理。当时对手工业生产管理的立法，也主要是从生产纪律、产品质量和数量方面加以管理，西周以来“物勒工名，以考其诚”的生产责任制仍继续沿用。

### （二）手工业生产概况

春秋时期，随着铁制工具广泛使用，促进了农业、手工业技术的改进与发展。长期以来“工商食官”的政策仍在推行，主要的手工业生产都由国家控制，政府设官管理，产品主要是满足奴隶主贵族的需要。不过这一时期随着土地私有制的发展，个体小农的数量和自由手工业生产者的数量不断增加，民间手工业生产也得到发展。《吕氏春秋 · 召类》篇记载着楚国的工尹池与宋国司城（即司空，因避宋武公讳而改）子罕的一段对话，子罕曰：“南家，工人也，为鞔者也，吾将徙之，其父曰：‘吾恃为鞔，以食三世矣。今徙之，是宋国之求鞔者，不知吾处也，吾将不食。愿相国之忧吾不食也。为是，故吾弗徙也。’”高诱注：“鞔，履也，作履之工也。”说明南家工人祖孙三代世居于此，是以自己的家庭为作坊，生产鞋子的民间自由手工业者。他们自产自销，看来这家鞋铺已很有名气，远近都到他家去买。

另外，《说苑 · 反质》篇记载：“鲁人身善织屦，妻善织缟，而徙于越。或谓之曰：‘子必穷。’鲁人曰：‘何也？’曰：‘屦为履，缟为冠也，而越人徒跣剪发，游不用之国，欲无穷可得乎？’”这个故事，是说鲁国有一家民间手工业者，他们的产品，不仅在家中就地销售，而且还要行销外地，甚至长途运往南方的越国销售。

上述两件材料，虽然都是后人的追记，但也不能说毫无根据，结合春秋时期的生产水平和商业的空前发达，我们认为还是可信的。材料说明这些手工业生产者，已经完全摆脱了“工商食官”的羁绊。这不仅有利于手工业的发展，而且为商品经济的发展创造了条件。

## 四、商业管理立法

### （一）商业管理机构

春秋时期，随着农业和手工业生产的发展，商业也得到进一步发展，特别是商人阶层的形成以及城市规模的扩大与繁荣，更促进了商业的发展。由于商贾的增多，各诸侯国为了加强对商业的管理，设立了专门管理机构，如鲁国设有“贾正”，杜预注：“贾正，掌货物，使有常价，若市吏。”孔颖达疏：“贾正，如《周礼》之贾师也。”[①] 可知贾正是专门掌管市场物价及货物陈列等事宜。又《左传·昭公二年》记载，郑国有“褚师”，杜预注：“褚师，市官。”楚国有“市令”[②]。名称虽与鲁国贾正不同，但都是管理市场的官吏。

### （二）私商大量出现与商业资本的发展

自由商人的增加，是随着商品经济的发展而来的。商周以来一直推行的“工商食官”政策，几乎全部商业都由官府控制，但是到了西周中期以后，随着私有土地的出现与发展，不仅中小奴隶主不断扩大自己的私有土地，很多庶民也在“辟草莱”的基础上，扩大自己的私有土地。私有土地的发展和私人手工业生产的发展，逐渐冲破了原来的“工商食官”的羁绊，

① 《左传·昭公二十五年》。
② 《史记·孙叔敖传》。

为长途贩运和私人商业的发展创造了条件。西周厉王时期的“彘之变”事件，反映了当时中小奴隶主和庶民即“国人”私有财产的发展，他们要求发展自己的私有经济，而对厉王专制表示不满。

春秋初期，各诸侯国虽然仍沿袭西周以来的“工商食官”政策，但是随着社会生产力的发展，生产关系发生变化，以及政权下移，宗法制的破坏，“工商食官”政策已不适应新的生产关系的需要，相反，阻碍了生产力的发展。当时土地私有者通过收取实物地租的形式，将土地租给他人耕种，而不再利用奴隶无偿的劳动，这种剥削方式的改变，使劳动者有了一定的人身自由，提高了生产积极性。个体私商起初有的利用奴隶为其经营，这时也改用雇工的形式为其经营。这种变化，都促使了私人商业的发展。此外，随着个体小农数量的增加，他们中的许多人在农闲季节，靠着自己的手艺生产一些手工业产品，拿到市场上销售，实际上这些人也加入了商人的行列。同时，贵族们所需要的物品，只要有货币，就能到市场上去买，并不影响他们的享用，可能比官府经营还合得来，从而导致旧时有关商品的禁令，逐渐不起作用，特别是随着“礼崩乐坏”，在消费方面的等级制也逐渐取消。例如过去贵族用的东西有的不准到市场上销售等，从而扩大了商品销售的范围。所有这些，都促使私商的增加，因为经营商业有利可图，甚至有些士大夫也跻身商界，随着私人商业的发展，在春秋初期即出现了许多大商人。

《史记 · 管晏列传》《索隐》引《吕氏春秋》“管仲与鲍叔同贾南阳”，这两位就是专门做买卖的大商人。《左传 · 僖公三十三年》记载郑穆公时，“郑商人弦高将市于周”，中途遇到来偷袭郑国的秦军，他假托君命，以十二头牛犒劳秦军。这位弦高就是当时郑国的大商人。后期有卫国人端木赐，即孔子的学生子贡。孔子说他“不受命而货殖焉”[①]。官都不愿做，而去经商。他“鬻财于曹、鲁之间，七十子之徒，赐（子贡）最为饶益”，

① 《论语 · 先进》。

是当时最富有的大商人，从而使他能够“结驷连骑，束帛之币以聘享诸侯，所至，国君无不分庭与之抗礼”[①]。孔子周游列国时就是靠他资助的。还有范蠡，即著名的陶朱公。他是弃官经商的，后来家累巨万。当时“言富者皆称陶朱公”[②]。

当时各诸侯国对上述商人的管理，除按照各国“市官”之职责，有关商品价格、陈设等要求商贾遵守外，就是通过关市税对他们加以控制。

### （三）商业经营理论之形成

春秋时期有些大商人文化素质很高，他们在长期商业经营实践中，绞尽脑汁，思考如何赚钱，取得货币，不断总结经验教训，从而形成一套经营理论。孔子说子贡“亿则屡中”[③]。猜测行情，竟每每猜对了。这就是靠他的经商经验。子贡说：“君子之所以贵玉而贱珉者，何也？为夫玉之少而珉之多邪？”他看到了商品价格的升降，与商品供求的数量有密切关系。正如我们今天所说的“物以稀为贵”的理论。史书上说他“好废举，与时转货赀”。《集解》：“废举谓停贮也。与时谓逐时也。夫物贱则买而停贮，值贵即逐时转易，货卖取资利也。”这就是待价而沽。[④]

《管子·小匡》记载着管仲经商的理论，说做生意要“观凶饥，审国变，察其四时，而监其乡之货，以知其市之贾”。就是说经商要善于分析时势，掌握动态，作出预测。然后决定是买是卖，而且还要“料多少”，料即预测，指预测能获利多少，是否值得做，就是说要卖到好价钱而获取高利。

范蠡是按照他老师计然提出的从市场上供求关系判断价格的涨落。“论其有余不足，则知贵贱。”要从市场“有余”与“不足”，预测市场物价的

---

① 《史记·货殖列传》。
② 《史记·货殖列传》。
③ 《论语·先进》。
④ 《史记·仲尼弟子列传》。

行情。他认为“贵上极则反贱，贱下极则反贵。贵出如粪土，贱取如珠玉”。因为贵贱都有极限，所以在贵到适当的时候，舍得抛出去，即“贵如粪土”，贱到适当的时候，要及时收进，即“贱取为珠玉”。要相机而买卖。此外，他还提出“务完物”，即购进的货物要贮存好。“无息币”，《索隐》：“久停息货物则无利。”即今之所谓加强资金周转。[①]

应该指出，上述经商理论，特别是他们的经商之道和高尚品格，是我国古代文化宝库中的一部分，如弦高以自己的十二头牛，犒劳欲偷袭郑国的秦军之爱国义举。鲍叔与管仲的见利而不忘义。范蠡致富之后，多次分散其财与“贫交疏昆弟”，这种扶贫济困，“富好行其德”的高尚品德，对我们今天仍有借鉴意义。

### （四）各诸侯国的商业政策

春秋时期，为了发展经济，互通有无，各诸侯国对商业贸易几乎都实行优惠政策，这里仅以郑、卫、晋三国简述之。

郑国是西周末年分封的诸侯国，在桓公时，把善于经商的商朝遗民，迁到“洛之东土，河、济之南”建立郑国，因为他们对建郑有功，所以免除了他们的奴隶身份，允许他们自由经商，并与他们盟誓：“尔无我叛，我无强贾，毋或匄夺。尔有利市宝贿，我勿与知。”[②]意思是：你不要背叛郑国，政府不强买或夺取你的货物，不干涉商人的经营。你们有赚钱的买卖和宝贵的货物，政府也不加过问。可见，郑国是春秋时期最早为私商的发展开了方便之门的。郑国政府也一直遵守这个盟誓，实际上这是郑国的一项商业立法。

由于郑国对商人的优惠政策，使商人有利可图，商人也不忘国家的利益。大商人弦高到洛阳去做买卖，途经滑国（今河南偃师东南），遇见前

---

① 《史记·货殖列传》。上述经商理论，是计然提出的，而实践是范蠡进行，从而获利“遂至巨万”。《集解》引徐广曰：“计然者，范蠡之师也。”

② 《左传·昭公十六年》。

来偷袭郑国的秦军，他假托君命，说秦师要到“敝邑”，让我赶来“以乘韦先”（一车熟牛皮）和“牛十二犒师”[①]，他暗地派人回郑国报信。秦将以为郑国已有准备，结果“灭滑而还”。从而使郑国免遭一次兵难。

晋文公在位时（公元前636—公元前628年），为了达到“政平民阜，财用不匮”的目的，在商业贸易方面提出“轻关易道，通商宽农”的政策。[②]这是春秋时期晋国首次提出的对私商采取的优惠政策。后来晋国的商品经济很快得到发展，出现了一些资本雄厚，“金玉其车，文错其服”，“能行诸侯之贿”的富商巨贾。[③]一些大商人，往往跨国经商。《左传·襄公二十六年》记载，楚国大臣曾说：“杞梓、皮革，自楚往也。虽楚有材，晋实用之。”就是一例。

春秋时期，商品经济之所以发展很快，主要是因为土地私有制的发展，使个体小农大量增加，他们男耕女织，把一部分产品用于交换，城市和交通的发展，为商业贸易提供了有利条件。许多诸侯国提出“农末俱利”，在注意发展农业生产之外，注意发展商业，把“关市不乏”视为“治国之道”。[④]为此，各国在商业立法方面注意保护商人的利益，使他们有利可图，并施以优惠的政策。

## 五、货币管理立法

春秋时期，随着农业、手工业、商业的发展，促进了货币的发展。由于铁的冶铸和青铜产量的增加，这时金属货币的使用已比较普遍。《国语·周语下》载：周景王二十一年（公元前524年）：“将铸大钱。单穆公

---

① 《左传·僖公三十三年》。

② 《国语·晋语四》。

③ 《国语·晋语八》。

④ 《史记·货殖列传》。

曰：‘不可。古者，天灾降戾，于是乎量资币，权轻重，以振救民。民患轻，则为作重币以行之，于是乎有母权子而行，民皆得焉。若不堪重，则多作轻而行之，亦不废重，于是乎有子权母而行，小大利之。今王废轻而作重，民失其资，能无匮乎？若匮，王用将有所乏，乏则将厚取于民。民不给，将有远志，是离民也。’”从这段材料看，景王铸大钱，遭到他的卿士单穆公的反对，理由是废轻铸重不便于民，恐怕因此造成物价上涨，加重人民的负担，人民破产逃亡。

《史记 · 循吏列传》载：孙叔敖为楚国令尹（宰相）时，庄王“以为币轻，更小以为大，百姓不便，皆去其业。亦令言之相曰：‘市乱，民莫安其处，次行不定。’相曰：‘如此几何顷乎？’市令曰：‘三月顷。’相曰：‘罢，吾今令之复矣。’后五日，朝，相言之王曰：‘前日更币，以为轻。今市令来言曰：市乱，民莫安其处，次行之不定。臣请遂令复如故。’王许之，下令三日而市复如故。”这段材料，说明金属货币在楚国也行用已久，这次改小为大，改轻为重的币制改革的结果，遭到人民的反对，给人民带来不便，造成金融混乱，因此又恢复如故。

《管子 · 国蓄》篇记载：齐国“人君铸钱立币”，并“以珠玉为上币，以黄金为中币，以刀、布为下币”。说明齐国除以贵重物品珠玉为上币外，还有贵重金属铸造的黄金以及青铜和铁铸造的刀、布币，作为中币和下币。

总之，春秋时期各诸侯国，在流通领域使用的主要是金属货币，而且以所谓下币刀、布为主。从上述事实可以看到，当时的货币使用与币制改革，都是在国君的命令下进行的。从而也可以看到，货币立法在调整物价和人民生活以及金融秩序关系方面所起的重要作用。

## 第七节　司法制度

春秋初期，各诸侯国基本上沿用西周的法律。颜师古曰：“周礼则三典五刑，以诘邦国，非不豫设，但弗宣露，使人知之。”[①]仍信奉“刑不可知，则威不可测”[②]的信条，假借神意，推行司法专制。中叶以后，随着经济的发展，阶级关系的变化及各诸侯国的割据一方，对司法制度进行相应的变革。

### 一、司法机关

春秋时代各诸侯国的司法组织基本上沿袭西周，保留了乡遂制度。如齐国分为二十一乡，五属（相当于“遂”）；鲁国分为三郊（即乡），五遂等。但各诸侯国对法官的称谓却有所不同，鲁国称为“司寇”，齐国称“士”，晋国称“士”或“理”，楚国、陈国则称法官为“司败”。

### 二、起诉制度

春秋时代的起诉形式，除自诉、控告外，还有自控。自控也叫自拘、自系，相当于现代的“自首”。如“李离过听杀人案”“石奢纵父自戕案”中的李离、石奢都属于自控。

### 三、审判制度

春秋时期是社会大变革时期，众多的诸侯国争霸、兼并，战争频繁。诸侯国内臣弑其君，子弑其父，争权夺利，自相残杀。尽管各诸侯国根据需要制定常法或公布成文法，但其审判制度基本上沿用西周而有所发展。如晋国赵宣子执政时，预先制定刑法，按犯罪者罪行的轻重予以处刑，设

① 《汉书·刑法志》注。

② 《左传·昭公六年》。

置司法官吏，受理未决的案件，督促追捕逃犯，根据契书来裁决民事案件等。所谓“正法罪，辟狱刑，董逋逃，由质要”[①]。

僖公二十八年，元咺与卫侯争讼案既反映了统治集团内部的权力之争，又反映了春秋时期的法庭审判程序。

卫国大夫元咺曾受命辅卫侯之弟叔武守国，卫国转危为安，叔武发车骑迎卫侯，卫侯听信歂犬谗言射死叔武，追捕元咺，元咺逃奔晋国。晋文公将叔武冤情诉于周襄王，周襄王命王子虎为法官与晋文公共同审理卫侯的罪狱。

案件由王子虎与晋文公主审，被告卫侯穿着囚服到庭，原告大夫元咺同时到庭，即所谓“两造具备”。法官王子虎道：“君臣不能对理争讼，应由别人代理。”即按周礼规定：命夫命妇不躬坐狱讼。由大夫鍼庄子代卫侯出庭，大夫宁武子为辅，卫国治狱官士荣为辩。开庭后，元咺口若悬河，将卫侯冤杀叔武之事，详细地铺叙出来。鍼庄子说：“这都是歂犬的谗言所造成的，卫侯只是误听，责任不在卫侯。”元咺说：“歂犬当初曾对我说，要拥立叔武为侯，假如我听从了，卫侯哪里还能重返卫国，为了自明心迹，我还派遣自己的儿子跟从卫侯，想不到却无辜被杀。”士荣指责说：“你是为了出杀子的怨气，并非为了叔武。”元咺说：“我常说，杀子是私怨，宁国是大事，我虽不贤，但也不敢以私怨而废大事。假如我挟私怨，怎么会执笔致书让卫侯回国复位呢？”士荣说：“此事卫侯已经谅察，叔武遭歂犬的毒手，并非出于卫侯本意。”元咺说：“卫侯既然知道叔武无篡位之心，对歂犬的满口胡言就应当加罪，又为何派他为前驱，放纵他射杀叔武呢？事后又怎能推卸罪责？”卫侯的代理人鍼庄子低头不语。士荣辩驳说：“叔武虽然被枉杀，但叔武是臣子，卫侯是国君。自古以来，臣子被国君枉杀的不可胜数，何况卫侯已经诛杀歂犬，又对叔武加以厚葬，赏罚分明，还有什么过失呢？”元咺说：“过去夏桀枉杀关龙逄，商汤就放逐他。殷纣枉

① 《左传·文公六年》。

杀比干，周武王就讨伐他。商汤与周武王原来都是臣子，他们亲眼看到忠良蒙冤，就起义讨伐其君以安抚百姓。叔武守国有功，是关龙逄、比干所不能比的。再说卫国不过封侯，上受周王节制，下受诸侯制约，岂能与夏桀、殷纣贵为天子，富有四海相比，能够说无罪吗？”士荣语塞，但又转口说：“卫侯固然有错，但你作为臣子，又忠心为君，那为什么卫侯一进入卫国，你就逃走，不朝不贺，是什么道理呢？”元咺说：“我辅助叔武守国，是奉国君的命令，国君既然连叔武都不能容纳，岂能宽容于我，我的出走并不是贪生怕死，而是为叔武申不白之冤啊！”听了上述“法庭辩论”以后，坐在审判席上的晋文公与法官王子虎合议道：“看士荣、元咺反复辩论，都是元咺在理。卫侯是天子的臣，不能擅自处刑，可以先处罚卫国的臣子。”喝令左右：“凡是辅从卫侯的，都处以死刑。”王子虎说：“我听说宁武子是卫国的贤大夫，为调解卫侯兄弟的事费尽苦心，只是卫侯不听取他的意见，再说这个案子也与宁武子无关，因此不能牵涉他。士荣是卫国的治狱官，不能正确判案，应当定为首罪。鍼庄子作为卫侯的代理人，在法庭辩论时一言不发，自知理亏，也应适当处刑。”晋文公依从王子虎的话，将士荣处死刑，鍼庄子处刖刑，宁武子无罪释放。卫侯被推上槛车，押解京师，禁于囚室。《左传》曰：“卫侯与元咺讼，宁武子为辅，鍼庄子为坐，士荣为大士。卫侯不胜[①]，杀士荣，刖鍼庄子，谓宁俞（武子）忠而免之。执卫侯，归之于京师，寘诸深室。”[②]

“卫侯与元咺讼”是贵族、官僚间的争讼，同时也反映了春秋时期的审判制度：案件由两位法官主审；开庭时要求原告、被告同时到庭；按照周礼命夫命妇不躬坐狱讼，可以由代理人出庭受审；允许现职法官（治狱官）充当辩护人；原告、被告可以在法庭上进行激烈的辩论；法庭辩论结束后，由两位主审法官合议定罪；宣判后，立即执行；对辩护人可以处刑，甚至

---

① 杜氏注：“三子辞屈。”

② 《左传·僖公二十八年》。

处以死刑；对命夫命妇法官无权审判，得移送京师，请周王裁决等。这是一则比较完整的，有代表性的案例，尤其是法庭辩论，两造双方针锋相对，辩论激烈，反映了法庭审判的实况，对我们了解春秋时期的审判制度，提供了极为生动的材料。

春秋时期的法官责任制，明显受西周的影响，对应负的罪责执行得更加严肃、更加自觉。西周时期对于法官的五过之疵，其责任是其罪惟均。春秋时期法官判了错案，错杀无辜，或者下吏办了错案，法官过听杀人，法官都要承担死罪的责任。如晋文公时，晋国法官李离，因下吏办了错案，李离过听杀人，结果错杀无辜，李离自拘当死。晋文公开脱说："官有贵贱，罚有轻重。下吏有过，非子之罪也。"李离说："臣居官为长，不与吏让位；受禄为多，不与下分利。今过听杀人，付其罪下吏，非所闻也。"晋文公又说："子则自以为有罪，寡人亦有罪邪？"李离说："理有法，失刑则刑，失死则死。公以臣能听微决疑，故使为理。今过听杀人，罪当死。"终于拒不接受晋文公的赦免令，伏剑而死。司马迁评论说："李离过杀而伏剑，晋文以正国法。"[①]

## 四、监狱

春秋时期监狱有较大规模的发展。齐景公时代就有"籍重而狱多，拘者满圄，怨者满朝"[②]的记载。监狱除称圜土、囹圄外，亦称"狴犴"。"孔子为鲁司寇，有父子讼者，夫子同狴执之。"[③]狴，狴犴也。俗传龙生九子不成龙，四曰狴犴，形似虎，有威力，立于狱门，故称监狱为狴犴。

春秋时期的狱官，各国有所差异，鲁国为司寇主狱，晋国为士弱氏

① 《史记 · 循吏列传》。
② 《晏子春秋 · 内篇》。
③ 《孔子家语 · 始诛篇》。

主狱，“卫侯如晋。晋人执而囚之于士弱氏”[1]。郑国为尉氏主狱，“归死于尉氏”[2]。

春秋时期，战争频繁，社会动荡，各国诸侯急需兵源与劳动力，因此，在众多的监狱中服刑是以劳役刑为主体，这种监狱制度既是西周圜土、嘉石监狱制度的继承与发展，又是符合各国统治者的意志与利益的，因为他们急需有众多的无偿劳动力服役为其增添财富，又需要大量的兵源后备力量。春秋末期，不少诸侯国已逐步废除宫刑和刖刑，由原有的以肉刑为中心的刑罚体系向以劳役刑为中心的刑罚体系的转变，是春秋监狱的重要特征。这个转变是符合当时的特定历史条件，也符合监狱制度的发展规律的，在诉讼制度史上无疑是进步的一页。

先秦时期的诉讼制度，有一个从发端到逐步走向完备的历史进程。在这个进程中，呈现着各个朝代各项诉讼制度的方方面面。正是这些方方面面，有的被后人所褒扬，有的却被后人所贬斥，有的被封建社会所继承或沿袭。总之，先秦时期的诉讼制度对后世有着深远的影响。

## 第八节　礼制的衰败

西周后期以嫡长子继承制为核心的宗法制已难以维系，分封制的长期实行，不可避免地产生了许多弊病，首先是诸侯势力逐渐强大，继之是大夫执政，国中之国比比皆是，西周初期天子、诸侯、大夫的等级秩序逐渐倒置。枝强干弱的局面形成。天子无力维护独尊的地位，诸侯国间的兼并战争由此而起。“周初千八百国，至春秋之初仅存百二十四国，其数不逮十一。则厉、宣以降，诸侯之互相吞并，盖已久矣。春秋之时，因之大者十，

① 《左传·襄公二十六年》。
② 《左传·襄公二十一年》。

鲁兼九国之地；齐兼十国之地；晋兼二十二国之地；宋兼六国之地；郑兼三国之地；卫兼二国之地；秦有周地；东界至河；吴灭五国，北境及淮；越又从而有之，弱肉强食，其祸酷矣。”[①] 在激烈的兼并战争中，周王室、大宗、小宗甚至异姓贵族的势力互相消长，君统与血统合为一体的宗法政治格局被改变，维护宗法制的规范——礼便随之衰败，“礼废乐坏”[②] 因此成为春秋时代的特色。

“礼者为异”[③]，礼制是奴隶社会中包罗万象的制度，但中心内容则是维护尊卑贵贱的等级差别。孔子作《春秋》，意在“贵王贱伯”[④]，即在宗法制崩溃的情况下，改良礼制，重新建立君君、臣臣、父父、子子的等级社会。因为春秋处在由旧制度向新制度过渡阶段，社会政治、风俗及人们的观念便十分复杂。一方面，旧的礼制已经瓦解，诸侯的强大打破了天子的独尊，大夫的富庶又僭越了诸侯的等级。孟子言：“臣弑其君者有之，子弑其父者有之。”[⑤] 旧的礼制已无法规范人们的言行。春秋初年周郑交战中，郑庄公之臣祝聃竟射中周桓王之肩[⑥]，这种“诸侯失礼于天子”[⑦] 的事愈演愈烈，春秋中后期更自不待言。另一方面，春秋时旧礼制毕竟还未完全消失，尤其是传统的礼制观念还具有相当的号召力。晋齐称霸无不以“尊王”为旗号，诸侯间争霸、士大夫间议论、国与国间交往等无不强调尚礼。《左传 · 隐公四年》记，卫国州吁弑君自立，不能服民，州吁之子问老臣石碏：怎样才能安国？石碏认为“王觐为可”，即朝拜天子，得到天子的允许，可以安国服民。肆无忌惮地破坏礼制与处心积虑地强调礼制矛盾地交织在一起，

---

① 柳诒徵:《中国文化史》(上册)，第 207 页。

② 《史记 · 礼书》。

③ 《礼记 · 乐记》。

④ 《朱子语类》卷八三。

⑤ 《孟子 · 滕文公下》。

⑥ 《左传 · 桓公五年》。

⑦ 《国语 · 吴语》。

但两者之间，礼的被破坏与衰败无疑是大势所趋，因为许多有势力的诸侯、大夫对礼的崇尚不过是各取所需。春秋时礼制的衰败大致表现在以下几个方面。

## 一、诸侯对天子的僭越

“西周以前，史事几惟所谓天子之国可知，东周以后，则诸大国所传皆详，天子之国，或反不逮。”[①]总结三代典籍，可知春秋时以天子为中心的一统天下已不复存在，天子独尊地位的丧失，是礼制遭到破坏的最显著标志。

按礼，诸侯国有拱卫王室的义务。平王东迁，置周王室于晋、郑两同姓国之间，本欲借助郑、晋势力，保住宗室的权威。但强大起来的诸侯，尤其郑国不仅拒不履行礼制所规定的捍卫王室的义务，反而乘王室危难，巧取豪夺。公元前720年，为扼制郑庄公专权，周平王分权与虢，引起郑庄公不满。平王心惧，为释郑国之怨，竟同意与郑交质，将周的宗主地位降至与诸侯国同等地位。《左传·隐公三年》记：“王子狐为质于郑，郑公子忽为质于周。”《左传》的作者便将这次“交质”斥为非礼之举：“信不由中，质无益也，明恕而信，要之以礼……而况君子结二国之信，行之以礼，又焉用质。”周平王死后，郑国竟明目张胆地一再夺取周境内的庄稼及土地，以致周郑之间发生了战争，战争又以周王室的失败而告终。周郑交质及周郑交战，不仅证明了周天子地位的衰败，而且还证明合君统与血统为一体的宗法制已经破裂，维护宗法伦理等级的礼制束缚力正在减弱。

与公开践踏礼制、侮辱王室不同，齐、晋两国的称霸则是在“尊王”的旗号下进行的。齐桓公救邢存卫，阻楚北进，于公元前651年会诸侯于葵丘（今河南兰考）。周天子派使臣宰孔赴会，“赐齐侯（即齐桓公）胙”[②]，

① 吕思勉:《先秦史》，上海古籍出版社1982年版，第150页。

② 《左传·僖公九年》。

桓公“下、拜；登，受”[①]。即按照诸侯接受天子赐物的礼节，接受了赐品。齐桓公“尊王”的目的并不在于维护礼制，恰恰相反，而是为了“挟天子而令诸侯”。因此，礼节的周全并没有掩饰住齐桓公对周天子的藐视，以致周使臣宰孔发出“齐侯骄矣”[②]的感叹。与齐相比，晋更是有过之而无不及，公元前635年，晋文公平定周王室的内乱，兴兵勤王，将被赶出国的周襄王护送回国，后以“尊王攘夷”为旗帜，阻楚北进，与楚战于城氵卜（今山东氵卜县）大获全胜，成为霸主。公元前632年冬，晋文公竟以凌驾天子之上的姿态，召天子参加会盟。《左传・僖公二十八年》记：“是会也，晋侯召王，以诸侯见，且使王狩。仲尼曰：‘以臣召君，不可以训。’故书曰：‘天王狩于河阳。’”《史记・孔子世家》亦记：“践土之会实召周天子，而《春秋》讳之曰：‘天子狩于河阳’推此类以绳当世。”这种以臣召君的僭礼之举，标志礼制下的君臣等级已处在本末倒置的状况中。

“诸侯之博大，天子之害也。”[③]自春秋以来，诸侯对天子的僭越已不是一时一事，而是成为普遍的现象。

就经济而言，分封制下王室的绝对优势已经丧失，诸侯国无视传统礼制，互相侵吞，甚至抢占王室之地。郑国子产言：“且昔天子之地一圻（一圻，方千里），列国一同（一同，方百里）。今大国多数圻矣。”[④]其与《孟子・万章下》所描述的古制“天子之地，地方千里，公侯皆百里，伯七十里，子男五十里，凡四等”相去甚远。诸侯间的兼并，不仅使强国有地“数圻，”而且使天子连“一圻”之地都无法保全。春秋时，周王室的土地仅限于洛阳周围，与小国的土地相差无几。由于贫弱，周天子只好放弃天子的威严，向诸侯国“求金”“求车”。自春秋始，天子便再也没有享受过“溥天之下，

---

① 《左传・僖公九年》。杨伯峻释：“先降于两阶之间，再拜稽首，然后升堂，又再拜稽首然后受赐。”见杨伯峻:《春秋左传注》(一)，第327页。

② 《史记・齐太公世家》。

③ 《韩非子・爱臣》。

④ 《左传・襄公二十五年》。

莫非王土，率土之宾，莫非王臣”的权威。

就朝觐制度来说，礼制规定，“诸侯之于天子也，比年一小聘，三年一大聘，五年一朝”①。诸侯朝见天子，“天子不下堂而见诸侯”②。自西周中后期，天子下堂见诸侯，《礼记》斥为失礼。《礼记·郊特牲》记：“下堂而见诸侯，天子之失礼也，由夷王以下。”春秋以来，朝觐之礼基本废弛。《春秋》记232年间，与王室关系甚为密切的鲁国仅朝天子三次。鲁是保留传统礼制较多的国家，晋使韩宣子曾赞誉道“周礼尽在鲁矣”③。孔子也曾说：“齐一变，至于鲁，鲁一变，至于道。”④意即鲁国制度与传统之道最为贴近。一变而可至于道的鲁国对朝觐尚且如此懈怠，其他各诸侯国便可想而知。更为甚者，春秋时期朝觐制渐由朝见天子转为朝见霸主。《左传·昭公三年》记：“子大叔曰：……昔文、襄之霸也，其务不烦诸侯，令诸侯三岁而聘，五岁而朝，有事而会，不协而盟。”《左传·昭公十三年》又记晋叔向的话：“是故明王之制，使诸侯岁聘以志业，间朝以讲礼，再朝而会以示威，再会而盟以显明。”杨伯峻释“岁聘”为“每年相聘”，“间朝”为“三年一朝”，“再朝而会”为“六年一会”，“再朝而盟”为“十二年一盟”⑤，吕思勉据《义疏》引“崔氏以为朝霸主之法，盖是”⑥。并认为“朝聘之疏数，亦大国制之，无定法也”⑦。春秋时，鲁曾朝于晋，也曾朝于楚，晋弱时亦曾朝于楚。朝觐之礼，已被霸主僭越。

就纳贡来说，春秋时亦由诸侯向天子纳贡逐渐变为向霸主纳贡。《周礼·秋言·大行人》详细记述了侯、甸、男、采、卫、要、蕃各服应向天

---

①《礼记·王制》。

②《礼记·郊特牲》。

③《左传·昭公二年》。

④《论语·雍也》。

⑤ 杨伯峻:《春秋左传注》(四)，第1355—1356页。

⑥ 吕思勉:《先秦史》，第380—381页。

⑦《左传·昭公十三年》。

子所贡之物及时间。其中虽有许多虚拟成分，但在分封制下，诸侯向天子进贡无疑是存在的，而且是一项重要的制度。如子产曾说："昔天子班贡，轻重以列，列尊贡重，周之制也。"① 但春秋时，强大起来的诸侯则拒绝向王室进贡，楚国便"贡包茅不入，王祭不供"②。周"列尊贡重"的礼制被打破，霸主肆无忌惮地享用本来只有王室才有的贡品，而且索贡日益酷烈，使弱小甚至中等之国常有不支的感觉。《左传 · 昭公二十四年》记："范宣子为政，诸侯之币重。"杨伯峻注："晋为霸主，诸侯往朝聘，例须纳币，此币指一切贡献品。"又记："子产寓书子西，以告宣子，曰：子为晋国，四邻诸侯不闻令德，而闻重币，侨也惑之……夫诸侯之贿聚于公室；则诸侯二。"春秋后期晋衰吴兴，鲁对吴之贡则"有丰于晋，无不及焉"③。子服景伯说："王合诸侯，则伯帅侯牧以见于王，伯合诸侯，则侯帅子男以见于伯。"④ 在纳贡上，霸主已可与天子相提并论。

就战争讨伐而言，《论语 · 季氏》记："天下有道，则礼乐征伐自天子出，天下无道，则礼乐征伐自诸侯出。"春秋时大小相并，战争频繁，但"自天子出"的征伐却寥寥无几。《史记 · 周本纪》有关资料如下：

（桓王）十三年，伐郑，郑射伤桓王，桓王去归。

（惠王）四年，郑与虢君伐杀王穨，复入惠王。

（襄王）十三年，郑伐滑，王使游孙，伯服请滑，郑人囚之。……王怒，欲以翟伐郑……十五年，王降翟师以伐郑。

十七年，襄王告急于晋，晋文公纳王而诛叔带，襄王乃赐晋文公珪鬯与矢，为伯。

---

① 《左传 · 昭公十三年》。

② 《左传 · 僖公四年》。

③ 《左传 · 哀公十三年》。

④ 《左传 · 哀公十三年》。

定王元年，楚庄王伐陆浑之戎，次洛，使人问九鼎。王使王孙满应设以辞，楚兵乃去。

（敬王）四年，晋率诸侯入敬王于周。……十六年，子朝之徒复作乱，敬王奔于晋。十七年，晋定公遂入敬王入周。

从以上所记来看，春秋之初，周王尚有一定的力量从事讨伐，其后便唯霸主是依，甚至王的废立亦由诸侯霸主决定。参考《史记》中各《世家》，可以看到春秋时战争的主要特点便是“礼乐征伐自诸侯出”。霸主不仅可以随时召集盟国以讨伐敌人，而且有裁决国与国争端的权力。《左传·襄公二十四年》记，郑请晋伐陈，晋不许。郑伐陈后又派使臣告知晋国，“晋人问陈之罪”，又责问郑“何故侵小”。郑使臣子产对答：“先王之命，唯罪所在，名致其辞。”[①] 从郑伐陈的前后经过来看，讨伐是要通过霸主许可的。

综上所述，春秋时，诸侯对天子之礼的僭越日益增多，天子与诸侯，王室与公室的等级差异日益缩小，最终竟本末倒置。礼制的衰败由此而起。

## 二、大夫的僭越

春秋中期，礼制的衰败由诸侯扩展到大夫。诸侯的僭越，动摇了天子的地位，而大夫的僭越则动摇了国君的地位，维护等级制的礼制由于大夫执政，甚至陪臣执政而全面崩溃。

《左传·成公十三年》记：“国之大事在祀与戎。祀有执膰，戎有受脤，神之大节也。”西周分封制下，诸侯为国，称公室，公室为一国之大宗，大夫为采邑，称私家，相对公室而言，私家应为小宗。西周有一整套严密的祭祀制度：“诸侯不敢祖天子，大夫不敢祖诸侯。”[②] 即诸侯不得祭天

① 《左传·襄公二十五年》。

② 《礼记·郊特牲》。

子之祖庙，大夫不得祭诸侯的祖庙。春秋之时，祭祀制早已紊乱，《左传》中记载了许多国君、大夫违背祭祀之礼的举止。如：《左传 · 庄公二十三年》："公如齐观礼，非礼也。"《左传 · 文公十五年》："六月辛丑朔，日有食之。鼓、用牲于社，非礼也。日有食之，天子不举，伐鼓于社，诸侯用币于社，伐鼓于朝，以昭事神、训民、事君，示有等威，古之道也。"祭祀既是"国之大事"，又是礼制的核心，正因如此，孔子对春秋时破坏祭祀制度的举止给予了严厉的指责。《论语 · 八佾》记："三家者以《雍》彻。子曰：'相维辟公，天子穆穆，奚取于三家之堂。'""季氏旅于泰山。子谓冉有曰：'女弗能救与？'对曰：'不能。'子曰：'曾谓泰山不如林放乎？'"其大意为："仲孙、叔孙、季孙三家大夫，竟僭用天子之礼，唱着《雍》这篇祭诗来撤除祭祀祖先的供品。孔子说：《雍》中有'天子庄严肃穆地主祭，诸侯助祭。三家大夫的行为哪一点与此相符呢？'""季氏要去祭祀只有天子才能祭祀的泰山。孔子对学生冉有说：'你能制止这种做法吗？'冉有回答：'不能。'孔子说：'只有天子才能祭祀的泰山难道会接受一个大夫的祭祀吗？'"春秋后期，大夫对祭礼的僭越已达到无所顾忌的地步，鲁国季孙、仲孙、叔孙公然违背"大夫不敢祖诸侯"的等级制度，将诸侯公室之庙设于私家。《礼记 · 郊特牲》："公庙之设于私家，非礼也，由三桓始也。"这是大夫公然与诸侯抗礼的典型举止。

大夫对祭祀之礼的公然践踏，是有强大的军事力量为后盾的。礼制规定，大夫不得备有私人军队，即所谓"君亲无将，将而必诛"[①]。但是，随着春秋时兼并战争的加剧，许多大夫都有了自己统辖的军队，甚至夺公室军队为己有。《左传 · 襄公十一年》记："季武子将作三军，告叔孙穆子……正月，作三军，三分公室各有其一。"杨伯峻注："以三军改为季孙、叔孙、孟孙三族所私有，各族各得一军之指挥与编制之权，故云各有其一。"[②]事

---

① 《公羊传 · 庄公三二年》。

② 杨伯峻：《春秋左传注》(三)，第 987 页。

隔二十余年，三家根据各自的实力又重新瓜分了公室："四分公室，季氏择二，二子各一，皆尽征之，而贡于公"①，至哀公时，"季氏之甲七千，冉有以武城人三百为己徒卒"②。除鲁国外，晋、齐等各国大夫也相继兴起，掌握了公室的军队。晋国早在厉公时，私家便可与公室抗衡。《国语·晋语》记大夫郤至"其富半公室，其家半三军"。晋平公时鲁公出使晋国，亲睹了晋"宗族枝叶先落"③的情景。晋贵族叔向叹道："虽吾公室，今亦季世也。戎马不驾，卿无军行，公乘无人，卒列无长。"④齐国异姓大夫田氏为夺公室，好施不倦，"凡公子、公孙之无禄者，私分之邑"，⑤其后，终于以一异姓而夺公室之权。大夫对军事力量的掌握，使"礼乐征伐"之权已由诸侯下移至大夫。《春秋·昭公十年》记："秋七月，季孙意如、叔弓、仲孙貜帅师伐莒。"《论语·季氏》也记道："季氏将伐颛臾。"可见，大夫征伐至春秋中后期已不罕见，所以孔子说："（礼乐征伐）自大夫出，五世希不失矣。"⑥

总之，礼制的两项重要内容，戎与祀在春秋时由天子下降至诸侯，又由诸侯下移至大夫，礼制因此而无可挽救，礼制的崩溃，使社会陷入新旧交替的混乱中，"春秋之中，弑君三十六，亡国五十二"。⑦"崔子弑齐君，陈文子有马十乘，弃而违之，至于他邦，则曰：'犹吾大夫崔子也。'违之。之一邦，则又曰：'犹吾大夫崔子也。'违之。"⑧可见像崔子那样违礼弑君者比比皆是。随着大夫势力的强大，不但天子成为虚设。"天子之在者，

① 《左传·昭公五年》。
② 《左传·哀公十一年》。
③ 《左传·昭公三年》。
④ 《左传·昭公三年》。
⑤ 《左传·昭公十年》。
⑥ 《论语·季氏》。
⑦ 《史记·太史公自序》。
⑧ 《论语·公冶长》。

惟祭与号。”[①] 而且诸侯也逐渐退出争霸的舞台。以至人们发出“诸侯之无伯，害哉”[②] 的感叹。此外，应该指出的是，诸侯、大夫的僭礼不是一时一事之举，而是全面的从制度上的僭越，可以用《礼记 · 郊特牲》中的一段话来作为概括：“诸侯之宫县，而祭以白牡，击玉磬，朱干设锡，冕而舞大武，乘大路，诸侯之僭礼也。台门而旅树，反坫，绣黼，丹朱中衣，大夫之僭礼也。故天子微，诸侯僭，大夫强，诸侯胁。于此相贵以等，相觌以货，相赂以利，而天下之礼乱矣。”其大意为：“诸侯之乐有宫县，祭祀以白牛，敲击玉磬，用金饰的朱盾，戴冕而舞‘大武’，乘大辂之车，这一切都是诸侯僭拟天子之礼。家门口有台门，过道用屏障，堂上设反坫，穿着红绸子绣有黼文的裹衣，这一切都是大夫僭拟诸侯之礼。所以到了天子的权势衰微，诸侯就僭拟为天子了；大夫的权力强大，而诸侯亦要受到胁迫了。那个时候，诸侯彼此互相拥戴，随便升级为公为王。彼此互相勾结，随时进贡土仪财物。大夫们则贿赂公行，唯利是图，而天下的礼便完全紊乱了。”[③]

## 三、礼制的全面衰败

天子失位，诸侯逐鹿，大夫篡弑是春秋时代的特点。“不学礼，无以立”[④] 的时代已一去不复返，除诸侯、大夫僭礼，破坏宗法等级外，礼制的破坏还表现在华夷之争、礼下庶人及社会风俗巨变之上。下面分而述之：

### （一）华夷之争

华，又称华夏，先秦时一般指以周王室为中心，与周王室有血统关系

① 《谷梁传 · 昭公三十二年》。

② 《左传 · 昭公十六年》。

③ 王梦鸥：《礼记今注今译》，天津古籍出版社 1988 年版，第 338 页。

④ 《论语 · 季氏》。

或联姻关系的诸侯国。主要在中原地区。夷，或蛮夷。一般指华夏四周的民族。从社会发展及文化上讲，当时华夏族居于领先地位。《左传·定公十年》记孔子言“裔不谋夏，夷不乱华”，疏曰：“中国有礼仪之大，故称夏，有服装之美，谓之华。”孔子又言：“夷狄之有君，不如诸夏之亡也。”意亦在以文化即礼仪区别华夏与周边民族。但春秋之时，华夷的区别逐渐缩小，横隔于华夷之间的礼仪逐渐瓦解，蛮夷之邦不仅僭越了华夏之礼，而且参与到春秋争霸的战争中。华夏之邦吸收了一些四周民族的风俗，并在“攘夷”中与“夷”相融合，甚至与蛮夷通婚，成为他们的藩属。融合打破了礼制，促进了发展，使华夏族更加壮大。

在礼制盛行之时，周与四周民族的关系是“中国不侵伐夷狄，夷狄不入中国”[①]。但春秋时，周宗室内部及各分封国间的战争却打破了夷狄与华夏的界限，郑国伐滑时，周襄王便借用狄人的力量加以阻止及讨伐郑国。周大夫富辰谏阻襄王，认为郑、滑是兄弟之争，不可借助外人之力来解决争端：“兄弟之怨，不征于他，征于他，利乃外矣。章怨外利，不义；弃亲即狄，不祥；以怨报德，不仁。”[②]襄王拒谏，仍率狄伐郑，可见，“夷狄不入中国”之礼连周王本人也已放弃。春秋时，北狄、西戎、南蛮、东夷的势力皆乘周王室的内讧而向中原发展，《左传》记秦晋两国多次与西戎战和，其后便与秦晋人逐渐融合。戎子驹支对范宣子说：“惠公蠲其大德，谓我诸戎是四岳之裔胄也，毋是翦弃。”可见，西戎以“四岳之裔胄”为荣，对周王室的礼仪并不排斥。北狄，则是比较善战的民族，春秋初期便伐邢入卫，迫邢迁都。其后竟灭温侵郑，并将邢置于自己的控制之下，齐、晋、鲁等春秋时的强国，无不受到狄的侵扰。在当时，狄的势力已可与中原诸雄相比，晋人士燮在述晋文公称霸过程时说：“秦、狄、齐，楚皆强。”[③]然

① 《谷梁传·襄公三十年》。
② 《国语·周语中》。
③ 《左传·成公十六年》。

而，在春秋时对中原礼制冲击最大的莫过于南方的蛮人。春秋伊始，楚国便北上中原，齐、晋两国在“攘夷”过程中，逐渐蚕食了周王的大权。《公羊传 · 僖公四年》记楚伐中原：“夷狄也而亟病中国，南夷与北狄交，中国不绝若线。（齐）桓公救中国而攘夷狄。”楚受封于成王之时，中原人将其视同蛮夷：“昔成王盟诸侯于岐阳，楚为荆蛮……故不与盟。”[①]《史记 · 楚世家》记楚人亦自称“蛮夷”，但就是这个“非我族类”[②]的楚国成为春秋时雄踞南方的一霸。楚自武王时起，便不断吞并周围诸国，文王嗣位，又灭掉中原各国的屏障申、息两国，楚成王时挥师北上，与齐、晋、郑等“诸夏”大国反复交锋。在南北交锋中，周王唯实力是依，楚俨然以“诸夏”之国而开始逐鹿中原。楚庄王于公元前 606 年伐戎而至洛，陈兵于周境之内，周定王使王孙满慰劳楚军，“楚子（庄王）问鼎之大小、轻重焉”[③]。周王室的慰劳说明王室对这个“南蛮国”的承认。楚庄王问鼎则说明楚意在称霸于中原。不仅王室，“诸夏”小国、弱国也早已将“兄弟阋于墙，外御其侮”[④]的古训置于脑后，在大国争霸中反复摇摆，或叛晋服楚，或叛楚服晋，如郑公子子良说：“晋、楚不务德而兵争，与其来者可也。晋、楚无信，我焉得有信。”[⑤]华夷的界限已不成其障碍。春秋的晚期，中原各国由于内乱而疲惫不堪，长期争霸的晋楚两国不仅弭兵结盟，而且晋国已甘拜下风。“春秋晚期晋君的器物，有晋公盏（《两周金文辞大系》，图 162），吴闿生指出，这是晋平公嫁女于楚的媵器，作器年是公元前 537 年。”[⑥]《晋公盏》铭文有“宗妇楚邦”“晋邦唯翰”等语，说明晋不仅嫁女于楚，而且已成楚的藩属。继楚之后，吴越亦相继称霸。公元前 584 年周简王时：“吴伐郯，

① 《国语 · 晋语八》。

② 《左传 · 成公四年》。

③ 《左传 · 宣公三年》。

④ 《国语 · 周语中》。

⑤ 《左传 · 宣公十一年》。

⑥ 李学勤:《东周与秦代文明》，文物出版社 1984 年版，第 38 页。

郯成。季文子曰：‘中国不振旅，蛮夷入伐，而莫之或恤，无弔者也夫。……吾亡无日矣。’”[①] 杨伯峻注：“郯去鲁不甚远，吴在当时为‘蛮夷’，竟侵伐至郯。”公元 519 年，吴于鸣父（今河南固始县）大败楚联军。《公羊传》记：“不与夷狄之主中国也。然则曷为不使中国主之，中国亦新夷狄也。”何休注：“中国所以异乎夷狄者，以其能尊尊也。王室乱，莫肯救，君臣上下坏败，亦新有夷狄之行。”由此可见，春秋时华夷之争混淆了礼制下华夷的界限，一些强大起来的蛮夷之国，不仅可僭用华夏之礼，而且可以用武力与华夏诸大国抗衡，并取得盟主的地位。尽管有许多人企图维持华夷的区别，甚至以“豺狼”[②] 辱骂逐渐与华夏族相融合的民族，但有越来越多的人却将这些民族视为与华夏一体的民族。平王东迁时：“辛有适伊川，见被发而祭于野者，曰：‘不及百年，此其戎乎！其礼先亡矣。’”[③] 即辛有认为，夷狄之族与华夏族相同，只不过是礼仪失传而已。不仅如此，华夏许多国家甚至还接受了许多“夷礼”。如《左传·僖公二十七年》记：“杞桓公来朝，用夷礼。”杞，为夏之后裔，为华夏正统封国，竟用夷礼朝鲁国，说明华夷之间的融合。此外，蛮夷之国对礼制的冲击，还表现于擅自称王上。《礼记·曲礼下》云：“其在东夷、北狄、西戎、南蛮，虽大曰子。”《春秋》为尊王贬夷，便遵礼制的规定，将楚、吴、越等诸国贬称为“子”。实际上，楚、吴、越诸国的实力早已远远超过中原某些公侯伯之国，并凭借着武力而自诩为王。周王室及华夏诸国无可奈何，华夷在称呼上早已摆脱了周礼制的束缚。

华夷之争，是对传统礼制的一次强有力的冲击。首先，夷狄的强大及与中原华夏国的融合，直接破坏了“亲亲、尊尊”的宗法等级制。以血统辨尊卑，成为不可望之事。西周那种“亲疏有别，贵贱有等”的礼制再也

① 《左传·成公七年》。

② 参见《左传·闵公元年》《国语·周语中》《左传·襄公四年》等。

③ 《左传·僖公二十二年》。

无法恢复。“血统”与“君统”相一致的格局由于血统的紊乱，血缘关系的渐次松散而被破坏。其次，夷狄诸国的强大，逐渐缩短了华夷文化上的差距，《国语·楚语》记，楚庄王时，叔时在教育太子时主张：“教之春秋而为之耸善而抑恶焉，以戒劝其心，教之世，而为之昭明德而废幽昏焉，以休惧其动；教之诗，而为之导广显德，以耀明其志；教之礼，使知上下之则；教之乐，以疏其秽而镇其浮；教之令，使访物官；教之语，使明其德，而知先王之务用明德于民也；教之故志，使知废兴者而戒惧焉；教之训典，使知族类行比义焉。”春秋后期，楚左史倚相“能读三坟、五典、八索、九邱”[①]。可见，春秋时文化融合的迅速。自此，华夏诸国与当时所谓夷狄在文化上并无二致。

（二）礼下庶人

“礼不下庶人，刑不上大夫”[②]是传统礼制的原则。此处的“礼”专指“家礼”而言，即周人之礼。与周族无血缘联系的庶人是无权享受礼的待遇的，他们更无缘参加周人所举行的礼的仪式。但也正因如此，“礼不下庶人”必须在宗法制存在并具有良好的宗法秩序情况下才能得以实行。春秋时，宗法制被破坏，晋“骊姬之乱，诅无畜群公子，自是晋无公族”[③]。《左传·文公七年》也记宋昭公“将去群公子”。大夫、士亦常常移其宗或不严格地依照宗法制立嗣，宗法因此而大坏。宗法制的破坏，抹杀了庶人与周人破落者的界限。庶人与周人间的血统鸿沟不复存在，因此，《左传·哀公二年》记载了这样一段话：“克敌者，上大夫受县，下大夫受郡，士田十万，庶人工商遂，人臣隶圉免。”杜预释“遂”为“得遂进仕”。以往只配“食力”

① 《左传·昭公十二年》。
② 《礼记·曲礼上》。
③ 《左传·宣公二年》。

及“力于农穑”[1]的庶人在此时竟能以战功而“进仕”，这本身便是对礼制的一个突破。

随着血缘关系的松散，被统治者的地位便有了改善。平民与庶人中出现了所谓“暴发户”。如《诗经·曹风·候人》中写道：“维鹈在梁，不濡其翼。彼其之子，不称其服。维鹈在梁，不濡其味，彼其之子，不遂其媾。”其大意为：“伽兰鸟儿落鱼梁，并没沾湿它的翅膀；他们那样的人呵，不配穿那样的好衣裳。伽兰鸟在鱼梁上飞，飞来飞去不湿嘴；他们那样的人呵，高官厚禄他不配。”[2]郭沫若认为：“这当然是讥诮那暴发户才做了贵族的人。这些由奴民伸出头来的人，在旧社会的耆宿眼里看来，当然是说他不配的。”[3]与庶人同一等级的商贾此时亦有了较大的发展，他们中的一些人富比诸侯，有些人甚至用金钱谋取到较高的政治地位。河南阳翟大贾吕不韦竟将秦质于诸侯的公子子楚视为“奇货”，用重金收买其心，并破家买通秦国华阳夫人，立子楚为太子，后为秦王，吕不韦则由太子傅而为丞相，掌握了秦国之权。[4]孔子的学生子贡“好废举，与时转货赀……家累千金”[5]。阶级结构的变动，使礼的实行范围无法排除庶人。因而传统的礼制在此时向着两个方面发展：一是由贵族的衰败而走向崩溃，一是由被统治者地位的改善而走向普及。礼下庶人成为大势所趋。

就统治者最为重视的祭祀而言，春秋时已经紊乱，随着血缘关系的松散，祭祀对象再也不像宗法制盛行时那样严格。《礼记·曲礼》记：“非其所祭而祭之，名曰淫祀，淫祀无福。”孔子亦评论：“非其鬼而祭之，谄也。”[6]

按礼制的规定，受教育是贵族，至少也是周人所独享的权利。《周

---

① 《左传·襄公九年》。

② 樊树云：《诗经全译注》，黑龙江人民出版社1986年版，第211页。

③ 郭沫若：《中国古代社会研究》，人民出版社1977年版，第144页。

④ 参见《史记·吕不韦传》。

⑤ 《史记·仲尼弟子列传》。

⑥ 《论语·为政》。

礼·地官·保氏》：“掌谏王恶，而养国子以道，乃教之六艺：一曰五礼，二曰六乐，三曰五射，四曰五驭，五曰六书，六曰九数。”春秋时，天子失官，官学衰而私学兴。私学打破了贵族教育的垄断权。孔子虽以主张“复礼”而著称，但在教育上却极力主张“有教无类”。① 他的弟子三千，有很多出身于“贱人”“鄙家”。孔子最钟爱的弟子颜回家中便十分清贫。孔子赞道：“贤哉，回也。一箪食，一瓢饮，在陋巷，人不堪其忧，回也不改其乐。贤哉，回也。”② 孔子教授的内容则是西周礼制下只有“国子”才能学到的“六艺”。其弟子中“身通六艺者七十有二人”③。孔子将“西周以来为贵族办理冠、婚、丧、祭等礼仪的儒术，改造为社会政治、伦理道德和文化教育的儒学”④。只有贵族才能享受到的礼，由此而走向全社会。在孔子看来，庶民或贫苦之人也是可以行礼的。“子路曰：伤哉贫也。生无以为养，死无以为礼也。孔子曰：啜菽饮水尽其欢，斯谓之孝；敛首足形，还葬而无椁，称其财，斯谓之礼。”⑤ 私学的兴起，打破了“学在官府”的传统，“礼下庶人”成为时尚。《论语·微子》记：鲁宫廷乐师散布民间，按礼制只有贵族才配享受的乐曲便在民间流传：“大师挚适齐，亚饭干适楚，三饭缭适蔡，四饭缺适秦……”“天子失官，官学在四夷”⑥ 为礼下庶人开辟了道路。

《论语·季氏》记：“天下有道，则庶人不议。”宗法制下，庶人是无权议论国政的得失的。春秋之世，随着血缘关系的破坏，出身贫贱的人也可以议论国事，甚至参与某些事情。相反，以往大权独握的贵族却为人所不屑。鲁庄公十年，齐人伐鲁，曹刿请求见鲁公以献退齐之策，“其乡人曰：

---

① 《论语·卫灵公》。
② 《论语·雍也》。
③ 《史记·孔子世家》。
④ 张岂之主编：《中国儒学思想史》，陕西人民出版社 1990 年版，第 232 页。
⑤ 《礼记·檀弓下》。
⑥ 《左传·昭公十七年》。

肉食者谋之，又何间焉？刿曰：肉食者鄙，未能远谋”。[①]“肉食者”是专指贵族而言。可见当时人们对贵族的蔑视。发生于春秋时的此起彼伏的庶人、平民暴动，亦是庶人议政的一种形式。僖公十六年，齐征发庶民“城鄫，役人病，有夜登丘而呼曰：‘齐有乱。’不果城而还”[②]。郭宝钧总结了《春秋》经传所述的暴动后，指出：“这些斗争，虽发生不在一时，暴动不在一地，主持人不全是劳动人民，且由于春秋形势，列国林立，互相隔膜，不能汇为革命巨流；然而影响所及，震撼了奴隶主贵族的统治，动摇了奴隶制的社会基础。有些奴隶主被迫解脱了一部分奴隶的锁枷。”[③]

### （三）传统风俗的变迁

春秋时各国之间往来频繁。一国使节的举止言吐往往关系到一国的荣辱与安危。在这一状况下，礼的末节“仪”格外受人重视，以至礼仪本末倒置。《左传·昭公五年》记女叔齐之语，明确区分了礼仪的不同：“（鲁）公如晋，自郊劳至于赠贿，无失礼。晋侯谓女叔齐曰：‘鲁侯不亦善于礼乎？’对曰：‘鲁侯焉知礼……’‘是仪也，不可谓礼。礼，所以守其国，行其政令，无失其民者也。今政令在家，不能取也；有子家羁，弗能用也；奸大国之盟，陵虐小国，利人之难，不知其私，公室四分，民食于他，思莫在公，不图其终……礼之本末将于此乎哉？而屑屑焉习仪以亟，言善于礼，不亦远乎？’”可见，仪的过分发达，不仅不能巩固礼制，相反会以末伤本，淹没礼制的本义与宗旨。孔子因而叹息：“礼云礼云，玉帛云乎哉？乐云乐云，钟鼓云乎哉？”[④]仪的格外发达，诱使人们注重外表而忽视礼的实质。社会风俗也由此崇尚荣华而忽视名分，以至“名不正，言不

---

① 《左传·庄公十年》。
② 《左传·僖公十六年》。
③ 郭宝钧:《中国青铜器时代》，第213页。
④ 《论语·阳货》。

顺”[①]。《史记 · 礼志》记孔子高徒子夏“出见纷华盛丽而说，入闻夫子之道而乐，二者心战，未能自决”。又言：“循法守正者见侮于世，奢溢僭差者谓之显荣。”孔子亦言：“事君尽礼，人以为谄也。”[②]可见当时礼的衰败已渗透于社会各角落并深入人心，守其仪而坏其礼的事比比皆是，下面辑其有关史料而证之：

1. 名与器。名与器是宗法等级的标志，孔子认为“名以出信，信以守器，器以藏礼，礼以行义”。[③]杨伯峻注：“有某种爵号，即赋予某种威信。有某种威信，即能保持其所得器物。制定各种器物，以示尊卑贵贱，体现当时之礼，义循礼而行。”[④]然而春秋之时虽节仪烦琐但名器之制却时遭破坏，辑《左传》有关史料如下：

庄公十八年：“虢公、晋侯朝王，王飨醴，命之宥，皆赐玉五谷，马三匹。非礼也。王命诸侯，名位不同，礼亦异数，不以礼假人。”即天子不因虢公、晋侯名分不同而用不同的礼，则是失礼。

成公二年，记卫人赏仲叔于奚“以邑。辞，请曲悬、繁缨以朝。许之。仲尼闻之曰：‘惜也，不如多与之邑，唯器与名，不可以假人。’”即仲叔于奚谢绝卫国君所赏赐的土地，而请国君赏赐只有诸侯才能用的乐器“曲悬”与只有诸侯才可用的御马装饰。卫君同意了。孔子听到这件事深感遗憾，他认为，卫国不如多赐给仲叔于奚一些土地，因为名与器是身份等级的象征，不可赐予他人。

昭公三年：“叔向曰：‘……栾、郤、胥、原、狐、续、庆、伯降在皂隶。’”杨伯峻注：“此八氏之先，栾枝、郤缺、胥臣、先轸、狐偃五氏皆卿，续简伯、庆郑、伯宗皆大夫，本皆姬姓。”[⑤]

① 《论语 · 子路》。
② 《论语 · 八佾》。
③ 《左传 · 成公二年》。
④ 杨伯峻:《春秋左传注》(二)，第 788 页。
⑤ 杨伯峻:《春秋左传注》(四)，第 1236 页。

2. 继承。宗法制的核心是嫡长子继承制，即“立適以长不以贤，立子以贵不以长”。[①] 如此则不至于为争位而手足相残。春秋时诸侯不臣天子，大夫不臣诸侯，公子争权而弑君弑父，嫡长子继承制早已被武力相争所取代。《史记·齐世家》记，齐襄公无道“群弟恐祸及，故次弟纠奔鲁，……次弟小白奔莒”。襄公死，鲁“发兵送公子纠，而使管仲别将兵遮莒道，射中小白带钩。小白佯死，管仲使人驰报鲁，鲁送纠者行益迟，六日至齐，则小白已入，高傒立之，是为桓公”。齐桓公小白继位后，逼鲁杀公子纠，终于演出一场兄弟相残的悲剧。春秋时的大国晋、齐、楚等的衰败几乎都由公族相争而引起。《春秋·昭公十三年》记：“楚公子比自晋归于楚，弑其君（灵王）虔于乾溪，楚公子弃疾杀公子比。”《左传》作者追记：“初，共王无冢適，有宠子五人，无適立焉。乃大有事于群望而祈曰：‘请神择于五人者使主社稷！’乃遍以璧见于群望曰：‘当璧而拜省神所立也，谁敢违之。’”共王便以这种“神择”的方式选定了太子。斗韦龟以为这种立嫡之法“弃礼违命，楚其危哉”，自其后，楚国果然兄弟相残，公室危难。“周礼尽在鲁”的鲁国，在嫡长继承方面同样陷入混乱。《礼记·檀弓》记：“公仪仲子之丧，檀弓免焉。仲子舍其孙而立其子。”违背了嫡子死则立嫡孙的礼制，但竟有人为其辩护道：“昔者文王舍伯邑考而立武王，微子舍其孙腯而立衍也，夫仲子亦犹行古之道也。”“孔子曰：‘否，立孙。’”

3. 婚姻。宗法制下的婚姻，尤其是贵族婚姻大都带有政治色彩：“合二姓之好，上以事宗庙，而下以继后世也。”[②] 为维护血统的纯洁，西周的婚姻有一整套礼制为其规范。但春秋时，这些规范却逐渐瓦解。

《左传·隐公八年》记：“郑公子忽如陈逆妇妫，辛亥，以妫氏归。甲寅入于郑：陈鍼子送女，先配而后祖，鍼子曰：‘是不为夫妇，诬其祖矣，非礼也，何以能育。’”按礼，新婚夫妇应在返国时先告祭祖庙，然后才能

① 《公羊传·隐公元年》。

② 《礼记·昏义》。

同床共寝。公子忽“先配而后祖”即后祭祖庙，确实是“非礼也”。

《左传·桓公三年》记“齐侯送姜氏于讙，非礼也”。因按礼制，诸侯嫁女，不能亲自相送，齐侯送姜氏，亦为非礼。

《左传·庄公二十四年》记：“哀姜至，公使宗妇觌，用币，非礼也。御孙曰：‘男贽，大者玉帛，小者禽鸟，以章物也。女贽，不过榛、栗、枣、脩，以告虔也。今男女同贽，是无别也。男女之别，国之大节也，而由夫人乱之，无乃不可乎。’”即往来相见所备之礼，男女有别，哀姜身为女子却持男人所用的礼物，抹杀了男女之别，故为非礼。

《公羊传·僖公十四年》记：“季姬及鄫子遇于防，使鄫子来朝……使来请己也。”何休《解诂》论道：“礼，男不亲求，女不亲许。鲁不防正其女，乃使要遮鄫子淫佚，使来请己，与禽兽无异。”

《左传·昭公元年》记：“郑徐吾犯之妹美，公孙楚聘之矣，公孙黑又使强委禽焉。犯惧，告子产，子产曰：‘……唯所欲与。’犯请于二子，请使女择焉，皆许之。子皙（即公孙黑）盛饰入，布币而出。子南（即公孙楚）戎服入，左右射，超乘而出。女自房观之，曰：‘子皙信美矣，抑子南夫也！夫夫、妇妇，所谓顺也。’适子南氏。”

《左传·哀公十一年》记：“晋悼公子慭亡在卫，使其女仆而田。大叔懿子止而饮之酒，遂聘之，生悼子。”

从以上所辑的资料来看，春秋时违背婚姻之礼的举动已不罕见。郑国执政子产在处理公孙楚与公孙黑争聘徐吾犯之妹的事情上，丝毫不按礼制行事，反而以女方所愿为准，徐吾犯之妹竟也毫无顾忌地“自房观之”，从房中观看公孙楚与公孙黑，并直言不讳地评议道“公孙黑确实很英俊，但公孙楚却有男子气”，最终如愿嫁给了公孙楚。春秋时齐国著名的政治家管仲娶三国之女，僭国君之礼。《史记·礼志》：“管仲之家，兼备三归。”孔子叹道：“管氏有三归，官事不摄，焉得俭。”[①]

① 《论语·八佾》。

4. 丧葬。丧葬是人生最后一件大事，宗法制下的丧葬制度十分严格，天子、诸侯、大夫、士及平民庶人的墓制、陪葬各有不同，葬礼的仪式也有一定的规定。春秋时，这一套礼制显然被破坏，从考古资料来看，许多人已突破了礼制的束缚。

《商周考古》对春秋时墓葬情况作了总结："辉县的三座九鼎墓，……墓主人身份充其量只是卿大夫而已。……在春秋中叶用天子国君之礼，显然都是一种僭越。""七鼎墓应属上大夫，五鼎墓应属下大夫。值得注意的是长沙浏城桥 $M_1$。……已经不太符合周礼的规定，至少应该是一种乱礼""三鼎墓的埋葬情况，已经非常接近五鼎墓，实际上超过了士的身份待遇。"①

证之以史料，春秋时的丧葬亦多有废礼之处：

《礼记·檀弓》记"鲁人有朝祥而莫歌者，子路笑之"。鲁国有人在早上行祥祭除丧服，晚上便唱起歌来，子路以此为笑话。又记："知悼子卒，未葬，平公饮酒，师旷、李调侍、鼓钟。"《左传·庄公二十七年》记："公子友如陈葬原仲，非礼也。"

丧葬制度的紊乱，反映了社会阶级关系及人们宗法观念的变化，这一变化已普及全社会，连孔子的学生宰我也对丧葬制度中的守丧三年之礼发出怨言，以为"三年之丧，期已久矣"。孔子斥道："予（宰我）之不仁也！子生三年，然后免于父母之怀。夫三年之丧，天下之通丧也。予也有三年之爱乎其父母乎？"②

5. 其他。春秋既然是一个社会动荡时期，礼制的崩溃更是全面的、深刻的。翻阅春秋时史料，礼坏之事司空见惯，除上述名器、继承、婚姻、丧葬；其余之事不胜枚举，仅举《论语》《左传》《礼记》几例如下：

《论语·八佾》："孔子谓季氏：'八佾舞于庭，是可忍也，孰不可忍

① 北京大学历史系考古教研室商周组编：《商周考古》，文物出版社 1979 年版，第 267 页。
② 《论语·阳货》。

也？’三家者以《雍》彻，子曰：‘相维辟公，天子穆穆，奚取于三家之堂。’”“子贡欲去告朔之饩羊，子曰：‘赐也，尔爱其羊，我爱其礼。’”“（子）曰：‘邦君树塞门，管氏亦树塞门。邦君为两君之好，有反坫，管氏亦有反坫。’”“子曰：‘居上不宽，为礼不敬，临丧不哀，吾何以观之哉。’”《八佾》篇中，孔子集中抨击了季氏、管仲的僭礼行为，并对子贡在祭祀方面的失礼之举提出批判。

《左传》对春秋时违礼行为的记载十分丰富，涉及饮食、娱乐、服饰、建筑、历法及风俗等各个方面，下面仅举几例以证之：

隐公元年：“先王之制，大都，不过参国之一；中，五之一；小，九之一。今京不度，非制也。”此言郑庄公共叔段僭礼营造都城之事。

桓公十五年：“天王使家父来求车，非礼也。诸侯不贡车服，天子不私求财。”此言天子失礼。

僖公二十二年：“郑文夫人芊氏、姜氏劳楚子于柯泽，楚子使师缙示之俘馘。君子曰：非礼也。妇人送迎不出门，见兄弟不踰阈，戎事不迩女器。”此言贵族妇人违礼之举。

僖公二十四年：“郑子华之弟子臧……好聚鹬冠，郑伯闻而恶之，使盗……杀之于陈、宋之间，君子曰：服之不衷，身之灾也。”此言服饰。

文公元年：“于是闰三月，非礼也。”杨伯峻注：“是年本无闰三月，左氏以为日食必在朔。”[①] 此言历法之违礼。

文公十二年：“郕伯卒，郕人立君，大子以夫钟与郕邽来奔，公以诸侯逆之，非礼也。”此言迎客失礼。

综上所述，春秋时期礼制的衰败可分为两方面：一是权力的下移，等级仍僭越；二是社会传统风俗的转变。这两方面囊括了社会政治、经济、文化、思想等各个方面。

① 杨伯峻：《春秋左传注》（二），第510页。

## 四、“法治”的萌芽

夏、商、西周时期的法律制度，实际上是礼与刑的结合。礼既是刑罚维护的对象，又是刑罚实施的准则。出礼而入刑便是这种制度的概括。这种附着于礼的法律制度，不必要，也不可能有其自身的体系及独立性，它的发展必然受到礼的束缚和限制。

春秋时“礼崩乐坏”的局面，为法律摆脱礼的制约提供了契机。为弥补“礼崩”所造成的社会规范方面的缺陷，主张变革的执政者急需一套自身体系完备并相对独立的法律制度取代正在失去作用的礼。于是“法”的萌芽出现了。法律内容被不断充实，法不再是单纯的刑。《管子・正》：“制断五刑，各当其名。罪人不怨，善人不惊，曰刑。如四时之不贠，如星辰之不变，如宵如昼，如阴如阳，如日月之明，曰法。……法以遏之……遏之以绝其志意，毋使民幸。”礼与刑逐渐向法与刑过渡。这种过渡使法律逐渐摆脱了附属地位，摆脱了刑法的单一性。

礼作为与刑相联系的准则规范有两大特点：一是内容庞杂，融道德、风俗、习惯、典章为一体，以此为规范，难免有失客观与准确。二是重视血统，并以血统划分贵贱等级。“礼者为异”[①]，这种以等级为前提的规范，也难免有失公平。由于礼的这两大特点，使定罪量刑无一定标准可守，其需要断狱者审时度势，根据犯罪者的身份等级来议罪量刑。正如叔向所言：“议事以制。”[②] 这种审判制度既反映了夏、商、西周奴隶主贵族政体下法律的随意性，又反映了奴隶主贵族在法律上享有特权。

春秋时主张以法代礼的变革者对以礼作为人们行为规范提出了尖锐的批评。他们认为与赏罚相联系的法，必须克服礼的随意性与贵族政体下的等级性，做到客观、准确、公平，为“事断于法”创造条件，“法治”的

---

① 《礼记・乐记》。

② 《左传・昭公六年》。

萌芽由此出现。《管子·七法》将法比喻成“尺寸也，绳墨也，规矩也，衡石也，斗斛也，角量也”。说明法在人们观念中与重等级差别的礼有着根本的区别，它具有客观性与准确性。为了保证法的这种特点，统治者认为“凡将举事，令必先出。曰：事将为，其赏罚之数必先明之，立事者谨守令以行赏罚，计事致令，复赏罚之所加，有不合于令之所谓者，虽有功利，则谓之专制，罪死不赦”。[①] 这种守法有过不免于赏，违法立功不免于罚的做法，实际上是将法奉为人们行为的准则，人们只有执法、守法的义务，而无“议”法的权利。

为进一步说明“议事以制”的随意性与“事断于法”的准确性，我们可以将西周伯禽伐淮夷、徐戎时所作的《费誓》与春秋时赵鞅伐郑所作的《铁之誓》作一比较：

《尚书·费誓》记伯禽征伐前立军法：“无敢寇攘、逾垣墙、窃马牛、诱臣妾，汝则有常刑。”寇攘、逾垣墙、窃马牛、诱臣妾皆明确规定为犯罪行为，但究竟怎样处刑，则需先议而后定。春秋时晋国赵鞅与郑罕达战于铁（河南濮阳县西北），战前明令：“克敌者，上大夫受县，下大夫受郡，士田十万，庶人工商遂，人臣隶圉免。”[②] 其赏数之具体，根本无可“议”之余地。人们只需守令行事。春秋时期，礼制的崩溃为法制的发展创造了条件。大量的、规定日益缜密的法令大量出现，这种合功罪与赏罚为一体的法令，成为人们普遍接受的规范。“弃礼而征于书”[③] 成为社会发展的大趋势。

与礼制相比较，新出现的法制更具强制力、更为规范，其便于统治者操作。就内容而言，法制比礼制更为公正，其特点就在于“平之如水”。它剥夺了礼制社会中贵族所享有的特权，更能被新兴地主阶级与平民所接

① 《管子·立政》。
② 《左传·哀公二年》。
③ 《左传·昭公六年》。此处“书”指“刑书”。

受。就其体系而言，其较礼制简洁，易于使民知晓、熟记，因此也便于贯彻执行。更为重要的是，法制的出现与社会发展的大趋势相吻合，在“礼崩乐坏”的情况下，法制取代礼制已成为历史发展的必然。